JN494101

제4판

# Excel에 기초한
# 통계학 입문

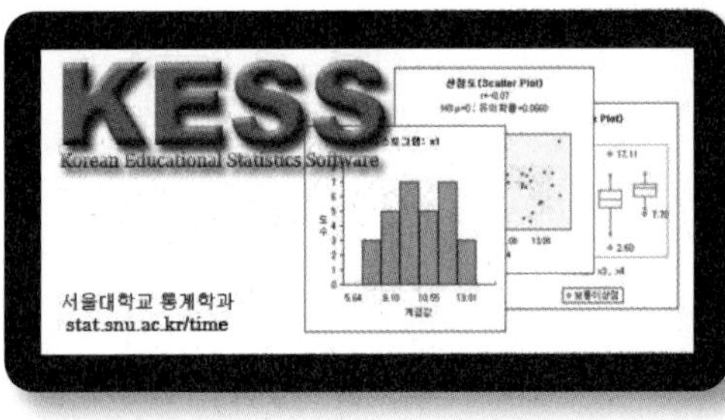


송문섭 · 조신섭 · 여인권 지음

자유아카데미

# 머리말

현대의 통계적 방법론은 통계패키지의 사용이 필수적이며, 이에 따라 다양한 통계 패키지를 이용한 통계학 서적이 다수 출간되고 있다.

이 책은 엑셀(Excel)과 KESS를 이용한 기초통계학 교재이다. 엑셀은 일반 사회에서 가장 많이 사용되는 유용한 소프트웨어임에도 불구하고 엑셀을 이용한 통계분석은 상당히 제한적이다. 이를 보완하기 위하여 KESS 소프트웨어가 개발되었으며, 1990년대의 초기 KESS에 비하여 현재의 KESS는 품질관리, 일반선형모형, 실험계획, 다변량분석, 시계열분석 등 통계학의 대부분의 분야를 다룰 수 있는 통계패키지로 발전하였다.

이 책은 통계학의 원리를 쉽게 설명하는 것을 제1의 목표로 하였다. 즉, 통계적 방법뿐만 아니라 그 원리를 쉽게 설명함으로써 좀 더 고급인 통계적 방법에도 쉽게 접근할 수 있도록 하는 것이 제일 큰 목표였다.

이번 제4판은 'Excel 2016'에 따라 개정되었다. 본 책은 기존의 제3판을 엑셀과 KESS의 새 버전에 맞추어 수정하였으며, 내용면에서도 일부 보완하는 수준에서 수정하였다. 특히 이론적인 내용이 미흡하다는 일부 지적에 따라 이를 보완하였다. 그러나 이 책의 특징인 '쉽게 설명하는 통계학의 개념'의 취지를 살리기 위해 대부분의 이론적인 내용은 '참고' 형식으로 추가하는 수준에서 보완하였다.

그동안 이 책을 이용하고 조언해 주신 많은 분들께 감사드리며, 제4판을 위해 많은 수고를 해 주신 자유아카데미 편집부 여러분께 감사드린다.

2014년

저자 씀

# 차 례

## 5장 추정과 검정의 방법1



## 6장 추정과 검정의 방법2

## 7장 범주형 자료분석



## 8장 분산분석



## 9장 회귀분석

## 10장 비모수적 방법



## 11장 품질관리

## 12장 설문조사와 문항분석



## 부록 분포표

# KESS 설치법

## KESS란?

KESS(Korean Educational Statistics Software)는 통계분석에서 엑셀의 부족한 부분을 보완하기 위하여 개발된 통계분석용 소프트웨어 패키지이다.
엑셀은 일반 직장이나 사회에서 매우 유용하게 사용되는 우수한 소프트웨어임에도 불구하고, 엑셀을 이용한 통계분석은 매우 제한적이다. 특히 기초통계의 범위에서도 꼭 필요한 절차들이 마련되어 있지 않아서 엑셀을 이용한 통계교육이 무리인 것이 현실이다. 이러한 점들을 고려하여 엑셀과 연계시키면서 기초통계 교육을 쉽게 수행할 수 있도록 제작된 것이 초기의 KESS이다.
초기의 KESS에 비해 현재의 KESS에는 많은 내용이 추가되었다. 즉, 시계열분석, 품질관리, 실험계획법, 비모수분석, 다변량분석, 설문분석 등이 추가되었으며, 기존의 내용들도 계속 수정·보완되고 있다.

KESS는 다음 주소에서 다운로드받을 수 있다.

http://kess.sookmyung.ac.kr/

KESS와 관련된 문제점들은 다음 E-mail 주소로 문의할 수 있다.

조신섭: sinsup@snu.ac.kr
여인권: inkwon@sookmyung.ac.kr

## KESS 설치법

KESS를 설치하려면 먼저 KESS를 다운받아 압축을 풀어야 한다. 이를 위해 다음과 같은 두 단계를 실행한다.

1. KESS를 다운로드받을 폴더를 만들고(예. C:₩KESS), 원하는 KESS 파일을 다운받는다.
2. 다운받은 KESS20**는 압축 파일(ZIP file)이므로 압축을 푼다.

이때 압축을 풀 폴더를 새로 지정하거나, 압축 파일이 있는 KESS 폴더에서 압축을 푼다.

압축을 풀면 [그림 0-1]과 같은 파일들이 생긴다. 파일에 대한 설명은 〈표 0-1〉과 같다.

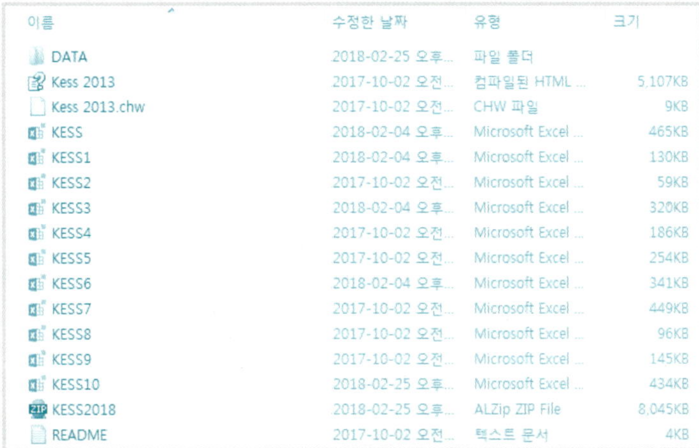


[그림 0-1] 압축이 풀린 KESS 폴더의 모습

〈표 0-1〉 KESS의 구성 파일

| KESS의 구성 파일 | 기능 |
|---|---|
| KESS | KESS의 시작 파일 |
| KESS1 ~ KESS10 | KESS의 구성 파일 |
| KESS 2013 | KESS의 도움말 파일(컴파일된 html 파일) |
| DATA | KESS의 예제용 데이터 파일 폴더 |
| README | KESS의 설명 파일 |

KESS를 편리하게 사용하기 위하여 바탕화면에 'KESS-바로가기' 아이콘을 만드는 방법과 엑셀의 추가 기능에 KESS 실행 파일을 추가하는 방법이 있다.

### (1) 바탕화면에'KESS-바로가기'아이콘을 만들기

바탕화면에 KESS-바로가기 아이콘을 만드는 방법은 다음과 같다.

KESS가 저장된 폴더에서 KESS 파일을 선택하고 마우스의 오른쪽 버튼을 눌러 '바로가기 만들기'를 선택하면 'KESS-바로가기' 아이콘이 만들어지며, 이를 바탕화면으로 옮긴다.

(a) 바로가기 만들기　　　　　　　　(b) KESS-바로가기 아이콘

[그림 0-2] KESS-바로가기 아이콘 만들기

KESS-바로가기를 더블 클릭하면 KESS가 엑셀과 함께 구동된다. KESS를 구동시키면 **[추가 기능]** 탭이 생성되며, **[추가 기능]** 탭 아래 KESS의 메뉴인 **[통계분석]**이 설치된다. **[통계분석]** 아래 KESS에서 사용하는 메뉴들이 있다.

### (2) 엑셀의 추가 기능에 KESS를 추가하기

엑셀을 구동할 때마다 KESS가 함께 구동되기를 원하면 엑셀의 추가 기능에 KESS를 추가해 놓는 것이 편리하다. 이를 위해 다음의 절차를 실행한다.

1. 리본 메뉴의 **[파일]** 탭을 눌러 나오는 메뉴에서 아래쪽에 있는 **[옵션]**을 선택한다.
2. [그림 0-3]의 'Excel 옵션' 창에서 **[추가 기능]**을 선택하고, 아래에 있는 이동( 이동(G)... ) 단추를 클릭한다.
3. 이어 나오는 **[추가 기능]** 창([그림 0-4b])에서 [찾아보기]를 이용하여 KESS가 저장된 폴더에서 KESS.xlam([그림 0-4a])을 선택하고 '확인'을 클릭한다. 결과로 **[추가 기능]** 창에 KESS.xlam([그림 0-4b])이 추가되므로 이를 체크하고 '확인'을 클릭한다.

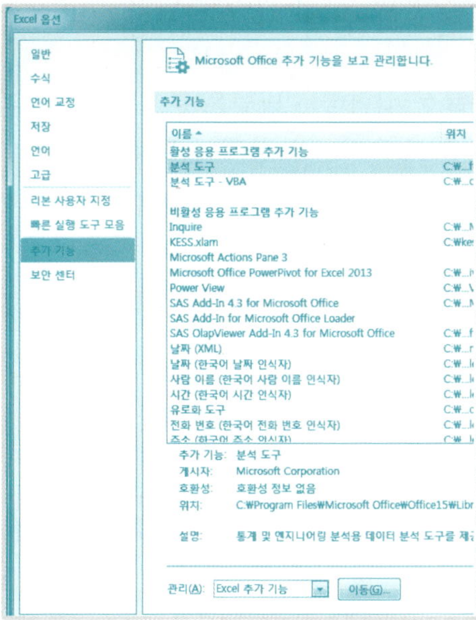


**[그림 0-3]** 엑셀 추가 기능 창

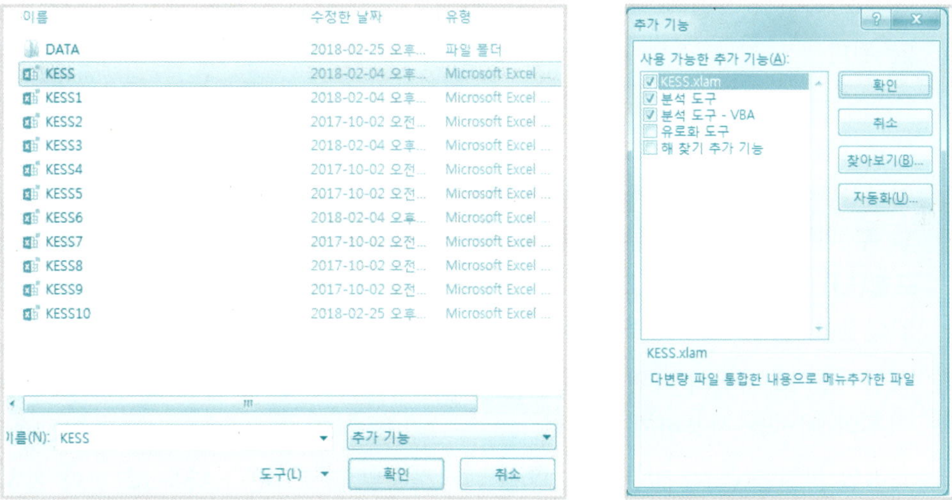


(a) KESS를 추가 기능으로 선택 (b) 추가 기능 창

**[그림 0-4]** 추가 기능 창

엑셀의 '추가 기능'에 KESS를 추가하면 엑셀을 구동할 때마다 KESS가 자동으로 **[추가 기능]** 탭 아래 **[통계분석]**에 설치된다.

## KESS에서 자료와 변수의 입력 시 유의사항

1. 엑셀 워크시트에 자료를 입력하는 방법은 분석방법에 따라 '표준입력'과 '고급입력' 방식을 선택할 수 있으며, 각 장에 설명되어 있다.
2. 변수명에는 제한이 없지만, 자료는 있으나 변수명이 없는 경우와 동일한 변수명이 있는 경우에는 수정을 요청한다.
3. 관측값은 변수 형태에 따라 숫자와 글자를 입력할 수 있고, 관측값의 개수에 대한 제한은 거의 없다.

## KESS 사용시 유의사항

1. KESS의 구성 파일이 손상된 경우에는 KESS를 다시 설치해야 한다.
2. KESS의 메뉴인 **[통계분석]**을 수행하려면 워크시트에 분석할 자료가 들어 있어야 한다. 따라서 워크시트에 자료를 입력하거나 외부 파일을 불러들인 후에 **[통계분석]**을 클릭하여 원하는 분석을 시작한다. 분석할 자료가 없는 경우에는 에러 메시지가 출력된다.
3. 예제용 데이터 파일을 보존하기 위해서는 사용한 후에 변경된 내용을 저장하면 안 된다.
4. KESS는 엑셀의 VBA(Visual Basic for Applications)에 의한 매크로로 작성된 프로그램이다. 따라서 KESS.xlam을 더블 클릭하거나, 바탕화면에서 KESS 아이콘을 더블 클릭하면 엑셀이 구동되면서 [매크로 제외(D)]와 [매크로 포함(E)]의 두 가지 옵션 중에서 하나를 선택하는 화면이 나타난다. 여기에서 **[매크로 포함(E)]**을 선택해야만 KESS가 구동된다. 만약 [매크로 제외(D)]를 선택하면 엑셀만이 구동되어 KESS를 사용할 수 없다.
5. 엑셀의 2010 이전의 하위버전을 사용할 경우 문제가 생길 수 있으니. 엑셀 2013 이후의 버전을 사용하기 바란다.
6. 도움말 파일을 볼 수 없는 경우 Windows 도움말 프로그램을 다운로드받아 설치하면 된다.

# 1장 엑셀 사용법

이 장에서는 **엑셀**(Excel)과 함께 KESS를 사용하기 위한 기본 용어와 기능 등을 설명할 예정이다. 엑셀은 1985년 마이크로소프트사에서 개발한 이래로 가장 많이 사용되고 있는 스프레드시트 프로그램이다.

**스프레드시트**(spread sheet)란 컴퓨터를 이용하여 계산, 자료의 정리, 차트 작성 및 검색 등을 효율적으로 할 수 있도록 만든 통합문서 프로그램을 지칭하는 용어이다. 스프레드시트는 셀(cell), 행, 열, 영역 등으로 구성되어 있으며, 셀에 정보를 저장하고 이들을 여러 가지 함수와 연결하여 수식 계산과 차트의 작성 및 통계처리를 쉽게 할 수 있는 장점이 있다.

**엑셀**(Excel)은 스프레드시트 프로그램으로서 스프레드시트의 기능 이외에도 강력한 그래픽 기능과 기본적인 통계분석 기능들을 제공하고 있다. 이러한 기능들을 이용하면 기초통계교육에서 필요한 많은 통계분석을 수행할 수 있다. 따라서 사회 업무에서 필요로 하는 대부분의 자료처리 기능을 수행하는 데 도움이 될 뿐만 아니라 자료분석에도 사용할 수 있으므로 통계를 전공하지 않는 학생들에게는 졸업 후 사회에 진출하여 실제 업무를 수행하는 데 매우 도움이 될 것이다.

KESS는 엑셀을 이용한 통계처리를 보다 원활하게 수행할 수 있도록 제작된 통계 소프트웨어로서, 엑셀에서 제공되지 않는 통계분석법들이 많이 추가되었으며 그래픽을 비롯한 출력 결과도 많이 개선되었다.

이 책에서는 각 장의 끝 절에 '엑셀의 이용'을 두어, 이 절에서 엑셀을 이용한 통계처리 방법과 함께 KESS의 사용법도 병행하여 설명하고 있다.

# 1.1 엑셀 시작하기

## 1.1.1 엑셀과 KESS의 시작과 종료

엑셀이 설치된 컴퓨터에서 엑셀과 KESS를 시작하는 방법은 다음과 같다.

1. Window 바탕화면에 KESS 아이콘이 설치되어 있으면 이 아이콘을 더블 클릭한다. 이때는 엑셀과 KESS가 함께 실행된다.
2. 바탕화면에 설치된 엑셀 아이콘을 더블 클릭하거나, Window 화면의 왼쪽 아래에 있는 시작 단추( )를 클릭한 다음, 프로그램 [Microsoft Office 2013]에서 [Excel 2013]을 클릭하면 엑셀이 실행된다.
3. 엑셀이 구동된 상태에서 KESS를 구동하려면 바탕화면에서 KESS 아이콘을 더블 클릭하거나, KESS가 저장된 폴더에서 엑셀 파일 KESS를 더블 클릭한다. 이때 KESS의 초기화면에서 **[매크로 포함(E)]**을 선택해야만 KESS가 구동된다.

엑셀을 종료하려면 엑셀 화면에서 상단 오른쪽 끝에 있는 '닫기' 단추( )를 클릭하거나 **[파일]** 메뉴에서 '닫기'를 클릭한다.

## 1.1.2 엑셀의 초기화면

[그림 1-1]은 엑셀을 처음 실행하여 나오는 초기화면의 일부이다.

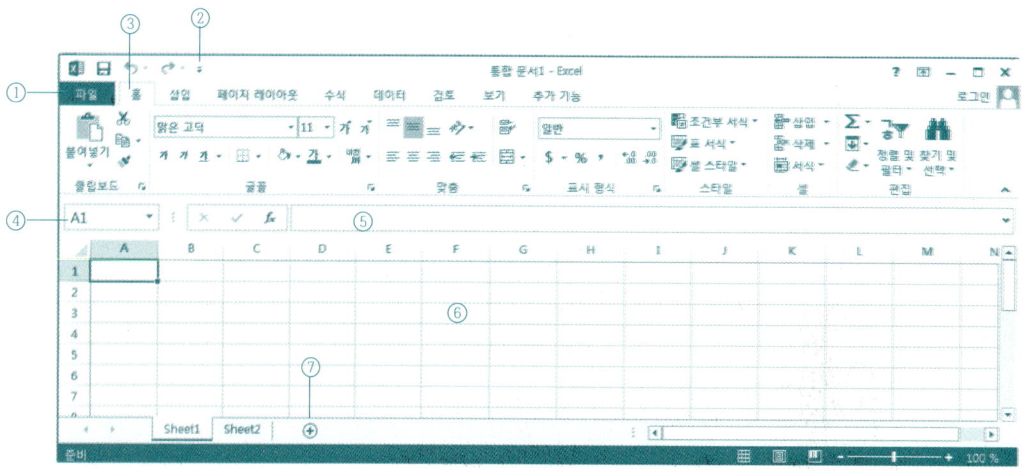


**[그림 1-1]** Excel의 초기화면

[그림 1-1]에서 각 번호에 해당하는 부분별 설명은 다음과 같다.

① **파일 단추**: 이 단추를 클릭하면 파일 메뉴를 열 수 있다.
이곳에는 파일의 **[열기], [저장], [다른 이름으로 저장], [닫기]** 등의 메뉴가 있다.

② **빠른 실행 도구 모음 단추**: 이 단추는 **[빠른 실행 도구 모음]** 메뉴를 보여 준다. 메뉴 가운데 자주 사용하는 메뉴는 **[빠른 실행 도구 모음]**에 추가하여 사용할 수 있다. 예를 들어 [그림 1-2]의 (a)는 초기단계의 도구 모음이며, (b)는 '새로 만들기'와 '열기'가 추가된 그림이다.

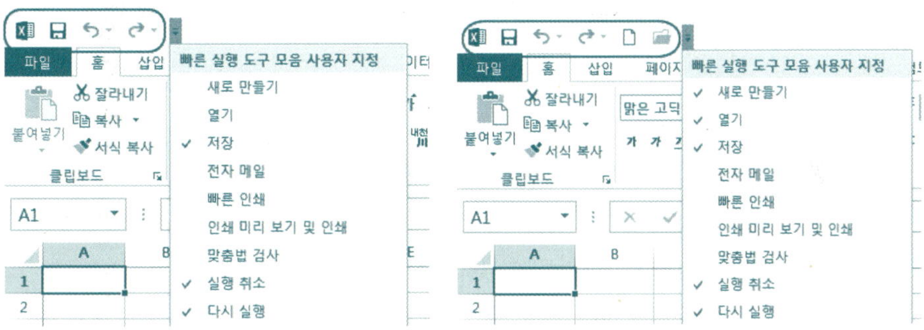


(a) 초기화면 (b) 메뉴가 추가된 화면

**[그림 1-2]** 빠른 실행 도구 모음

빠른 실행 도구 모음에 메뉴를 추가하는 다른 방법도 있다. 즉, [파일] 단추에서 나오는 메뉴 가운데 [옵션]을 선택하여 나오는 [Excel 옵션] 창에서 [빠른 실행 도구 모음]을 선택하고 원하는 메뉴를 도구 모음에 추가할 수도 있다.

③ **리본 메뉴**: 엑셀 2013의 기본 메뉴이다.
리본 메뉴는 엑셀 2007부터 사용된 메뉴 형태로서 (**탭, 그룹, 명령**)으로 구성되어 있다. **탭**은 한 종류의 작업 영역을 나타내며 리본 메뉴의 맨 위에 표시된다.
**그룹**은 관련된 명령을 묶은 영역이고, **명령**은 실행 메뉴이거나 실행 메뉴의 목록을 나타낸다.
[그림 1-1]은 **[홈]** 탭이 활성화된 상태이며, (**클립보드, 글꼴, 맞춤,** ……) 등의 그룹이 있고, 각 그룹 내에는 여러 명령들이 있다. 예를 들어 [그림 1-3]은 **[수식]** 탭이 활성화된 상태에서 **[함수 라이브러리]** 그룹의 **[최근에 사용한 함수]** 명령을 클릭하여 얻은 화면이다.

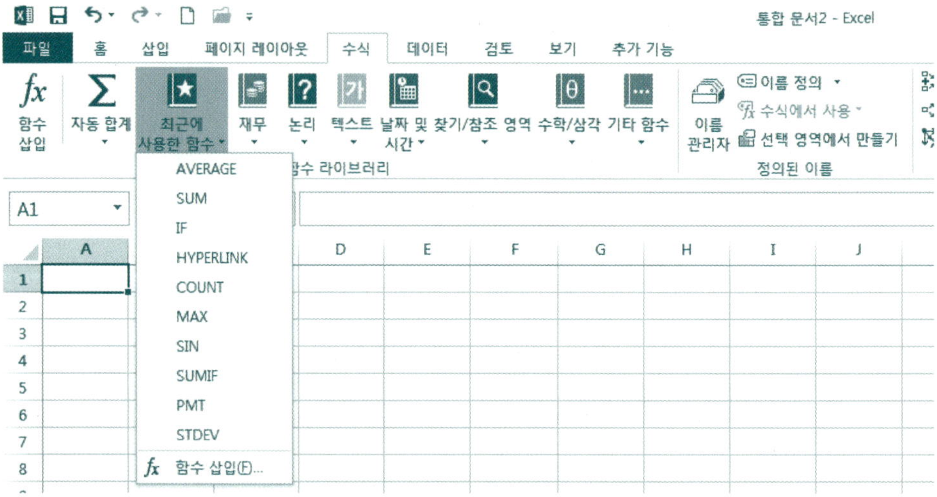


[그림 1-3] '최근에 사용한 함수'의 내용

④ **이름 상자**: 현재 선택된 셀의 위치를 나타낸다.
선택된 셀의 위치를 **셀 주소**(cell address) 또는 **셀 참조**(cell reference)라고 부르며, 열 이름과 행 이름에 의해 표현된다. 예를 들어 [그림 1-4]에서 B4는 B열 4행이 활성화된 상태를 나타낸다.

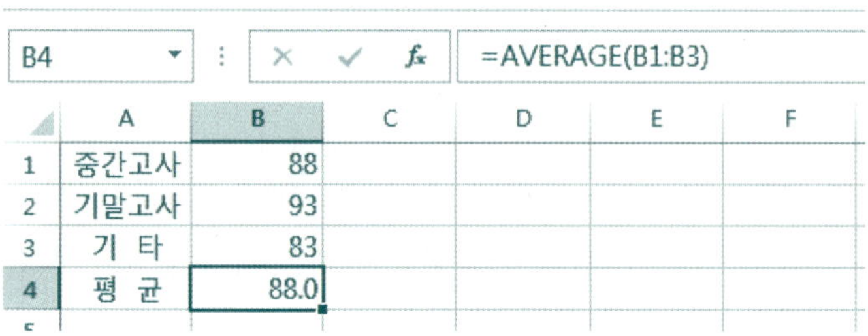


[그림 1-4] 수식입력을 이용한 계산 예

⑤ **수식 입력줄**: 현재 선택된 셀(cell)의 내용을 나타낸다.
해당되는 셀의 내용을 이곳에 직접 입력할 수도 있으며, 수식이나 함수를 이용한 계산 과정을 입력한다. 해당되는 셀에는 계산 결과가 나타난다. 예를 들어 [그림 1-4]는 B4셀에 AVERAGE 함수를 이용하여 성적의 평균을 구한 예이다.

⑥ **통합문서**: 통합문서는 한 개 이상의 워크시트로 구성된 엑셀의 기본 파일이다. 한 워크시트는 A, B, C, …… 등의 이름을 가진 열(column)과 1, 2, 3, …… 등의 이름을 가진 행(row)으로 이루어진 스프레드시트 형식의 작업공간으로

각 셀에 데이터를 입력하게 된다.
새 통합문서를 만들려면 메뉴 단추를 클릭하여 나오는 **'새로 만들기'** 메뉴 또는 빠른 실행 도구 모음에서 '새로 만들기' 도구()를 클릭하면 '새로 만들기' 창이 뜨며, 이곳에서 필요한 서식 파일을 선택한다. 하나의 통합문서는 한 개의 파일로 저장된다.

⑦ **새 시트 단추:** 한 통합문서에서 새 시트를 추가한다.
처음에 빈 통합문서를 열면 기본적으로 한 개의 워크시트가 있으며, **'새 시트'** 단추를 클릭하면 워크시트가 추가된다. 워크시트를 삭제하려면 해당 워크시트 탭에서 마우스의 오른쪽 단추를 클릭하여 나오는 메뉴를 이용하면 된다.

### 1.1.3 마우스와 메뉴

엑셀의 거의 모든 명령들은 마우스의 조작이나 메뉴의 선택으로 이루어진다. 〈표 1-1〉은 마우스 조작의 대표적인 방법들이다.

**〈표 1-1〉** 마우스 조작 방법

| 조작명 | 요령 |
|---|---|
| 클릭<br>(Click) | 마우스 왼쪽 버튼을 한 번 누르고 바로 손을 뗀다. |
| 라이트 클릭<br>(Right-click) | 마우스 오른쪽 버튼을 한 번 누르고 바로 손을 뗀다. 주로 단축 메뉴를 위해서 사용된다. |
| 더블 클릭<br>(Double-click) | 마우스 왼쪽 버튼을 연속으로 빠르게 두 번 누른다. |
| 드래그<br>(Drag) | 마우스 왼쪽 버튼을 누른 상태에서 마우스를 움직인다. 이것은 엑셀 워크시트의 셀들을 선택(즉, 범위를 선택)하거나, 차트 또는 다른 그리기 개체들의 크기를 조절한다. |

엑셀 명령의 실행은 대부분 메뉴를 여러 단계에 걸쳐 선택하면서 이루어진다. 이 책에서는 메뉴의 선택 순서를 화살표 →로 나타내기로 한다. 예를 들어 [그림 1-3]은 **[수식]→[최근에 사용한 함수]**를 선택하여 얻은 화면이다.

마우스의 오른쪽 버튼을 클릭(즉, 라이트 클릭)하면 **미니 도구 모음**과 **단축 메뉴**가 팝업 메뉴(Pop-up Menu) 형식으로 뜨며, 이를 이용하여 쉽게 필요한 메뉴를 얻을 수 있다. 예를 들어 [그림 1-5](a)는 한 셀에서 라이트 클릭에 의해 얻은 팝업 메뉴로서, 위의 것은 미니 도구 모음이고 밑의 것이 단축 메뉴이다. 이와 같은 메뉴를 이용하여 셀 또는 선택된 구역의 내용을 쉽게 편집 또는 처리할 수 있다. [그림 1-5](b)는 시트 탭에서 라이트 클릭에 의해 얻은 단축 메뉴로서 이를 이용하여 워크시트에 관한 편집 등을 할 수 있다.

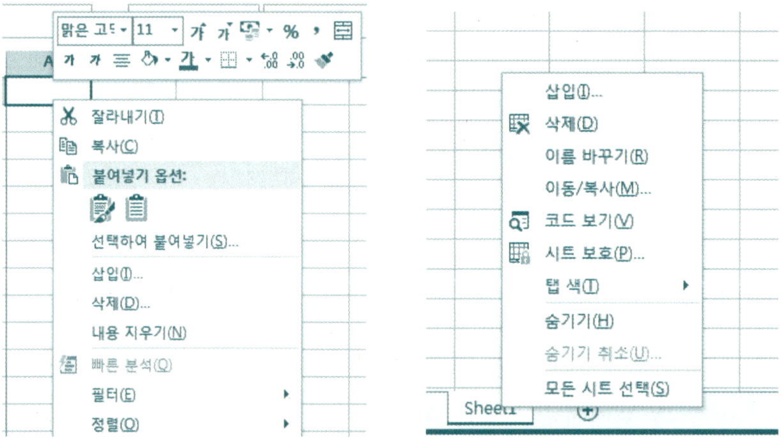


(a) 셀에서 미니 도구 모음과 단축 메뉴 (b) 시트 탭에서 단축 메뉴

[그림 1-5] 미니 도구 모음과 단축 메뉴

### 1.1.4 데이터 분석 메뉴와 통계분석 메뉴

엑셀에서 통계자료분석을 실행하기 위해서는 [데이터 분석] 메뉴가 설치되어 있어야 하며, KESS를 이용한 분석을 실행하기 위해서는 [통계분석] 메뉴가 설치되어 있어야 한다.

① 데이터 분석 메뉴

엑셀에서 통계분석을 실행하려면 엑셀의 추가 기능인 '분석 도구'가 설치되어 있어야 한다. 즉, [데이터] 탭의 [분석] 그룹에 [데이터 분석]이 설치되어 있어야 가능하다. [데이터 분석]을 설치하는 방법은 다음과 같다.

1. [파일] 단추를 클릭하여 나오는 메뉴에서 아래쪽에 있는 '옵션'을 선택한다.
2. 이어 나오는 [Excel 옵션] 창에서 '추가 기능'을 선택한다. 다시 [추가 기능] 대화상자의 아래쪽에 있는 '관리' 상자에서 'Excel 추가 기능'이 선택된 것을 확인한 후 [이동] 탭을 클릭한다.
3. 이어서 나오는 [추가 기능] 창에서 [분석 도구]와 [분석 도구-VBA]를 마우스로 클릭하여 체크한 다음 '확인'을 클릭하면 [데이터] 탭의 [분석] 그룹에 [데이터 분석] 메뉴가 설치된다.

[그림 1-6]에서 (a)는 '데이터 분석'이 설치된 그림이며, (b)는 '데이터 분석'을 클릭하여 얻은 [통계 데이터 분석] 창이다. 이곳에서 원하는 절차를 선택하여 엑셀에서의 통계분석을 실행할 수 있다.

(a) '데이터 분석' 설치

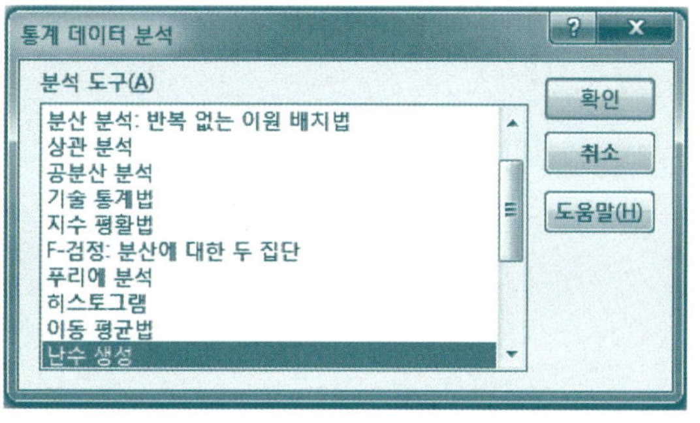


(b) '통계 데이터 분석' 창

**[그림 1-6]** Excel의 추가 기능 '데이터 분석'

### ② 통계분석 메뉴

'KESS 설치법'에 따라 KESS를 설치할 때 엑셀의 **[추가 기능]**에 KESS가 설치되어 있거나, 바탕화면에 KESS-바로가기 아이콘이 설치되어 있을 것이다.

'추가 기능'으로 KESS가 설치된 경우에는 엑셀을 구동하면 KESS도 자동으로 구동된다.

바탕화면에 KESS-바로가기 아이콘이 설치된 경우에는 이를 더블 클릭한다. 이어 나오는 **[보안알림]** 창에서 매크로 포함(E)을 선택해야 한다.

KESS가 구동되면 리본 메뉴 줄에 **[추가 기능]** 탭이 설치되고 이 안에 **[통계분석]** 메뉴가 설치된다. [그림 1-7]은 KESS가 설치된 상태에서 통계분석 메뉴를 클릭한 모습이다.

[그림 1-7] KESS가 설치된 통계분석 메뉴

## 1.1.5 엑셀의 도움말 사용법

엑셀의 도움말 기능을 이용하여 자세한 사용법을 익힐 수 있다.

엑셀의 도움말은 리본 메뉴 윗줄 오른쪽에 있는 도움말 아이콘( ? )을 클릭하거나 function key인 F1을 누르면 도움말 메뉴가 뜬다.

[그림 1-8](a)는 도움말 초기화면이며, [그림 1-8](b)는 도움말 창에 '새로운 기능'을 클릭하여 얻은 화면이다.

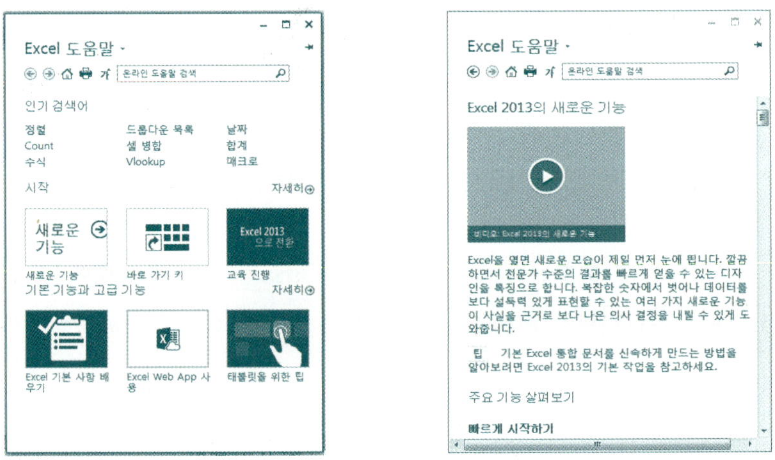


(a) 도움말 초기화면

(b) '새로운 기능' 도움말 화면

[그림 1-8] 도움말 화면

## 1.2 자료의 입력과 편집

이제 워크시트에 자료를 입력하고 이를 변환, 수정, 이동 및 복사하는 편집 방법에 대해 알아보기로 한다.

### 1.2.1 자료의 입력과 수정

워크시트에서 자료를 입력하기 위해서는 자료를 입력하고자 하는 셀에 흰색 십자 모양의 마우스 포인터를 위치시키고, 클릭한 후 자료를 입력한다. 수식 입력줄을 이용해서 자료를 입력할 수도 있다. 또한 엔터(Enter) 키, 탭(Tab) 키, 화살표 키 등을 이용하여 시트에서 원하는 셀로 포인터를 이동할 수도 있다.

〈표 1-2〉는 한 셀의 입력이 끝나고 다른 셀로 옮기는 키를 설명한 내용이다. 셀의 내용을 다시 입력하려면 해당 셀에서 마우스 포인터를 위치시켜 클릭한 후에 새 내용을 입력하면 된다.

〈표 1-2〉 기본적인 입력 키 조작

| 키 입력 | 설명 |
|---|---|
| 엔터(Enter) 키 | 셀 입력을 완료하고 아래쪽 셀로 이동 |
| 탭(Tab) 키 | 셀 입력을 완료하고 오른쪽 셀로 이동 |
| 화살표(↑↓⟵⟶) 키 | 화살표 방향(상하좌우)으로 이동 |
| F2 키 또는 더블 클릭 | 셀의 내용을 수정 |

셀의 내용을 **수정**하는 방법은 다음과 같은 여러 가지 방법이 있다.

1. 셀 내용 전체를 수정하려면 해당 셀을 클릭한 후에 새로 입력한다.
2. 셀 내용의 일부를 수정하려면 해당 셀을 더블 클릭하여 수정 모드로 바꾼 후에 원하는 수정을 한다.
3. 해당 셀에서 F2 키를 누르면 마찬가지로 수정모드로 바뀐다.
4. '수식 입력줄'을 이용하여 셀 내용을 수정할 수도 있다. [그림 1-4]에서 '기타' 점수를 83에서 86으로 변경시켜 보자. 먼저 [그림 1-9](a)에서와 같이 커서를 해당 셀에 놓고 클릭하면 이름상자에 셀의 주소가 뜨고 오른쪽의 수식 입력줄에 현재의 데이터 값이 나타난다. 이곳에서 수정을 완료하고 Enter 키를 누르면 [그림 1-9](b)와 같이 평균의 내용도 자동으로 수정된다.

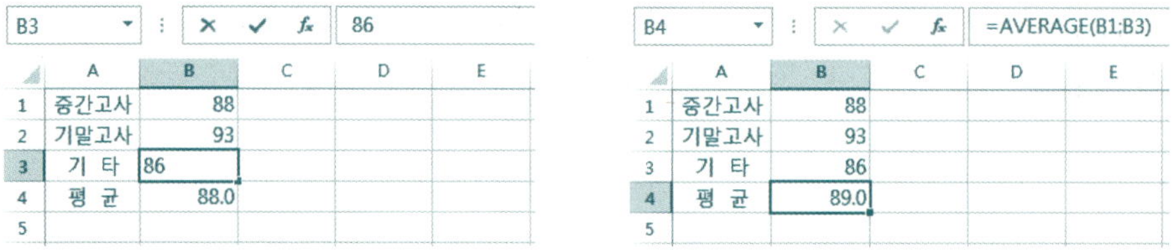


(a) 수식 입력줄에서 수정 (b) 수정된 결과

[그림 1-9] 수식 입력줄에서 데이터 수정

### 1.2.2 파일 불러오기

자료를 워크시트에서 직접 입력하는 대신에 파일 형태로 저장된 자료를 불러올 수도 있다. 엑셀에서 읽을 수 있는 파일은 엑셀(.xlsx) 파일을 비롯하여 각종 텍스트(.txt) 파일, 웹페이지(.htm 또는 .html) 파일, 데이터베이스(dBase) 파일 등이다.

① 저장된 엑셀 파일 불러오기

저장된 엑셀 파일을 불러오려면 **[파일]** 단추를 눌러 나오는 메뉴에서 **'열기'**를 이용하거나, 빠른 실행 도구 모음에서 열기 아이콘( )을 클릭하여 '열기' 창을 연 다음 해당되는 파일의 저장 장소를 찾으면 된다. 디폴트 파일 형식은 엑셀 파일이며, 원하는 파일 이름을 더블 클릭하거나 '열기' 메뉴를 클릭하면 된다.

② 텍스트 파일 불러오기

엑셀 파일 이외의 파일도 엑셀 파일로 바꾸면서 읽을 수 있다. 여기에서는 텍스트 파일을 읽는 방법을 알아보자.

[그림 1-10]은 메모장에서 만들어진 'class'란 이름의 텍스트 파일이다(KESS의 'DATA' 폴더에서 텍스트 문서 'class'). '열기' 메뉴를 이용하여 이 파일을 열면 [그림 1-11]의 (a), (b), (c)를 얻게 된다.

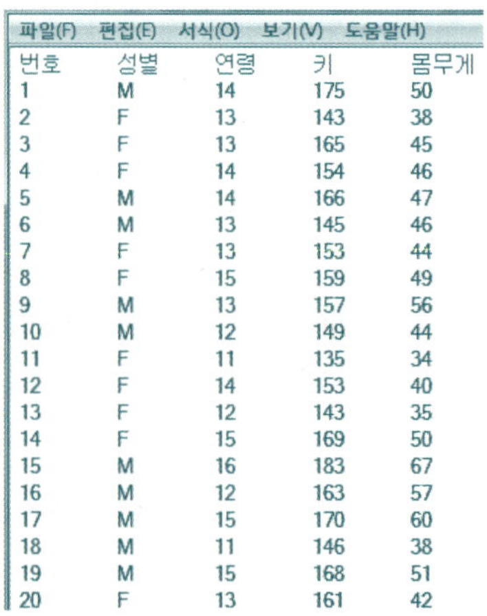
파일(F) 편집(E) 서식(O) 보기(V) 도움말(H)

| 번호 | 성별 | 연령 | 키 | 몸무게 |
|---|---|---|---|---|
| 1 | M | 14 | 175 | 50 |
| 2 | F | 13 | 143 | 38 |
| 3 | F | 13 | 165 | 45 |
| 4 | F | 14 | 154 | 46 |
| 5 | M | 14 | 166 | 47 |
| 6 | M | 13 | 145 | 46 |
| 7 | F | 13 | 153 | 44 |
| 8 | F | 15 | 159 | 49 |
| 9 | M | 13 | 157 | 56 |
| 10 | M | 12 | 149 | 44 |
| 11 | F | 11 | 135 | 34 |
| 12 | F | 14 | 153 | 40 |
| 13 | F | 12 | 143 | 35 |
| 14 | F | 15 | 169 | 50 |
| 15 | M | 16 | 183 | 67 |
| 16 | M | 12 | 163 | 57 |
| 17 | M | 15 | 170 | 60 |
| 18 | M | 11 | 146 | 38 |
| 19 | M | 15 | 168 | 51 |
| 20 | F | 13 | 161 | 42 |

[그림 1-10] 텍스트 파일 'class'

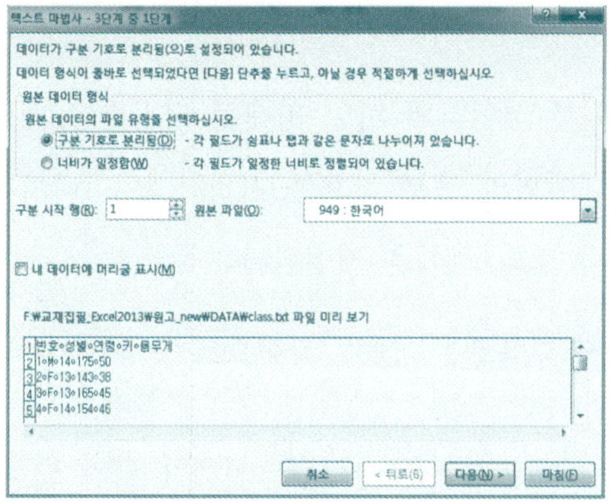


(a) 텍스트 마법사 1단계: 텍스트 마법사 1단계에서는 원본 데이터의 파일 형태를 지정한다.

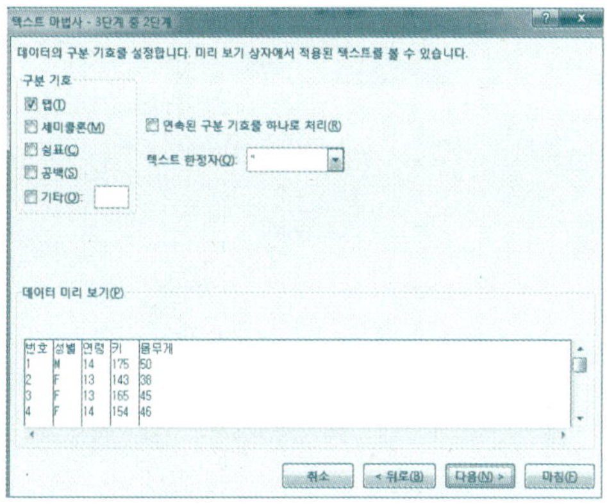


(b) 텍스트 마법사 2단계: 텍스트 마법사 2단계에서는 데이터의 구분 기호를 지정하고, 미리보기로 확인한다.

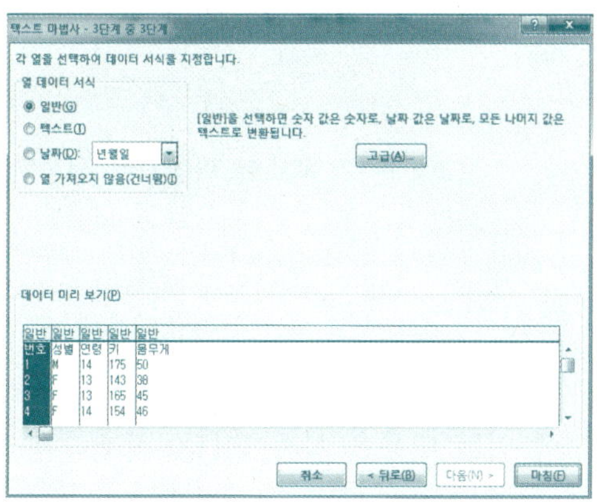


(c) 텍스트 마법사 3단계: 텍스트 마법사 3단계에서는 각 열의 서식을 지정한다.

[그림 1-11] 마법사를 이용하여 텍스트 파일 읽기

각 단계의 절차는 다음과 같다.

1단계: 원본 데이터의 파일 형태를 지정한다.

2단계: 데이터의 구분 기호를 지정하고, 미리보기로 확인한다.

3단계: 각 열의 서식을 지정한다.

3단계에서 디폴트는 '일반' 서식으로 숫자는 데이터로, 문자는 텍스트 데이터로 변환한다.

'마침' 단추를 클릭하면 [그림 1-12]와 같이 워크시트에 엑셀 데이터가 생성된다. 이를 'DATA' 폴더에 엑셀 파일인 'class'로 저장하기로 한다.

| | A | B | C | D | E |
|---|---|---|---|---|---|
| 1 | 번호 | 성별 | 연령 | 키 | 몸무게 |
| 2 | 1 | M | 14 | 175 | 50 |
| 3 | 2 | F | 13 | 143 | 38 |
| 4 | 3 | F | 13 | 165 | 45 |
| 5 | 4 | F | 14 | 154 | 46 |
| 6 | 5 | M | 14 | 166 | 47 |
| 7 | 6 | M | 13 | 145 | 46 |
| 8 | 7 | F | 13 | 153 | 44 |
| 9 | 8 | F | 15 | 159 | 49 |
| 10 | 9 | M | 13 | 157 | 56 |
| 11 | 10 | M | 12 | 149 | 44 |
| 12 | 11 | F | 11 | 135 | 34 |
| 13 | 12 | F | 14 | 153 | 40 |
| 14 | 13 | F | 12 | 143 | 35 |
| 15 | 14 | F | 15 | 169 | 50 |
| 16 | 15 | M | 16 | 183 | 67 |
| 17 | 16 | M | 12 | 163 | 57 |
| 18 | 17 | M | 15 | 170 | 60 |
| 19 | 18 | M | 11 | 146 | 38 |
| 20 | 19 | M | 15 | 168 | 51 |
| 21 | 20 | F | 13 | 161 | 42 |

class

[그림 1-12] 텍스트 마법사로 생성된 엑셀 데이터

### 1.2.3 자료의 편집

① 영역의 선택

어떤 영역에 있는 내용을 복사, 이동, 삭제하는 등의 편집을 하려면 먼저 편집하고자 하는 영역을 선택해야 한다.

영역을 선택하기 위해서는 마우스의 왼쪽 버튼을 누른 상태에서 원하는 범위까지 드래그하면 [그림 1-13]과 같이 시작 셀에서 마지막 셀까지 사각형 테두리가 진하게 변하면서 선택된다. 이와 같이 영역을 선택한 후에 복사, 삭제 등을 시행한다.

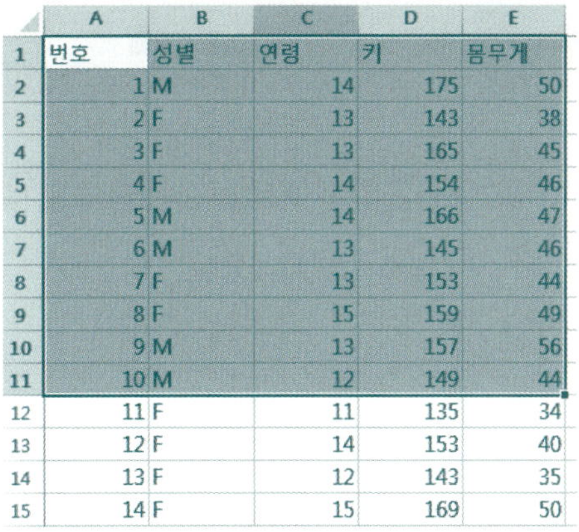

| | A | B | C | D | E |
|---|---|---|---|---|---|
| 1 | 번호 | 성별 | 연령 | 키 | 몸무게 |
| 2 | 1 | M | 14 | 175 | 50 |
| 3 | 2 | F | 13 | 143 | 38 |
| 4 | 3 | F | 13 | 165 | 45 |
| 5 | 4 | F | 14 | 154 | 46 |
| 6 | 5 | M | 14 | 166 | 47 |
| 7 | 6 | M | 13 | 145 | 46 |
| 8 | 7 | F | 13 | 153 | 44 |
| 9 | 8 | F | 15 | 159 | 49 |
| 10 | 9 | M | 13 | 157 | 56 |
| 11 | 10 | M | 12 | 149 | 44 |
| 12 | 11 | F | 11 | 135 | 34 |
| 13 | 12 | F | 14 | 153 | 40 |
| 14 | 13 | F | 12 | 143 | 35 |
| 15 | 14 | F | 15 | 169 | 50 |

[그림 1-13] 드래그에 의한 영역의 선택

한 셀만 선택하려면 해당 셀을 클릭하고, '행' 또는 '열' 전체를 선택하려면 행 또는 열의 머리글을 클릭하면 된다.

② 자료의 수정

이미 입력된 자료를 재입력하려면 마우스를 클릭한 후 입력하면 된다.

입력된 자료의 일부를 수정하려면 수정하고자 하는 셀을 선택한 후 마우스를 더블 클릭하거나, 선택된 셀에서 F2 키를 누르면 수정할 수 있는 상태가 되고, 수정 후 Enter 키를 누르면 수정이 완료된다.

엑셀에서 유의할 점은 자료를 수정하면 수정된 셀과 수식으로 연결된 셀의 값들도 자동으로 동시에 수정되는 것이다.

③ 행과 열의 삭제 또는 삽입

어떤 셀 또는 선택된 구역의 내용만을 지우려면 해당 셀을 선택한 후 Delete 키를 누르거나, 리본 메뉴인 [홈] 탭의 [셀] 그룹에 있는 [삭제] 메뉴를 이용할 수 있다.

[그림 1-14](a)에서와 같이 [삭제] 탭을 누르면 삭제의 여러 메뉴가 뜨며, 이 가운데서 필요한 삭제 메뉴를 선택하면 된다. 예를 들어 [그림 1-13]에서 드래그로 선택된 구역에 대하여 [셀 삭제]를 클릭하면 (b)와 같은 삭제 옵션 창이 뜬다. 여기에서 원하는 삭제 방법을 선택한 후 **'확인'**을 누르면 (c)의 결과를 얻게 된다. 삭제를 취소하려면 [빠른 실행 도구 모음]에 있는 실행(삭제) 취소 단추( ↶ )를 누르면 된다.

행 또는 열 전체에 저장되어 있는 내용을 지우려면 행 또는 열의 머리글을 선택한 후 Delete 키를 누르거나, [홈]→[셀]→[삭제] 명령을 선택하면 된다. 이때에도 삭제를 취소하려면 실행(삭제) 취소 단추( ↶ )를 누르면 된다.

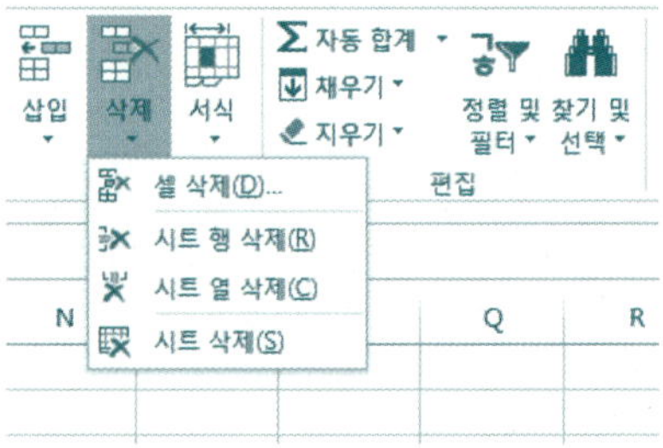


(a) 삭제 메뉴

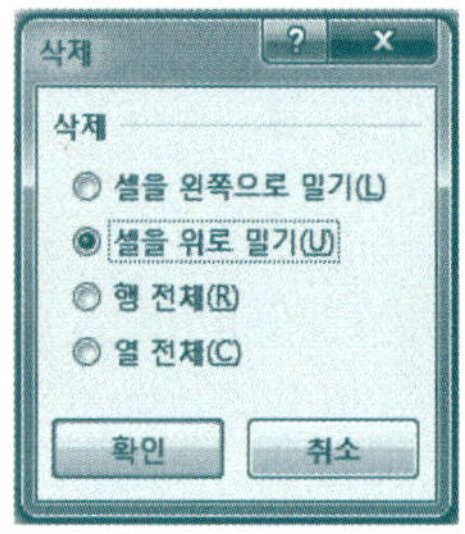


(b) 삭제 옵션 창

| | A | B | C | D | E |
|---|---|---|---|---|---|
| 1 | 10 | M | 12 | 149 | 44 |
| 2 | 11 | F | 11 | 135 | 34 |
| 3 | 12 | F | 14 | 153 | 40 |
| 4 | 13 | F | 12 | 143 | 35 |
| 5 | 14 | F | 15 | 169 | 50 |
| 6 | 15 | M | 16 | 183 | 67 |
| 7 | 16 | M | 12 | 163 | 57 |
| 8 | 17 | M | 15 | 170 | 60 |
| 9 | 18 | M | 11 | 146 | 38 |
| 10 | 19 | M | 15 | 168 | 51 |
| 11 | 20 | F | 13 | 161 | 42 |

(c) '셀 삭제'를 실행한 결과

**[그림 1-14]** 삭제 메뉴와 실행 결과

행 또는 열을 삽입하고자 하는 경우 **[홈]→[셀]→[삽입]** 명령을 선택한다. [시트 행 삽입]에 의해 현재 선택된 셀의 위치에 하나의 행이 추가되고, [시트 열 삽입]에 의해 현재 선택된 셀의 위치에 하나의 열이 추가된다.

[그림 1-15]에서 (a)는 **[삽입]** 명령을 눌러 나온 메뉴이며, (b)는 마우스 포인터가 B4에 있을 때 삽입 메뉴에서 **[시트 행 삽입]**과 **[시트 열 삽입]** 명령을 실행한 결과이다.

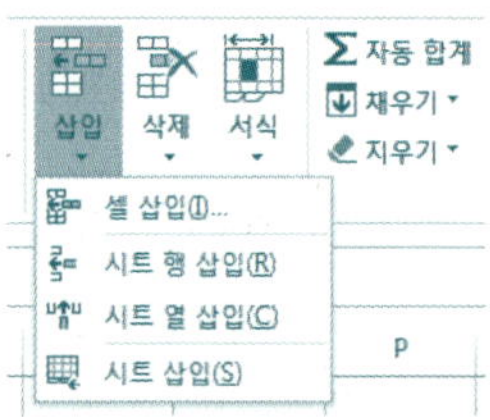


(a) 삽입 메뉴

| | A | B | C | D | E | F |
|---|---|---|---|---|---|---|
| 1 | 번호 | | 성별 | 연령 | 키 | 몸무게 |
| 2 | 1 | | M | 14 | 175 | 50 |
| 3 | 2 | | F | 13 | 143 | 38 |
| 4 | | | | | | |
| 5 | 3 | | F | 13 | 165 | 45 |
| 6 | 4 | | F | 14 | 154 | 46 |

(b) '시트 행', '시트 열' 삽입을 실행한 결과

**[그림 1-15]** 삽입 메뉴와 실행 결과

행과 열의 삭제 또는 삽입을 위하여 단축 메뉴를 사용할 수도 있다. 즉, 마우스의 오른쪽 버튼을 클릭하여 나오는 단축 메뉴에서 **[삽입]** 또는 **[삭제]**를 선택하면 [그림 1-16]과 같은 메뉴들이 다시 나타나게 된다. 엑셀의 사용이 익숙해지면 단축 메뉴를 더 자주 사용하는 것이 보통이다.

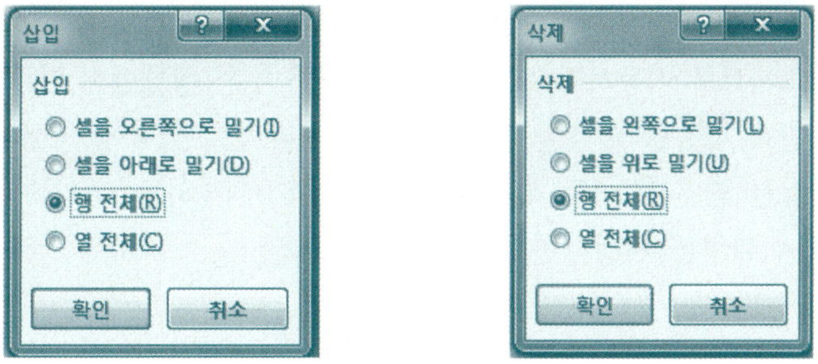


(a) 삽입 메뉴　　　(b) 삭제 메뉴

[그림 1-16] 단축 메뉴에서 삽입 메뉴와 삭제 메뉴

④ 자료의 이동 또는 복사

어떤 셀 또는 영역의 내용을 다른 곳으로 **이동**하려면 먼저 이동하고자 하는 셀 또는 영역을 드래그에 의해 구역으로 선택하고, 구역 내에 마우스 포인터가 있는 상태에서 오른쪽 마우스 버튼으로 단축 메뉴를 띄운 후에 [잘라내기]를 클릭한다. 이어서 이동하고자 하는 위치에 마우스 포인터를 위치하고 라이트 클릭으로 단축메뉴를 부른 다음 [붙여넣기]를 선택하면 된다.

어떤 셀 또는 영역의 내용을 **복사**하는 방법도 자료의 이동과 같다. 즉, 복사를 원하는 영역을 선택한 후에, 단축 메뉴에서 [복사]를 선택하고 이동의 경우와 같이 붙여넣기하고자 하는 위치에 마우스를 위치한 후 단축 메뉴의 [붙여넣기]를 선택하면 된다.

이동과 복사 등의 편집을 위해 메뉴를 사용하는 대신 단축키를 사용할 수도 있다. 단축키를 이용한 주요 편집 방법은 〈표 1-3〉의 내용과 같다.

〈표 1-3〉 기본적인 편집을 위한 단축키

| 키 입력 | 설명 |
|---|---|
| Ctrl+C | 현재 선택되어진 셀이나 영역(범위)의 내용을 클립보드(Windows 내부의 작업을 위한 임시 저장 장소)로 복사한다. |
| Ctrl+V | 복사되어진 내용(Ctrl+C로 복사되어진 내용) 또는 클립보드에 저장되어 있는 내용을 현재 선택된 셀이나 영역에 붙여넣는다. |
| Ctrl+X | 현재 선택되어진 셀이나 셀 영역(범위)의 내용을 클립보드로 복사하는 동시에 잘라낸다(cut and copy). |

⑤ 워크시트의 이동, 복사, 이름변경

하나의 통합문서 내에서 워크시트를 이동하려면 화면 하단의 시트 탭을 이용하면 편리하다. 옮기고 싶은 워크시트를 정한 후, 원하는 위치로 드래그하면 된다. [그림 1-17](a)는 마우스로 워크시트를 이동하는 예로서 이동 결과는 (b)와 같이

'class' 워크시트가 Sheet1과 Sheet2 사이에 오게 된다. 만약 복사본을 만들어서 워크시트를 이동시키고 싶으면 Ctrl 키를 누른 상태에서 마우스를 드래그하면 된다.

단축 메뉴를 이용할 수도 있다. 즉, 라이트 클릭에 의해 [그림 1-17](c)의 단축 메뉴를 띄우고 '이동/복사'를 선택하면 (d)의 **[이동/복사]** 창이 뜬다. 이곳에서 원하는 위치를 지정하면 된다.

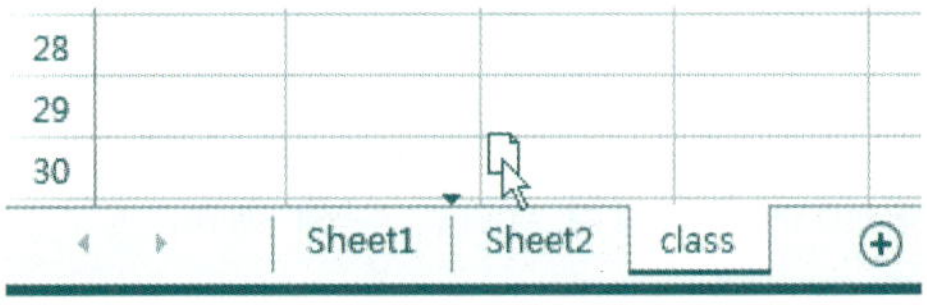


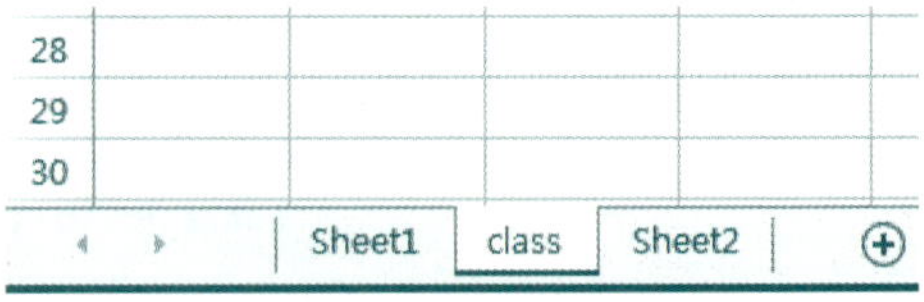


(a) 마우스를 이용한 이동

(b) 이동된 결과

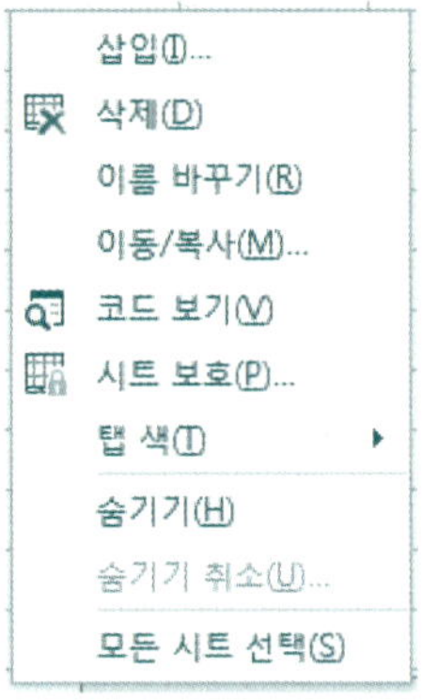


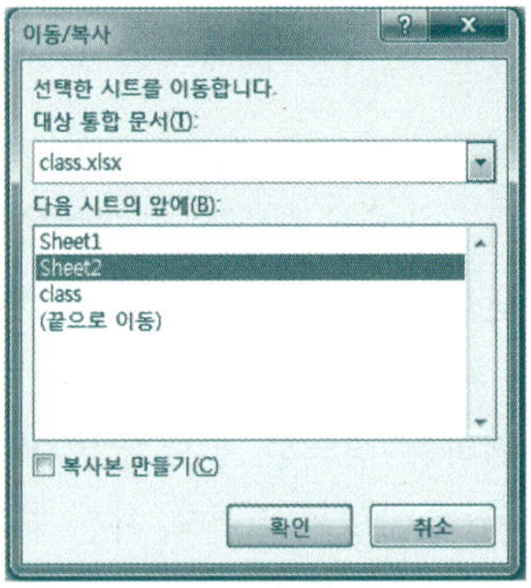


(c) 단축메뉴

(d) 이동 / 복사 창

**[그림 1-17]** 워크시트의 이동

워크시트의 이름을 변경하기 위해서는 원하는 시트의 시트 탭을 더블 클릭한 후에 새로운 이름을 입력하거나, 라이트 클릭에 의한 단축 메뉴에서 **[이름 바꾸기]**를 이용하면 된다.

## 1.3 자동 채우기와 자동 계산

### 1.3.1 자동 채우기

엑셀에서 자주 사용되는 기능 중의 하나가 **채우기**이다. 채우기 기능은 선택된 범위 내의 한 셀의 내용과 서식을 나머지 부분에 복사하거나 연속적인 값을 입력하는 기능이다.

채우기 기능은 [홈] 탭의 [편집] 그룹에서 [채우기] 탭을 클릭하여 필요한 메뉴를 선택하는 방법과 마우스를 이용하는 방법이 있다. [그림 1-18]에서 (a)는 A1의 내용을 아래쪽으로 채우기 위해 블록을 잡은 것이며, (b)는 채우기 메뉴이다. (c)는 채우기 메뉴에서 '아래쪽'을 선택하여 실행한 결과이다.

(d)는 채우기 메뉴에서 [계열]을 선택하여 나오는 [연속 데이터] 대화상자이며, (e)는 이곳에서 '유형'으로 '선형'을 선택하고 '단계 값'을 10으로 입력한 후 연속 데이터 채우기를 실행한 결과이다.

(a) 블록 잡기 (b) 채우기 메뉴 (c) '아래쪽' 채우기의 결과

(d) 계열(연속 데이터) 창 (e) '연속 데이터' 채우기의 결과

[그림 1-18] 자동 채우기 메뉴

[채우기] 메뉴에서 [아래쪽]을 선택하면 선택된 범위의 맨 위에 위치한 셀의 내용과 서식이 아래쪽의 셀들에 복사된다. [오른쪽]을 선택하면 선택된 범위의 가장 왼쪽에 위치한 셀의 내용과 서식이 오른쪽의 셀들에 복사된다. [위쪽]이나 [왼쪽]도 같은 역할을 수행한다.

[채우기] 메뉴 대신에 마우스를 이용하는 것이 더 편리할 수 있다.

채우기의 기준이 되는 셀을 선택하면 [그림 1-19](a)와 같이 선택된 셀의 오른쪽 하단에 작고 검은 사각형이 나타난다. 이를 **채우기 핸들**이라고 부른다. 마우스를 채우기 핸들 위에 위치하면 마우스 포인터가 검은색 십자가 형태(+)로 바뀐다. 이때 마우스를 드래그하고 드롭하면 (b)와 같이 자동으로 채우기가 수행된다.

[그림 1-19](b)에서 오른쪽 아래에 있는 **빠른 분석 단추**( )는 **'자동 채우기 옵션'** 단추이다. 이 단추를 누르면 (c)와 같은 옵션이 뜬다. 여기에서 '연속 데이터 채우기'를 선택하면 (d)와 같이 1씩 증가하는 연속 데이터가 채워진다.

일정한 규칙이 있는 연속 데이터도 자동 채우기로 만들 수 있다. [그림 1-19](e)는 5씩 증가하는 연속 데이터를 만들기 위해 처음 두 셀을 블록으로 지정한 그림이고 (f)는 드래그에 의한 자동 채우기를 수행한 결과이다.

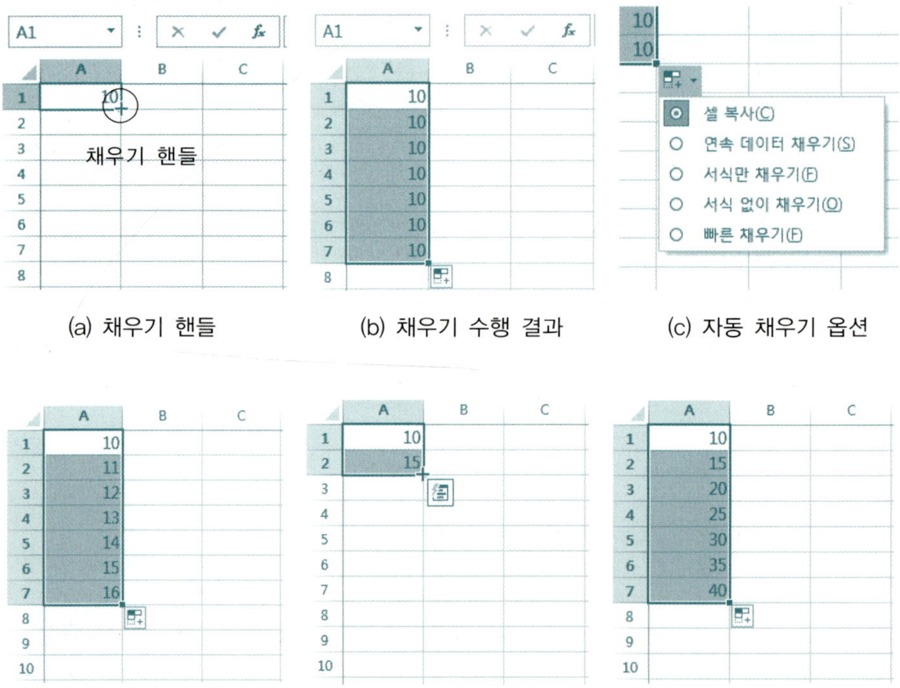


(a) 채우기 핸들 (b) 채우기 수행 결과 (c) 자동 채우기 옵션

(d) 연속 데이터 채우기 결과 (e) 블록 지정 (f) 자동 채우기 결과

**[그림 1-19]** 자동 채우기 핸들을 이용한 데이터 채우기

일련번호, 날짜, 요일 등과 같이 연속적인 값을 입력하는 경우에도 채우기 기능을 이용하면 편리하다. 먼저 연속 데이터가 채워질 범위를 [그림 1-20](a)와 같이 선택한 후 리본 메뉴 **[홈]**에서 **[편집]→[채우기]→[계열]**을 선택하면 (b)와 같은 **[연속 데이터]** 대화상자가 나타난다. 채우기를 원하는 방향은 '열'로, 유형은 '자동 채우기'로 선택하고 '확인'을 클릭하면 (c)와 같은 결과를 얻는다.

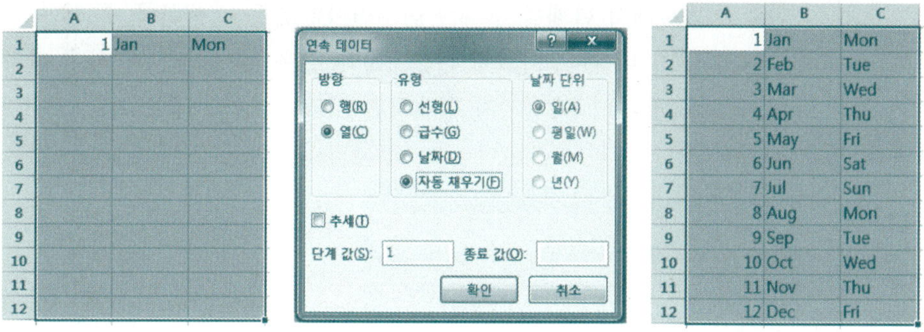


(a) 자동 채우기 범위 (b) 연속 데이터 대화상자 (c) 채우기 결과

[그림 1-20] 연속 데이터 자동 채우기

## 1.3.2 자동 계산

[그림 1-21]은 10명의 학생에 대한 세 과목의 점수를 나타낸다(KESS의 'DATA' 폴더에 있는 **'성적자료'**에서 **'성적'** 시트). 각 과목별 평균 성적과 각 개인별 성적 합계 및 평균을 계산하는 방법을 알아보자.

| | A | B | C | D | E |
|---|---|---|---|---|---|
| 1 | 번호 | 국어 | 영어 | 수학 | |
| 2 | 1 | 77 | 91 | 87 | |
| 3 | 2 | 89 | 80 | 94 | |
| 4 | 3 | 93 | 95 | 98 | |
| 5 | 4 | 80 | 88 | 93 | |
| 6 | 5 | 68 | 78 | 75 | |
| 7 | 6 | 73 | 85 | 83 | |
| 8 | 7 | 85 | 94 | 86 | |
| 9 | 8 | 98 | 79 | 77 | |
| 10 | 9 | 74 | 69 | 65 | |
| 11 | 10 | 82 | 75 | 82 | |
| 12 | | | | | |

[그림 1-21] 성적 자료

먼저 함수 마법사를 이용하여 각 개인별 성적의 '합계'를 구하는 방법을 알아보자. 합계를 구하여 저장할 열을 만들기 위해 E1셀에 변수 이름인 '합계'를 입력한다. 다음은 '이름 상자'와 '수식 입력줄' 사이에 있는 '함수 삽입' 탭인 *fx*를 클릭하면 [그림 1-22](a)와 같은 **[함수 마법사]** 창이 뜬다. 그림에서는 함수의 범주로 '최근에 사용한 함수'가 떠 있지만, 이외에도 '통계' '수학/삼각' 등의 많은 분야가 있다.

함수 마법사에서 합계를 구하는 함수인 'SUM'을 선택한다. 그러면 '수식 입력줄'에 '=SUM()'이 나타나고 [그림 1-22](b)와 같은 **[함수 인수]** 창이 나타난다. 드래그에 의해 B2셀부터 D2셀까지 선택하면 SUM 함수의 인수로 (B2:D2)가 입력된다.

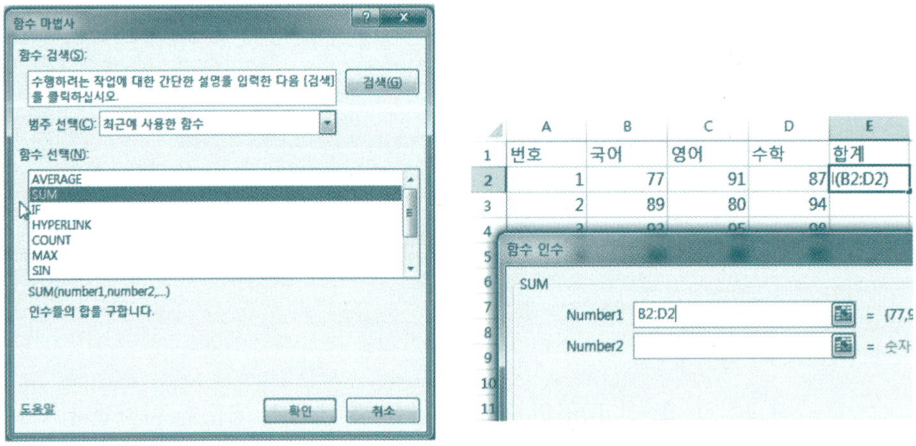


(a) 함수 마법사 (b) SUM 함수를 이용한 합계 구하기

**[그림 1-22]** 성적 합계 구하기

함수 마법사를 이용하는 대신 '수식 입력줄'에 직접 입력할 수도 있다. 즉, E2셀을 클릭하여 활성화시킨 후에 수식 입력란에서 '=SUM(B2:D2)'를 입력하고 Enter 키를 누르면 E2셀에 성적 합계가 구해진다.

[그림 1-23](a)는 E2셀에 합계를 구한 후에 채우기 핸들을 이용할 준비가 된 모양이다. (b)는 드래그에 의해 나머지의 개인별 합계를 구한 결과이다. 같은 결과를 메뉴에 의해서도 구할 수 있다. 즉, 드래그에 의해 E2셀에서 E11셀까지 영역을 선택한 후에 **[홈]** 리본 메뉴 **[편집]** 그룹에서 **[채우기]→[아래쪽]**을 선택하면 같은 결과를 얻을 수 있다.

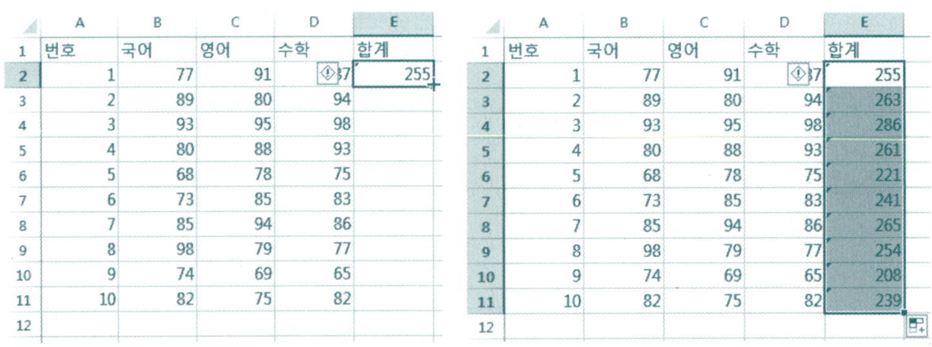


(a) 1번의 합계 (b) 아래쪽 채우기에 의한 합계 구하기

**[그림 1-23]** 채우기에 의한 합계 구하기

다음은 개인별 성적의 평균을 구해 보자. 합계를 구할 때와 마찬가지로 F1셀에 변수 이름으로 '평균'을 입력하고, 함수 마법사 창에서 평균을 구하는 함수인 'AVERAGE'를 선택한다. 그러면 '수식 입력줄'에 '=AVERAGE()'가 나타남과 동시에 '함수 인수' 창이 나타난다. 이제 드래그에 의해 B2셀부터 D2셀까지 선택하여 함수의 인수로 (B2:D2)를 입력하고 Enter 키를 누르면 F2셀에 성적 평균이 구해진다. 다음은 합계에서와 마찬가지로 '아래쪽 채우기'에 의해 개인별 성적의 평균을 구한다. 이때 평균은 소수 이하 자릿수들이 다르므로, **'자릿수 늘림'**과 **'자릿수 줄임'** 단추인 ←.0 .00 를 이용하여 소수 이하 한자리로 통일하기로 한다([그림 1-24] 다음에 있는 **'참고'** 참조).

마찬가지로 국어 과목의 평균을 구하고, '오른쪽 채우기'에 의해 나머지 과목과 전체 평균을 구할 수 있다. 결과는 [그림 1-24](b)와 같다.

| | A | B | C | D | E | F |
|---|---|---|---|---|---|---|
| 1 | 번호 | 국어 | 영어 | 수학 | 합계 | 평균 |
| 2 | 1 | 77 | 91 | 87 | [illegible]5 | 85 |
| 3 | 2 | 89 | 80 | 94 | 263 | |
| 4 | 3 | 93 | 95 | 98 | 286 | |
| 5 | 4 | 80 | 88 | 93 | 261 | |
| 6 | 5 | 68 | 78 | 75 | 221 | |
| 7 | 6 | 73 | 85 | 83 | 241 | |
| 8 | 7 | 85 | 94 | 86 | 265 | |
| 9 | 8 | 98 | 79 | 77 | 254 | |
| 10 | 9 | 74 | 69 | 65 | 208 | |
| 11 | 10 | 82 | 75 | 82 | 239 | |
| 12 | | | | | | |

(a) 1번의 평균

| | A | B | C | D | E | F |
|---|---|---|---|---|---|---|
| 1 | 번호 | 국어 | 영어 | 수학 | 합계 | 평균 |
| 2 | 1 | 77 | 91 | 87 | 255 | 85.0 |
| 3 | 2 | 89 | 80 | 94 | 263 | 87.7 |
| 4 | 3 | 93 | 95 | 98 | 286 | 95.3 |
| 5 | 4 | 80 | 88 | 93 | 261 | 87.0 |
| 6 | 5 | 68 | 78 | 75 | 221 | 73.7 |
| 7 | 6 | 73 | 85 | 83 | 241 | 80.3 |
| 8 | 7 | 85 | 94 | 86 | 265 | 88.3 |
| 9 | 8 | 98 | 79 | 77 | 254 | 84.7 |
| 10 | 9 | 74 | 69 | 65 | 208 | 69.3 |
| 11 | 10 | 82 | 75 | 82 | 239 | 79.7 |
| 12 | 평균 | 81.9 | 83.4 | 84.0 | 249.3 | 83.1 |

(b) 개인별 및 과목별 평균

**[그림 1-24]** 평균 구하기

## 참고

### 소수 이하 자릿수

엑셀에서 1/3을 계산하면 0.333333333과 같이 소수 이하 9자리까지 계산한다. 이들 소수 이하 자릿수를 조절하려면 메뉴 **[홈]→[표시 형식]**에서 **'자릿수 늘림'**과 **'자릿수 줄임'** 도구인 ←.0 .00 를 이용하여 조절하거나, **[표시 형식]**의 '셀 서식' 탭인 ⇲ 를 클릭하여 얻는 **[셀 서식]** 메뉴를 이용한다. 즉, '셀 서식' 탭을 클릭하면 [그림 1-25]와 같은 창이 뜨며, 이곳에서 숫자의 '소수 자릿수'를 입력하여 소수 이하의 자릿수를 지정한다.

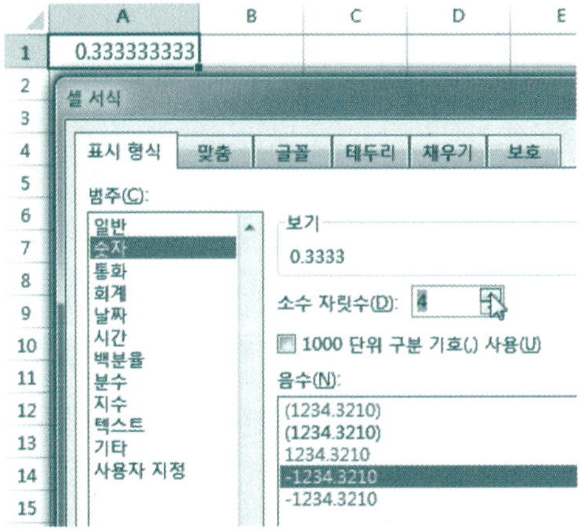


[그림 1-25] 소수 자릿수의 지정

## 1.3.3 엑셀 함수의 이용

앞에서 사용한 함수 SUM 또는 AVERAGE 등은 모두 엑셀 함수이다. 예를 들어 '=SUM(B2:D2)'는 '=SUM(B2,C2,D2)'와 마찬가지이며, SUM은 함수 이름이고, 괄호 속의 내용을 인수라고 부른다. 인수 사이는 흔히 쉼표(콤마)로 분리하며, 인수 'B2:D2'는 B2부터 D2까지의 연속된 셀 참조를 뜻한다.

엑셀 함수를 이용하는 간단한 방법은 '함수 마법사'를 이용하는 것이다. 앞의 자동 계산에서 설명한 바와 같이, '이름 상자'와 '수식 입력줄' 사이에 있는 '함수 삽입' 탭인 *fx*를 클릭하면 [그림 1-22](a)와 같은 '함수 마법사' 창이 뜬다. 이곳에서 원하는 함수를 선택할 수 있다.

엑셀 함수를 부르는 다른 방법으로 **함수 선택키**(▾)를 이용하는 방법이 있다. 즉, '수식 입력' 란에 '='을 입력하면 셀 위치를 나타내는 '이름 상자'의 끝 부분에 있는 함수 선택키가 활성화된다. 이 키를 클릭하면 [그림 1-26](a)와 같이 최근에 사용한 함수들의 목록이 있으며, 끝에 있는 '함수 추가...'를 선택하면 여기에서도 '함수 마법사' 창이 뜬다.

함수 마법사 창에서 '수학/삼각' 범주를 선택하면 자연로그의 값을 구하는 LN 함수가 있다. [그림 1-26](b)는 10부터 18까지의 숫자에 대한 LN 함수 값을 구하기 위하여 첫 행에서 LN(A1)을 입력하여 LN(10)을 구하고 나머지는 채우기로 구한 결과이다.

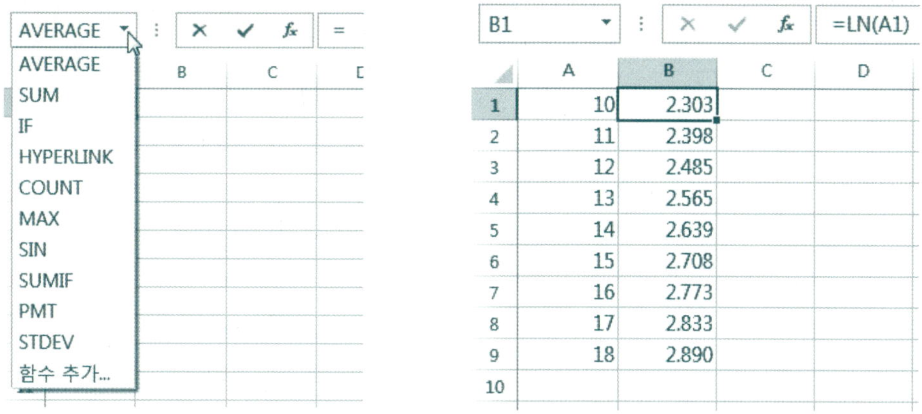


(a) 최근에 사용한 함수 목록

(b) 자연로그 LN 함수의 이용

[그림 1-26] 함수 마법사를 이용한 계산

## 1.3.4 참조 형식

셀을 참조하는 형식에는 **상대 참조**와 **절대 참조**의 두 가지가 있다.

상대 참조는 셀의 주소를 상대 번지로 나타내는 개념이다. 즉, 수식이 입력된 셀에서 상대적 위치가 채우기로 생성된 다른 셀에서도 적용되는 것이다. 예를 들어 [그림 1-27]의 (a)에서 A3에 =A1+A2를 입력하고 B3, C3에 **'오른쪽'** 채우기를 하면 C3에는 =C1+C2가 입력된다.

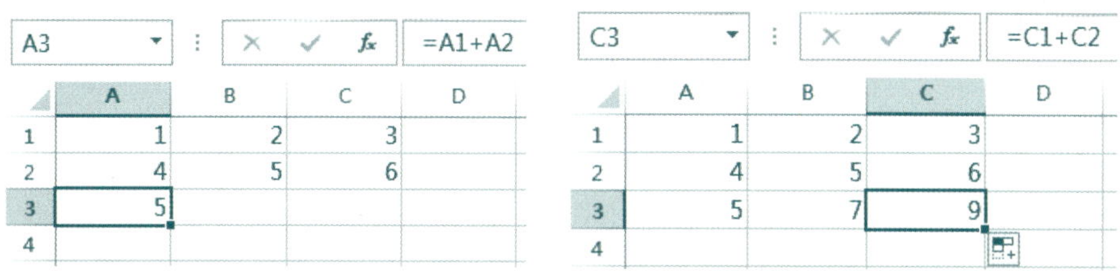


(a) 상대 참조로 계산

(b) 채우기로 생성된 결과

[그림 1-27] 상대 참조

**절대 참조**에서는 셀의 주소가 상대 번지가 아닌 절대 번지로 들어간다. 따라서 절대 참조로 입력된 셀의 내용을 다른 셀에 채우기로 입력하면 값이 변하지 않는다. 절대 참조를 나타내는 방법은 열 이름과 행 번호 앞에 $를 붙이는 것이다. 예를 들어 [그림 1-28]의 (a)에서 A3에 =$A$1+$A$2를 입력하고 B3, C3에 **'오른쪽'** 채우기를 하면 C3에도 =$A$1+$A$2가 입력되어 모두 같은 값 5가 입력된다.

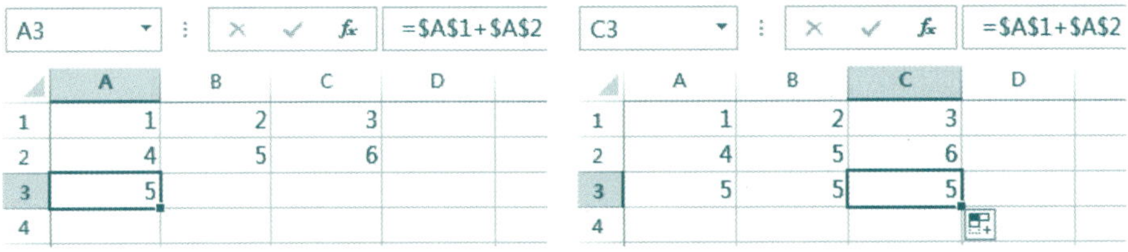


(a) 절대 참조로 계산 (b) 채우기로 생성된 결과

[그림 1-28] 절대 참조

## 1.4 엑셀의 차트 만들기

엑셀의 리본 메뉴 [삽입]에서 [차트] 그룹에 있는 메뉴를 이용하여 차트를 만드는 방법을 알아보자.

### 1.4.1 세로 막대형 차트

'성적' 자료에서 10명의 개인별 성적을 비교하기 위하여 세 과목의 성적에 대한 **세로 막대형 차트**를 작성해 보자. 먼저 '성적자료'를 열고 성적이 입력된 영역을 선택한다. 이어서 [삽입] 메뉴의 [차트] 그룹에 있는 [추천 차트] 탭을 클릭하면 [그림 1-29]와 같이 추천된 차트가 나온다. 여기에서 추천된 **'묶은 세로 막대형'** 차트를 선택하고 '확인'을 클릭하면 [그림 1-30]과 같은 차트가 만들어진다. 이때 리본 메뉴에 [차트 도구] 메뉴가 나타나며, [디자인] 탭 아래의 [차트 스타일] 그룹에서 원하는 스타일의 차트를 선택할 수 있다.

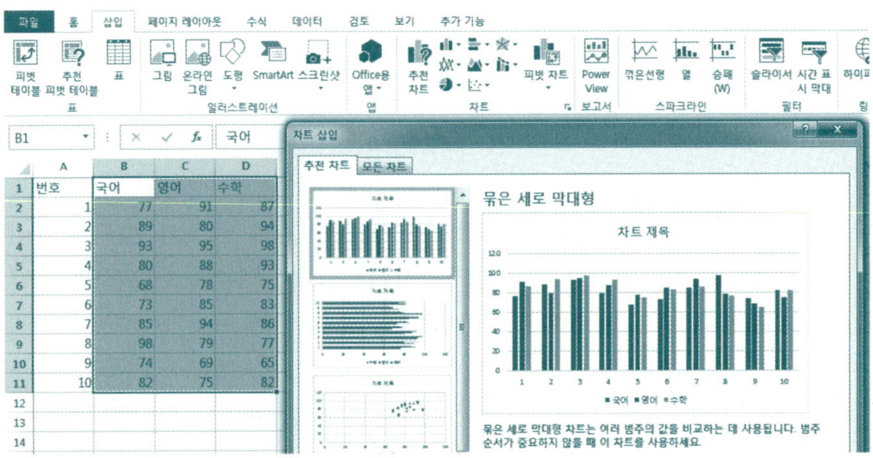


[그림 1-29] 영역과 차트의 선택

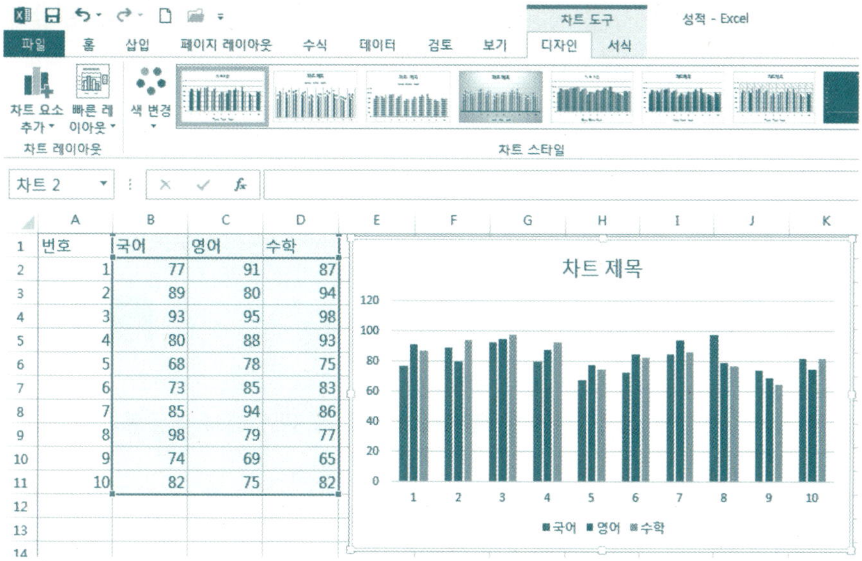


[그림 1-30] 세로 막대형 차트의 결과

## 1.4.2 분산형 차트

'class' 자료에서 키와 몸무게의 **산점도**에 해당되는 **분산형 차트**를 작성해 보자.

먼저 'class' 자료를 열고, [그림 1-31]과 같이 열 제목을 포함하여 키와 몸무게가 입력된 영역을 선택한 다음, [삽입] 탭의 [차트] 그룹에 있는 [분산형] 탭(⁝·▾)을 클릭하면 분산형 차트의 종류가 나온다. 여기에서 첫 번째 그림을 선택하면 [그림 1-31]과 같은 차트가 만들어진다.

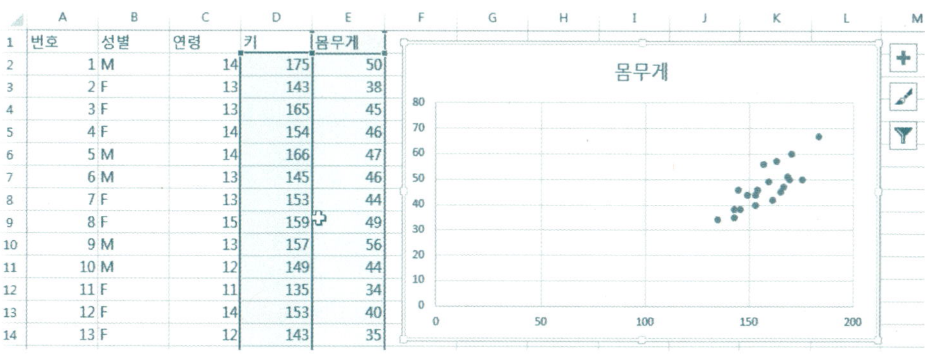


[그림 1-31] 분산형 차트의 초기 형태

이제 초기 형태의 차트를 편집하는 방법을 알아보자. [그림 1-31]에서 차트의 오른쪽에 보이는 간편 메뉴를 이용할 수도 있으며, 리본 메뉴 [차트 도구]에 있는 여러 가지 메뉴를 이용할 수도 있다. 여기에서는 리본 메뉴를 알아보기로 한다.

[그림 1-32]에서와 같이 리본 메뉴 **[차트 도구]**의 **[디자인]** 탭에는 **[차트 스타일]**과 **[차트 레이아웃]** 그룹 등이 있다. 차트 스타일에서 [그림 1-32]와 같이 첫 번째 스타일을 선택한 것이 [그림 1-31]이다.

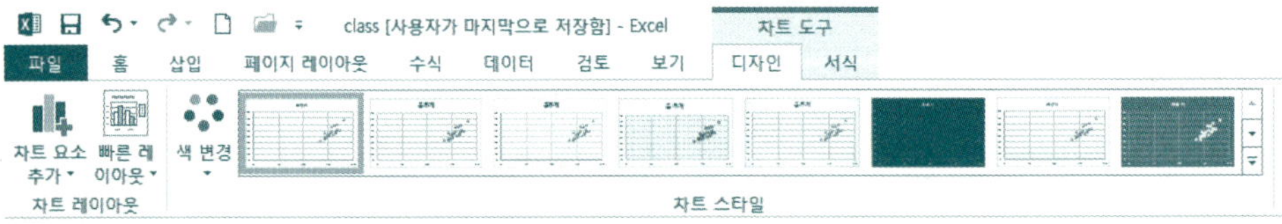


**[그림 1-32]** 차트 도구 탭에서 메뉴들

이제 왼쪽의 **[차트 레이아웃]** 그룹에서 **[빠른 레이아웃]** 탭을 선택하면 [그림 1-33](a)와 같이 여러 가지 레이아웃 메뉴가 나온다. 이 가운데 첫 번째 레이아웃을 선택하면 축 제목과 차트 제목을 입력할 수 있는 제목 상자들이 뜬다. 이들 글 상자에서 더블 클릭하여 직접 수정하거나, 오른쪽 마우스 버튼을 클릭하여 나오는 단축 메뉴를 이용하여 축 제목과 차트 제목을 입력할 수 있다. 산점도 오른쪽에 있는 범례는 Delete 키를 이용해 삭제한다.

축의 범위와 눈금을 재조정하기 위해 눈금이 있는 부분을 더블 클릭하면 [그림 1-33](b)와 같은 **[축 서식]** 대화상자에서 **[축 옵션]** 창이 뜬다. 이곳에서 축의 최솟값과 최댓값을 지정하여 축의 눈금 범위를 편집한다. **[축 서식]→[축 옵션]** 창은 각 축에서 라이트 클릭에 의해 얻을 수도 있다. 즉, 커서를 축 위에 놓고 라이트 클릭하여 나오는 단축메뉴에서 '축 서식'을 클릭하면 **[축 서식]** 창이 뜬다.

[그림 1-33](c)는 편집이 완료된 차트로서 키와 몸무게의 산점도를 나타낸다.

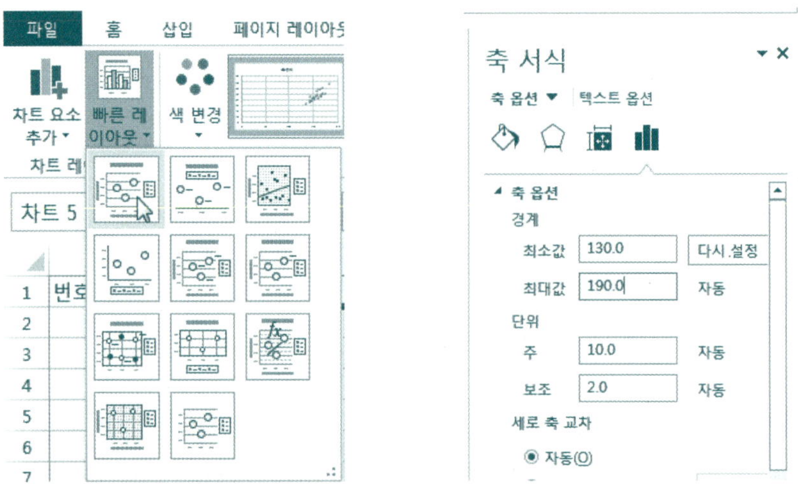


(a) 빠른 레이아웃 메뉴　　(b) 축 옵션

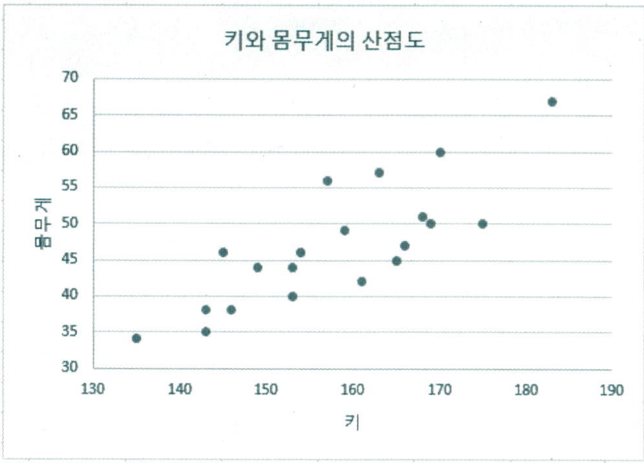


(c) 키와 몸무게의 산점도

[그림 1-33] 분산형 차트를 이용한 산점도

# 연습문제

**1-1** A열의 1행부터 20행까지 11~30을 채우기 기능을 이용하여 입력하여라.

**1-2** B열의 1행부터 20행까지 0부터 시작하여 0.1씩 증가된 값을 입력하여라.

**1-3** 〈표 1-4〉는 기초통계학 과목을 수강한 학생들의 중간시험, 기말시험 및 숙제 점수이다(다만 숙제는 50점 만점이다).

(a) KESS의 'DATA' 폴더에서 텍스트 파일인 'grade'를 엑셀에서 읽어 들여 엑셀 파일 'grade'로 저장하여라.

(b) 중간시험, 기말시험과 숙제 점수의 '합계'를 구하여 E열에 저장하여라.

(c) 250점 만점인 '합계'를 100점 만점인 '평균' 점수로 환산하여 F열에 저장하고, 결과인 'grade' 파일을 출력하여라.

〈표 1-4〉 성적 자료

| 학생 | 중간시험 | 기말시험 | 숙제 |
|---|---|---|---|
| 1 | 75 | 83 | 49 |
| 2 | 82 | 91 | 50 |
| 3 | 45 | 56 | 50 |
| 4 | 76 | 65 | 45 |
| 5 | 93 | 95 | 48 |
| 6 | 77 | 81 | 50 |
| 7 | 83 | 75 | 40 |
| 8 | 87 | 90 | 50 |
| 9 | 59 | 65 | 45 |
| 10 | 68 | 79 | 46 |
| 11 | 82 | 79 | 44 |
| 12 | 75 | 87 | 49 |
| 13 | 96 | 76 | 50 |
| 14 | 58 | 65 | 41 |
| 15 | 47 | 55 | 43 |
| 16 | 93 | 68 | 48 |
| 17 | 80 | 88 | 49 |
| 18 | 72 | 91 | 50 |
| 19 | 75 | 77 | 39 |
| 20 | 67 | 70 | 49 |

**1-4** 문제 1-3에서 작성된 엑셀 자료 grade에서 다음 물음에 답하여라.

(a) 중간시험 성적과 기말시험 성적의 세로 막대형 차트를 작성하여라.

(b) 중간시험 성적과 기말시험 성적의 분산형 차트(산점도)를 작성하여라.

(c) 숙제와 평균의 분산형 차트(산점도)를 작성하여라(합계 열을 숨기면 원하는 구역을 설정할 수 있다).

**1-5** [그림 1-34]는 엑셀에서 행과 열의 합을 구하기 위해 준비한 표이다. 첫 번째 칸(B2셀)에 적당한 절대 참조와 상대 참조를 이용하여 합을 구하고, 나머지 칸들은 채우기로 표를 완성하여라.

| | A | B | C | D |
|---|---|---|---|---|
| 1 | | 4 | 5 | 6 |
| 2 | 1 | | | |
| 3 | 2 | | | |
| 4 | 3 | | | |

**[그림 1-34]** 표 만들기

# 2장 기술통계

현대인은 일상생활에서 정치, 경제, 사회 및 스포츠 등의 각종 분야에서 생성되는 자료를 접하며 살고 있다. 경제성장률, 환율, 주가지수 등과 같이 경제와 관련된 자료, 각종 스포츠 경기의 전적 및 스코어 등과 같은 스포츠와 관련된 자료, 현 정부의 정책 수행과 관련된 여론조사 결과 등과 같은 자료들이 대표적인 사례이다. **통계학**(statistics)은 이러한 자료들을 과학적인 방법에 의해 수집하고 목적에 맞는 적절한 방법에 의해 정리·분석하는 학문이라고 할 수 있다.

수집된 자료의 양이 방대할 경우 자료가 가지고 있는 특성을 쉽게 파악할 수 있도록 정리·요약할 필요가 있다. 자료를 요약하는 방법으로는 표나 그림을 이용하는 방법과 통계량(측도)을 이용하는 방법이 있다. 대표적인 통계량으로는 자료의 **중심위치**(central location)를 나타내는 통계량과 자료의 **산포**(dispersion)를 나타내는 통계량이 있다. 이와 같이 자료의 특성을 표, 그림, 통계량 등을 사용하여 쉽게 파악할 수 있도록 정리·요약하는 방법을 다루는 분야를 **기술통계학**(descriptive statistics)이라고 한다. 기술통계는 다시 표나 그래프를 이용하여 자료를 요약하는 방법과 측도(또는 통계량)를 이용하여 자료를 요약하는 두 가지 방법으로 나눌 수 있다.

이 장에서는 **엑셀**과 함께 KESS를 사용하여 차트와 그래프 등의 그림을 그리는 여러 가지 방법을 알아보고, 요약통계량을 구하는 방법을 알아보기로 한다. 2.2절에서는 그래프를 이용한 자료의 요약 방법을 알아보고, 2.3절에서는 측도(통계량)를 이용한 자료의 요약 방법을 알아보도록 한다.

1장에서 설명한 바와 같이, 엑셀에서 통계분석은 엑셀의 추가 기능인 '분석도구'가 설치되어 있어야 가능하다. 즉, 리본 메뉴의 [데이터] 탭에서 [분석] 그룹에 [데이터 분석] 메뉴가 설치되어 있어야 한다.

또한 이 책의 처음에 있는 'KESS 설치법'에 따라 KESS가 설치되어 있어서 [추가 기능] 탭에 KESS 메뉴인 [통계분석]이 설치된 것을 가정하고 설명하기로 한다.

이 장에서는 KESS의 데이터 파일 폴더인 'DATA'에서 엑셀 자료 파일인 '혈압자료'와 '기술통계'를 주로 사용할 예정이다. [그림 2-1]은 '혈압자료'에서 '혈압' 워크시트를 엑셀 화면에 나타낸 모양이다.

| ID | 나이 | 성별 | 수축혈압1 | 이완혈압1 | 콜레스테롤1 | 수축혈압2 | 이완혈압2 | 콜레스테롤2 |
|---|---|---|---|---|---|---|---|---|
| 1 | 42 | F | 120 | 95 | 196 | 135 | 78 | 220 |
| 2 | 53 | M | 122 | 72 | 230 | 130 | 68 | 232 |
| 3 | 53 | M | 132 | 88 | 242 | 120 | 90 | 223 |
| 4 | 48 | F | 128 | 79 | 239 | 137 | 87 | 209 |
| 5 | 53 | F | 118 | 74 | 204 | 135 | 78 | 198 |
| 6 | 58 | F | 130 | 72 | 210 | 142 | 80 | 245 |
| 7 | 48 | M | 138 | 90 | 277 | 130 | 81 | 260 |
| 8 | 66 | M | 160 | 95 | 265 | 135 | 90 | 242 |
| 9 | 67 | M | 150 | 100 | 298 | 160 | 105 | 275 |
| 10 | 40 | F | 110 | 80 | 205 | 120 | 64 | 195 |
| 11 | 56 | M | 140 | 88 | 298 | 115 | 76 | 253 |

**[그림 2-1]** KESS 자료파일에서 '혈압' 자료의 일부

## 2.1 자료의 종류

일반적으로 자료는 그 특성에 따라 **연속형 자료**(continuous data)와 **이산형 자료**(discrete data)로 구분된다.

연속형 자료는 어떤 구간 내의 연속적인 값을 갖는 자료들을 뜻한다. 예를 들어 키, 몸무게, 전구의 수명 등은 연속형 자료이다.

이산형 자료는 이산적(discrete)인 값을 갖는 자료들을 뜻한다. 예를 들어 품질 검사에서 발생한 불량품 개수, 한 시간 동안에 걸려오는 전화의 횟수, 하루 동안 발생하는 자동차 사고의 건수, 성별, 직업 등은 이산형 자료이다.

이산형 자료는 다시 **계수형 자료**(counting data)와 **범주형 자료**(categorical data)로 나눌 수 있다. 계수형 자료는 불량품 개수, 걸려온 전화의 횟수, 어떤 사건의 발생 횟수 등과 같이 숫자로 표현되는 이산형 자료를 뜻하며, 범주형 자료는 성별, 직업, 교과목 등과 같이 숫자로 표현될 수 없는 자료를 뜻한다. 성별을 나타낼 때 남성은 1, 여성은 2와 같이 표현하더라도 이는 순서가 있는 숫자의 개념이 아니라 기호의 개념이 된다.

실제 자료들에서 연속형과 이산형, 계수형과 범주형에 대한 예를 살펴보자.

〈표 2-1〉은 어느 병원에서 치료받은 심장병 환자 가운데 50명을 임의로 뽑아 만든 가상 자료이다. 자료에서 이완혈압1, 수축혈압1, 콜레스테롤1은 지난해에 측정된 값들이며, 이완혈압2, 수축혈압2, 콜레스테롤2는 올해에 측정된 값들로 간주한다.

'혈압' 자료에서 수축혈압, 이완혈압 및 콜레스테롤 자료는 연속적인 값을 가지

므로 연속형 자료이다. '나이'는 원래는 연속형 자료이나 이산적인 값을 갖도록 데이터를 표현하므로 이산형(계수형) 자료로 볼 수도 있다. '성별'은 범주형 자료이다.

〈표 2-1〉 혈압 자료

| ID | 나이 | 성별 | 수축혈압1 | 이완혈압1 | 콜레스테롤1 | 수축혈압2 | 이완혈압2 | 콜레스테롤2 |
|---|---|---|---|---|---|---|---|---|
| 1 | 42 | F | 120 | 95 | 196 | 135 | 78 | 220 |
| 2 | 53 | M | 122 | 72 | 230 | 130 | 68 | 232 |
| 3 | 53 | M | 132 | 88 | 242 | 120 | 90 | 223 |
| 4 | 48 | F | 128 | 79 | 239 | 137 | 87 | 209 |
| 5 | 53 | F | 118 | 74 | 204 | 135 | 78 | 198 |
| 6 | 58 | F | 130 | 72 | 210 | 142 | 80 | 245 |
| 7 | 48 | M | 138 | 90 | 277 | 130 | 81 | 260 |
| 8 | 66 | M | 160 | 95 | 265 | 135 | 90 | 242 |
| 9 | 67 | M | 150 | 100 | 298 | 160 | 105 | 275 |
| 10 | 40 | F | 110 | 80 | 205 | 120 | 64 | 195 |
| 11 | 56 | M | 140 | 88 | 298 | 115 | 76 | 253 |
| 12 | 58 | M | 120 | 90 | 235 | 140 | 75 | 234 |
| 13 | 64 | M | 140 | 95 | 185 | 125 | 78 | 153 |
| 14 | 57 | F | 144 | 78 | 278 | 110 | 74 | 236 |
| 15 | 36 | M | 142 | 95 | 254 | 140 | 96 | 249 |
| 16 | 77 | M | 205 | 90 | 303 | 157 | 85 | 285 |
| 17 | 48 | M | 165 | 91 | 271 | 133 | 84 | 224 |
| 18 | 47 | M | 148 | 84 | 304 | 115 | 80 | 255 |
| 19 | 76 | F | 138 | 80 | 334 | 130 | 77 | 303 |
| 20 | 71 | F | 128 | 86 | 295 | 145 | 98 | 278 |
| 21 | 57 | M | 155 | 95 | 226 | 134 | 84 | 311 |
| 22 | 75 | M | 185 | 100 | 363 | 145 | 95 | 276 |
| 23 | 38 | M | 132 | 90 | 287 | 130 | 86 | 253 |
| 24 | 52 | F | 152 | 92 | 233 | 125 | 87 | 199 |
| 25 | 46 | M | 142 | 70 | 271 | 115 | 80 | 211 |
| 26 | 51 | F | 130 | 80 | 261 | 135 | 83 | 285 |
| 27 | 65 | M | 178 | 80 | 263 | 120 | 76 | 230 |
| 28 | 46 | F | 130 | 70 | 242 | 110 | 77 | 254 |
| 29 | 66 | M | 147 | 80 | 260 | 166 | 95 | 325 |
| 30 | 35 | M | 130 | 80 | 223 | 120 | 80 | 215 |
| 31 | 45 | F | 138 | 83 | 258 | 127 | 88 | 259 |
| 32 | 57 | M | 167 | 91 | 237 | 145 | 89 | 225 |
| 33 | 35 | F | 155 | 95 | 236 | 144 | 92 | 216 |

|  |  |  |  |  |  |  |  |  |  |
|---|---|---|---|---|---|---|---|---|---|
| 34 | 64 | M | 198 | 95 | 244 | 144 | 110 | 227 |
| 35 | 34 | F | 145 | 102 | 314 | 142 | 100 | 233 |
| 36 | 44 | F | 115 | 80 | 234 | 110 | 65 | 227 |
| 37 | 52 | F | 145 | 90 | 299 | 145 | 88 | 286 |
| 38 | 56 | M | 140 | 84 | 285 | 133 | 84 | 253 |
| 39 | 55 | F | 177 | 104 | 320 | 155 | 87 | 257 |
| 40 | 45 | F | 158 | 90 | 243 | 130 | 78 | 229 |
| 41 | 54 | M | 154 | 95 | 345 | 172 | 93 | 322 |
| 42 | 42 | M | 135 | 80 | 285 | 128 | 70 | 249 |
| 43 | 46 | F | 125 | 85 | 189 | 134 | 80 | 219 |
| 44 | 73 | M | 210 | 104 | 321 | 150 | 110 | 285 |
| 45 | 51 | F | 130 | 90 | 277 | 120 | 80 | 256 |
| 46 | 36 | F | 138 | 90 | 224 | 120 | 88 | 240 |
| 47 | 43 | M | 120 | 78 | 235 | 108 | 70 | 255 |
| 48 | 47 | M | 122 | 90 | 267 | 130 | 78 | 248 |
| 49 | 67 | M | 165 | 105 | 258 | 180 | 105 | 322 |
| 50 | 40 | F | 113 | 80 | 225 | 145 | 90 | 255 |

**범주형 자료**(categorical data)의 표현 형태를 알아보자. 〈표 2-2〉는 교배실험의 결과로 얻은 완두콩을 색깔과 모양에 따라 4종류로 분류한 결과를 요약한 것이다. 완두콩의 형태는 색깔과 모양의 조합에 따라 4종류의 다른 형태를 취할 수 있으며 이들을 **범주**(category)라고 한다. 〈표 2-2〉는 각 범주에 속하는 완두콩의 개수를 정리한 것이다. 이와 같이 범주형 자료는 조사결과 또는 관측결과가 속성(즉, 범주)에 따라 분류되며, 각 범주에 속하는 **빈도** 또는 **도수**(frequency)의 자료가 주어지는 것이 보통이다.

〈표 2-2〉의 자료는 KESS의 '기술통계' 파일에서 '표 2-2'로 저장되어 있다.

**〈표 2-2〉 완두콩의 분류 결과(범주형)**

| 완두콩의 형태 | 둥글고 노란 완두 | 둥글고 녹색인 완두 | 모나고 노란 완두 | 모나고 녹색인 완두 |
|---|---|---|---|---|
| 관측도수 | 315 | 108 | 101 | 32 |

범주형 자료가 아닌 자료도 집단화에 의해 범주형 자료의 형태로 바꿀 수 있다. 〈표 2-3〉은 환자의 나이를 5개의 범주로 나누고 각 범주에 속한 환자의 빈도(또는 도수)를 기록한 **빈도표**(frequency table, 또는 **도수분포표**)이다. 빈도표에서는 범주를 **계급**(class)이라고 부르며, 〈표 2-3〉에서는 편의상 각 계급구간이 열 살이 되도록 작성하였다. 일반적으로 빈도표를 작성하기 위해서는 먼저 계급의 개수와

계급구간을 결정해야 하며 이는 자료의 크기와 성질에 따라 달라진다.

〈표 2-3〉 나이 자료의 빈도표

| 나이 | ~29 | 30~39 | 40~49 | 50~59 | 60~ |
|---|---|---|---|---|---|
| 도수 | 4 | 9 | 18 | 16 | 3 |

이처럼 자료들을 특성에 따라 분류하여 생각하는 이유는 적용할 수 있는 통계 분석 방법들이 자료의 특성에 따라 다르고, 사용할 수 있는 그래프도 제한되기 때문이다.

## 2.2 그래프를 이용한 자료의 정리

엑셀은 히스토그램, 꺾은선 그래프, 산점도, 원형 그래프 및 3차원 그래프 등의 다양한 형태의 그래프를 구현할 수 있는 기능을 제공하고 있다.

### 2.2.1 히스토그램

#### (1) 엑셀의 이용

히스토그램은 데이터의 분포 상태를 일목요연하게 그림으로 나타내는 방법으로서, 가장 많이 사용되는 그래프를 이용한 자료의 요약 기법이라고 할 수 있다.

엑셀에는 히스토그램을 그리기 위한 메뉴가 있다. 예를 들어 '혈압' 데이터에서 '수축혈압1'의 히스토그램을 그려 보자. 엑셀에서 좋은 히스토그램을 그리려면 히스토그램의 구간을 지정해 주어야 한다. 이 경우에는 110부터 10단위로 200까지를 구간으로 정하기로 한다. 이를 위해 [그림 2-2]와 같이 K열에 첫 번째 행부터 11번째 행까지(K1:K11) 구간의 정보를 입력한다.

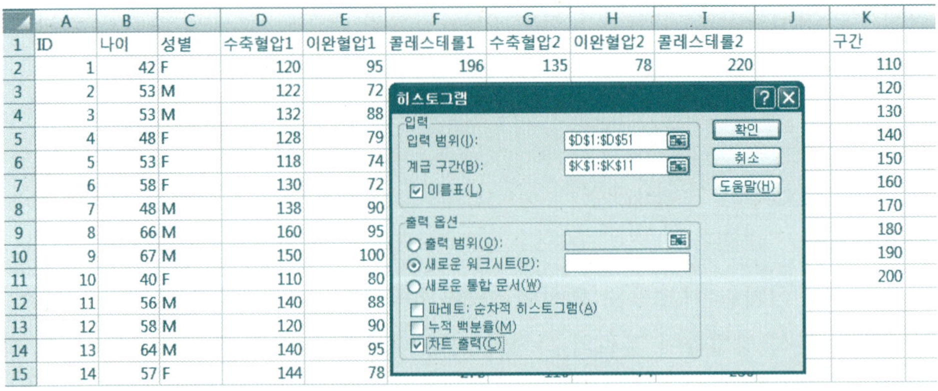


[그림 2-2] 구간의 지정

히스토그램을 작성하려면 메뉴에서 [데이터]→[분석]→[데이터 분석]을 클릭하여 나오는 [통계 데이터 분석] 창에서 [히스토그램]을 선택한다. '입력 범위'는 히스토그램을 그릴 데이터가 저장된 범위를 뜻하며, 여기에서는 ($D$1:$D$51)을 입력한다. '계급구간'은 히스토그램의 계급이 지정된 범위를 뜻하며 여기에서는 ($K$1:$K$11)을 입력한다. 이들 범위는 직접 입력할 수도 있고 드래그에 의해 지정할 수도 있다.

지정된 범위의 첫 행은 변수명을 나타내므로 '이름표'를 체크한다. 첫 행부터 데이터가 저장되어 있으면 '이름표'를 체크하지 않는다. 출력 옵션에서는 '차트 출력'을 체크해야 히스토그램이 출력된다. 히스토그램이 출력될 범위를 지정할 수도 있으나 여기에서는 '새로운 워크시트'를 사용하기로 한다. '확인'을 클릭하면 [그림 2-3]과 같은 결과가 출력된다. 엑셀에서는 히스토그램을 그릴 때 **빈도표(도수분포표)**가 같이 출력된다.

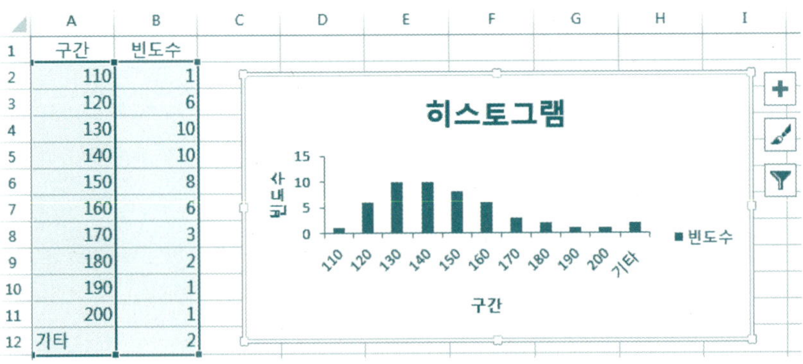


[그림 2-3] 출력된 히스토그램

처음에 출력된 히스토그램은 일반적으로 납작한 모양이므로 출력상자의 밑부분 중앙에서 드래그에 의해 크기를 원하는 방향으로 늘리거나 줄일 수 있다. [그림 2-4]는 [그림 2-3]의 히스토그램을 적당한 크기로 편집한 결과이다.

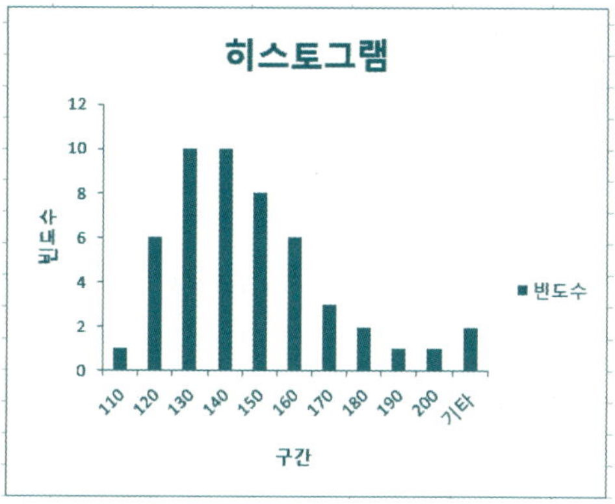


[그림 2-4] 편집된 히스토그램

엑셀의 **빈도표**에서 구간이 나타내는 범위는 〈표 2-4〉와 같다. 예를 들어 구간 120은 110보다 크고 120보다 작거나 같은 구간이지만, 데이터 값들이 정수로 주어져 있으므로 111 이상 120 이하인 구간을 뜻한다.

〈표 2-4〉 계급 구간의 의미

| 구간 | 범위 | 의미 |
|---|---|---|
| 110 | $x \le 110$ | 110 이하 |
| 120 | $110 < x \le 120$ | 111 이상 120 이하 |
| 130 | $120 < x \le 130$ | 121 이상 130 이하 |
| ⋮ | ⋮ | ⋮ |
| 200 | $190 < x \le 200$ | 191 이상 200 이하 |
| 기타 | $200 < x$ | 200 이상 |

**참고**

**계급구간의 결정**

계급구간을 지정하지 않으면 엑셀 내의 알고리즘에 의해 최솟값과 최댓값 사이를 등간격으로 나누어 자동으로 계급을 결정한다. 따라서 이 경우에는 경계값이 정수로 표현되지 않으며, 때로는 히스토그램의 모양이 구간 표시로 인하여 균형이 깨진 형태로 나올 수도 있다.

### (2) KESS의 이용

이제 KESS를 이용하여 '수축혈압1' 자료의 히스토그램을 작성해 보기로 한다. '혈압' 자료를 열고, 리본 메뉴 **[추가 기능]** 탭에서 KESS 메뉴인 **[통계분석]→[그래프]→[히스토그램]**을 선택하면 [그림 2-5](a)와 같은 히스토그램 대화상자가 나타난다. 여기에서 '분석변수'로 '수축혈압1'을 선택하고 '미리보기'를 클릭하면 미리보기 창에 히스토그램이 나타난다.

KESS에서는 자료의 개수에 따라 자동으로 계급의 개수를 정할 수도 있으며, 옵션으로 계급의 개수를 사용자가 선택하여 히스토그램을 그릴 수도 있다. 계급의 개수를 변경하려면 먼저 '미리보기'를 클릭한다. 그러면 히스토그램 대화상자 하단에 있는 '계급의 개수' 선택 코너에서 '사용자 정의'가 활성화된다. 이곳에서 숫자 입력 칸에 있는 화살표를 이용하여 원하는 개수를 선택한다. [그림 2-5](a)는 10개 계급의 개수가 선택된 모습이다. 다시 '미리보기'를 클릭하면 새로운 히스토그램이 미리보기 창에 나타난다.

'미리보기' 창의 히스토그램을 워크시트에 출력하기 위해서는 '확인'을 클릭하면 된다. [그림 2-5](b)는 '통계분석결과' 시트에 출력된 결과이다. 엑셀에서는 차트를 그리는 데 사용한 자료가 들어 있는 워크시트에 출력하거나 새로운 워크시트에 출력할 수 있는 옵션을 제공하고 있으나, KESS에서는 자동적으로 새로운 워크시트인 '통계분석결과'에 출력되도록 하였다.

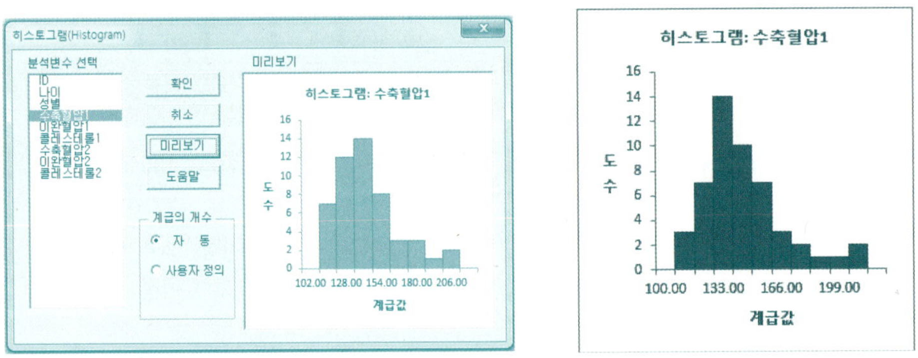


(a) 히스토그램 대화상자 (b) 출력된 히스토그램

**[그림 2-5]** 히스토그램 대화상자와 출력 결과

## 2.2.2 줄기-잎 그림

히스토그램을 그리기 위해서는 먼저 빈도표를 작성하고 각 계급의 빈도를 높이로 나타낸다. 그러나 이처럼 자료를 집단화하는 과정에서 정보의 손실이 있게 된다. 또한 표와 그림을 따로 작성해야 하는 불편이 있다. 이러한 불편은 **줄기-잎**

**그림**(stem-and-leaf display)을 이용하여 해소할 수 있으며, 자료의 집단화에 따른 정보의 손실도 줄일 수 있다.

먼저 '혈압' 자료에서 '나이' 데이터에 대한 줄기-잎 그림을 그려 보기로 한다.

```
줄기-잎 그림(Stem-and-Leaf Plot)
변수명: 나이

Stem Unit: 10  Leaf Unit: 1

     6     3   455668
    22     4   0022345566677888
  ( 16)    5   1122333456677788
    12     6   4456677
     5     7   13567
```

[그림 2-6] 나이 자료의 줄기-잎 그림

[그림 2-6]은 줄기의 단위를 10으로 하여 그린 줄기-잎 그림이다. 나이 자료의 첫째 자리를 **줄기**(stem)로 하고 둘째 자리를 **잎**(leaf)으로 하여 줄기 값의 크기에 따라 위에서 아래로 순서대로 나열하며, 각 줄기에 해당되는 잎의 값을 가로로 적는다. 즉, [그림 2-6]에서 두 번째 열의 숫자는 나이 자료의 십(10) 단위에 해당하며 이를 줄기로 한다. 각 줄기의 오른쪽이 잎으로서, 같은 줄기를 갖는 데이터 가운데 일(1) 단위에 해당되는 숫자들이 오른쪽에 크기 순으로 나열된다.

첫 번째 열의 숫자들은 각 줄기에 속한 자료들의 개수를 각각 위와 아래로부터 누적한 값이다. 즉, 두 번째 행의 22는 첫 번째와 두 번째 줄기에 속한 잎의 개수를 위에서부터 누적한 값이며, 네 번째 행의 12도 다섯 번째와 네 번째 줄기에 속한 잎의 개수를 아래로부터 누적한 값이다. 중앙의 (16)은 이 줄기에 중앙값이 속해 있음을 의미하며 16은 이 줄기에 속한 자료의 개수이다. 이 정보를 이용하여 자료의 중앙값을 쉽게 찾을 수 있다.

줄기-잎 그림을 시계 바늘 반대 방향으로 90도 회전하면 히스토그램과 동일한 형태가 되는 것을 알 수 있다. 이처럼 줄기-잎 그림은 원 자료값을 이용하므로 히스토그램과 비교하여 집단화에 따른 정보 손실을 줄일 수 있는 장점이 있다. 줄기-잎 그림은 자료분석의 사전 단계인 **탐색적 자료분석**(exploratory data analysis)에서 자료의 분포 형태를 알아보고자 하는 경우에 주로 사용된다.

## 참고

KESS의 줄기-잎 그림에서 줄기의 단위(Stem Unit)는 줄기 간 간격을 뜻하며, 자료의 자릿수가 많을 때는 앞의 2~3자리만 사용하여 줄기와 잎으로 사용한다.

엑셀에서는 줄기-잎 그림을 제공하지 않으므로 KESS를 이용하여 '혈압' 자료에서 '나이' 데이터의 줄기-잎 그림을 그려보기로 한다. '혈압' 자료 워크시트를 열고, KESS의 메뉴인 **[통계분석]**에서 **[그래프]→[줄기-잎 그림]**을 선택하면 줄기-잎 그림 대화상자가 나타난다. 여기에서 '나이' 변수를 선택하고 '미리보기'를 클릭하면 [그림 2-7]과 같은 줄기-잎 그림을 얻는다.

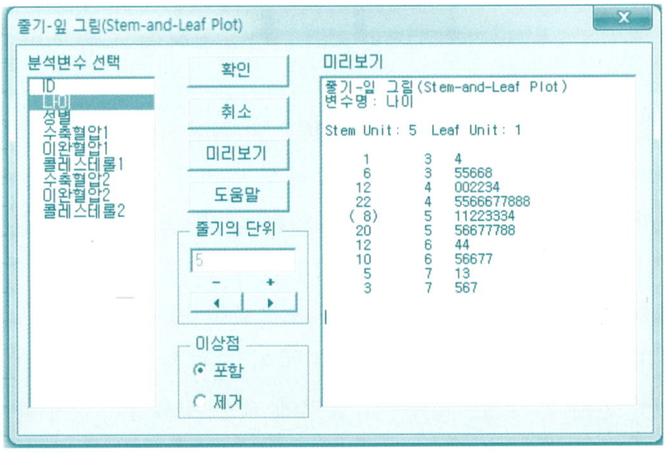


**[그림 2-7]** 줄기-잎 그림 대화상자

'미리보기'를 클릭하면 오른쪽의 미리보기 창에 줄기의 단위를 5로 하는 줄기-잎 그림이 나타난다. [그림 2-7]의 줄기-잎 그림은 줄기의 단위를 10으로 한 [그림 2-6]의 줄기-잎 그림과는 다른 형태임을 볼 수 있다. KESS에서는 자료의 크기와 형태에 따라 자동으로 줄기의 단위가 결정되도록 하였으며 옵션으로 줄기의 단위를 사용자가 변경할 수 있도록 하였다.

줄기의 단위를 변경하려면 줄기-잎 그림 대화상자 하단에 있는 '줄기의 단위' 상자에서 줄기 단위 탭 을 이용할 수 있다. 줄기의 단위가 변경된 후에 다시 '미리보기'를 누르면 원하는 형태의 줄기-잎 그림을 얻을 수 있다. 히스토그램의 경우와 마찬가지로 '확인'을 누르면 미리보기 창에 보이는 줄기-잎 그림이 '통계분석결과' 시트에 출력된다.

또한 KESS에서는 디폴트로 이상점을 포함하고 줄기-잎 그림을 그린다. 이상점을 제거한 후의 그림의 형태를 보고 싶으면 줄기-잎 그림 대화상자 하단의 이상점 대화상자에서 '제거' 단추를 선택한 후 그림을 그리면 된다. [그림 2-8]은 '통계분석결과' 시트에 출력된 줄기-잎 그림으로 줄기의 단위를 5로 선택한 것이다.

```
줄기-잎 그림(Stem-and-Leaf Plot)
변수명: 나이

Stem Unit: 5  Leaf Unit: 1

    1      3   4
    6      3   55668
   12      4   002234
   22      4   5566677888
  ( 8)     5   11223334
   20      5   56677788
   12      6   44
   10      6   56677
    5      7   13
    3      7   567
```

**[그림 2-8]** 워크시트에 출력된 줄기-잎 그림

## 2.2.3 상자그림

줄기-잎 그림과 더불어 탐색적 자료분석 단계에서 많이 사용되는 그림으로 **상자그림**(box plot)이 있다. 줄기-잎 그림이 분포의 중심 부분의 형태를 잘 설명해 주는 반면에 상자그림은 분포의 꼬리 부분의 설명에 중점을 두고 있다. 즉, 주어진 자료에 이상점(outlier)이 있는지 여부를 파악하는 데 도움이 된다.

자료의 특성을 한 눈에 알아보기 위해서는 중앙값, 제1사분위수($Q_1$), 제3사분위수($Q_3$)와 두 극단값(최댓값과 최솟값)을 이용하면 좋다. 이를 **다섯숫자요약**이라고 하며, 상자그림은 이들을 시각적으로 표현한 그림이다.

평균이나 표준편차와 같이 전통적으로 많이 사용되는 측도(추정량)들은 자료에 이상점이 있는 경우 심각하게 왜곡될 수 있다. 따라서 자료에 이상점이 있는지를 확인하는 것은 매우 중요하다. 상자그림은 자료에 이상점이 포함되어 있는지 여부를 판단하는 데 유용하게 사용된다. 상자그림을 그리기 위해서는 위의 다섯 숫자 이외에도 몇 가지 용어들이 필요하며, 이들을 요약하면 다음과 같다. 다음에서 IQR은 $Q_3 - Q_1$을 나타내는 **사분위수 범위**(interquartile range)이다.

- **안울타리**(inner fence)

$$Q_1 - 1.5 \times \mathrm{IQR} \text{ 또는 } Q_3 + 1.5 \times \mathrm{IQR}$$

- **바깥울타리**(outer fence)

$$Q_1 - 3 \times \text{IQR} \quad \text{또는} \quad Q_3 + 3 \times \text{IQR}$$

- **인접값**(adjacent value)
  안울타리 안쪽에 있는 데이터들 가운데 안울타리에 가장 가까운 값

- **보통이상점**(mild outlier)
  안울타리와 바깥울타리 사이에 있는 데이터

- **극단이상점**(extreme outlier)
  바깥울타리 밖에 있는 데이터

상자그림에서 상자의 양끝은 제1사분위수와 제3사분위수의 위치에서 끝나며 중앙값의 위치는 수평선으로 나타낸다. 인접값의 위치는 x로 나타내고 상자의 중앙과 실선으로 이어준다. KESS에서 보통이상점의 위치는 ○으로 나타내고 극단이상점의 위치는 ●으로 나타낸다.

엑셀에서는 상자그림을 제공하지 않으므로 KESS를 이용하여 '나이' 데이터의 상자그림을 그려 보기로 한다. '혈압' 자료를 열고, KESS 메뉴인 **[통계분석]**에서 **[그래프]**→**[상자그림]** 메뉴를 선택하면 [그림 2-9](a)와 같은 상자그림 대화상자가 나타난다. 선택변수 목록에서 원하는 변수들을 선택하면 분석변수 목록에 이들이 나열되고 '확인'을 클릭하면 된다. 출력된 상자그림은 [그림 2-9](b)와 같다. 이상점은 없으며, 인접값의 위치가 x로 표시되어 있고, 상자에서 인접값까지 수직선으로 연결되어 있음을 볼 수 있다. 또한 중앙값의 위치에는 수평선이 그어져 있다.

상자그림은 히스토그램이나 줄기-잎 그림과는 달리 미리보기 창이 없으므로 자동으로 '통계분석결과' 워크시트에 출력된다.

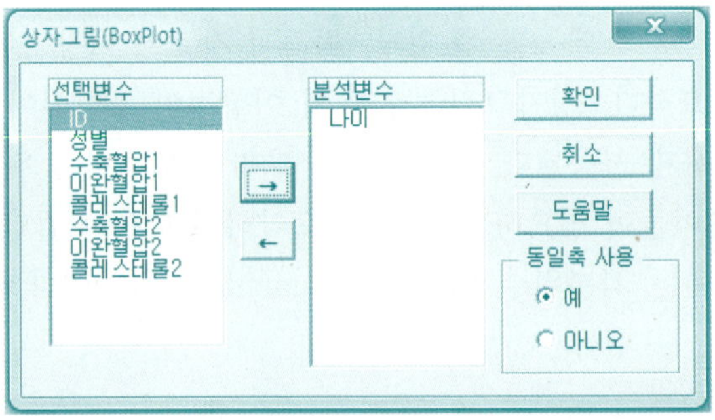


(a) 상자그림 대화상자

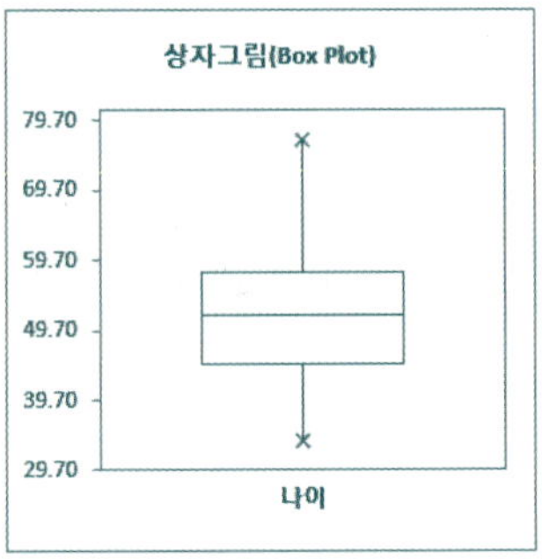


(b) 출력된 상자그림

**[그림 2-9]** '나이' 데이터의 상자그림

상자그림의 또 다른 장점은 여러 데이터(또는 모집단)의 분포상태를 비교하는 데 매우 효과적이라는 것이다. 즉, 동일한 축을 사용하여 여러 상자그림을 그리면 분포의 상태를 쉽게 비교할 수 있다. 상자그림 대화상자에서 비교하려는 변수를 선택하고 '동일축 사용' 옵션에서 '예'를 선택하면 된다.

예를 들어 '혈압' 자료에서 수축혈압 1과 2를, 이완혈압 1과 2를 비교하여 보자. 이를 위해 동일 축을 사용하여 상자그림을 그린 결과는 [그림 2-10]과 같다. 수축혈압1에는 3개의 보통이상점이 있고, 수축혈압2 및 이완혈압2에는 한 개의 보통이상점이 있으며, 이완혈압1에는 이상점이 없음을 볼 수 있다. 또한 수축혈압2는 수축혈압1에 비하여 산포도 작고 값들도 작아진 것으로 판단된다. 이완혈압2는 이완혈압1보다 중앙값은 조금 작아진 반면에 110이라는 큰 값의 이상점이 있음을 알 수 있다.

동일축을 사용하기를 원하지 않으면 대화상자 하단의 '동일축 사용' 옵션에서 '아니오'를 선택하면 된다.

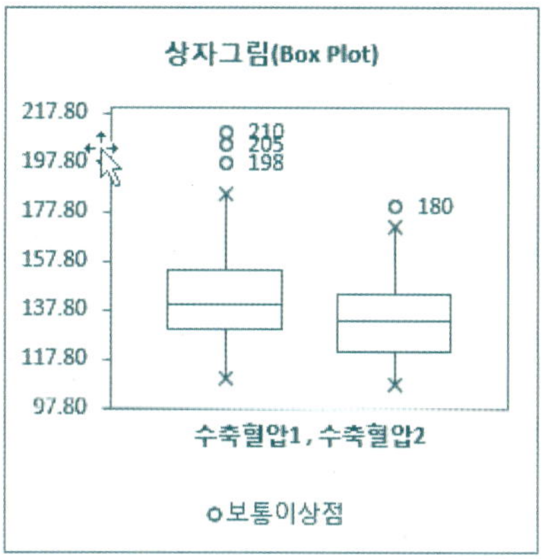


(a) 수축혈압 1, 2의 비교

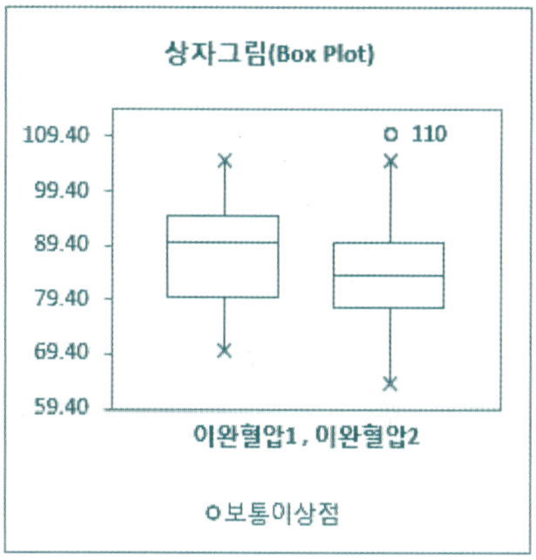


(b) 이완혈압 1, 2의 비교

[그림 2-10] 혈압 자료의 상자그림

### 2.2.4 산점도

**산점도**는 두 변수 사이의 관계를 그림으로 나타내는 유용한 기법이다. 산점도는 두 변수의 관측값을 평면좌표에 나타낸 그래프로서, 산점도의 모양이 직선에 밀집해 있을수록 두 변수 사이에 강한 연관성이 있음을 뜻한다. 산점도의 모양이 특별한 경향을 띄지 않으면서 퍼져 있는 경우는 연관성이 약함을 뜻한다.

1.4절에서 다룬 분산형 차트는 엑셀에서 산점도를 그리는 한 방법이다. 이를 다시 체계적으로 살펴보기로 한다.

### (1) 엑셀의 이용

'혈압' 자료에서 '수축혈압1'과 '이완혈압1'의 산점도를 그려 보자. 먼저 데이터가 저장된 범위를 블록으로 지정하고, [삽입] 탭의 [차트] 그룹에 있는 [분산형] 탭( ) 을 클릭하면 분산형 차트의 종류가 나온다. 여기에서 첫 번째 그림을 선택하면 [그림 2-11]과 같은 차트가 만들어진다.

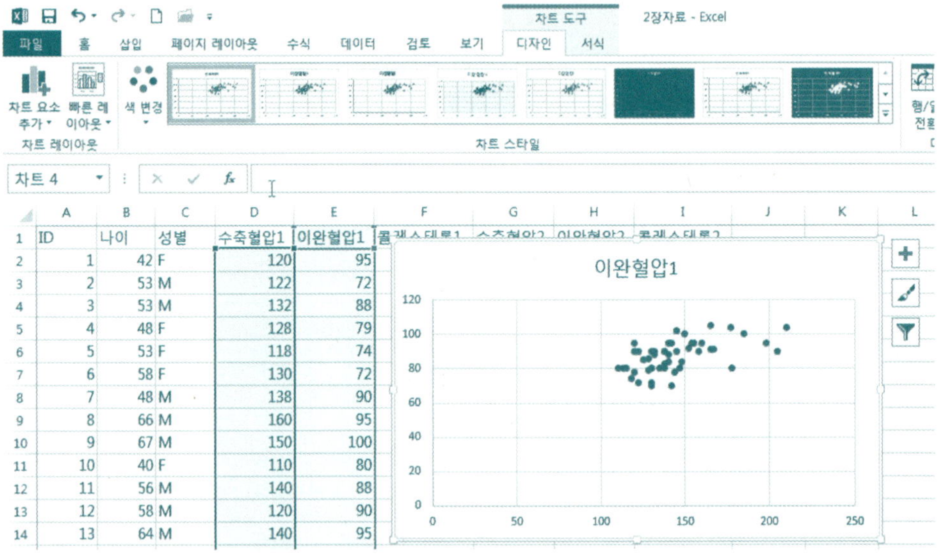

[그림 2-11] 분산형 차트의 초기 모양

이제 이 차트를 적당한 모양으로 편집해 보자(1.4절 참조). 차트의 편집을 위해 1.4절에서 설명한 바와 같이 [차트 도구]의 [차트 레이아웃] 그룹에 있는 [빠른 레이아웃] 탭의 메뉴를 이용할 수도 있다. 여기에서는 차트 오른쪽에 있는 차트 단추를 사용하여 편집하기로 한다.

먼저 '차트 요소' 단추인 + 을 클릭하여 나온 옵션 창에서 '축 제목'을 추가로 체크하고, '눈금선'은 체크를 해제한다. 이어 나온 '축 제목' 글 상자에서 가로축에는 '수축혈압'을, 세로축에는 '이완혈압'을 입력한다.

축의 서식을 수정하기 위해서는 각 축을 클릭에 의해 활성화하고, 라이트 클릭에 의해 뜨는 단축 메뉴를 이용할 수 있다. 경계값을 수정하려면 단축 메뉴에서 [축 서식]을 선택하고, 이어 나오는 대화상자의 [축 옵션] 탭에서 경계값과 단위 등의 옵션을 이용한다.

각 축 제목과 차트 제목의 수정은 글 상자를 더블 클릭에 의해 수정 모드로 바꾼 후에 수정할 수 있으며, 각 글상자에서 라이트 클릭에 의해 나오는 메뉴를 이용할 수도 있다. 예를 들어 '글꼴'을 선택하여 제목들을 편집할 수도 있다. 또한 차트의 외곽선에서 드래그를 이용하여 크기 및 가로 세로의 비율을 맞출 수 있다.

[그림 2-12]는 편집이 완료된 차트로서 수축혈압1과 이완혈압1의 산점도를 나타낸다.

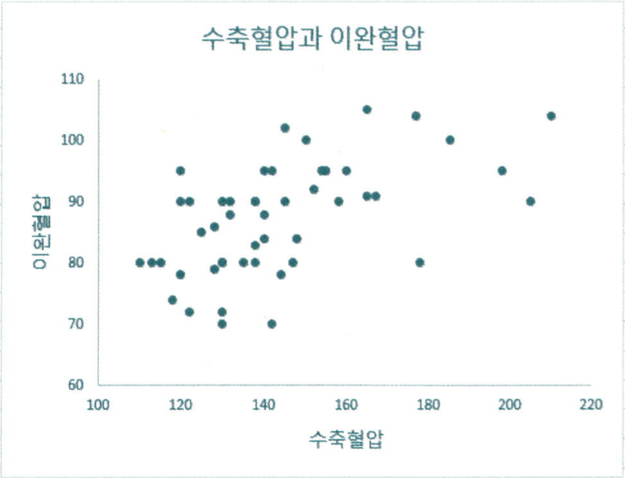


[그림 2-12] 수축혈압1과 이완혈압1의 산점도

## (2) KESS의 이용

KESS에서 산점도는 [통계분석] 메뉴에서 [그래프]→[산점도]를 선택하여 그릴 수 있다. [그림 2-13](a)와 같은 산점도 대화상자에서 Y축 변수로 '이완혈압1'을, X축 변수로 '수축혈압1'을 선택하고 '상관계수의 검정'을 체크해제한 후에 '확인'을 누르면 [그림 2-13](b)와 같은 산점도가 출력된다.

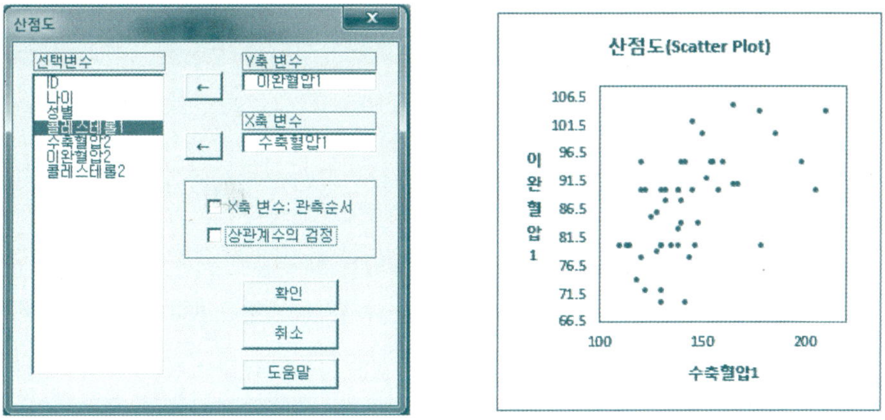


(a) 산점도 대화상자 (b) 산점도

[그림 2-13] KESS에서 산점도 그리기

## 2.3 측도를 이용한 자료의 정리

자료가 가지고 있는 특성을 나타내는 방법으로 측도를 이용하는 방법을 알아보자. 측도란 '크기'를 나타내는 용어로서 여기에서는 통계량과 같은 개념이다. 통계량이란 표본으로부터 계산되는 표본의 특성값을 뜻한다. 예를 들어 평균과 분산은 대표적으로 많이 사용되는 통계량이다.

### 2.3.1 중심위치의 측도

자료 $x_1, x_2, \ldots, x_n$이 주어졌다고 하자. 이들 자료의 특성을 나타내 주는 가장 대표적인 값은 이 자료들이 어떤 값을 중심으로 분포되어 있는가를 나타내는 위치와 관련된 측도이다. 이 측도들을 대푯값이라고 하며 **표본평균**(sample mean), **중앙값**(median) 및 **최빈값**(mode) 등이 흔히 사용된다.

**표본평균**은 중심위치의 측도로서 가장 많이 사용되는 대푯값으로서 다음과 같이 정의된다.

**표본평균**

$$\bar{x} = \frac{1}{n}(x_1 + x_2 + \cdots + x_n) = \frac{1}{n}\sum_{i=1}^{n} x_i$$

원 자료를 크기 순서대로 나열한 자료를 $x_{(1)} \le x_{(2)} \le \cdots \le x_{(n)}$이라고 할 때 가운데에 위치한 값을 **중앙값**이라고 하며 다음과 같이 정의한다.

**중앙값**

자료를 크기 순으로 나열할 때, 자료의 크기 $n$이 홀수인 경우 중앙값은 $(n+1)/2$번째 자료값이고, $n$이 짝수인 경우에는 $n/2$과 $n/2+1$번째 값의 평균이다. 즉, 중앙값의 순위는 $(n+1)/2$이다.

중앙값은 중심위치의 측도로 사용되는 대푯값으로서 이상점에 민감하지 않으므로 자료에 이상점이 포함되어 있을 경우 표본평균보다 유용하게 사용된다.

**최빈값**

자료들 중에서 가장 출현 빈도가 많은 자료값을 최빈값이라고 한다.

다음 예제에서 평균과 중앙값을 구하는 방법에 대해 알아보자.

**예제 2.1** 〈표 2-5〉는 어떤 회사에서 사원 15명에 대한 출근 소요 시간을 조사한 결과이다. 평균과 중앙값을 구해 보자.(자료: 'DATA' 폴더의 '기술통계' 파일에서 '예제 2-1')

**〈표 2-5〉 회사 출근에 소요되는 시간(단위: 분)**

| 직원 | 1 | 2 | 3 | 4 | 5 | 6 | 7 | 8 | 9 | 10 | 11 | 12 | 13 | 14 | 15 |
|---|---|---|---|---|---|---|---|---|---|---|---|---|---|---|---|
| 시간 | 54 | 62 | 32 | 43 | 55 | 35 | 118 | 65 | 45 | 36 | 48 | 62 | 59 | 16 | 35 |

**풀이** 표본평균은 다음과 같다.

$$\bar{x} = (54 + 62 + 32 + 43 + \cdots + 35)/15 = 51$$

중앙값을 구하기 위해서는 다음과 같이 자료를 크기 순서에 따라 왼쪽에서 오른쪽으로 늘어놓는다.

16 32 35 35 36 43 45 48 54 55 59 62 62 65 118

자료의 개수가 15개로 홀수이므로 중앙값의 위치는 (15+1)/2=8이 되어 8번째 자료인 48이 중앙값이 된다.
이들을 엑셀과 KESS를 이용하여 구해 보자.

① 엑셀의 이용

워크시트에 [그림 2-14](a)의 왼쪽과 같이 데이터를 입력하고, 리본 메뉴인 **[데이터]** 탭에서 **[분석]→[데이터 분석]**을 선택하면 **[통계 데이터 분석]** 창이 뜬다. 이 창에서 **[기술 통계법]**을 선택하고 '확인'을 누르면 [그림 2-14](a)에 있는 것과 같은 '기술 통계법' 대화상자가 뜬다. 드래그 또는 직접 입력에 의해 데이터의 범위를 지정해 주고 변수이름인 A1 셀이 포함된 경우 '첫째 행 이름표 사용'을 체크한다. '출력옵션'에서는 '새로운 워크시트'와 '요약통계량'을 선택한다. '확인'을 눌러 나오는 출력 결과는 새로운 워크시트에 출력되며, 결과는 [그림 2-14](b)와 같다.

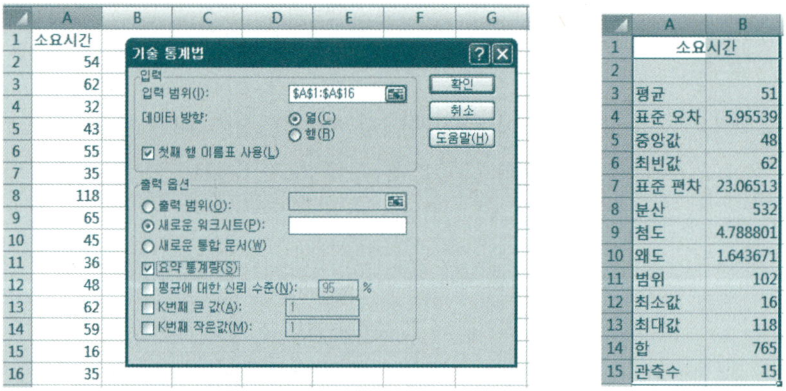


(a) 기술 통계법 대화상자 (b) 출력 결과

**[그림 2-14]** 엑셀에서 기술 통계법 대화상자와 출력 결과

② KESS의 이용

KESS에서는 **[통계분석]→[기술통계]**를 이용한다. [그림 2-15]와 같은 기술통계 대화상자에서 '분석변수'로 변수명인 '소요시간'을 선택하고, 디폴트로 주어진 '기초통계량'과 함께 추가 통계량에서 분산, 사분위수 범위, 변동계수 등을 그림과 같이 추가로 선택한다.

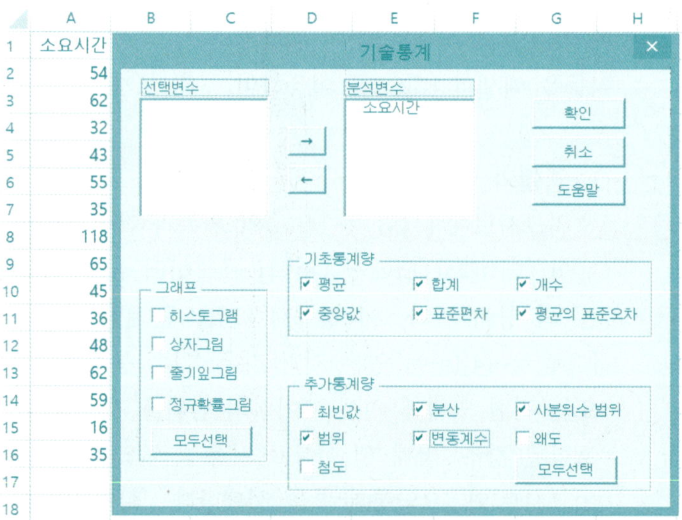


**[그림 2-15]** KESS에서 기술통계 대화상자

출력 결과는 [그림 2-16]과 같다.

기술통계분석결과

소요시간

| 기초 통계량 | | 추가 통계량 | |
|---|---|---|---|
| 평균 | 51 | 분산 | 532 |
| 중앙값 | 48 | 사분위수 범위 | 25 |
| 합계 | 765 | 범위 | 102 |
| 개수 | 15 | 변동계수 | 0.4523 |
| 표준편차 | 23.0651 | | |
| 평균의 표준오차 | 5.9554 | | |

[그림 2-16] KESS에서 기술통계 출력 결과

**참고**

**평균과 중앙값의 특징**

[예제 2.1]의 소요시간 자료에서 데이터 118이 다른 자료값들에 비해 커서 이상점일 가능성이 있다. 이상점의 여부를 판단하는 문제는 앞 절에서 설명한 상자그림을 이용할 수 있다. 만일 이 데이터를 제외하고 평균을 구하면 46.21이 되고 중앙값은 7번째와 8번째 데이터의 평균인 (45+58)/2=46.5가 된다. 평균은 51에서 46.21로 변하는 반면에 중앙값은 48에서 46.5로 변한다. 일반적으로 평균은 데이터의 변화에 예민하고, 중앙값은 둔감한 특징이 있다. 이와 같이 이상점에 덜 민감한 통계량들을 **로버스트**(robust)하다고 한다. 현대 통계학에서는 로버스트한 통계량이나 방법들을 찾는 데 많은 관심을 갖고 연구하고 있다.

## 2.3.2 산포의 측도

중심의 위치를 나타내는 대푯값과 함께 자료의 특성을 나타내는 중요한 측도로서 **산포도**(dispersion)가 있다. 산포도는 자료들이 중심위치에서 얼마나 넓게 퍼져 있는지를 나타내는 측도이다. 대표적인 산포도로는 **분산**, **표준편차**, **범위** 및 **사분위수 범위** 등을 들 수 있다.

분산은 산포를 나타내는 대표적인 측도로서 다음과 같이 정의된다.

**분산(variance)**

$$s^2 = \frac{1}{n-1}\sum_{i=1}^{n}(x_i - \bar{x})^2 = \frac{1}{n-1}\left(\sum_{i=1}^{n}x_i^2 - n\bar{x}^2\right)$$

분산과 더불어 가장 많이 사용되는 산포의 측도로는 표준편차를 들 수 있다. **표준편차**는 분산의 양의 제곱근으로서 자료와 같은 단위를 가지며 표본평균과 함께 가장 많이 사용되는 통계량이다.

**표준편차(standard deviation)**

$$s = \sqrt{s^2} = \sqrt{\frac{1}{n-1}\sum_{i=1}^{n}(x_i - \overline{x})^2}$$

산포도를 나타내는 다른 측도로는 자료의 최댓값과 최솟값의 차이로 정의되는 **범위**와 함께 제3사분위수 $Q_3$와 제1사분위수 $Q_1$의 차이로 정의되는 **사분위수 범위**가 있으며 다음과 같이 정의된다.

**범위(range)와 사분위수 범위(interquartile range, IQR)**

범위: $R = x_{(n)} - x_{(1)}$

사분위수범위: $\text{IQR} = Q_3 - Q_1$

사분위수 범위는 자료에 이상점이 포함되어 있는 경우 표준편차나 범위보다 덜 민감하므로 유용하다. 사분위수 범위의 정의에서 사용되는 제1사분위수와 제3사분위수를 설명하기 위해서 먼저 백분위수를 설명하기로 한다. **백분위수**(percentile)는 분포의 형태를 나타내기에 유용한 통계량으로서 자료를 크기순으로 나열할 때 $p$%가 그 값보다 작고(또는, 작거나 같고) $(100-p)$%가 그 값보다 크게(또는, 크거나 같게) 되는 값을 **제$p$ 백분위수**($p$th percentile)라고 한다. 백분위수를 구하는 방법에는 여러 가지가 있으며 이 책에서는 Excel에서 사용하고 있는

$$\{(n-1)p/100+1\}\text{번째 값}$$

을 이용하여 백분위수를 구하며, { }속의 값이 정수가 아닌 경우에는 비례에 의한 내삽법(interpolation)으로 구한다. 이들 백분위수를 이용하여 사분위수는 다음과 같이 정의된다.

**사분위수(quartiles)**

제1사분위수 = 제25백분위수

제2사분위수 = 제50백분위수 = 중앙값

제3사분위수 = 제75백분위수

**변동계수**는 표본의 표준편차를 표본평균으로 나눈 값으로 다음과 같이 정의된다. 변동계수는 측정단위가 다른 여러 종류의 자료들의 산포를 비교할 때 유용하게 사용되는 통계량이다.

**변동계수(coefficient of variation)**

$$v = s / \overline{x}$$

일반적으로 통계량의 표준편차를 **표준오차**라고 부른다. 특히, 평균의 표준오차는 표본평균의 표준편차로서 가장 많이 사용되며 다음과 같이 정의된다.

**평균의 표준오차(standard error)**

$$\mathrm{SE}(\overline{x}) = s / \sqrt{n}$$

**예제 2.2** (예제 2.1 계속) 〈표 2-5〉의 자료를 이용하여 각종 산포도를 구해 보자.

**풀이** 분산: $s^2 = (\sum_{i=1}^{15} x_i^2 - 15\overline{x}^2)/14 = (46463 - (15)(51)^2)/14$
$= (7448)/14 = 532$

표준편차: $s = \sqrt{532} = 23.0651$

범위: $R = 118 - 16 = 102$

제1사분위수와 제3사분위수의 순위:

$(15-1) \times 25/100 + 1 = 4.5$; $(15-1) \times 75/100 + 1 = 11.5$

제1사분위수: $Q_1 = (35 + 36)/2 = 35.5$

제3사분위수: $Q_3 = (59 + 62)/2 = 60.5$

사분위수 범위: $\mathrm{IQR} = Q_3 - Q_1 = 60.5 - 35.5 = 25$

변동계수: $v = \dfrac{s}{\overline{x}} = \dfrac{23.0651}{51} = 0.4523$

평균의 표준오차: $\mathrm{SE}(\overline{x}) = \dfrac{s}{\sqrt{n}} = \dfrac{23.0651}{\sqrt{15}} = 5.9554$

이와 같은 값들은 엑셀과 KESS에서 [그림 2-14](b) 및 [그림 2-16]과 같이 출력된다.

**참고**

### 분포의 형태에 관한 측도: 왜도와 첨도

분포의 형태와 관련된 측도로 왜도와 첨도가 있다.

**왜도**(skewness)는 비대칭의 정도를 나타내는 통계량으로 대칭인 분포의 왜도는 0이고, 꼬리가 오른쪽으로 긴 경우에는 양수, 왼쪽으로 긴 꼬리를 가지면 음수이다. 왜도는 다음과 같이 정의된다.

$$\frac{n}{(n-1)(n-2)}\sum_{i=1}^{n}\left(\frac{x_i-\overline{x}}{s}\right)^3$$

**첨도**(kurtosis)는 분포의 꼬리 부분에 대한 정보를 제공하는 통계량으로 0보다 크면 정규분포보다 긴 꼬리를 갖고, 0보다 작으면 정규분포보다 짧은 꼬리를 갖는다. 긴 꼬리를 가질 때(즉, 첨도가 0보다 클 때)는 분포가 중앙 부분에 덜 집중되어 중앙 부분이 뾰족한 모양이며, 짧은 꼬리를 가질 때(즉, 첨도가 0보다 작을 때)는 분포가 중앙 부분에 더 집중되어 중앙 부분이 상대적으로 평평한 모양을 가진다. 따라서 첨도(뾰족한 정도)란 용어를 사용하게 되었다. 첨도는 다음과 같이 정의된다.

$$\frac{n(n+1)}{(n-1)(n-2)(n-3)}\sum_{i=1}^{n}\left(\frac{x_i-\overline{x}}{s}\right)^4-\frac{3(n-1)^2}{(n-2)(n-3)}$$

**참고**

### 정규분포와 $t$-분포의 그래프

[그림 2-17]은 표준정규분포와 자유도가 1인 $t$-분포의 분포함수를 비교한 그림이다. 정규분포에 비해 $t$-분포의 꼬리가 긴 것을 알 수 있다. 즉, $t$-분포의 첨도는 정규분포의 첨도보다 크다. ($t$-분포에 대한 설명은 5장에서 다룬다.)

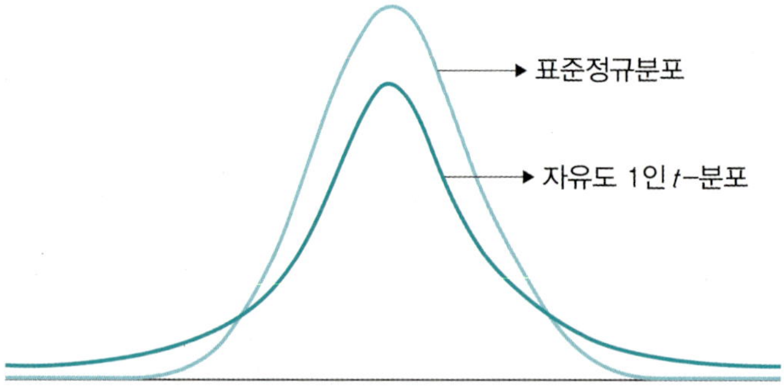


[그림 2-17] 표준정규분포와 자유도가 1인 $t$-분포

# 연습문제

**2-1** 연습문제 1-3의 〈표 1-4〉에 있는 성적 자료 'grade'에서 KESS를 이용하여 다음 물음에 답하여라.(자료: '기술통계' 파일에서 'grade')

(a) 중간시험 점수의 히스토그램과 줄기-잎 그림을 그리고, 어떠한 차이점이 있는지 설명하여라.

(b) 기말시험 점수의 상자그림을 그리고, 이상점이 있는지 알아보아라.

**2-2** 〈표 2-1〉의 '혈압' 자료에서 '수축혈압2' 데이터에 대하여 KESS를 이용하여 다음 물음에 답하여라.

(a) 히스토그램과 줄기-잎 그림을 그려라. 정규분포와 비슷한 형태를 가지고 있다고 생각되는가?

(b) 상자그림을 그리고, 이상점이 있는지 알아보아라.

**2-3** [그림 1-21]에 있는 '성적' 자료에서 국어, 영어, 수학 점수의 상자그림을 동일 축에 그리고, 특징을 비교 설명하여라.

**2-4** 〈표 2-1〉의 '혈압' 자료에서 콜레스테롤1과 콜레스테롤2의 상자그림을 동일 축에 그리고, 특징을 비교 설명하여라.

**2-5** 〈표 2-1〉의 '혈압' 자료에서 엑셀을 이용하여 다음 물음에 답하여라.

(a) '수축혈압1'과 '이완혈압1'의 산점도를 그리고, 어떤 특징이 있는지 설명하여라.

(b) '수축혈압2'와 '이완혈압2'의 산점도를 그리고, 어떤 특징이 있는지 설명하여라.

**2-6** 〈표 2-1〉의 '혈압' 자료에서 KESS를 이용하여 다음 물음에 답하여라.

(a) '콜레스테롤1'과 '수축혈압1'의 산점도를 그리고, 어떤 특징이 있는지 설명하여라.

(b) '콜레스테롤1'과 '콜레스테롤2'의 산점도를 그리고, 어떤 특징이 있는지 설명하여라.

**2-7** 연습문제 1-3의 〈표 1-4〉에 있는 성적 자료 'grade'에서 엑셀 또는 KESS를 이용하여 다음 물음에 답하여라.(자료: '기술통계' 파일에서 'grade')

(a) 중간시험 점수와 기말시험 점수의 평균과 표준편차 및 최솟값, 최댓값을 구하고 비교하여라.

(b) 중간시험 점수와 기말시험 점수의 첨도와 왜도를 구하고, 두 결과를 비교하여라.

**2-8** 1장에서 만든 'class' 자료에서 엑셀 또는 KESS를 이용하여 다음 물음에 답하여라.(자료: '기술통계' 파일에서 'class')

(a) 키와 몸무게의 평균, 표준편차, 최솟값 및 최댓값을 구하여라.

(b) 키와 몸무게의 산점도를 그리고, 어떤 특징이 있는지 설명하여라.

# 3장 분포함수

## 3.1 확률의 기본 개념

### 3.1.1 확률의 정의

우리는 일상생활에서 확률이란 용어를 자주 사용한다. 이 절에서는 용어의 소개와 함께 확률의 기본 개념에 대하여 알아보기로 한다.

확률은 어떤 사건이 일어날 가능성을 나타내는 개념이며, 수리적 정의를 위하여 먼저 표본공간과 사건(사상)에 대한 정의가 필요하다. **표본공간**(sample space)은 어떤 시행에서 모든 가능한 결과들의 집합을 뜻하며, **사건**(event, **사상**)은 표본공간의 부분집합으로서 관심의 대상인 결과들의 집합을 나타낸다. 표본공간은 흔히 기호 $S$로 나타내며, 사건은 $A$, $B$, $C$ 등으로 나타낸다.

확률의 고전적 정의는 다음과 같다.

**확률의 고전적 정의**

표본공간에서 각 원소가 일어날 가능성이 모두 같을 때, 사건 $A$가 일어날 확률 $P(A)$는 다음과 같이 정의된다.

$$P(A) = \frac{\text{사건 } A\text{에 속하는 원소의 개수}}{\text{표본공간 전체의 원소의 개수}}$$

**예제 3.1** 동전을 던질 때 앞면을 $H$, 뒷면을 $T$로 나타내기로 하자. 동전을 2회 던질 때 나오는 면의 표본공간을 $S$로 나타내고, 사건 $A$를 '앞면이 적어도 한 번 나오는 사건'으로 정의할 때, $A$의 확률을 구하여라.

**풀이** $S$와 $A$는 각각 다음과 같다.

$$S = \{(\mathrm{H,H}), (\mathrm{H,T}), (\mathrm{T,H}), (\mathrm{T,T})\}, \quad A = \{(\mathrm{H,H}), (\mathrm{H,T}), (\mathrm{T,H})\}$$

따라서 구하는 확률은 $P(A) = \dfrac{3}{4}$ 이다.

확률의 계산을 위하여 흔히 경우의 수를 계산하게 되며, 이를 위해 **조합**(combination)의 수인 $\binom{n}{r}$을 많이 사용한다.

**조합**

$$\binom{n}{r} = \frac{n!}{r!(n-r)!} = \frac{n(n-1)\cdots(n-r+1)}{r!}$$

다만, $n! = n(n-1)\cdots 3 \cdot 2 \cdot 1$이다.

**예제 3.2** 100개의 제품 가운데 3개의 불량품이 있는 로트(lot)에서 4개의 시료를 추출할 때 1개의 불량품이 발견될 확률을 구하여라.

**풀이** 100개에서 4개를 뽑는 모든 경우의 수는 다음과 같다.

$$\binom{100}{4} = \frac{100 \times 99 \times 98 \times 97}{4 \times 3 \times 2 \times 1} = 3{,}921{,}225$$

4개의 시료 가운데 1개의 불량품이 포함되는 경우의 수는 다음과 같다.

$$\binom{3}{1}\binom{97}{3} = \frac{3}{1} \times \frac{97 \times 96 \times 95}{3 \times 2 \times 1} = 442{,}320$$

따라서 구하는 확률은 다음과 같다.

$$P(1\text{개의 불량품}) = \frac{442320}{3921225} = 0.1128$$

### 3.1.2 확률의 기본 성질

확률의 정의로부터 다음과 같은 확률의 기본 성질을 얻을 수 있다.

**확률의 기본 성질 I**

(1) 표본공간 $S$에 대하여 $P(S) = 1$

(2) 임의의 사건 $A$에 대하여 $0 \le P(A) \le 1$

두 사건 $A$, $B$에 대하여 다음과 같은 연산을 정의한다.

$A \cup B$: 사건 $A$ 또는 사건 $B$가 일어나는 사건

$A \cap B$: 사건 $A$와 사건 $B$가 동시에 일어나는 사건

**예제 3.3** 주사위를 한 번 던지는 시행에서 표본공간은 $S=\{1,2,3,4,5,6\}$ 이다. 이제

$$A=\{1,3,5\}, \quad B=\{2,4,6\}, \quad C=\{3,4\}$$

로 정의하면 다음과 같은 연산이 성립한다.

$$A\cup B=S, \quad A\cap B=\varnothing, \quad A\cup C=\{1,3,4,5\}, \quad A\cap C=\{3\}$$

위의 예에서 $A$, $B$와 같이 $A\cap B=\varnothing$일 때 $A$와 $B$는 동시에 일어날 수 없으며, 이러한 $A$와 $B$를 서로 **배반**(disjoint)이라고 한다.

사건 $A$에 대하여 $A$가 일어나지 않는 사건을 $A$의 **여사건**(complement event)이라고 하며, 기호 $A^c$로 나타낸다. 여사건에 대하여는 $A\cap A^c=\varnothing$, $A\cup A^c=S$가 성립한다.

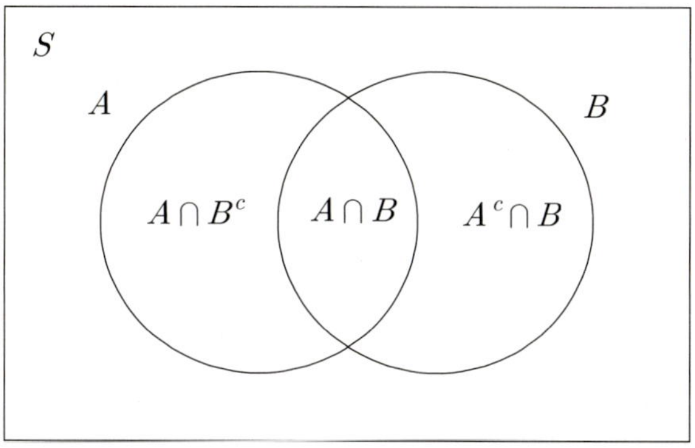


**[그림 3-1]** $A\cup B$의 분해

[그림 3-1]에서 각 사건의 표본공간 $S$에 대한 상대적 면적의 크기를 그 사건의 확률로 이해할 수 있다. 또한 그림에서 다음과 같은 결과를 알 수 있다.

**확률의 기본 성질 II**

(1) $P(A\cup B)=P(A)+P(B)-P(A\cap B)$
(2) $P(A)+P(A^c)=1$
(3) $P(A)=P(A\cap B)+P(A\cap B^c)$

사건 $A$가 주어진 조건에서(즉, $A$가 일어났다는 조건하에) 사건 $B$가 일어날 확률을 **조건부 확률**(conditional probability)이라고 하며, 기호 $P(B|A)$로 나타낸다. $P(B|A)$는 $A$를 새로운 표본공간으로 간주하고 $A$ 내에서 $B$가 일어날 확

률로 이해하면 편리하다. 조건부 확률의 수식적 정의는 다음과 같다.

**조건부 확률의 정의**

$$P(B|A) = \frac{P(A \cap B)}{P(A)} \qquad (\text{다만, } P(A) > 0)$$

**예제 3.4** 주사위를 한 번 던졌을 때 홀수가 나왔다는 것을 알았다고 하자. 그러면 이 주사위의 눈이 1일 확률은 얼마이겠는가?

$$A = \{1, 3, 5\}, \quad B = \{1\}$$

로 정의하면 $A \cap B = \{1\}$ 이므로 구하는 확률은 다음과 같다.

$$P(B|A) = \frac{P(A \cap B)}{P(A)} = \frac{1/6}{3/6} = \frac{1}{3}$$

[예제 3.4]에서의 결과는 $A = \{1, 3, 5\}$를 새로운 표본공간으로 간주할 때 $B = \{1\}$가 일어날 확률과 같음을 알 수 있다.

두 사건 $A$, $B$에 대하여 $A$가 일어나거나 일어나지 않는 것이 $B$의 확률에 영향을 주지 않을 때 $A$와 $B$는 서로 **독립**(independent)이라고 한다. 이를 수식으로 표현하면 다음과 같다.

**사건의 독립**

$$P(A|B) = P(A) \text{ 또는 } P(B|A) = P(B)$$

일 때 두 사건 $A$와 $B$는 서로 **독립**이라고 한다.

조건부 확률과 독립의 정의로부터 다음 결과를 얻을 수 있다.

**곱셈법칙**

$$P(A \cap B) = P(B|A)P(A) = P(A|B)P(B)$$

$A$와 $B$가 서로 독립일 때

$$P(A \cap B) = P(A)P(B)$$

**예제 3.5** 주사위를 한 번 던지는 시행에서

$$A = \{1, 3, 5\}, \quad B = \{1, 2\}, \quad C = \{2, 4\}$$

로 정의할 때, $P(B|A) = \frac{1}{3} = P(B)$ 이므로 $A$와 $B$는 서로 독립이다. 또한

$$P(A \cap B) = \frac{1}{6}\ ;\ P(A)P(B) = \frac{3}{6} \times \frac{2}{6} = \frac{1}{6}$$

이 성립한다. 그러나 $P(C|A) = 0 \neq P(C) = \frac{1}{3}$ 이므로 $A$와 $C$는 서로 독립이 아니다.

이제 한 표본공간이 여러 개의 사건으로 나뉘는 경우를 생각해 보자.
사건 $A_1, \cdots, A_n$에 대하여

(i) $A_i \cap A_j = \varnothing, \quad i \neq j$ (ii) $A_1 \cup \cdots \cup A_n = S$

의 관계가 성립할 때 $A_1, \cdots, A_n$을 표본공간 $S$의 **분할**(partition)이라고 한다. 위에서 $A_1, \cdots, A_n$은 서로 배반이며, 이들의 합은 표본공간 $S$와 같음을 뜻한다. 가장 간단한 예로 $A$와 $A^c$는 $S$의 한 분할이다.

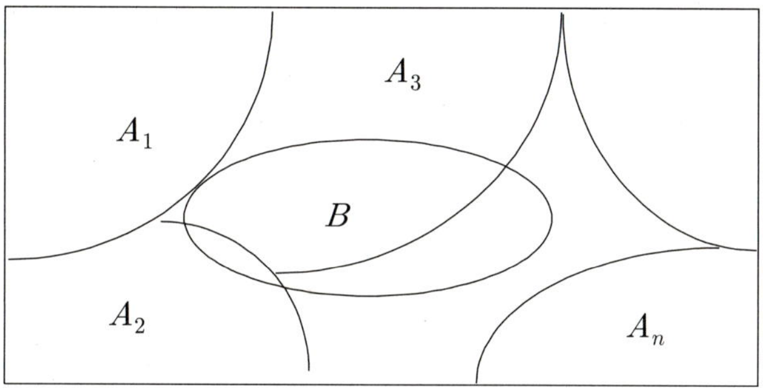


**[그림 3-2]** $S$의 한 분할

[그림 3-2]에서 $A_1, \cdots, A_n$이 $S$의 한 분할일 때 임의의 사건 $B$에 대하여 곱셈법칙으로부터 $P(B \cap A_i) = P(B|A_i)P(A_i),\ i = 1, \cdots, n$이 성립한다. 따라서 다음과 같은 **전확률 공식**을 얻을 수 있다.

$$P(B) = P(B \cap A_1) + P(B \cap A_2) + \cdots + P(B \cap A_n)$$
$$= P(B|A_1)P(A_1) + P(B|A_2)P(A_2) + \cdots + P(B|A_n)P(A_n)$$

이제 사건 $A_1, \cdots, A_n$ 은 사건 $B$ 에 대한 서로 다른 원인들이며, 각 원인 $A_i$ 에 대하여 $P(B|A_i)$ 를 알고 있다고 하자. 한편 $B$ 가 관측되었을 때 각 원인의 가능성을 알려면 $P(A_i|B)$ 에 관심이 있게 된다. 이를 나타내는 방법으로 곱셈법칙과 전확률 공식에서 다음의 **베이즈 정리**(Bayes theorem)를 얻을 수 있다.

**베이즈 정리**

사건 $A_1, \cdots, A_n$ 이 표본공간 $S$ 의 한 분할일 때, $P(B) > 0$ 인 임의의 사건 $B$ 에 대하여 다음이 성립한다.

$$P(A_i|B) = \frac{P(A_i \cap B)}{P(B)}$$
$$= \frac{P(B|A_i)P(A_i)}{P(B|A_1)P(A_1) + P(B|A_2)P(A_2) + \cdots + P(B|A_n)P(A_n)}$$

베이즈 정리에서 $P(A_i)$ 는 $B$ 를 관측하기 이전에 원인 $A_i$ 에 대한 확률로서 **사전확률**(prior probability)이라고 부르며, $P(A_i|B)$ 는 $B$ 가 관측된 후에 $A_i$ 의 확률이므로 **사후확률**(posterior probability)이라고 한다.

**예제 3.6** 어느 공장에서는 $A_1$, $A_2$, $A_3$ 3대의 기계로 제품을 생산하고 있으며, 각 기계의 생산량은 전체의 10%, 40%, 50%라고 한다. 한편 $A_1$, $A_2$, $A_3$ 의 불량률은 각각 0.3%, 0.15%, 0.12%이다. 이 공장에서 생산된 제품 중에서 임의로 하나를 뽑아 검사한 것이 불량품이었다면, 이 불량품이 $A_1$, $A_2$, $A_3$ 각각에서 생산되었을 확률을 구하여라.

**풀이** 주어진 문제로부터 다음을 알 수 있다.

$$P(A_1) = 0.1, \quad P(A_2) = 0.4, \quad P(A_3) = 0.5$$

$$P(B|A_1) = 0.0030, \quad P(B|A_2) = 0.0015, \quad P(B|A_3) = 0.0012$$

따라서 $P(A_1|B)$ 는 다음과 같이 구한다.

$$P(A_1|B) = \frac{P(B|A_1)P(A_1)}{P(B|A_1)P(A_1) + P(B|A_2)P(A_2) + P(B|A_3)P(A_3)}$$

$$= \frac{0.0030 \times 0.1}{0.0030 \times 0.1 + 0.0015 \times 0.4 + 0.0012 \times 0.5}$$

$$= 0.2$$

같은 방법으로 $P(A_2|B) = 0.4$, $P(A_3|B) = 0.4$임을 구할 수 있다.

## 3.2 분포함수

### 3.2.1 확률변수와 분포함수

2장에서 $n$개의 자료를 나타낼 때 $x_1, x_2, \cdots, x_n$의 기호를 사용하여 나타내었다. 예를 들어 전구의 수명을 알아보기 위하여 5개의 전구를 임의로 선택한 후에 가속실험으로 수명을 측정한 결과 다음의 자료를 얻었다고 하자.

$$x_1 = 1500,\ x_2 = 1420,\ x_3 = 1860,\ x_4 = 1740,\ x_5 = 1380$$

이들은 5개 전구에 대한 수명의 관측값이다. 이제 다시 5개의 전구를 임의로 선택하여 수명을 측정하면, 위의 자료와는 다른 5개의 관측값을 얻게 될 것이다.

이와 같은 실험 또는 관측에서 관측값을 얻기 이전의 상태를 생각해 보자. 즉, 5개의 전구를 선택하여 수명을 측정할 때, 첫 번째 전구의 수명을 $x_1$, 두 번째 전구의 수명을 $x_2$, $\cdots$ , 다섯 번째 전구의 수명을 $x_5$라고 하면, 실제 측정이 이루어지기 전에는 $x_1, \cdots, x_5$의 값을 모른다. 또한 $x_1, \cdots, x_5$의 값들은 어떤 전구가 선택되느냐에 따라서 임의로(랜덤하게, randomly) 결정될 것이다.

일반적으로 표본공간에서 정의된 실수함수를 **확률변수**(random variable)라고 하며, 기호로는 대문자 $X$, $Y$, $\cdots$ 등을 사용한다. 위의 예에서 실제 측정이 이루어지기 전의 값인 $X_1, \cdots, X_5$는 확률변수이며 이들의 관측값인 $x_1, \cdots, x_5$는 **자료**(데이터, data)이다. $X_1, \cdots, X_5$의 값들은 모집단의 확률모형에 의해 임의로 결정되므로 확률변수라고 부른다. 모집단에서의 복잡한 확률구조를 확률변수 $X$의 분포함수로 나타내어 많은 문제들을 쉽게 해결할 수 있게 된다.

예를 들어 공정한 주사위를 한 번 던지는 시행을 생각해 보자. 확률변수 $X$를

$$X = \text{주사위의 눈의 개수}$$

라고 정의하면, $X$가 1, ⋯, 6 의 값을 모두 $\frac{1}{6}$의 확률로 취하게 되며, 따라서 $X$의 확률구조는 다음과 같다.

| $x$ | 1 | 2 | 3 | 4 | 5 | 6 |
|---|---|---|---|---|---|---|
| $P(X=x)$ | $\frac{1}{6}$ | $\frac{1}{6}$ | $\frac{1}{6}$ | $\frac{1}{6}$ | $\frac{1}{6}$ | $\frac{1}{6}$ |

이때 $p(x) = P(X = x)$는 확률변수 $X$가 $x$의 값을 취하는 확률을 대응시키는 관계로서 **확률분포**(probability distribution) 또는 **분포함수**(distribution function) 라고 한다. 이 확률분포를 그림으로 나타내면 [그림 3-3]과 같다.

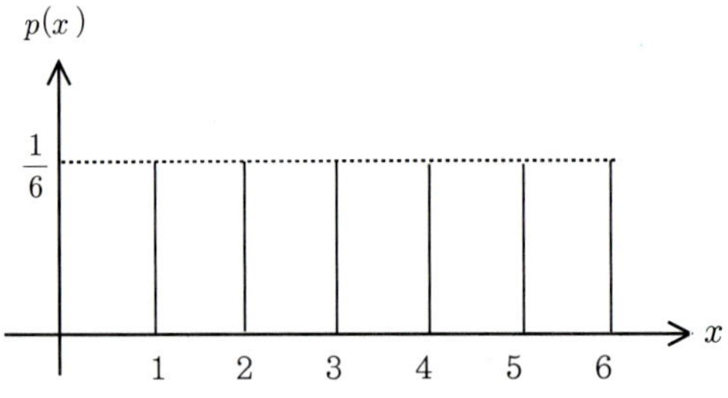


[그림 3-3] 분포함수(확률분포)의 예

확률변수는 크게 이산형과 연속형으로 나눌 수 있다. **이산형**은 정수와 같은 이산점의 값을 취하는 확률변수들이며, **연속형**은 어느 구간의 모든 값을 취할 수 있는 확률변수들이다. 예를 들어 '$X$ = 주사위의 눈의 개수'로 정의된 확률변수는 이산형이고, '$X$ = 전구의 수명'을 나타내는 확률변수는 연속형이다. 이산형과 연속형은 형태에 따라 분포함수의 의미가 약간 다르므로 주의해야 한다.

이산형 확률변수의 분포함수는 이산점에서의 확률을 나타낸다. 따라서 분포함수 $p(x)$의 그래프에서는 높이가 확률을 나타낸다. 이에 대하여 연속형에서는 면적이 확률을 나타낸다. 연속형 분포함수를 **확률밀도함수**(probability density function) 또는 간단히 **밀도함수**라고 하며, 흔히 $f(x)$로 나타낸다. 따라서 확률변수 $X$가 구간 $(a, b)$ 사이에 속할 확률은 구간 $(a, b)$에서 곡선 $f(x)$ 아래의 넓이가 된다. 이들을 그림으로 나타내면 [그림 3-4]와 같다.

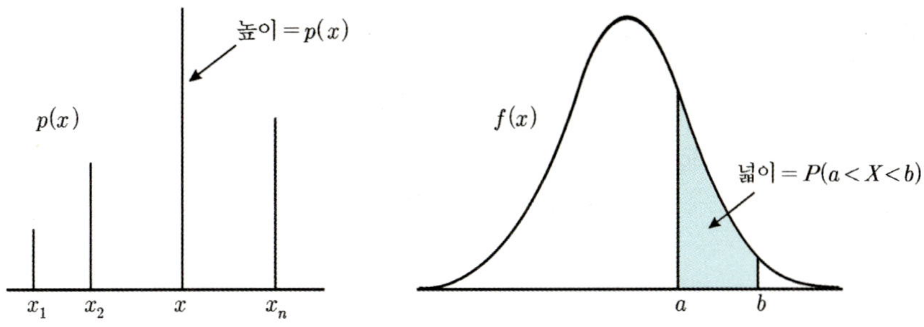

(a) 이산형 (b) 연속형

[그림 3-4] 이산형과 연속형 분포의 의미

이산형 분포함수 $p(x)$와 연속형 분포함수 $f(x)$에 대한 성질을 요약하면 다음과 같다.

**분포함수의 성질**

| | (이산형) | (연속형) |
|---|---|---|
| (1) | $\sum_{\text{모든}x} p(x) = 1$ | $\int_{-\infty}^{\infty} f(x)dx = 1$ |
| (2) | $P(a < X \le b) = \sum_{a < x \le b} p(x)$ | $P(a < X \le b) = \int_a^b f(x)dx$ |

## 3.2.2 평균 · 분산 · 표준편차

2장의 기술통계에서는 자료의 평균, 분산, 표준편차 등을 살펴보았다. 이제 모집단의 모평균, 모분산, 모표준편차를 확률변수의 기댓값, 분산, 표준편차로 나타내기로 하고 이들에 대하여 알아보자.

### (1) 평균

확률변수 $X$의 **평균**(mean) 또는 **기댓값**(expected value)은 다음과 같이 정의된다.

**$X$의 평균 또는 기댓값**

$$E(X) = \begin{cases} \sum_{\text{모든 } x} x\,p(x) & (\text{이산형}) \\ \int_{-\infty}^{\infty} x f(x)dx & (\text{연속형}) \end{cases}$$

평균의 기호: $E(X)$, $\mu$, $\mu_x$, $\cdots$ 등

**참고**

확률변수 $X$의 평균은 모집단의 평균(**모평균**)과 같은 개념이며 중심위치를 나타내는 측도이다. 2장에서 다룬 자료의 평균은 모평균을 추정하기 위하여 자료에서 계산한 것으로서, 이와 같은 관계는 추정이론에서 자세하게 다루게 된다. 모평균을 나타내는 기호 $\mu$는 '뮤'라고 읽는다.

**예제 3.7** $X$의 분포함수가 다음과 같을 때, $X$의 평균을 구하여라.

| $x$ | 1 | 2 | 3 | 4 |
|---|---|---|---|---|
| $P(X=x)$ | $\frac{3}{8}$ | $\frac{3}{8}$ | $\frac{1}{8}$ | $\frac{1}{8}$ |

**풀이** $X$의 평균은 다음과 같다.

$$\mu = E(X) = 1\times\frac{3}{8}+2\times\frac{3}{8}+3\times\frac{1}{8}+4\times\frac{1}{8}=\frac{16}{8}=2.0$$

이를 그림으로 나타내면 [그림 3-5]와 같다. 그림에서 볼 수 있는 바와 같이 평균 $E(X)$는 분포함수의 그래프에서 **무게중심**에 해당된다.

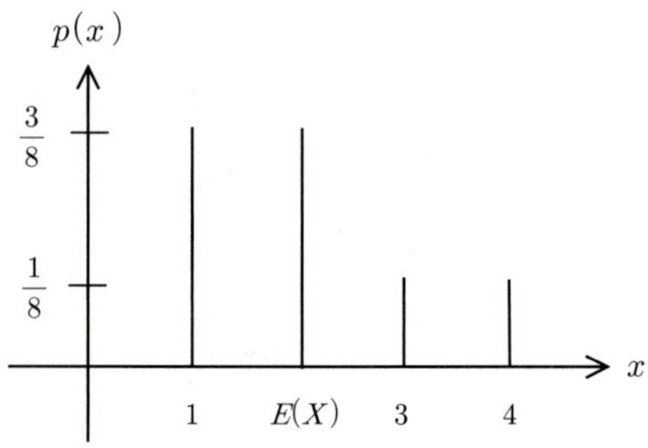


[그림 3-5] 평균 $E(X)$의 의미

### (2) 분산과 표준편차

**분산**(variance)과 **표준편차**(standard deviation)는 모집단의 산포를 나타내는 측도로서 다음과 같이 정의된다.

### $X$의 분산과 표준편차

(1) $X$의 분산: $\mathrm{Var}(X) = E[(X-\mu)^2]$

$= E(X^2) - \mu^2$ (간편계산법)

(2) $X$의 표준편차: $\mathrm{sd}(X) = \sqrt{\mathrm{Var}(X)}$

분산과 표준편차의 기호: $\mathrm{Var}(X)$, $\sigma^2$, $\sigma_X^2$, $\cdots$ ; $\mathrm{sd}(X)$, $\sigma$, $\sigma_X$, $\cdots$ 등

### 참고

확률변수 $X$의 분산과 표준편차는 모두 모집단에서 산포를 나타내는 측도로서 흔히 **모분산**, **모표준편차**라고 부른다. 분산은 $(X-\mu)^2$의 기댓값이므로 단위가 $X$와 다르게 되고, 따라서 흔히 분산보다는 표준편차에 의해서 산포를 나타낸다. 2장에서 다룬 자료의 분산, 표준편차는 모분산과 모표준편차를 추정하기 위하여 자료에서 구한 것이다. 모표준편차를 나타내는 기호 $\sigma$는 '시그마'라고 읽는다.

**예제 3.8** 확률분포가 다음과 같이 정의된 두 확률변수 $X$, $Y$의 평균, 분산 및 표준편차를 구하여라.

| $x$ | 2 | 3 | 4 |
|---|---|---|---|
| $p_1(x)$ | $\frac{1}{3}$ | $\frac{1}{3}$ | $\frac{1}{3}$ |

| $y$ | 1 | 3 | 5 |
|---|---|---|---|
| $p_2(y)$ | $\frac{1}{3}$ | $\frac{1}{3}$ | $\frac{1}{3}$ |

**풀이** ① $E(X) = \Sigma x_i p_1(x_i) = (2+3+4) \times \frac{1}{3} = 3$

$$\mathrm{Var}(X) = E(X^2) - \mu^2 = \Sigma x_i^2\, p_1(x_i) - \mu^2$$

$$= (2^2+3^2+4^2) \times \frac{1}{3} - (3)^2 = \frac{29}{3} - 9 = \frac{2}{3}$$

$$\mathrm{sd}(X) = \sqrt{\mathrm{Var}(X)} = \sqrt{2/3} \fallingdotseq 0.82$$

② $E(Y) = \Sigma y_i\, p_2(y_i) = (1+3+5) \times \frac{1}{3} = 3$

$$\mathrm{Var}(Y) = E(Y^2) - \mu^2 = \Sigma y_i^2\, p_2(y_i) - \mu^2$$

$$= (1^2+3^2+5^2) \times \frac{1}{3} - (3)^2 = \frac{35}{3} - 9 = \frac{8}{3}$$

$$\mathrm{sd}(Y) = \sqrt{\mathrm{Var}(Y)} = \sqrt{8/3} \fallingdotseq 1.63$$

**참고**

**두 분포의 비교**

[예제 3.8]에서 두 분포는 모두 $\mu = 3$에 대하여 대칭이다. 그러나 $X$보다는 $Y$의 분포가 2배 더 넓게 퍼져 있다. 따라서 계산 결과에서도 $Y$의 분산 $\frac{8}{3}$은 $X$의 분산 $\frac{2}{3}$의 4배이며, $Y$의 표준편차 1.63은 $X$의 표준편차 0.82의 2배이다. 이들을 그림으로 나타내면 [그림 3-6]과 같다.

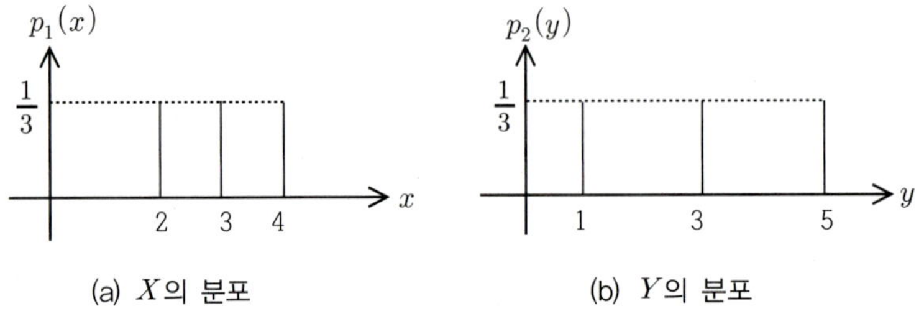


[그림 3-6] $X$와 $Y$의 확률분포

**예제 3.9** 구간 $(0, 1)$에서 균등하게 분포된 $X$의 확률밀도함수는 다음과 같다. $X$의 평균, 분산, 표준편차를 구하여라. 이와 같은 분포를 연속형 **균등분포**(uniform distribution) 또는 **일양분포**라고 하며, 흔히 기호 $U(0,1)$로 나타낸다.

$$f(x) = \begin{cases} 1\ , & 0 \le x \le 1 \\ 0\ , & \text{아닐 때} \end{cases}$$

**풀이** $X$의 평균은 다음과 같다.

$$E(X) = \int_0^1 x f(x) dx = \int_0^1 x\, dx = \frac{1}{2}$$

$X$의 분산과 표준편차는 각각 다음과 같다.

$$\mathrm{Var}(X) = E(X^2) - \mu^2 = \int_0^1 x^2 dx - \left(\frac{1}{2}\right)^2$$

$$= \frac{1}{3} - \frac{1}{4} = \frac{1}{12}$$

$$\mathrm{sd}(X) = \sqrt{\mathrm{Var}(X)} = \frac{1}{\sqrt{12}} = \frac{\sqrt{3}}{6} \fallingdotseq 0.289$$

참고로 $(0, 1)$에서 균등분포(또는 일양분포) $U(0,1)$을 따르는 확률밀도함수의 그래프는 [그림 3-7]과 같다.

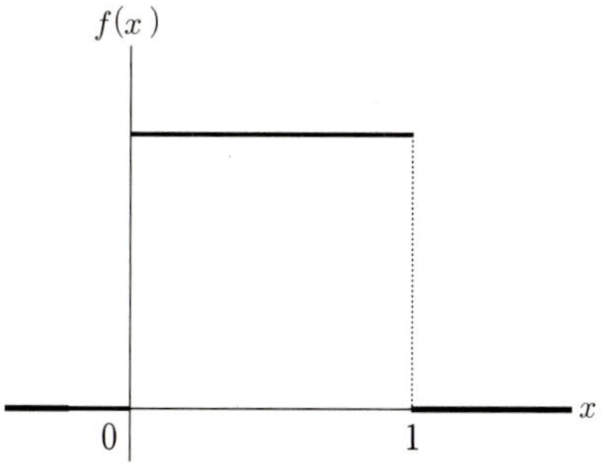


[그림 3-7] 균등분포(일양분포) $U(0,1)$의 그래프

기댓값과 분산에 대하여 다음의 성질이 성립한다.

**기댓값과 분산의 성질**

(1) $E(aX) = aE(X), \quad E(X+Y) = E(X) + E(Y)$

(2) $\text{Var}(a) = 0, \quad \text{Var}(aX) = a^2\text{Var}(X)$

**참고**

위의 성질은 기댓값과 분산의 정의에서 쉽게 증명될 수 있다.
예를 들어 이산형에서 $E(aX) = aE(X)$의 증명은 다음과 같다.

$$E(aX) = \sum_{\text{모든 } x} ax\,p(x) = a\sum_{\text{모든 } x} x\,p(x) = aE(X)$$

기댓값의 성질에서 $X$를 $a$ 배하면 $X$의 평균도 $a$ 배가 된다. 그러나 분산에서는 $X$를 $a$ 배하면 분산은 $a^2$ 배됨에 유의해야 한다.

### 3.2.3 결합분포

예를 들어 각 개인의 키와 몸무게, 각 가구당 수입과 지출, 한 국가의 경제 성장률과 실업률 등은 서로 연관성이 있는 변수들이다. 이와 같이 두 개의 변수를 동시에 고려하는 문제를 생각해 보자.

$X$와 $Y$가 각각 이산형 확률변수일 때 $X$와 $Y$의 **결합확률분포**는

$$p(x,y) = P(X = x,\ Y = y)$$

를 나타내는 함수이며, 모든 $(x,y)$에 대한 $p(x,y)$의 합은 1이 된다. 마찬가지로 연속형 확률변수 $X$, $Y$의 **결합밀도함수**는 흔히 $f(x,y)$로 나타내며, $(x,y)$평면 위에서 곡면 $z = f(x,y)$ 아래의 부피는 1이 된다.

두 확률변수 $X$, $Y$의 결합분포에서 $X$만의 분포와 $Y$만의 분포를 **주변분포**라고 한다. 따라서 $X$ 또는 $Y$의 평균이나 분산 등은 주변분포로부터 구할 수 있다. 결합분포에서 관심이 있는 측도는 연관성의 측도들이다. 연관성의 측도로서 가장 많이 사용되는 측도들은 **공분산**(covariance)과 **상관계수**(correlation coefficient)이며, 이들은 다음과 같이 정의된다.

**공분산과 상관계수**

(1) $X$와 $Y$의 **공분산**

$$\begin{aligned}\mathrm{Cov}(X,Y) &= E[(X-\mu_x)(Y-\mu_y)] \\ &= E(XY) - E(X)E(Y) \ \text{(간편계산법)}\end{aligned}$$

(2) $X$와 $Y$의 **상관계수**

$$\mathrm{Corr}(X,Y) = \frac{\mathrm{Cov}(X,Y)}{\sqrt{\mathrm{Var}(X)\mathrm{Var}(Y)}} \quad \text{또는} \quad \frac{\mathrm{Cov}(X,Y)}{\sigma_X \sigma_Y}$$

상관계수의 기호: $\mathrm{Corr}(X,Y)$, $\rho$, $\rho_{XY}$, $\cdots$

$X$와 $Y$ 사이의 연관성이 클수록 공분산의 절댓값도 커지며, 양의 연관성이 있을 때는 공분산도 양수, 음의 연관성이 있을 때는 공분산도 음수가 된다.

그러나 공분산은 $X$와 $Y$의 단위에 따라 값이 달라지므로 공분산의 크기만으로는 $X$와 $Y$ 사이에 얼마나 큰 연관성이 있는지 알 수가 없다. 따라서 공분산을 $X$와 $Y$의 표준편차의 곱으로 나누어 표준화시킨 것이 상관계수이며, 이 상관계수는 $X$와 $Y$의 단위에 무관하게 연관성을 나타낸다. $X$와 $Y$의 상관계수를 $\rho$로 나타낼 때 다음과 같은 성질을 갖는다.

**상관계수의 성질**

(1) $-1 \le \rho \le 1$

(2) 양(음)의 연관성이 있을 때 $\rho > 0$ $(\rho < 0)$

(3) 연관성이 없을 때 $\rho = 0$

상관계수의 성질로서, $X$와 $Y$사이에 연관성이 강할수록 $|\rho|$의 값은 1에 가깝고 연관성이 약할수록 0에 가깝다.

다음은 두 확률변수의 독립성에 대해 알아보자. 이산형 확률변수 $X$와 $Y$의 결합확률분포 $p(x,y)$가 주변확률분포 $p_1(x)$와 $p_2(y)$의 곱으로 표현되거나, 연속형 확률변수 $X$와 $Y$의 결합밀도함수 $f(x,y)$가 주변밀도함수 $f_1(x)$와 $f_2(y)$의 곱으로 표현될 때 $X$와 $Y$는 **서로 독립**(mutually independent) 또는 간단히 독립이라고 한다. 독립이 아닌 경우는 서로 **종속**이라고 한다. 예를 들어 각 개인의 자료에서 $X$는 '키'를 나타내고 $Y$는 '몸무게'를 나타낸다면 $X$와 $Y$는 서로 종속이 될 것이다. 그러나 $X$는 '키'를 나타내고 $Y$는 '대학에서의 평균학점'을 나타낸다면 $X$와 $Y$는 서로 독립이 될 것이다.

일반적으로 독립의 엄격한 개념은 어렵지만, 다음과 같은 성질이 성립한다.

**$X$와 $Y$가 독립일 때**

(1) $X$와 $Y$의 연관성은 없다.
(2) $\mathrm{Cov}(X,Y)=0$, $\mathrm{Corr}(X,Y)=0$
(3) $\mathrm{Var}(X+Y)=\mathrm{Var}(X)+\mathrm{Var}(Y)$

**$X$와 $Y$가 독립이 아닐 때**

$\mathrm{Var}(X\pm Y)=\mathrm{Var}(X)+\mathrm{Var}(Y)\pm 2\mathrm{Cov}(X,Y)$

주식투자에서 포트폴리오(portfolio)란 위험을 줄이고 투자수익을 극대화하기 위해 여러 종목에 분산 투자하는 방법을 뜻한다. 이 경우에 위험은 흔히 분산 또는 표준편차로 나타낸다. 투자이론에서는 상관관계가 약하거나 음의 상관관계를 갖는 상품에 분산투자하는 것이 전체적인 위험을 감소시키는 것으로 알려져 있다. 다음의 예에서 이와 같은 개념을 확인해 보자.

**예제 3.10** $X$와 $Y$ 두 투자 상품은 경기에 따라 수익률이 다르며, 〈표 3-1〉은 경제 전망에 대한 예상 확률과 예상수익률을 나타낸다. 다음 각 경우에 대한 기대수익률과 표준편차(위험률)를 구하고 결과를 설명하여라.

① 전액을 $X$에 투자할 경우
② 전액을 $Y$에 투자할 경우

③ 양쪽에 반반씩 투자할 경우

〈표 3-1〉 경제상황에 따른 수익률 분포

| 경제상황 | 확률 | 수익률(%) | |
|---|---|---|---|
| | | $X$ | $Y$ |
| 불황 | 0.3 | -5 | 12 |
| 보통 | 0.4 | 10 | 8 |
| 호황 | 0.3 | 20 | -1 |

**풀이** ① 전액을 $X$에 투자할 경우

평균: $E(X) = (-5)(0.3)+(10)(0.4)+(20)(0.3) = 8.5(\%)$

분산: $\text{Var}(X) = E(X^2)-(E(X))^2$

$$= (-5)^2(0.3)+(10)^2(0.4)+(20)^2(0.3)-(8.5)^2 = 95.25$$

표준편차: $\text{sd}(X) = \sqrt{95.25} = 9.76(\%)$

② 전액을 $Y$에 투자할 경우

평균: $E(Y) = (12)(0.3)+(8)(0.4)+(-1)(0.3) = 6.5(\%)$

분산: $\text{Var}(Y) = E(Y^2)-(E(Y))^2$

$$= (12)^2(0.3)+(8)^2(0.4)+(-1)^2(0.3)-(6.5)^2 = 26.85$$

표준편차: $\text{sd}(Y) = \sqrt{26.85} = 5.18(\%)$

③ 양쪽에 반반씩 투자할 경우

양쪽에 반반씩 투자한 상품을 $Z$라고 하면, $Z = 0.5X + 0.5Y$

평균: $E(Z) = 0.5E(X)+0.5E(Y) = 0.5(8.5+6.5) = 7.5(\%)$

공분산: $\text{Cov}(X,Y) = E(XY)-E(X)E(Y)$

$$= [(-5)(12)(0.3)+(10)(8)(0.4)+(20)(-1)(0.3)]$$
$$-(8.5)(6.5)$$
$$= -47.25$$

분산: $\text{Var}(Z) = (0.5)^2\text{Var}(X)+(0.5)^2\text{Var}(Y)+2(0.5)^2\text{Cov}(X,Y)$

$$= (0.5)^2[95.25+26.85+2(-47.25)] = 6.9$$

표준편차: $\text{sd}(Z) = \sqrt{6.9} = 2.63(\%)$

설명: 전액을 $X$에 투자하는 것이 전액을 $Y$에 투자하는 것보다 기대수익률은 높지만 대신 위험률도 높다. 그러나 공분산이 음수인 $X$와 $Y$의 양쪽에 반반씩 투자할 경우에는 기대수익률은 두 수익률의 평균이지만 위험률은 현저하게 감소된다.

## 3.3 난수의 생성

엑셀에서 난수를 생성하고 히스토그램을 그리는 방법에 대하여 다음의 예제를 통하여 연습해 보자. 난수를 생성하기 위하여 **[데이터]→[분석]→[데이터 분석]**을 선택하여 **[통계 데이터 분석]** 창을 열고 **'난수 생성'**을 선택하면 [그림 3-8]과 같은 '난수 생성' 대화상자가 나타난다. 여기에서 원하는 분포와 워크시트에 저장하는 방법을 지정한다.

**예제 3.11** 균등분포 $U(0,1)$에서 1000개의 난수를 생성하고 이들을 10개의 계급으로 나누어 히스토그램을 그려라.

**풀이** ① 엑셀의 이용

1000개의 난수를 워크시트에 저장하는 방법은 여러 가지가 있다. 예를 들어 10개의 열에 각각 100개씩 생성해 보자. 이를 위해 [그림 3-8]과 같은 '난수 생성' 대화상자에서 '변수의 개수'는 10, '난수의 개수'는 100을 입력하고, '분포'는 '일양 분포'를 선택한다. '모수'는 선택된 분포에 따라 형태가 달라지며, 일양 분포에서는 범위의 시작과 끝을 의미하는 값이다.

'난수 시드'는 예를 들어 123으로 입력하고 '확인'을 누르면 10개의 열에 각각 100개씩의 난수가 생성된다. [그림 3-9]는 생성된 난수들의 일부이다. '난수 시드'를 지정하지 않으면 매번 다른 난수가 생성되며, 시드를 지정하면 같은 난수들이 생성된다. 여기에서 시드(seed)는 난수 생성 알고리즘에서 초깃값에 해당되는 값이다.

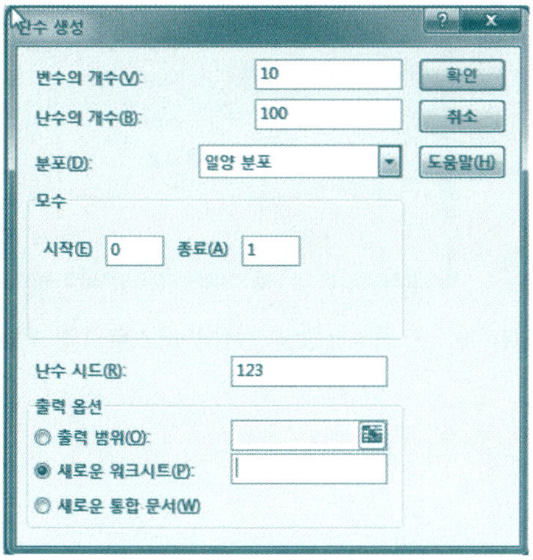


**[그림 3-8]** 난수 생성 대화상자

| | A | B | C | D | E | F | G | H | I | J | K |
|---|---|---|---|---|---|---|---|---|---|---|---|
| 1 | 0.013428 | 0.581469 | 0.704215 | 0.399915 | 0.987671 | 0.099643 | 0.938414 | 0.997284 | 0.297861 | 0.856471 | 구간 |
| 2 | 0.623463 | 0.022889 | 0.136723 | 0.117893 | 0.928648 | 0.567217 | 0.938688 | 0.964232 | 0.963378 | 0.751671 | 0 |
| 3 | 0.490097 | 0.083438 | 0.021455 | 0.121036 | 0.377911 | 0.551317 | 0.866482 | 0.912564 | 0.807001 | 0.503708 | 0.1 |
| 4 | 0.339183 | 0.358196 | 0.318033 | 0.108066 | 0.068697 | 0.676717 | 0.437147 | 0.739708 | 0.568224 | 0.910916 | 0.2 |
| 5 | 0.788263 | 0.769524 | 0.496963 | 0.267251 | 0.699637 | 0.869411 | 0.369182 | 0.11359 | 0.835963 | 0.241157 | 0.3 |
| 6 | 0.491897 | 0.291177 | 0.886776 | 0.675954 | 0.412152 | 0.89758 | 0.843104 | 0.849635 | 0.655538 | 0.196387 | 0.4 |
| 7 | 0.893063 | 0.76101 | 0.036714 | 0.810389 | 0.467727 | 0.71865 | 0.323832 | 0.853786 | 0.469039 | 0.782983 | 0.5 |
| 8 | 0.537217 | 0.160497 | 0.210211 | 0.069613 | 0.66451 | 0.264229 | 0.100345 | 0.820307 | 0.072817 | 0.286782 | 0.6 |
| 9 | 0.604785 | 0.647603 | 0.399518 | 0.390759 | 0.51146 | 0.859767 | 0.202704 | 0.953063 | 0.035829 | 0.27192 | 0.7 |
| 10 | 0.152806 | 0.115299 | 0.79458 | 0.409742 | 0.046297 | 0.867519 | 0.179479 | 0.51207 | 0.423048 | 0.320994 | 0.8 |
| 11 | 0.16364 | 0.238502 | 0.0683 | 0.327372 | 0.069796 | 0.488418 | 0.181036 | 0.099063 | 0.333293 | 0.237465 | 0.9 |
| 12 | 0.488968 | 0.988433 | 0.790307 | 0.798029 | 0.092685 | 0.080905 | 0.522599 | 0.409558 | 0.319132 | 0.759423 | 1 |
| 13 | 0.790399 | 0.565447 | 0.366405 | 0.895138 | 0.084048 | 0.982391 | 0.020478 | 0.821802 | 0.826655 | 0.618458 | |
| 14 | 0.225867 | 0.749535 | 0.75753 | 0.646565 | 0.790674 | 0.774041 | 0.529405 | 0.788842 | 0.007721 | 0.138157 | |

[그림 3-9] 생성된 난수의 일부

이제 [그림 3-9]에 있는 난수들의 히스토그램을 그려 보자. [그림 3-9]에서와 같이 K열에 구간을 0부터 0.1 간격으로 1까지 정하고 메뉴에서 **[데이터 분석]**을 선택한다. **[통계 데이터 분석]** 창이 열리면 '히스토그램'을 선택하고, 이어서 나타나는 '히스토그램' 대화상자에서 [그림 3-10]과 같이 '입력 범위'와 '계급 구간'의 주소를 입력하고 '차트 출력'을 체크한 후에 '확인'을 누른다. 이어서 새로운 워크시트에 출력된 히스토그램에서 '범례'를 지우고 크기를 조정하면 [그림 3-11]과 같은 그림을 얻는다.

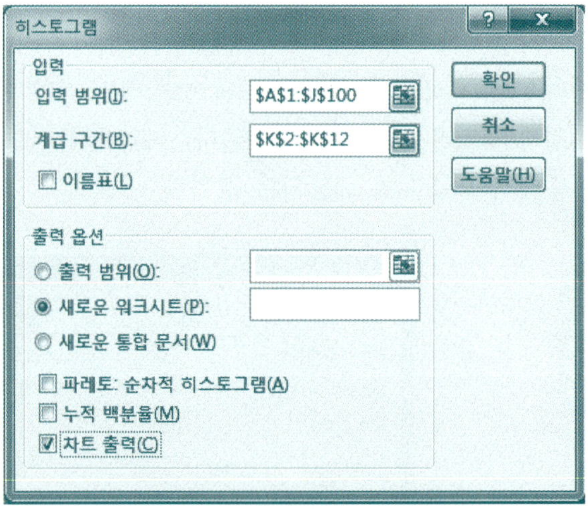


[그림 3-10] 히스토그램 대화상자

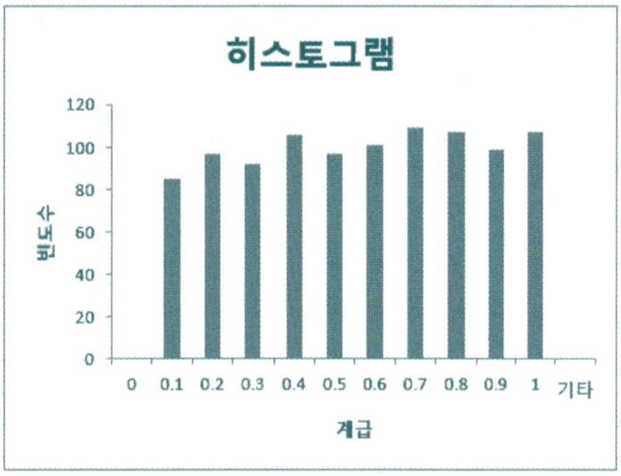


[그림 3-11] 엑셀에서 출력된 히스토그램

② KESS의 이용

KESS에서는 데이터의 처리방법이 다르므로 난수를 한 변수 이름 아래 생성해야 한다. 따라서 [그림 3-13](a)와 같이 참조 A1에 '난수'라는 변수명을 넣고, 엑셀 메뉴에서 '난수 생성' 창을 열어 [그림 3-12]와 같이 입력한다. 즉, '변수의 개수'는 1, '난수의 개수'는 1000을 입력하고, '분포'는 '일양 분포'를 선택한다. '출력 범위'는 A2로 지정하고 '확인'을 누르면 [그림 3-13](a)와 같은 난수가 생성된다. '출력 범위'의 지정은 마우스 포인터를 원하는 셀에서 클릭하면 된다. 난수 시드가 123이므로 앞에서와 같은 난수가 생성되며 배열 방법만 변한 것이다.

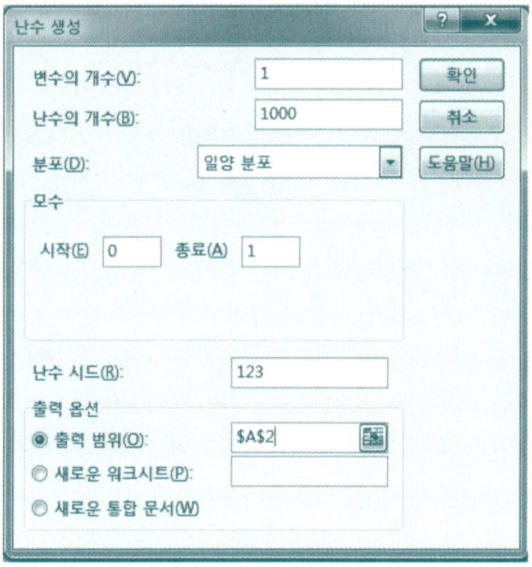


[그림 3-12] 1000개의 난수 생성

이들 1000개의 난수에 대한 히스토그램을 KESS를 이용하여 그려 보자. KESS의 메뉴인 **[통계분석]→[그래프]→[히스토그램]**을 선택하고, '분석변수'와 '미리보기'를 선택한 후에 '사용자 정의'를 체크하고 '계급의 개수'를 10으로 조정한 후 다시 '미리보기'를 클릭하면 [그림 3-13](a)와 같은 결과를 얻는다. '확인'을 누른 후에 워크시트에 출력된 히스토그램은 [그림 3-13](b)와 같다. 히스토그램은 [그림 3-11]의 엑셀에서 출력된 그림과 모양은 다르나 내용은 같음을 확인할 수 있다.

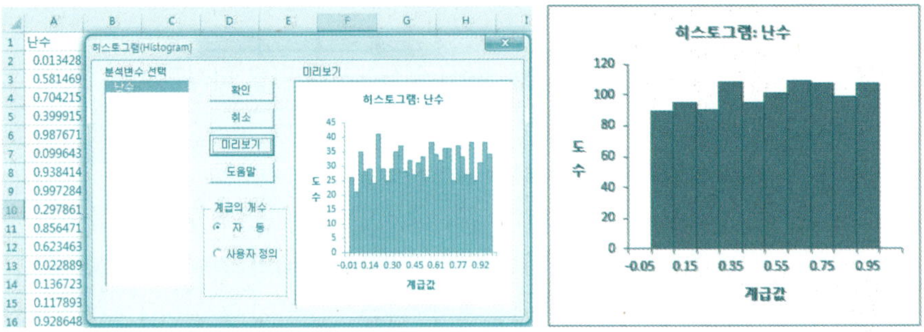


(a) 히스토그램 대화상자 (b) 출력된 히스토그램

**[그림 3-13]** KESS에서 히스토그램 대화상자와 출력 결과

# 연습문제

**3-1** 어느 공장에서는 $A$, $B$ 두 기계로 제품을 생산하고 있으며, 각 기계의 생산량은 전체의 40%, 60%라고 한다. 한편 $A$, $B$ 두 기계의 불량률은 각각 1%, 2%라고 한다. 이 공장에서 생산된 제품 중에서 임의로 하나를 뽑아 검사한 것이 불량품이었다면, 이 불량품이 $A$에서 생산되었을 확률을 구하여라.

**3-2** 어느 대학에서 1, 2, 3, 4학년의 학생수의 비율은 4 : 3 : 3 : 2라고 한다. 한편 1, 2, 3, 4학년의 여학생 비율은 각각 40%, 35%, 25%, 30%라고 한다. 이 대학에서 랜덤하게 뽑힌 한 학생이 여학생일 때, 이 학생이 1학년일 확률을 구하여라.

**3-3** A로 불리는 어떤 병이 1000명당 1명꼴로 발생하고 있다. 이 병의 진단법으로 A 환자가 양성 반응을 보일 확률은 0.99이며, 건강한 사람을 A 환자로 오진할 확률은 0.001이라고 한다. 어떤 사람을 이 진단법으로 진단한 결과 A 환자로 판정되었을 때, 이 사람이 실제로 A 환자일 확률을 구하여라.

**3-4** 확률변수 $X$의 분포가 다음과 같을 때, $X$의 평균, 분산 및 표준편차를 구하여라.

(a)

| $x$ | 1 | 2 | 3 | 4 | 5 |
|---|---|---|---|---|---|
| $p(x)$ | 0.2 | 0.2 | 0.2 | 0.2 | 0.2 |

(b)

| $x$ | 1 | 2 | 3 | 4 | 5 |
|---|---|---|---|---|---|
| $p(x)$ | 0.1 | 0.2 | 0.4 | 0.2 | 0.1 |

**3-5** 확률변수 $X$의 분포가 다음과 같을 때, $X$의 평균, 분산 및 표준편차를 구하여라.

(a) $f(x) = \begin{cases} \dfrac{1}{2}, & -1 \le x \le 1 \\ 0, & \text{아닐 때} \end{cases}$

(b) $f(x) = \begin{cases} \dfrac{1}{6}, & -3 \le x \le 3 \\ 0, & \text{아닐 때} \end{cases}$

**3-6** 확률변수 $X$의 분포가 다음과 같을 때, 아래의 확률값을 구하여라.

$$f(x) = \begin{cases} 1, & 0 \le x \le 1 \\ 0, & \text{아닐 때} \end{cases}$$

(a) $P(X \le \frac{1}{2})$ (b) $P(\frac{1}{3} \le X \le \frac{2}{3})$

**3-7** 확률변수 $X$의 분포가 다음과 같을 때, 아래의 확률값을 구하여라.

$$f(x) = \begin{cases} \frac{1}{4}, & 0 \le x \le 4 \\ 0, & \text{아닐 때} \end{cases}$$

(a) $P(X \le 2)$ (b) $P(0.5 \le X \le 3.5)$

**3-8** 오른쪽 표는 $X$와 $Y$의 결합확률분포이다. 다음 물음에 답하여라.

(a) $\mathrm{Cov}(X, Y)$를 구하여라.

(b) $X$와 $Y$는 독립인가? 이유는?

| $x$ \ $y$ | −2 | 0 | 2 |
|---|---|---|---|
| −1 | 0 | 0.4 | 0 |
| 0 | 0.1 | 0 | 0.1 |
| 1 | 0.2 | 0 | 0.2 |

**3-9** 오른쪽 표는 $X$와 $Y$의 결합확률분포이다. 다음 물음에 답하여라.

(a) $\mathrm{Cov}(X, Y)$를 구하여라.

(b) $\mathrm{Corr}(X, Y)$를 구하여라.

| $x$ \ $y$ | 1 | 4 | 5 |
|---|---|---|---|
| 1 | 0 | 1/6 | 3/6 |
| 4 | 1/6 | 1/6 | 0 |

**3-10** $\{X_1, X_2\}$는 다음 분포에서 추출된 크기 2인 임의표본이다. 아래 물음에 답하여라.

| $x$ | 1 | 4 |
|---|---|---|
| $p(x)$ | 2/3 | 1/3 |

(a) $\mathrm{Var}(X)$를 구하여라.

(b) 확률변수 $Y$를 $Y = \dfrac{X_1 + X_2}{2}$로 정의할 때, $Y$의 확률분포를 구하여라.

(c) $Y$의 확률분포로부터 $\mathrm{Var}(Y)$를 구하여라.

**3-11** 주사위를 1회 던져서 나오는 결과에 따라 A와 B는 다음과 같은 상금을 받는다고 한다. 아래 물음에 답하여라.

A: 3 이하의 눈이 나오면 1(만 원), 4 이상의 눈이 나오면 3(만 원)
B: 짝수의 눈이 나오면 1(만 원), 홀수의 눈이 나오면 3(만 원)

(a) $X$를 A의 수입, $Y$를 B의 수입(단위: 1만 원)이라고 할 때, $X$와 $Y$의 결합분포를 구하여라.
(b) $\mathrm{Corr}(X, Y)$를 구하여라.

**3-12** $X$와 $Y$의 두 투자 상품은 경기에 따라 수익률이 다르며, 아래의 표는 예상수익률과 경기전망을 나타낸다. 다음 물음에 답하여라.

| 경제상황 | 확률 | 수익률(%) | |
|---|---|---|---|
| | | X | Y |
| 불황 | 0.4 | 5 | 10 |
| 호황 | 0.6 | 15 | 5 |

(a) 전액을 $X$에 투자할 경우와 $Y$에 투자할 경우의 각각의 기대수익률과 분산을 구하여라.
(b) $X$와 $Y$에 3 : 1의 비율로 투자할 경우 기대수익률과 분산을 구하여라.

**3-13** 다음 물음에 답하여라.
(a) 주식 $X$와 $Y$의 연평균수익률은 각각 5%, 10%이며, 표준편차는 각각 5%, 8%라고 한다. $X$와 $Y$의 상관계수가 $\rho = 0.5$일 때, $X$와 $Y$에 3 : 2로 투자하는 포트폴리오의 기댓값과 표준편차를 구하여라.
(b) (a)에서 $\rho = -0.5$일 때 3 : 2로 투자한 포트폴리오의 기댓값과 표준편차를 구하여라.

**3-14** 균등분포 $U(0,10)$에서 500개의 난수를 생성하고, 이들을 10개의 계급으로 나누어 히스토그램을 그려라.

# 4장 정규분포와 이항분포

## 4.1 정규분포

**정규분포**(normal distribution)는 대표적인 연속형 분포로서 밀도함수는 다음과 같다.

$$f(x) = \frac{1}{\sqrt{2\pi}\,\sigma} e^{-\frac{1}{2\sigma^2}(x-\mu)^2}, \quad -\infty < x < \infty$$

위의 식으로 정의된 정규분포에서 모평균은 $\mu$이고 표준편차는 $\sigma$, 분산은 $\sigma^2$이다. 평균이 $\mu$이고 분산이 $\sigma^2$인 정규분포는 기호 $N(\mu,\sigma^2)$으로 나타내며, 밀도함수는 모평균 $\mu$에 관하여 대칭이고, 종 모양의 분포를 갖는다.

정규분포는 이론적인 분포이지만 대칭에 가까운 많은 자료들은 정규분포와 비슷한 분포를 따르기 때문에 많은 통계적 이론들은 모집단이 정규분포를 따른다는 가정하에 통계적 방법론을 개발하게 된다. 이와 같이 정규분포는 모든 분포 가운데 가장 중요한 분포이므로, 중요한 성질들을 알아보기로 한다.

[그림 4-1]은 표준편차는 같으나 평균이 다른 두 정규분포의 곡선을 나타내며, 두 곡선의 모양은 같으나 위치는 다르다.

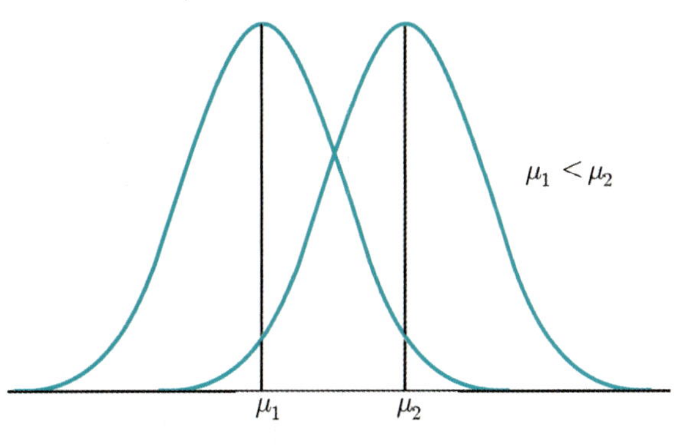


**[그림 4-1]** 평균이 다른 두 정규분포

[그림 4-2]는 평균은 같으나 표준편차가 다른 두 정규분포의 곡선을 나타내며, 두 곡선의 중심 위치는 같으나 모양이 다르다.

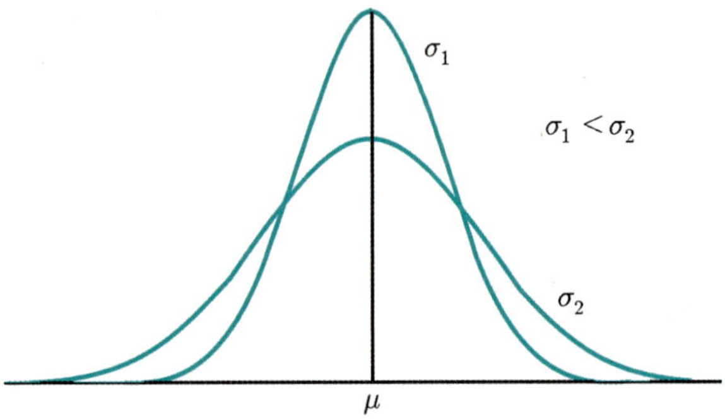


[그림 4-2] 표준편차가 다른 두 정규분포

정규분포에서는 모수가 $\mu$와 $\sigma$의 두 개가 있으므로, 두 모수만 알면 분포에 대한 모든 정보를 갖는 셈이다. 한편 $\mu$와 $\sigma$의 관계를 알아보기 위하여 $\mu \pm \sigma$, $\mu \pm 2\sigma$, $\mu \pm 3\sigma$가 포함하는 범위를 구하면 다음과 같으며, 이들을 그림으로 나타내면 [그림 4-3]과 같다.

**$X$가 정규분포 $N(\mu, \sigma^2)$을 따를 때**

$P(\mu - \sigma < X < \mu + \sigma) = 0.683$ (약 68%)

$P(\mu - 2\sigma < X < \mu + 2\sigma) = 0.954$ (약 95%)

$P(\mu - 3\sigma < X < \mu + 3\sigma) = 0.997$ (약 99.7%)

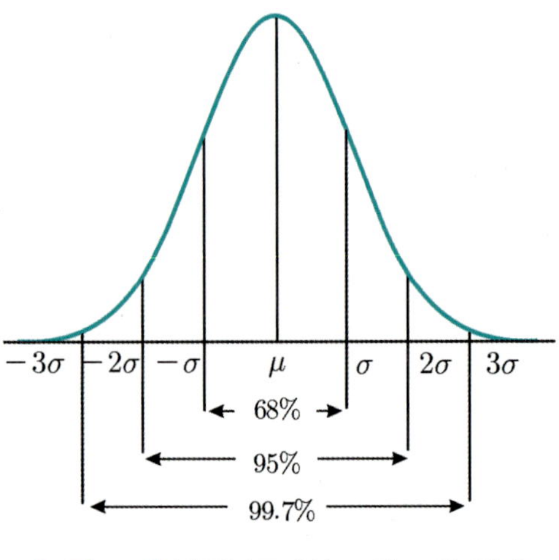


[그림 4-3] 정규분포에서 $\mu$와 $\sigma$의 관계

예를 들어 어느 회사에서 생산된 형광등의 수명이 평균 1500시간, 표준편차 150시간인 정규분포를 따를 때 각 구간에 포함되는 제품의 비율은 다음과 같다.

$$1500 \pm 150 = (1350,\ 1650)\ \text{사이에}\ \ 68.3\%$$
$$1500 \pm 2(150) = (1200,\ 1800)\ \text{사이에}\ \ 95.4\%$$
$$1500 \pm 3(150) = (1050,\ 1950)\ \text{사이에}\ \ 99.7\%$$

즉, $\mu$와 $\sigma$를 알면 분포의 모양에 대한 정보를 갖고 있는 셈이다.

정규분포 가운데, 특히 평균이 0, 분산이 1인 정규분포 $N(0,1)$을 **표준정규분포**(standard normal distribution)라고 한다.

$X$가 평균 $\mu$, 분산 $\sigma^2$을 가질 때 $X$에서 평균은 빼고 표준편차로 나눈

$$Z = \frac{X-\mu}{\sigma}$$

를 **표준화된 확률변수**(standardized random variable)라고 하며, $Z$의 평균은 0, 분산은 1임을 쉽게 보일 수 있다. 특히 정규분포에서는 다음의 정리가 성립한다.

**표준화된 정규확률변수**

$X$가 정규분포 $N(\mu,\ \sigma^2)$을 따를 때

$$Z = \frac{X-\mu}{\sigma}$$

는 표준정규분포 $N(0,1)$을 따른다.

정규분포의 밀도함수는 매우 복잡하므로 적분을 이용하여 확률을 구하기는 매우 어렵다. 따라서 표준정규분포에 대한 누적분포표가 부록의 〈표 2〉에 수록되어 있다. 표준정규분포표는 $z$가 $(0.0, 3.49)$의 범위에 있을 때 $P(Z \le z)$의 값이 주어진 것이므로, 확률계산에서는 다음과 같은 계산 공식을 많이 사용한다.

**표준정규분포에서 확률계산**

(1) $P(a \le Z \le b) = P(Z \le b) - P(Z < a)$
(2) $P(Z \le -a) = P(Z \ge a)$
(3) $P(Z \ge a) = 1 - P(Z < a)$

일반 정규분포에서 확률은 표준화된 정규확률변수가 표준정규분포를 따름을 이용하여 구할 수 있으며, 다음과 같은 등식이 흔히 사용된다.

**$X$가 $N(\mu, \sigma^2)$을 따를 때**

(1) $P(X \le a) = P\left(\frac{X-\mu}{\sigma} \le \frac{a-\mu}{\sigma}\right) = P\left(Z \le \frac{a-\mu}{\sigma}\right)$

(2) $P(a \le X \le b) = P\left(\frac{a-\mu}{\sigma} \le \frac{X-\mu}{\sigma} \le \frac{b-\mu}{\sigma}\right)$

$= P\left(\frac{a-\mu}{\sigma} \le Z \le \frac{b-\mu}{\sigma}\right)$

**예제 4.1** A 회사에서 생산되는 전구의 수명은 정규분포 $N(1000,\ 100^2)$을 따른다고 한다. 이 회사제품인 한 전구의 수명이 $(900,\ 1200)$사이에 있을 확률을 구하여라.

**풀이** 구하는 확률은 다음과 같다.

$$P(900 \le X \le 1200) = P\left(\frac{900-1000}{100} \le \frac{X-1000}{100} \le \frac{1200-1000}{100}\right)$$
$$= P(-1 \le Z \le 2) = P(Z \le 2) - P(Z \le -1)$$
$$= P(Z \le 2) - [1 - P(Z \le 1)]$$
$$= 0.9772 - (1 - 0.8413) = 0.8185$$

표준정규분포에서 오른쪽 꼬리의 넓이가 $\alpha$인 점을 기호 $z_\alpha$로 나타내기로 한다. 즉, $z_\alpha$는 다음을 만족하는 값이며

$$p(Z \ge z_\alpha) = \alpha$$

이를 그림으로 나타내면 [그림 4-4]와 같다.

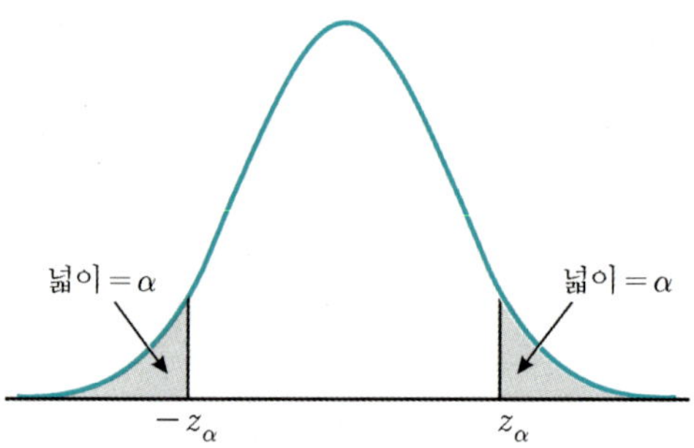


[그림 4-4] 기호 $z_\alpha$의 의미

앞으로 자주 사용하게 될 $z_\alpha$ 값들을 나열하면 다음과 같다.

**대표적인 $z_\alpha$ 값**

$z_{0.005} = 2.576$ ; $z_{0.01} = 2.326$ ; $z_{0.025} = 1.96$; $z_{0.05} = 1.645$ ; $z_{0.10} = 1.282$

**참고**

**z-점수(z-score, z-값)**

데이터 $x_1, x_2, \cdots, x_n$ 의 평균과 분산이 각각 $\bar{x}$, $s^2$ 일 때, 한 데이터 $x$ 를 표준화시킨

$$z = \frac{x - \bar{x}}{s}$$

를 $x$ 의 z-점수(z-score)라고 한다. 예를 들어 $\bar{x} = 75$, $s = 10$ 일 때 $x = 85$ 의 z-점수는

$$z = \frac{85 - 75}{10} = 1$$

이며, $P(Z \leq 1) = 0.8413$ 이므로 $x = 85$ 는 상위 16%에 해당되는 점수이다.

## 4.2 표본평균의 분포

2장에서 $n$ 개의 자료(데이터)를 나타낼 때 기호 $x_1, x_2, \cdots, x_n$ 을 사용하였다. 이들 자료는 어느 모집단에서 특성값에 대한 관측값을 나타낸다. 이제 이들 관측값을 얻기 이전의 상태에서 앞으로 관측될 값을 $X_1, X_2, \cdots, X_n$ 이라고 하면, 이들은 확률변수들로서 서로 독립이고 같은 분포를 따른다. 이와 같이 서로 독립이고 같은 분포를 따르는 확률변수 $X_1, X_2, \cdots, X_n$ 을 크기 $n$ 인 **임의표본**(random sample) 또는 **랜덤표본**이라고 한다.

임의표본의 평균을 **표본평균**이라고 하며, 다음과 같이 정의된다.

#### 표본평균(sample mean)

임의표본 $X_1, X_2, \cdots, X_n$에 대하여

$$\overline{X} = \frac{X_1 + X_2 + \cdots + X_n}{n} = \frac{1}{n}\sum_{i=1}^{n} X_i$$

을 **표본평균**이라고 한다.

표본평균은 모평균 $\mu$의 추정에 가장 많이 사용되는 추정량이다. 따라서 표본평균 $\overline{X}$의 성질과 함께 $\overline{X}$의 분포를 알아야만 $\mu$에 관한 추정·검정 등의 추론 문제를 다룰 수 있다.

표본평균의 기댓값, 분산, 표준편차는 각각 다음과 같다.

#### $\overline{X}$의 기댓값 · 분산 · 표준편차

평균 $\mu$, 분산 $\sigma^2$인 모집단에서 크기 $n$인 표본의 표본평균에 대하여

(1) $E(\overline{X}) = \mu$

(2) $\mathrm{Var}(\overline{X}) = \dfrac{\sigma^2}{n}$,  $\mathrm{sd}(\overline{X}) = \dfrac{\sigma}{\sqrt{n}}$

**참고**

위의 성질은 기댓값과 분산의 성질로부터 증명될 수 있다. 특히 임의표본에서 확률변수들은 서로 독립이므로, $\overline{X}$의 분산은 다음과 같이 설명된다.

$$\mathrm{Var}(\overline{X}) = \mathrm{Var}\left(\frac{X_1 + \cdots + X_n}{n}\right) = \frac{1}{n^2}\mathrm{Var}(X_1 + \cdots + X_n) = \frac{1}{n^2} \times n\mathrm{Var}(X) = \frac{\sigma^2}{n}$$

**참고**

**표준편차와 표준오차**

$\overline{X}$의 표준편차는 $\mathrm{sd}(\overline{X}) = \dfrac{\sigma}{\sqrt{n}}$이며, 이를 특히 $\overline{X}$의 **표준오차**(standard error)라고 한다. 일반적으로 통계량의 표준편차를 표준오차라고 하지만 엑셀이나 KESS에서 표준오차는 $\overline{X}$의 표준오차를 뜻한다. 표준오차는 5장에서 오차한계를 다룰 때 다시 설명하기로 한다.

모집단의 분산이 $\sigma^2$일 때 $\overline{X}$의 분산은 $\sigma^2/n$으로서 모분산의 $1/n$이 된다. 따라서 $\overline{X}$의 분포는 $n$이 클수록 $\mu$에 밀집된 분포를 갖게 된다. 즉, $\overline{X}$의 관측값은

추정하고자 하는 모수인 $\mu$에 가깝게 된다는 뜻이다. 이를 그림으로 나타내면 [그림 4-5]와 같다.

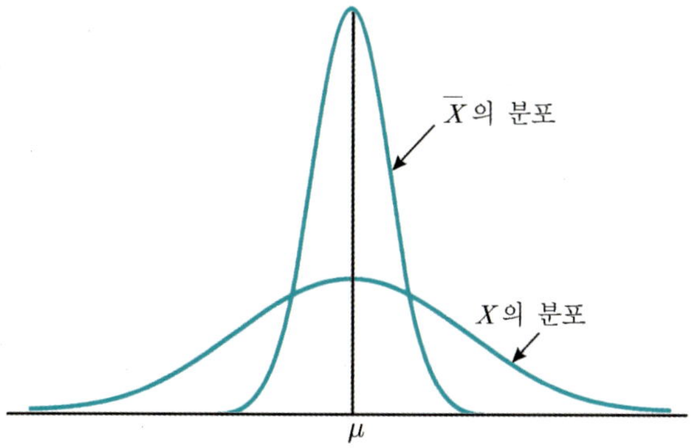


[그림 4-5] $\overline{X}$의 분포의 모양

두 정규확률변수 $X_1$, $X_2$의 임의의 일차결합은 다시 정규분포를 따른다. 이의 증명은 이 책의 범위를 벗어나므로 여기에서는 결과만 받아들이기로 한다. 이를 요약하면 다음과 같다.

**두 정규확률변수의 일차결합의 분포**

$X_1$이 정규분포 $N(\mu_1, \sigma_1^2)$을 따르며, $X_2$가 정규분포 $N(\mu_2, \sigma_2^2)$을 따르고 $X_1$과 $X_2$는 서로 독립일 때 다음이 성립한다.

$a_1X_1 + a_2X_2$는 정규분포 $N(a_1\mu_1 + a_2\mu_2,\ a_1^2\sigma_1^2 + a_2^2\sigma_2^2)$을 따른다.

두 정규확률변수의 일차결합이 정규분포를 따르면, 이를 확장하여 $n$개의 정규확률변수의 일차결합도 정규분포를 따름을 보일 수 있다. 이의 특수한 경우로 $\overline{X}$의 분포도 다음과 같이 요약할 수 있다.

**정규분포에서 $\overline{X}$의 분포**

모집단이 정규분포 $N(\mu, \sigma^2)$을 따를 때 $\overline{X}$는 정규분포 $N\left(\mu, \dfrac{\sigma^2}{n}\right)$을 따른다. 따라서 $\overline{X}$를 표준화시킨

$$Z = \frac{\overline{X} - \mu}{\sigma / \sqrt{n}}$$

은 표준정규분포를 따른다.

정규분포는 실제로 존재하는 분포라기보다는 이론적인 분포이다. 따라서 자료를 얻는 모집단이 정확히 정규분포를 따르는 경우는 없으며, 정규분포에 가까울 때도 있고 정규분포와는 거리가 먼 경우도 있다. 그러나 모집단이 정규분포를 따르지 않을 때에도 표본평균 $\overline{X}$의 분포는 표본크기 $n$이 증가할수록 정규분포에 가까워진다. 이와 같은 사실을 **중심극한정리**라고 하며, 이 정리로 인하여 대부분의 통계적 방법론은 모집단이 정규분포를 따른다는 가정하에 개발된다고 할 수 있다.

**중심극한정리(central limit theorem)**

평균 $\mu$, 분산 $\sigma^2$인 모집단에서 크기 $n$인 임의표본의 표본평균 $\overline{X}$는 표본크기 $n$이 충분히 클 때 근사적으로 정규분포 $N\left(\mu, \frac{\sigma^2}{n}\right)$을 따른다. 따라서 $\overline{X}$를 표준화시킨

$$Z = \frac{\overline{X} - \mu}{\sigma / \sqrt{n}}$$

는 근사적으로 표준정규분포 $N(0,1)$을 따른다.

중심극한정리에서 $\overline{X}$를 표준화시킨 $Z$-통계량의 분포는 $n$이 커질수록 표준정규분포에 가까워진다. 그러나 그 수렴 속도는 모집단의 분포에 따라 다르다. 즉, 모집단이 정규분포에 가까울수록 $\overline{X}$의 분포는 빠른 속도로 정규분포에 가까워진다.

**참고**

**정규분포의 기호**

확률변수 $X$가 정규분포 $N(\mu,\sigma^2)$을 따른다는 것을 기호

$$X \sim N(\mu,\sigma^2)$$

으로 나타내며, 근사적으로 $N(\mu,\sigma^2)$을 따르는 것을 다음과 같이 나타내기로 한다.

$$X \stackrel{\cdot}{\sim} N(\mu,\sigma^2)$$

**예제 4.2** 어느 공정에서 생산되는 자동차 타이어는 평균수명이 50,000 km이고, 표준편차가 5,000 km라고 한다. 이 공정에서 생산된 제품 가운데 랜덤하게 16개를 뽑아 시험할 때 표본평균 $\overline{X}$가 47,000 km 이하일 확률을 구하여라.

**풀이** $X$='타이어의 수명'이라고 하면 $X \sim N(50000,\ 5000^2)$이다. 따라서 $\overline{X}$의 분포는 다음과 같다.

$$\overline{X} \sim N\left(50000,\ \frac{5000^2}{16}\right) \quad \text{또는} \quad Z = \frac{\overline{X} - 50000}{5000/\sqrt{16}} \sim N(0,1)$$

따라서 $\overline{X}$가 47,000 km 이하일 확률은 다음과 같다.

$$\begin{aligned} P(\overline{X} \le 47000) &= P\left(\frac{\overline{X} - 50000}{5000/\sqrt{16}} \le \frac{47000 - 50000}{5000/\sqrt{16}}\right) \\ &= P\left(Z \le \frac{-3000}{5000/4}\right) \\ &= 1 - P(Z \le 2.4) = 1 - 0.9918 = 0.0082 \end{aligned}$$

**예제 4.3** 구간 [0, 12]에서 균등분포를 따르는 12개의 난수 $X_1, \cdots, X_{12}$를 뽑아 이들의 평균 $\overline{X}$를 구할 때, $(\overline{X} - 6)$의 근사분포를 구하여라.

**풀이** $X \sim U(0,12)$일 때, $X$의 확률밀도함수는 다음과 같다.

$$f(x) = \begin{cases} \dfrac{1}{12}, & 0 \le x \le 12 \\ 0, & \text{아닐 때} \end{cases}$$

따라서 $X$의 평균과 분산은 각각 다음과 같다.

$$E(X) = \int_0^{12} x \cdot \frac{1}{12} dx = \frac{1}{12}\left[\frac{x^2}{2}\right]_0^{12} = 6$$

$$\begin{aligned} \mathrm{Var}(X) &= \int_0^{12} x^2 \cdot \frac{1}{12} dx - \mu^2 = \frac{1}{12}\left[\frac{x^3}{3}\right]_0^{12} - 6^2 \\ &= 48 - 36 = 12 \end{aligned}$$

따라서 표본평균 $\overline{X}$에 대하여 다음이 성립한다.

$$E(\overline{X}) = 6,\ \mathrm{Var}(\overline{X}) = \frac{\sigma^2}{n} = \frac{12}{12} = 1$$

즉, $(\overline{X} - 6)$의 분포는 $N(0,1)$으로 근사시킬 수 있다.

**참고**

**정규난수의 생성**

정규난수를 간단히 생성하는 방법으로 [예제 4.3]의 결과를 이용할 수도 있다. 즉, $U(0,12)$에서 12개의 난수를 생성하고, 이들로 $(\overline{X}-6)$을 계산하면 근사적으로 $N(0,1)$에서의 한 난수로 간주할 수 있다.

## 4.3 이항분포

이 절에서는 이산형 분포 가운데 가장 많이 사용되는 분포인 이항분포에 대하여 알아보자.

어떤 실험 또는 시행의 결과가 (성공, 실패) 또는 (찬성, 반대)와 같이 두 가지 결과 중의 하나로 나타나는 경우의 실험을 **베르누이 시행**이라고 한다. 이제 베르누이 시행에서 성공확률을 $p$라고 하자. 이런 실험을 독립적으로 $n$번 시행할 때

$$X = n\text{번의 베르누이 시행에서 성공 횟수}$$

로 정의하면 확률변수 $X$는 **이항분포**를 따른다고 한다.

이와 같은 이항분포는 다음과 같이 생각할 수도 있다.

무한모집단에서 속성 A를 갖는 것(예를 들어 어떤 제품의 생산 공정에서 불량품)이 추출될 확률을 $p$라고 하자. 이것은 1개의 표본을 뽑는 것이 한 베르누이 시행에 해당하며, 속성 A를 갖는 것이 '성공'으로 간주된다. 따라서 $n$개의 표본을 뽑는 것은 $n$번의 베르누이 시행을 실시하는 것과 같으며, 속성 A를 갖는 것의 개수는 성공 횟수에 해당된다. 따라서 이항분포는 다음과 같이 정의될 수 있다.

**이항분포(binomial distribution)**

속성 A의 확률이 $p$인 무한모집단에서 $n$개의 표본을 추출할 때,

$X$ = '$n$개의 표본 가운데 있는 속성 A를 갖는 것의 개수'

로 정의된 $X$는 **이항분포**를 따른다고 하며, 기호 $B(n,p)$로 나타낸다.

이항분포 $B(n,p)$의 확률분포는 다음과 같다.

$$p(x) = \binom{n}{x} p^x (1-p)^{n-x}, \qquad x = 0, 1, 2, \cdots, n$$

이항분포에 대하여도 누적분포표가 부록의 〈표 1〉에 수록되어 있다. 다음 예제에서 분포표의 이용법을 알아보자.

**예제 4.4** 어느 생산 공정의 불량률은 10%라고 한다. 이 공정에서 임의로 20개의 표본을 추출할 때, 불량품이 5개 이상일 확률을 구하여라.

**풀이** 구하는 확률은 다음과 같다.

$$\begin{aligned} P(X \geq 5) &= 1 - P(X \leq 4) \\ &= 1 - 0.957 = 0.043 \end{aligned}$$

이항분포의 평균과 분산은 다음과 같다.

**이항분포의 평균, 분산**

$X$가 이항분포 $B(n,p)$를 따를 때

$$E(X) = np, \qquad \mathrm{Var}(X) = np(1-p)$$

**참고**

**베르누이 분포를 이용한 이항분포의 성질**

성공률(모수) $p$인 베르누이 분포의 확률분포는 다음과 같다.

| $y$ | 0 | 1 |
|---|---|---|
| $p(y)$ | $1-p$ | $p$ |

베르누이 분포에서 $E(Y) = p$, $\mathrm{Var}(Y) = p(1-p)$임을 보일 수 있다. 이제 $Y_1, \cdots, Y_n$을 베르누이 분포에서 임의표본이라고 하면 이항확률변수는 다음과 같이 정의된다.

$$X = Y_1 + \cdots + Y_n$$

이를 이용하면 $E(X) = np$, $\mathrm{Var}(X) = np(1-p)$임을 보일 수 있다.

모평균 $\mu$를 추정할 때 표본평균 $\overline{X}$를 사용할 수 있음을 앞에서 설명하였다. 이제 모비율의 추정문제를 생각해 보자. 예를 들어 어느 공정에서 생산되는 제품 가운데 100개를 임의로 뽑아 검사한 결과 5개가 불량품이었다면 불량률은 5/100 = 0.05(즉, 5%)로 추정될 수 있다. 일반적으로 $n$개의 제품 가운데 $X$개가 불량품이면 불량률은 $X/n$로 추정된다. 이들을 요약하면 다음과 같다.

**표본비율**

모비율 $p$의 추정량: **표본비율** $\hat{p} = \dfrac{X}{n}$

한편 $X$의 기댓값, 분산으로부터 $\hat{p}$의 기댓값, 분산은 다음과 같이 얻을 수 있다.

$$E(\hat{p}) = p,\ \mathrm{Var}(\hat{p}) = \frac{p(1-p)}{n}$$

이항분포를 따르는 자료를 이용한 추론 문제에서 자료의 개수가 클 때는 이항분포표를 이용하는 경우보다 이항분포의 정규근사를 이용하는 경우가 많다. 즉, $\hat{p}$은 베르누이 분포에서의 표본평균에 해당되므로 중심극한정리에서 다음의 결과를 얻을 수 있다.

**이항분포의 정규근사**

$X$가 이항분포 $B(n,p)$를 따를 때

(1) $X \stackrel{\cdot}{\sim} N(np, np(1-p))$

(2) $Z = \dfrac{X-np}{\sqrt{np(1-p)}} = \dfrac{\hat{p}-p}{\sqrt{p(1-p)/n}} \stackrel{\cdot}{\sim} N(0,1)$

**참고**

이항분포의 정규근사는 $n$이 충분히 커서 '$np \geq 5$이고 $n(1-p) \geq 5$'일 때 사용하는 것이 안전하다.

**예제 4.5** 어느 항공사는 과거의 누적된 경험으로부터 국내선 항공권 예약 승객 가운데 평균 10%가 예약을 취소한다는 것을 알고 있다. 어느 비행기의 예약 승객이 350명이라면, 이들 가운데 50명 이상이 예약을 취소할 확률을 구하여라.

**풀이** 확률변수 $X$를

$$X = \text{예약을 취소하는 승객의 수}$$

로 정의하면 $X$는 $B(350,\ 0.1)$을 따른다. 한편 $X$의 평균과 분산은 각각

$$E(X) = np = 350(0.1) = 35,\ \ Var(X) = 350(0.1)(0.9) = 31.5$$

이므로, 50명 이상이 예약을 취소할 확률은 다음과 같다.

$$\begin{aligned} P(X \geq 50) &= P\left(\frac{X-35}{\sqrt{31.5}} \geq \frac{50-35}{\sqrt{31.5}}\right) \\ &\fallingdotseq P(Z \geq 2.67) \\ &= 1-0.9962 = 0.0038 \end{aligned}$$

이항분포의 정규근사에서 $np$와 $n(1-p)$가 모두 5 이상일 때에도 표본크기 $n$이 충분히 크지 않으면 정규근사에 의한 확률값은 참값과 많은 차이가 날 수 있다. 이를 보완하는 방법을 알아보자.

이항분포에서 두 정수 $a$, $b$에 대하여 $P(a \leq X \leq b)$의 값은 $a$부터 $b$까지의 정수에 대한 밑변의 길이가 1이고 높이가 $p(x)$인 직사각형의 넓이의 합이 된다. 이들을 연속분포인 정규분포로 근사시키기 위해서는 다음과 같은 **연속성 수정**(continuity correction) 방법을 사용한다.

$$\begin{aligned} P(a \leq X \leq b) &= P(a-0.5 \leq X \leq b+0.5) \\ &\fallingdotseq P\left(\frac{a-0.5-np}{\sqrt{np(1-p)}} \leq Z \leq \frac{b+0.5-np}{\sqrt{np(1-p)}}\right) \end{aligned}$$

**예제 4.6** $X$가 이항분포 $B(20,0.3)$을 따를 때 $P(2 \leq X \leq 5)$의 값을 이항분포표를 이용한 정확한 값, 연속성 수정에 의한 정규근사, 수정이 없는 정규근사의 세 가지 방법으로 구하여라.

**풀이** 구하는 확률은 각각 다음과 같다.

① **정확한 값**

$$P(2 \leq X \leq 5) = P(X \leq 5) - P(X \leq 1) = 0.416 - 0.008 = 0.408$$

② 연속성 수정에 의한 정규근사

$$P(2 \le X \le 5) \fallingdotseq P\left(\frac{2-0.5-6}{\sqrt{20(0.3)(0.7)}} \le Z \le \frac{5+0.5-6}{\sqrt{20(0.3)(0.7)}}\right)$$

$$= P(-2.20 \le Z \le -0.24) = P(Z \le 2.20) - P(Z \le 0.24)$$

$$= 0.9861 - 0.5948 = 0.3913$$

③ 수정이 없는 정규근사

$$P(2 \le X \le 5) \fallingdotseq P\left(\frac{2-6}{\sqrt{20(0.3)(0.7)}} \le Z \le \frac{5-6}{\sqrt{20(0.3)(0.7)}}\right)$$

$$= P(-1.95 \le Z \le -0.49) = 0.9744 - 0.6879 = 0.2865$$

KESS의 '통계학습' 메뉴를 이용하여 표본크기에 따라 이항분포의 정규근사가 어떻게 달라지는지 알아보자.

KESS의 **[통계분석]** 메뉴에서 **[통계학습]→[표본분포]** 메뉴를 선택하면 '표본분포'의 대화상자가 뜬다. 이 창에서 '이항분포'를 선택하여 클릭하면 '성공확률($p$)'과 '시행횟수($n$)'의 항목이 나타나므로 화살표와 바(bar)를 이용하여 원하는 값을 입력한다. '그래프 그리기' 단추를 누르면 이항분포의 그래프가 꺾은선 그래프로 나타나고, 이와 함께 $N(np, np(1-p))$의 곡선이 나타난다([그림 4-6]).

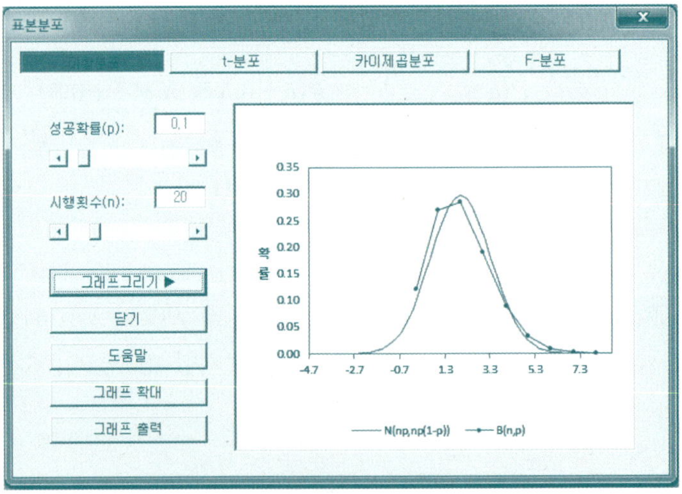


**[그림 4-6]** KESS에서 표본분포 대화상자

다음과 같이 $n$ 과 $p$ 의 값을 변화시키면서 이항분포의 정규근사 모양을 살펴보자.

(a) $p = 0.1,\quad n = 20$　　(b) $p = 0.1,\quad n = 30$
(c) $p = 0.5,\quad n = 10$　　(d) $p = 0.5,\quad n = 30$

[그림 4-7]은 위의 4가지 경우에 이항분포와 정규분포곡선을 나타낸 것이다. 꺾은선은 이항분포를 나타내며, 곡선은 정규분포를 나타낸다. 그림에서 (a)와 (b)는 $np$ 가 5 이하인 경우이며, (c)는 $np = 5$, (d)는 $np = 15$ 인 경우이다. 그림에서 확인할 수 있듯이 $np$ 와 $n(1-p)$ 가 5 이상으로 커지면 이항분포를 직선으로 연결한 분포가 대응되는 정규곡선과 매우 가까움을 알 수 있다.

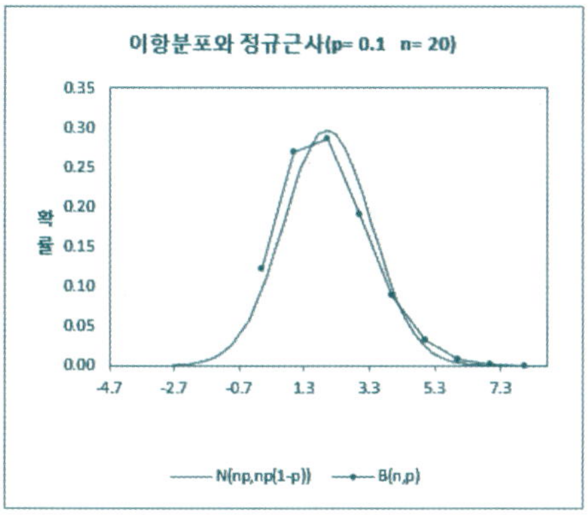


(a) $p = 0.1,\ n = 20$

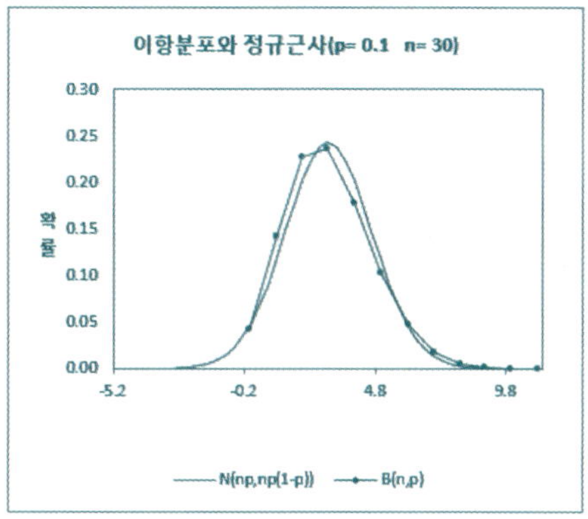


(b) $p = 0.1,\ n = 30$

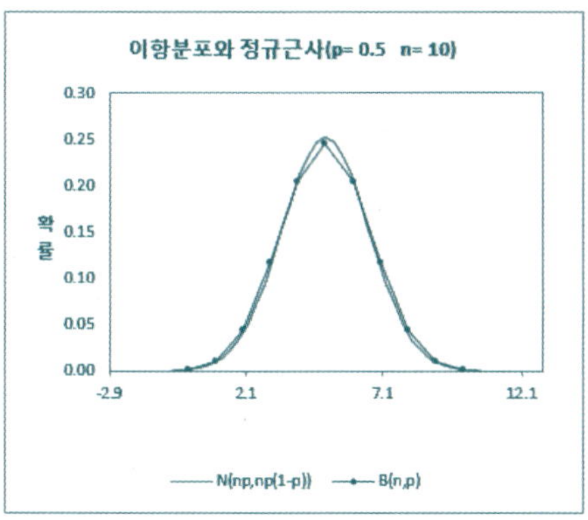


(c) $p = 0.5,\ n = 10$

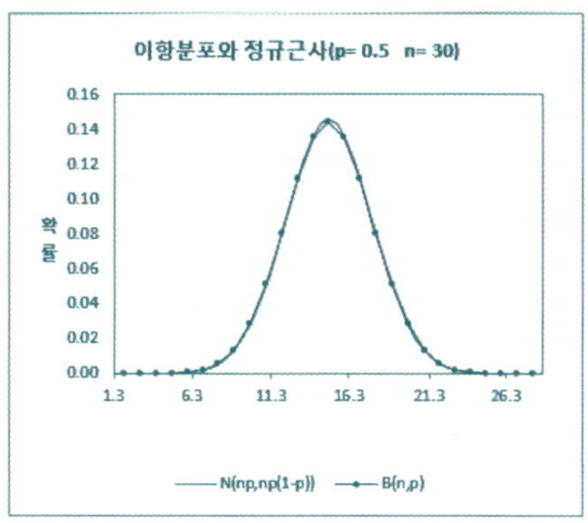


(d) $p = 0.5,\ n = 30$

[그림 4-7] 이항분포의 정규근사

## 4.4 엑셀의 이용

### 4.4.1 정규난수의 생성

정규분포에서 난수의 생성은 3.3절에서 다룬 난수 생성 방법을 이용한다. 즉, 엑셀의 메뉴에서 [데이터]→[데이터 분석]을 선택하여 '통계 데이터 분석' 창을 열고 '난수 생성' 대화상자에서 정규분포를 선택하면 된다.

**예제 4.7** 표준정규분포 $N(0,1)$ 에서 1000개의 난수를 생성하고 이들의 히스토그램을 그려라.

**풀이** ① 엑셀의 이용

1000개의 난수를 10개의 열에 각각 100개씩 나누어 생성해 보자. 이를 위해 [그림 4-8]과 같은 '난수 생성' 대화상자에서 '변수의 개수'는 10, '난수의 개수'는 100을 입력하고, '분포'는 '정규분포'를 선택한다. '모수'는 평균 0, 표준편차 1을 입력한다.

'난수 시드'는 예를 들어 1234로 입력하고 '확인을 누르면 10개의 열에 각각 100개씩의 정규난수가 생성된다. [그림 4-9]는 생성된 난수들의 일부이다.

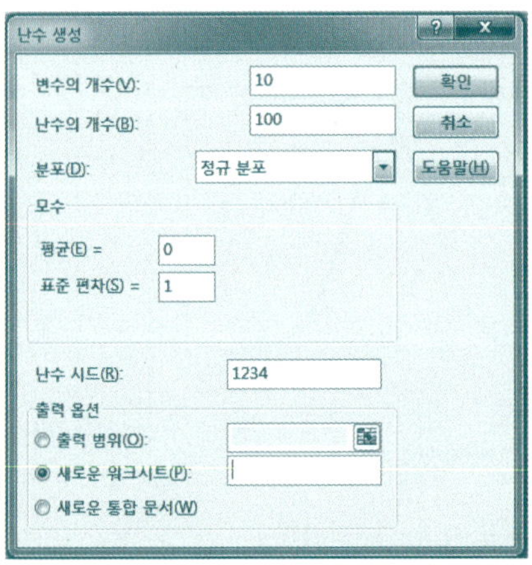


[그림 4-8] 난수 생성 대화상자

| | A | B | C | D | E | F | G | H | I | J | K |
|---|---|---|---|---|---|---|---|---|---|---|---|
| 1 | -1.15449 | -2.48376 | -0.28076 | -0.62106 | 0.534883 | -0.72082 | -0.08498 | 0.668044 | -1.15628 | -0.2378 | 구간 |
| 2 | 0.275911 | 0.0409 | 0.69341 | -1.16725 | -0.37303 | -0.21293 | -0.82919 | 0.445407 | -1.82585 | -0.36836 | -3 |
| 3 | 0.083135 | 1.813432 | -1.28376 | 1.656308 | -0.01962 | -0.00103 | -0.4305 | 0.052923 | 0.302073 | 0.412361 | -2.5 |
| 4 | -1.36386 | -3.66825 | 0.385687 | -1.20023 | -0.81493 | 0.747257 | -1.09224 | 0.257204 | 0.914906 | 1.921817 | -2 |
| 5 | 0.439417 | 1.140454 | 0.243706 | -0.58509 | 0.300952 | -1.29998 | 0.510939 | 0.626726 | 0.847347 | -0.05208 | -1.5 |
| 6 | -2.29827 | 0.307361 | 2.127399 | -0.25333 | 1.237045 | 1.430008 | 0.265278 | 0.988794 | 2.360503 | -0.21199 | -1 |
| 7 | 0.412945 | -0.3261 | -0.27178 | 1.233107 | -1.16318 | 0.068482 | 0.486509 | 0.196599 | 0.919333 | 0.727578 | -0.5 |
| 8 | -1.12794 | -0.61707 | -0.9007 | 1.230655 | 0.166112 | -0.87226 | 0.660319 | -1.0856 | -0.6691 | -1.00122 | 0 |
| 9 | 0.95024 | 0.726183 | -0.68749 | -2.08724 | -0.49886 | -0.29959 | 0.052311 | 1.652702 | 1.078181 | 0.954935 | 0.5 |
| 10 | -0.12475 | 0.319978 | 0.242997 | 1.214025 | 0.957473 | 0.723496 | 0.037148 | 0.180712 | -1.3305 | -1.0856 | 1 |
| 11 | 0.354719 | -0.44355 | 1.044723 | 0.042202 | -0.60463 | 1.223189 | -0.05522 | 0.312177 | -0.58491 | -1.46022 | 1.5 |
| 12 | 0.843193 | 0.272337 | 0.756083 | -0.48401 | 0.371469 | -1.3859 | -0.99555 | -0.79672 | -0.43092 | -0.70014 | 2 |
| 13 | 1.171188 | 1.068654 | 0.888147 | -1.29891 | 0.968787 | -0.72608 | 0.169448 | -0.33006 | 0.964149 | -0.04297 | 2.5 |
| 14 | 1.863154 | -1.50025 | -2.55095 | -0.54755 | -0.75853 | -0.65975 | 0.187169 | -0.82403 | 0.186002 | -1.29342 | 3 |
| 15 | 1.242488 | -1.13899 | 1.277683 | 0.406372 | -0.99054 | 0.882146 | -0.26789 | 0.009525 | 0.572876 | 0.250725 | |

[그림 4-9] 생성된 정규난수

히스토그램을 그리기 위하여 [그림 4-9]의 K열에 있는 것과 같이 구간을 -3부터 0.5 간격으로 3까지로 정한다. [예제 3.11]에서와 같은 방법으로 히스토그램을 그린 결과는 [그림 4-10]과 같다.

| 계급 | 빈도수 |
|---|---|
| -3 | 3 |
| -2.5 | 5 |
| -2 | 12 |
| -1.5 | 42 |
| -1 | 99 |
| -0.5 | 131 |
| 0 | 186 |
| 0.5 | 206 |
| 1 | 165 |
| 1.5 | 84 |
| 2 | 51 |
| 2.5 | 13 |
| 3 | 3 |
| 기타 | 0 |

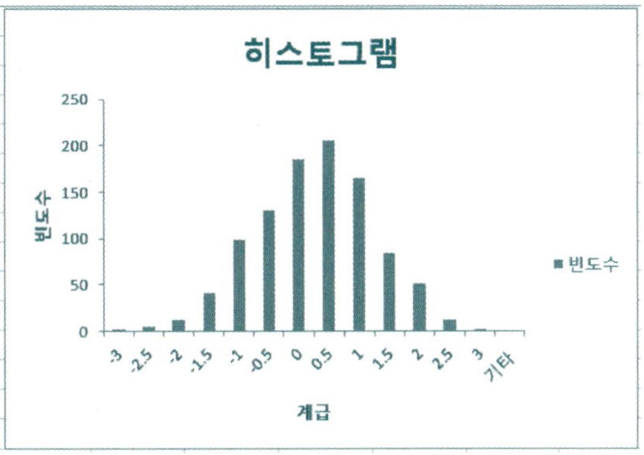


[그림 4-10] 엑셀을 이용한 히스토그램

② KESS의 이용

[그림 4-11]의 왼쪽 워크시트의 내용과 같이 참조 A1에 '정규난수'라는 변수명을 입력하고, 엑셀 메뉴에서 '난수 생성' 창을 열어 [그림 4-11]과 같이 입력한다. 즉, '변수의 개수'는 1, '난수의 개수'는 1000을 입력하고, '분포'는 '정규분포'를 선택하고 '출력 범위'는 A2로 지정한다. '출력 범위'의 지정을 위하여 마우스 포인터를 원하는 셀에서 클릭하면 된다. 나머지는 엑셀의 이용에서와 같이 입력하고 '확인'을 누른다. 난수 시드를 1234로 입력하면 앞에서와 같은 난수가 생성된다.

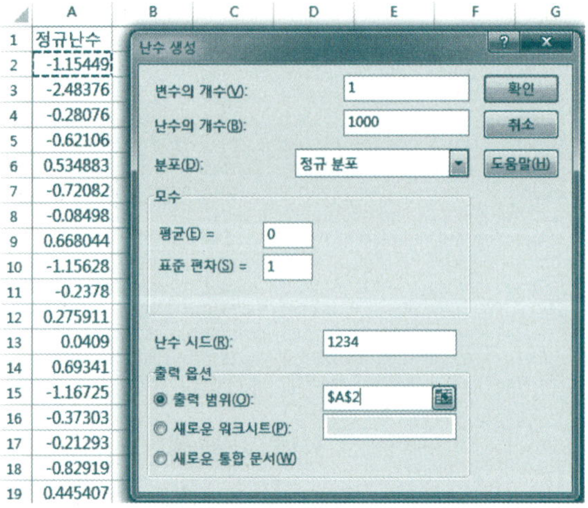

[그림 4-11] 생성된 난수와 난수 생성 대화상자

KESS를 이용하여 이들 난수의 히스토그램을 그려 보자. KESS의 메뉴인 **[통계분석]**에서 **[그래프]→[히스토그램]**을 선택하고, '분석변수'를 선택한 후에 '미리보기'를 클릭하면 디폴트로 주어진 계급의 개수에 따른 히스토그램이 그려지며, '계급의 개수'에서 '사용자 정의'가 활성화되어 계급의 개수를 조정할 수 있다. 예를 들어 '사용자 정의'를 체크하고 '계급의 개수'를 13으로 조정한 후 다시 '미리보기'를 클릭하면 [그림 4-12]와 같은 결과를 얻는다. 다시 '확인'을 클릭하면 히스토그램의 결과가 '통계분석결과' 창에 출력된다.

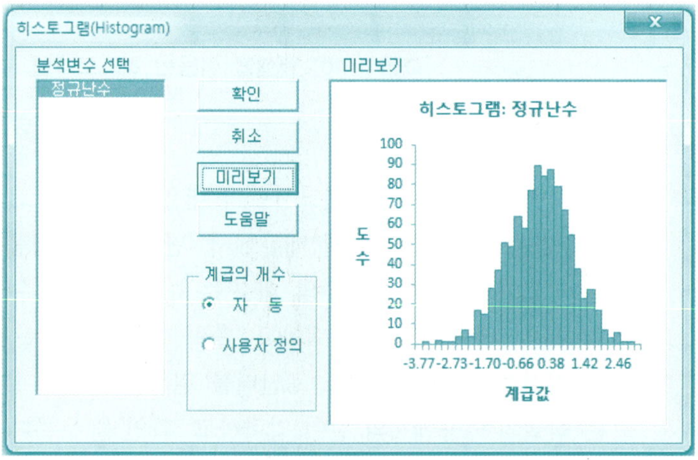

[그림 4-12] KESS를 이용한 히스토그램

### 4.4.2 정규분포에서 확률 계산

엑셀을 이용하여 정규분포에서 확률을 구하는 방법을 알아보자. 일반 정규분포에서 확률을 구하는 함수는 NORM.DIST이며, 표준정규분포에서는 NORM.S.DIST를 이용한다. 이들의 사용법은 다음과 같다.

**엑셀함수 NORM.DIST와 NORM.S.DIST의 사용법**

형식: NORM.DIST($x$, $\mu$, $\sigma$, cum) – 일반 정규분포함수
NORM.S.DIST($x$, cum) – 표준정규분포함수

다만, $x$ : 확률을 구하는 값
$\mu$ : 평균
$\sigma$ : 표준편차

$$\text{cum} : \begin{cases} 1, \text{ 누적확률값 } P(X \le x) \\ 0, \text{ 밀도함수값 } f(x) \end{cases}$$

**예제 4.8** 어느 전구의 수명 $X$는 정규분포 $N(2000, 200^2)$을 따른다고 한다. 이 제품에 대하여 $P(1500 \le X \le 2500)$의 값을 엑셀을 이용하여 구하여라.

**풀이** 엑셀의 수식입력 줄에서 NORM.DIST 함수를 선택하면 인수 입력창이 나타나며, $P(1500 \le X \le 2500) = P(X \le 2500) - P(X \le 1500)$이므로 원하는 인수를 다음과 같이 나타낸다([그림 4-13]).

= NORM.DIST(2500,2000,200,1)–NORM.DIST(1500,2000,200,1)

계산된 확률값은 0.98758임을 알 수 있다.

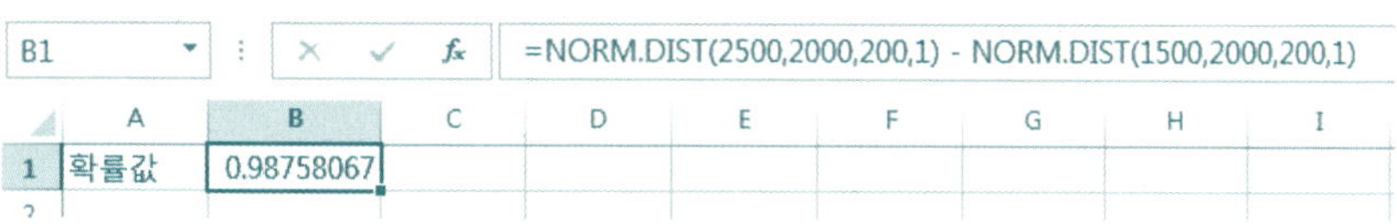


[그림 4-13] 정규확률값 구하기

**예제 4.9** $x = 0$부터 $x = 0.5$까지 0.01 단위로 부록 C 〈표 2〉와 같은 표준정규분포표를 만들어라.

**풀이** 분포표를 만들기 위한 서식을 [그림 4-14]와 같이 1행과 A열을 채우고, (A2,B2) 셀에서 다음과 같이 입력하여 $x = 0$ 에서 함수값을 구한 후에, [홈]

탭의 **[편집]** 그룹에 있는 **[채우기]** 탭에서 '오른쪽' 채우기를 시행한다. 결과는 [그림 4-14]와 같다.

= NORM.S.DIST(SUM($A2, B$1), 1)

위의 식에서 SUM($A2,B$1)는 $A2=0에 B$1 셀에 있는 값을 더한 값을 구하며, 오른쪽 채우기에 의해 B열부터 K열까지 1행에 있는 값들(0~0.09)을 $A2에 더하고, 함수 SUM에 의해 얻어진 값에 NORM.S.DIST을 적용하여 누적확률 값을 구한다. 나머지 영역에 대하여는 [그림 4-15]와 같이 **[채우기]** 탭에서 '아래쪽' 채우기로 나머지 전체의 확률값들을 구한다. [그림 4-15]는 소수 이하 4자리로 자릿수를 조정한 결과이다.

상대 참조와 절대 참조를 이해하면 이와 같은 채우기를 쉽게 이해할 수 있다. SUM($A2,B$1)에서 괄호 속을 다시 살펴보자. B$1에서 B열은 상대 참조이며 1행은 절대 참조이므로 상대 참조인 B열이 K열까지 변하면서 오른쪽으로 채워진다. 마찬가지로 $A2에서 A는 절대 참조이므로 상대 참조인 2행이 3행, 4행 등으로 내려가면서 아래로 채워진다.

B2 =NORM.S.DIST(SUM($A2, B$1),1)

| | A | B | C | D | E | F | G | H | I | J | K |
|---|---|---|---|---|---|---|---|---|---|---|---|
| 1 | | 0 | 0.01 | 0.02 | 0.03 | 0.04 | 0.05 | 0.06 | 0.07 | 0.08 | 0.09 |
| 2 | 0 | 0.5 | 0.503989 | 0.507978 | 0.511966 | 0.515953 | 0.519939 | 0.523922 | 0.527903 | 0.531881 | 0.535856 |
| 3 | 0.1 | | | | | | | | | | |
| 4 | 0.2 | | | | | | | | | | |
| 5 | 0.3 | | | | | | | | | | |
| 6 | 0.4 | | | | | | | | | | |
| 7 | 0.5 | | | | | | | | | | |

**[그림 4-14]** 오른쪽 채우기로 구한 확률값

| | A | B | C | D | E | F | G | H | I | J | K |
|---|---|---|---|---|---|---|---|---|---|---|---|
| 1 | | 0 | 0.01 | 0.02 | 0.03 | 0.04 | 0.05 | 0.06 | 0.07 | 0.08 | 0.09 |
| 2 | 0 | 0.5000 | 0.5040 | 0.5080 | 0.5120 | 0.5160 | 0.5199 | 0.5239 | 0.5279 | 0.5319 | 0.5359 |
| 3 | 0.1 | 0.5398 | 0.5438 | 0.5478 | 0.5517 | 0.5557 | 0.5596 | 0.5636 | 0.5675 | 0.5714 | 0.5753 |
| 4 | 0.2 | 0.5793 | 0.5832 | 0.5871 | 0.5910 | 0.5948 | 0.5987 | 0.6026 | 0.6064 | 0.6103 | 0.6141 |
| 5 | 0.3 | 0.6179 | 0.6217 | 0.6255 | 0.6293 | 0.6331 | 0.6368 | 0.6406 | 0.6443 | 0.6480 | 0.6517 |
| 6 | 0.4 | 0.6554 | 0.6591 | 0.6628 | 0.6664 | 0.6700 | 0.6736 | 0.6772 | 0.6808 | 0.6844 | 0.6879 |
| 7 | 0.5 | 0.6915 | 0.6950 | 0.6985 | 0.7019 | 0.7054 | 0.7088 | 0.7123 | 0.7157 | 0.7190 | 0.7224 |
| 8 | | | | | | | | | | | |

**[그림 4-15]** 아래쪽 채우기로 구한 확률값

### 4.4.3 중심극한정리의 모의실험

중심극한정리에 의하면 평균과 분산이 있는 임의의 모집단에서 추출된 표본에 대하여 $n$ 이 충분히 클 때 다음이 성립한다.

$\overline{X}$는 표본크기 $n$이 충분히 클 때 근사적으로 정규분포 $N\left(\mu, \frac{\sigma^2}{n}\right)$을 따른다.

즉, $Z = \frac{\overline{X}-\mu}{\sigma/\sqrt{n}}$는 근사적으로 표준정규분포 $N(0,1)$을 따른다.

다음 예제에서는 균등분포(일양분포)에서 추출된 임의표본을 이용하여 중심극한정리를 확인해 보자.

**예제 4.10** 균등분포(일양분포) $U(0,1)$에서 10개의 표본을 추출하여 표본평균 $\overline{X}$를 구하는 실험을 200회 반복하고, 이들 200개의 $\overline{X}$들을 표준화시킨 Z-값들을 히스토그램으로 나타내어라.

**풀이** [예제 3.4]에 의하면 균등분포 $U(0,1)$의 평균과 분산은 각각 다음과 같다.

$$E(X) = 0.5, \quad Var(X) = 1/12$$

따라서 크기 10인 표본평균의 표준화된 값은 다음과 같이 구한다.

$$Z = \frac{\overline{X}-0.5}{\sqrt{1/12}/\sqrt{10}}$$

엑셀과 KESS를 이용하여 $\overline{X}$를 표준화시킨 Z-값의 히스토그램을 다음과 같이 구한다.

① 엑셀의 이용

워크시트에서 1행은 변수명으로 [그림 4-17]과 같이 지정한다. 즉, 10개의 난수를 'x1'부터 'x10'까지로 지정하고 '평균', 'Z'(표준화된 값) 및 '구간'의 열 이름을 지정한다. 엑셀의 메뉴 **[데이터]→[데이터 분석]**에서 '통계 데이터 분석' 창을 열고 '난수 생성'을 선택한다. 이어서 나타나는 '난수 생성' 대화상자에서 [예제 4.7]과 같은 방법으로 난수를 생성한다. 다만, [그림 4-16]과 같이 난수 시드를 12345로 지정하고, '출력범위'를 'A2'로 지정한다. '확인'을 클릭하면 [그림 4-19]와 같은 난수들이 변수 x1~x10 아래 생성된다(그림에서는 소수점의 자릿수를 3자리로 조정한 것이다).

[그림 4-19]에서 '평균'과 표준화된 값 'Z'는 다음과 같이 구한다.

'평균'을 구하기 위하여 [그림 4-17]과 같이 K2 셀에서 '=AVERAGE(A2:J2)'를 입력하여 평균을 구한 후에 K201 셀까지 아래쪽 채우기를 이용한다.

'표준화된 값'은 '평균'을 표준화시킨 값으로, [그림 4-18]과 같이 L2 셀에서 다음과 같이 입력하고, 아래쪽 채우기를 이용한다.

=(K2−0.5)*SQRT(10)/SQRT(1/12)

마지막으로 표준화된 값들의 히스토그램을 그린다. 구간을 [그림 4−19]에서와 같이 −3부터 0.5 간격으로 3.0까지 선택한 후에 히스토그램을 그리면 [그림 4−20]과 같다. 결과는 [그림 4−10]과 매우 유사하여 표준정규분포에서 정규난수의 히스토그램과 비슷한 모양임을 알 수 있다.

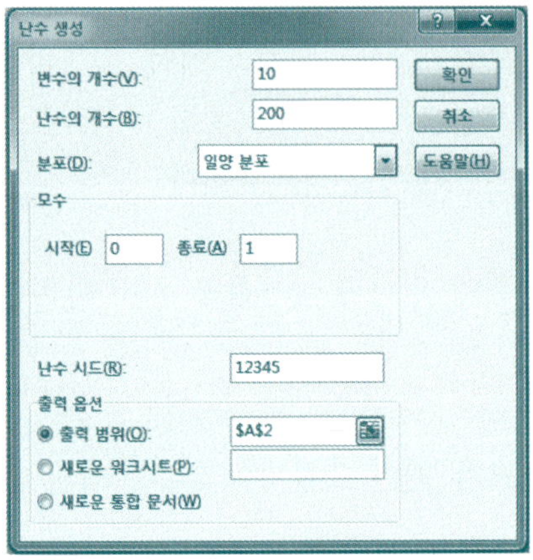


[그림 4−16] 난수 생성 대화상자

K2 | =AVERAGE(A2:J2)

| | A | B | C | D | E | F | G | H | I | J | K |
|---|---|---|---|---|---|---|---|---|---|---|---|
| 1 | x1 | x2 | x3 | x4 | x5 | x6 | x7 | x8 | x9 | x10 | 평균 |
| 2 | 0.231 | 0.585 | 0.787 | 0.675 | 0.178 | 0.714 | 0.839 | 0.165 | 0.887 | 0.714 | 0.578 |
| 3 | 0.457 | 0.452 | 0.624 | 0.663 | 0.291 | 0.430 | 0.670 | 0.312 | 0.796 | 0.121 | 0.481 |

[그림 4−17] 10개 데이터의 평균 계산

L2 | =(K2-0.5)*SQRT(10)/SQRT(1/12)

| | A | B | C | D | E | F | G | H | I | J | K | L |
|---|---|---|---|---|---|---|---|---|---|---|---|---|
| 1 | x1 | x2 | x3 | x4 | x5 | x6 | x7 | x8 | x9 | x10 | 평균 | Z |
| 2 | 0.231 | 0.585 | 0.787 | 0.675 | 0.178 | 0.714 | 0.839 | 0.165 | 0.887 | 0.714 | 0.578 | 0.850 |
| 3 | 0.457 | 0.452 | 0.624 | 0.663 | 0.291 | 0.430 | 0.670 | 0.312 | 0.796 | 0.121 | 0.481 | -0.203 |

[그림 4−18] 평균의 표준화된 값 계산

| | A | B | C | D | E | F | G | H | I | J | K | L | M |
|---|---|---|---|---|---|---|---|---|---|---|---|---|---|
| 1 | x1 | x2 | x3 | x4 | x5 | x6 | x7 | x8 | x9 | x10 | 평균 | Z | 구간 |
| 2 | 0.231 | 0.585 | 0.787 | 0.675 | 0.178 | 0.714 | 0.839 | 0.165 | 0.887 | 0.714 | 0.578 | 0.850 | -3.0 |
| 3 | 0.457 | 0.452 | 0.624 | 0.663 | 0.291 | 0.430 | 0.670 | 0.312 | 0.796 | 0.121 | 0.481 | -0.203 | -2.5 |
| 4 | 0.312 | 0.254 | 0.339 | 0.466 | 0.080 | 0.320 | 0.653 | 0.110 | 0.041 | 0.844 | 0.342 | -1.731 | -2.0 |
| 5 | 0.649 | 0.064 | 0.396 | 0.970 | 0.137 | 0.690 | 0.202 | 0.637 | 0.476 | 0.866 | 0.509 | 0.096 | -1.5 |
| 6 | 0.460 | 0.424 | 0.684 | 0.779 | 0.380 | 0.885 | 0.046 | 0.230 | 0.089 | 0.549 | 0.453 | -0.520 | -1.0 |
| 7 | 0.746 | 0.862 | 0.570 | 0.228 | 0.557 | 0.221 | 0.109 | 0.807 | 0.113 | 0.049 | 0.426 | -0.807 | -0.5 |
| 8 | 0.032 | 0.145 | 0.810 | 0.722 | 0.017 | 0.276 | 0.848 | 0.242 | 0.758 | 0.538 | 0.439 | -0.670 | 0.0 |
| 9 | 0.462 | 0.673 | 0.263 | 0.798 | 0.858 | 0.446 | 0.570 | 0.438 | 0.904 | 0.433 | 0.585 | 0.926 | 0.5 |
| 10 | 0.161 | 0.241 | 0.084 | 0.187 | 0.849 | 0.841 | 0.768 | 0.270 | 0.429 | 0.900 | 0.473 | -0.295 | 1.0 |
| 11 | 0.316 | 0.065 | 0.873 | 0.659 | 0.052 | 0.975 | 0.341 | 0.016 | 0.637 | 0.430 | 0.436 | -0.697 | 1.5 |
| 12 | 0.798 | 0.807 | 0.876 | 0.595 | 0.518 | 0.417 | 0.486 | 0.186 | 0.251 | 0.407 | 0.534 | 0.372 | 2.0 |
| 13 | 0.860 | 0.305 | 0.337 | 0.289 | 0.354 | 0.709 | 0.553 | 0.122 | 0.131 | 0.389 | 0.405 | -1.041 | 2.5 |
| 14 | 0.965 | 0.073 | 0.097 | 0.905 | 0.571 | 0.612 | 0.948 | 0.354 | 0.020 | 0.481 | 0.502 | 0.027 | 3.0 |
| 15 | 0.876 | 0.385 | 0.182 | 0.115 | 0.955 | 0.174 | 0.855 | 0.644 | 0.730 | 0.760 | 0.567 | 0.739 | |

[그림 4-19] 생성된 자료의 일부 및 입력된 구간

| 구간 | 빈도수 |
|---|---|
| -3 | 0 |
| -2.5 | 0 |
| -2 | 6 |
| -1.5 | 10 |
| -1 | 16 |
| -0.5 | 32 |
| 0 | 38 |
| 0.5 | 36 |
| 1 | 28 |
| 1.5 | 22 |
| 2 | 9 |
| 2.5 | 2 |
| 3 | 1 |
| 기타 | 0 |

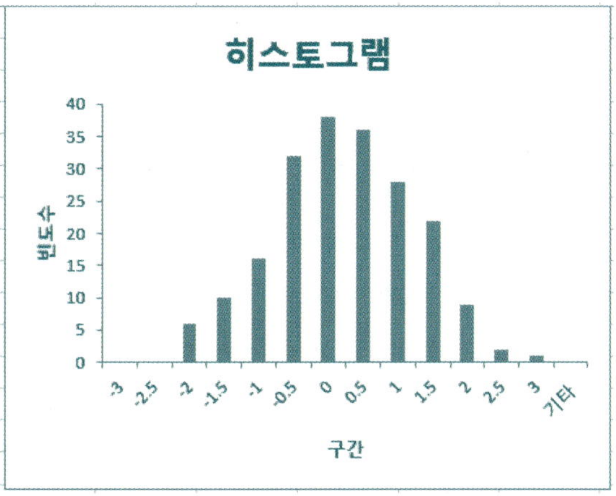


[그림 4-20] 엑셀에서 표준화된 평균의 히스토그램

② KESS의 이용

KESS의 메뉴인 [통계분석]에서 [통계학습]→[모의실험]을 선택하면 [그림 4-21]과 같은 모의실험 대화상자가 나타난다. 여기에서 '모집단의 분포'를 균등분포로 선택하고, '표본크기'는 10, '실험횟수'는 200으로 입력한 후에 '그래프그리기' 버튼을 클릭하면 [그림 4-21]과 같이 히스토그램이 나온다. 이 모의실험은 '그래프그리기' 버튼을 누를 때마다 다른 그림이 나옴을 확인할 수 있다. 이 예에서 표본크기 10은 충분히 큰 표본크기는 아니므로 히스토그램에 상당한 변화가 있음을 확인할 수 있다.

균등분포 $U(0,1)$은 [그림 3-16]에서와 같이 구간 $(0,1)$에서 높이가 1인 정사각형 모양의 분포이었으나, $\overline{X}$의 분포 또는 $Z$-통계량의 분포는 대칭인 종 모양으로 정규분포에 가까운 분포임을 확인할 수 있다.

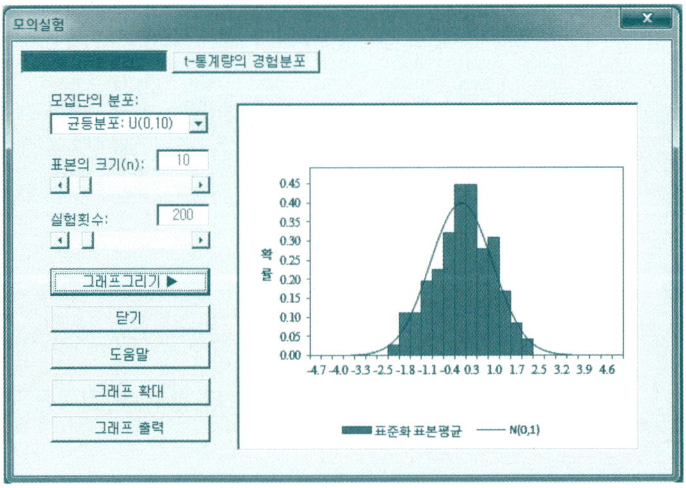


[그림 4-21] KESS에서 중심극한정리의 모의실험

### 4.4.4 정규확률그림

대부분의 통계분석방법들은 자료들이 정규분포를 따른다는 가정하에서 유도된 방법들이다. 따라서 자료들의 분포가 심각하게 정규분포와 다른 경우에 이러한 방법들을 적용하면 그 결과를 신뢰하기 어렵다. 따라서 어떤 데이터가 정규분포를 따른다고 가정해도 좋은지를 검증할 필요가 있다. 2장에서 다룬 히스토그램, 줄기-잎 그림 및 상자그림을 이용하여 데이터의 분포형태가 정규분포와 유사한지를 대략적으로 검토할 수 있다. 여기에서는 정규확률그림을 이용하는 방법을 알아본다.

확률변수 $X$에 대하여 $Z = \dfrac{X-\mu}{\sigma}$을 **표준화된 확률변수**라고 하며, $X$가 정규분포를 따를 때 $Z$는 표준정규분포를 따름을 배웠다. 이제 데이터에서 표준화된 자료값을 얻으려면 평균 $\mu$ 대신에 $\overline{x}$를, 표준편차 $\sigma$ 대신에 $s$를 사용하게 된다. 따라서 데이터 $x$의 **표준화된 값**(즉, **z-점수** 또는 **z-값**)은 다음과 같이 정의된다.

$$z = \frac{x - \overline{x}}{s}$$

한편 표준화된 값 $z$가 데이터에서 $p$ 백분위수일 때, 표준정규분포에서 $p$ 백분위수에 해당되는 값을 $z$의 **정규점수**(normal score)라고 하며, 기호 $\Phi^{-1}(p/100)$로 나타낸다.

이제 각 데이터 $x_i$에 대응되는 표준화된 값을 $z_i$, 대응되는 정규점수를 $\Phi^{-1}(p_i/100)$

로 나타내기로 하자. 데이터가 정규분포를 잘 따를 때에는 자료점

$$(\Phi^{-1}(p_i/100), z_i), \quad i=1,2,\cdots,n$$

을 직교좌표 평면에 나타낼 때 직선에 가깝게 될 것이다. 이와 같은 그림을 **정규확률그림**(normal probability plot)이라고 한다. 즉, 정규확률그림은 각 자료값의 정규점수와 표준화된 값의 산점도로서 점들이 직선 가까이에 위치하면 정규분포를 따른다고 보아도 좋다.

KESS의 자료 파일 '혈압'에서 '수축혈압1'과 '이완혈압1'의 정규확률그림을 KESS를 이용하여 그려 보자. 워크시트에 '혈압' 자료를 열어 놓고 KESS의 메뉴인 [통계분석]에서 [그래프]→[정규확률그림]을 선택하면 '정규확률그림' 대화상자가 나타난다.

선택변수 목록에서 원하는 변수를 선택한 후 '미리보기'를 누르면 미리보기 창에 정규점수와 표준화된 값의 산점도가 나타나며, 다시 '확인'을 누르면 '통계분석 결과' 창에 [그림 4-22]와 같은 정규확률그림이 출력된다.

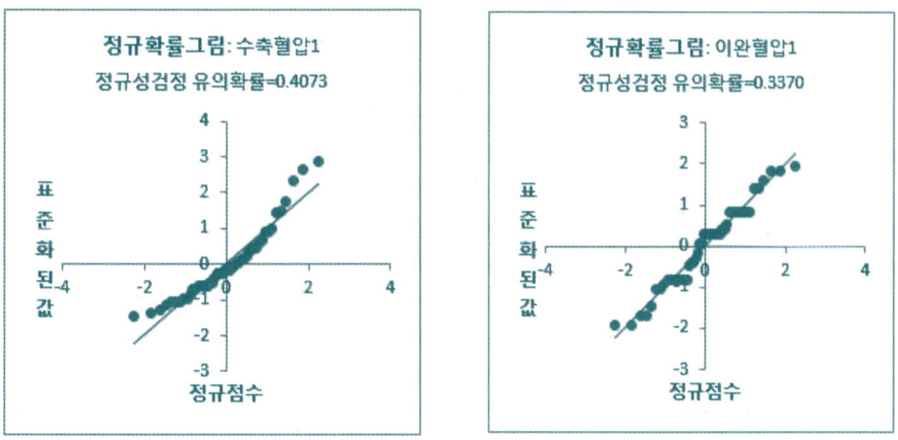


(a) 수축혈압의 정규확률그림 (b) 이완혈압 정규확률그림

[그림 4-22] 정규확률그림

산점도를 보면 원점을 지나는 직선이 그어져 있고 자료값에 해당되는 점들이 주위에 표시되어 있다. 이 점들이 직선 가까이에 위치하면 자료들이 정규분포를 따른다고 보아도 좋다. [그림 4-22](a)에서 점들이 직선과 떨어져 있으나 심각한 정도는 아닌 것으로 판단되며, 정규분포에 비해 오른쪽으로 긴 꼬리를 갖는 것으로 판단된다. [그림 4-22](b)에서도 점들이 다소 불규칙하지만 심각하지 않은 것으로 판단된다. 참고로 5장에서 다루게 될 유의확률의 결과에 의하면 두 경우 모두 정규성을 가정해도 좋은 것으로 판단된다.

# 연습문제

**4-1** $X \sim N(100, 5^2)$일 때, 다음 확률값을 구하여라.

(a) $P(X \geq 115)$ (b) $P(95 \leq X \leq 105)$

**4-2** $X \sim N(1000, 100^2)$일 때, 다음 확률값을 구하여라.

(a) $P(X \leq 800)$ (b) $P(800 \leq X \leq 1200)$

**4-3** 정규분포 $N(100, 5^2)$에서 크기 16인 임의표본을 추출할 때, $P(98 \leq \overline{X} \leq 102)$의 값을 구하여라.

**4-4** $X_1, \cdots, X_9$은 평균 100, 분산 81인 정규분포 $N(100, 81)$에서 크기 9인 랜덤표본이며, $\overline{X}$는 이들의 표본평균이다. 다음 값을 구하여라.

(a) $P(91 \leq X_1 \leq 109)$ (b) $P(91 \leq \overline{X} \leq 109)$

**4-5** 어느 금융기관에서 분석한 자료에 의하면 지난 10년간 중기채권의 월별 수익률은 평균 0.8%, 표준편차 1.4%인 정규분포에 근사된다고 한다. 100억 원 상당의 중기채권을 구입할 경우에 1개월간 2억 원 이상 손해볼 확률은 얼마인가?

**4-6** 어느 통조림 생산 공정에서는 무게의 평균이 500 g, 표준편차가 20 g이 되도록 통조림을 포장하고 있다. 이 공정에서 25개의 제품을 임의로 뽑아 검사할 때 표본평균이 490 g 이하일 확률을 구하여라.

**4-7** 어느 공정에서 생산되는 전구는 평균수명 2,000시간, 표준편차 100시간으로 품질관리를 하고 있다. 이들 전구 가운데 임의로 36개의 제품을 뽑아 수명을 검사할 때 평균수명이 1,950시간에서 2,050시간 사이에 있을 확률을 구하여라.

**4-8** 어느 공정에서 생산되는 통조림은 함량이 300 g으로 표시되어 있다. 이 공정에서 생산되는 통조림의 함량은 정규분포를 따르며, 표준편차는 10 g이라고 한다. 랜덤하게 25개의 표본을 뽑아 $\overline{X}$를 구할 때, $\overline{X}$의 값이 300 g 이하가 될 확률을 5% 이내로 관리하기 위해서는 실제 공정의 평균함량을 얼마로 조정해야 하는가?

**4-9** 확률분포가 아래의 표와 같은 모집단에서 크기 3인 임의표본 $X_1, X_2, X_3$을 추출할 때 $Z = X_1 + X_2 + X_3$의 분포를 구하여라.

| $x$ | 1 | 2 |
|---|---|---|
| $p(x)$ | 0.5 | 0.5 |

**4-10** 스스로 신통력이 있다고 주장하는 사람이 있다. 이 사람은 동전을 던질 때 어느 면이 나올지를 예측할 수 있다고 주장한다. 이 사람의 주장이 사실이 아님에도 불구하고 10번 동전을 던져서 모두 맞출 확률은 얼마인가?

**4-11** $X \sim B(25, 0.2)$를 따를 때 $P(3 \le X \le 7)$의 값을 이항분포표를 이용한 정확한 값, 연속성 수정에 의한 정규근사, 수정이 없는 정규근사의 세 가지 방법으로 구하고, 결과를 비교하여라.

**4-12** 한 도자기 제품의 생산 공정에서는 불량률이 10%라고 한다. 어느 날 생산된 제품 가운데 100개를 임의로 뽑아 검사할 때 불량품이 16개 이상 발견될 확률을 구하여라.

**4-13** 전국적인 여론조사에 의하면 현 정부에 대한 지지율이 55%라고 한다. 이 결과가 참값이라는 가정하에 200명을 임의로 뽑아 조사할 때 표본비율이 50% 이하가 될 확률을 구하여라.

**4-14** KESS의 메뉴 [통계분석]→[통계학습]→[표본분포]에서 '이항분포'를 이용하여 다음의 각 경우에 이항분포의 정규근사를 확인하여라. 어느 경우에 정규근사가 안전하다고 할 수 있는가?

(a) $n = 10, \quad p = 0.1$ (b) $n = 30, \quad p = 0.1$

(c) $n = 50, \quad p = 0.1$ (d) $n = 100, \quad p = 0.1$

**4-15** 표준정규분포 $N(0,1)$ 에서 500개의 난수를 생성하고 이들을 10개의 계급으로 나누어 히스토그램을 그려라.

**4-16** $x = 0.5$부터 $x = 1.0$까지 0.01 단위로 부록의 〈표 2〉와 같은 표준정규분포표를 만들어라.

**4-17** KESS의 메뉴 '중심극한정리'에서 다음과 같은 모의실험을 실시하여라. 표본크기가 얼마 이상이면 $Z$−통계량의 분포가 정규분포에 충분히 가까워지는가?
(a) 균등분포에서 실험횟수 300 (b) 지수분포에서 실험횟수 300

# 5장 추정과 검정의 방법1

## 5.1 추정의 원리

**모수**(parameter)란 모집단의 특성을 나타내는 상수이다. 우리가 특히 관심이 있는 모수들은 한 모집단에서 모평균 $\mu$, 모분산 $\sigma^2$, 모표준편차 $\sigma$, 모비율 $p$ 등이다. 두 모집단에 대하여는 상관계수 $\rho$가 가장 관심이 있는 모수이다.

앞의 2장에서는 자료의 **통계량**을 표본으로부터 계산되는 표본의 특성값으로 설명하였다. 이제 자료 대신 확률변수를 사용하면, '관측 가능한 임의표본의 함수'를 **통계량**(statistics)으로 정의할 수 있다. 예를 들어 표본평균 $\overline{X}$는 대표적인 통계량이다. 통계량은 또한 확률변수이므로 분포함수를 갖게 된다.

모수를 추정하는 데 사용하는 통계량을 특히 **추정량**(estimator)이라고 하며, 추정량의 관측값을 **추정값**(estimate)이라고 한다.

모수를 $\theta$로 나타내면 추정량은 흔히 $\hat{\theta}$으로 나타낸다.

모수를 추정하는 방법에는 두 가지가 있다. 하나는 모수를 한 개의 값으로 추정하는 **점추정**(point estimation)이며, 다른 하나는 모수가 포함될 것으로 기대되는 구간으로 추정하는 **구간추정**(interval estimation)이다.

### 5.1.1 점추정

모평균 $\mu$의 추정량으로 표본평균 $\overline{X}$를 사용하며, 모비율 $p$의 추정량으로 표본비율인 $\hat{p}$을 사용한다.

2장에서는 자료로부터 산포를 나타내는 측도로서 표본분산을 다루었다. 이제 통계량으로서의 **표본분산**(sample variance)과 **표본표준편차**(sample standard deviation)를 다음과 같이 정의한다.

**표본분산과 표본표준편차**

임의표본 $X_1, X_2, \cdots, X_n$에 대하여 표본분산과 표본표준편차는 각각 다음과 같이 정의한다.

(1) **표본분산**: $S^2 = \dfrac{1}{n-1}\sum_{i=1}^{n}(X_i - \overline{X})^2$

(2) **표본표준편차**: $S = \sqrt{S^2} = \sqrt{\dfrac{1}{n-1}\sum_{i=1}^{n}(X_i - \overline{X})^2}$

표본분산 $S^2$은 모분산 $\sigma^2$의 추정량으로 사용되며, 표본표준편차 $S$는 모표준편차 $\sigma$의 추정량으로 사용된다. 표본분산의 분포에 대하여는 7장에서 언급할 예정이다.

지금까지 다룬 대표적인 추정량을 요약하면 다음과 같다.

**모수와 추정량**

평균 $\mu$의 추정량: **표본평균** $\overline{X}$
분산 $\sigma^2$의 추정량: **표본분산** $S^2$
표준편차 $\sigma$의 추정량: **표본표준편차** $S$
비율 $p$의 추정량: **표본비율** $\hat{p}$

추정량의 대표적인 성질로서 불편성이 있으며, 다음과 같이 정의된다.

**불편추정량**

$E(\hat{\theta}) = \theta$일 때 $\hat{\theta}$을 $\theta$의 **불편추정량**(unbiased estimator, 또는 **비편향추정량**)이라고 한다.

$\overline{X}$는 $\mu$의 불편추정량이며, $\hat{p}$은 $p$의 불편추정량, $S^2$은 $\sigma^2$의 불편추정량이다. 그러나 $S$는 $\sigma$의 불편추정량이 되지 못한다. 이와 같은 성질의 증명은 이 책의 수준을 넘어서므로 결과만 언급하기로 한다. 여기에서 불편(unbiased)은 치우치지 않음을 뜻하는 용어로 이해할 수 있다.

### 5.1.2 구간추정

예를 들어 전구의 수명을 추정하기 위하여 $n = 10$개의 표본을 임의로 뽑아 조사한 결과 $\overline{x} = 1500$(시간)을 얻었다면, 평균수명은 1,500시간으로 추정될 것이다. 그러나 이와 같은 점추정에서는 오차의 개념이 없기 때문에 1,500시간이 얼마나 정확한 추정값인지 판단할 수 없다. 따라서 $\bar{x}$ 의 값과 $\sigma$ 의 값을 같이 사용한 개념이 필요하다. 이와 같은 개념을 나타낸 것이 구간추정이다.

일반적으로 모수 $\theta$ 에 대하여 통계량 $L$ 과 $U$ 가 있어서

$$P(L < \theta < U) = 1 - \alpha$$

일 때, 구간 $(L, U)$ 의 관측값 $(l, u)$ 를 $\theta$ 의 $100(1-\alpha)\%$ **신뢰구간**(confidence interval)이라고 하며, $l$ 과 $u$ 를 각각 **신뢰구간의 하한**과 **상한**이라고 하고, $1-\alpha$ 를 **신뢰수준**(confidence level)이라고 한다. 신뢰수준은 흔히 %로 나타내기도 한다.

**참고**

이론적 전개를 위해 $(l, u)$ 대신 $(L, U)$ 를 신뢰구간으로 정의할 수도 있으나, 이 책에서는 관측값인 $(l, u)$ 를 신뢰구간으로 부르기로 한다.

이제 모평균 $\mu$ 의 신뢰구간을 구해 보자.

정규분포에서 $\overline{X}$ 의 분포로부터 다음이 성립한다.

$$1-\alpha = P\left(-z_{\alpha/2} < \frac{\overline{X}-\mu}{\sigma/\sqrt{n}} < z_{\alpha/2}\right)$$

$$= P\left(\overline{X} - z_{\alpha/2}\frac{\sigma}{\sqrt{n}} < \mu < \overline{X} + z_{\alpha/2}\frac{\sigma}{\sqrt{n}}\right)$$

따라서 모평균 $\mu$ 의 $100(1-\alpha)\%$ 신뢰구간은 다음과 같다.

$$\bar{x} \pm z_{\alpha/2}\frac{\sigma}{\sqrt{n}} = \left(\bar{x} - z_{\alpha/2}\frac{\sigma}{\sqrt{n}},\ \bar{x} + z_{\alpha/2}\frac{\sigma}{\sqrt{n}}\right)$$

예를 들어 $\alpha = 0.05\ (5\%)$ 일 때, $\mu$ 의 95% 신뢰구간은 다음과 같다.

$$\bar{x} \pm 1.96\frac{\sigma}{\sqrt{n}} = \left(\bar{x} - 1.96\frac{\sigma}{\sqrt{n}},\ \bar{x} + 1.96\frac{\sigma}{\sqrt{n}}\right)$$

$\overline{X}$ 의 표준편차에 해당하는 $\sigma/\sqrt{n}$ 을 $\overline{X}$ 의 **표준오차**(standard error)라고 한다. $\sigma$ 가 미지일 때는 $\overline{X}$ 의 표준오차를 $S/\sqrt{n}$ 으로 추정하며, 편의상 이 추정값을 표준오차라고 부르기도 한다. 엑셀이나 KESS 등에서 표준오차는 $S/\sqrt{n}$ 을 뜻한다.

신뢰구간의 범위를 나타내는 값인 $z_{\alpha/2}\dfrac{\sigma}{\sqrt{n}}$ 를 $\mu$ 의 추정에서 '$100(1-\alpha)\%$ **신뢰수준에서 오차한계**(limit of error)' 또는 간단히 '$100(1-\alpha)\%$ **오차한계**'라고 한다. 또한 $1-\alpha$ 또는 $100(1-\alpha)\%$ 를 **신뢰수준**이라고 한다.

이들을 요약하면 다음과 같다.

**$\sigma$ 를 알 때 $\overline{X}$ 를 이용한 $\mu$ 의 추정**

표준오차: $\mathrm{SE}(\overline{X}) = \dfrac{\sigma}{\sqrt{n}}$ ( 또는 $\dfrac{S}{\sqrt{n}}$ )

$100(1-\alpha)\%$ 오차한계: $z_{\alpha/2}\dfrac{\sigma}{\sqrt{n}}$

$100(1-\alpha)\%$ 신뢰구간: $\overline{x} \pm z_{\alpha/2}\dfrac{\sigma}{\sqrt{n}} = \left(\overline{x}-z_{\alpha/2}\dfrac{\sigma}{\sqrt{n}},\ \overline{x}+z_{\alpha/2}\dfrac{\sigma}{\sqrt{n}}\right)$

이제 신뢰구간의 의미를 생각해 보자. 예를 들어 $\mu$ 의 95% 신뢰구간은 $\overline{x} \pm 1.96\,\sigma/\sqrt{n}$ 이며, 관측을 반복할 때마다 $\overline{x}$ 의 값이 변하므로 신뢰구간의 위치가 달라진다. 이와 같이 신뢰구간을 반복해서 구할 때 전체 신뢰구간의 95%는 $\mu$ 를 포함하리라고 기대할 수 있다는 뜻이다. 이를 그림으로 나타내면 [그림 5-1]과 같다. 그림에서, $\sigma$ 를 알 때는 오차한계인 $z_{\alpha/2}(\sigma/\sqrt{n})$이 상수이므로, 신뢰구간의 길이가 모두 같다.

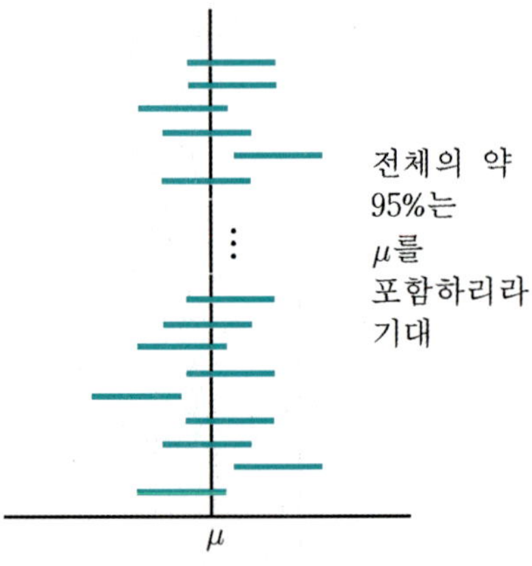


[그림 5-1] $\mu$ 의 95% 신뢰구간의 의미

**참고**

**$\sigma$를 모를 때**

실제 자료로부터 $\mu$의 신뢰구간을 구하는 문제에서 $\sigma$를 아는 경우보다 모르는 경우가 대부분이며, $\sigma$를 모를 때는 $Z$-통계량에서 $\sigma$ 대신에 표본표준편차 $S$를 대입한 $T$-통계량을 이용하여 신뢰구간을 구한다. $T$-통계량을 이용하는 방법은 5.3절에서 다루기로 한다.

**예제 5.1** 어느 사탕 캔 제조 공정에서는 생산되는 내용물의 함량이 표준편차 10 g이 되도록 생산관리를 하고 있다. 이 공정에서 랜덤하게 16개의 캔을 뽑아 조사한 결과 내용물의 평균 무게가 $\overline{X} = 294.4$(g)이었다. 평균 무게의 95% 오차한계와 95% 신뢰구간을 구하여라.

**풀이** 16개의 데이터에서 $\overline{X} = 294.4$를 얻었으므로, 95% 오차한계와 신뢰구간은 각각 다음과 같다.

$$95\%\ \text{오차한계: } z_{0.025}\frac{\sigma}{\sqrt{n}} = 1.96 \times \frac{10}{\sqrt{16}} = 4.9$$

$$95\%\ \text{신뢰구간: } 294.4 \pm 4.9 = (289.5,\ 299.3)$$

## 5.2 검정의 원리

다음과 같은 예를 통하여 가설검정의 원리를 살펴보자.

어느 전구의 제조공정에서는 평균수명이 $\mu = 1500$ (시간)이고 표준편차가 $\sigma = 100$ (시간)이 되도록 품질관리를 하고 있다. 품질을 개선하기 위하여 품질관리 팀에서는 새로운 공법을 개발하였으며, 새 공법에 의하면 평균수명이 증가한다고 주장한다. (다만, 새 공법의 특성은 기존의 공법과 같아서 $\sigma = 100$으로 가정할 수 있으며, 생산비용도 같다고 가정한다.) 이를 확인하기 위하여 $n = 25$개의 전구를 시험 생산하여 시험한 결과 $\overline{X} = 1550$(시간)을 얻었다. 이들 자료로부터 새 공법에 의한 평균수명이 기존의 공법에 의한 평균수명보다 길어졌다고 확신할 수 있는가?

이와 같은 문제를 통계적 방법으로 해결하기 위하여 다음과 같은 가설검정의 방법을 사용한다. 먼저 새 공법에 의한 평균이 기존의 공법에 의한 평균보다 큰가를 확인하기 위한 가설을 다음과 같이 세운다.

$$H_0 \; : \; \mu = 1500 \quad (\text{귀무가설})$$
$$H_1 \; : \; \mu > 1500 \quad (\text{대립가설})$$

여기에서 $H_0$ 를 **귀무가설**(null hypothesis)이라고 하며, $H_1$ 을 **대립가설**(alternative hypothesis)이라고 한다. 이제 자료로부터 $H_0$ 와 $H_1$ 가운데 하나를 채택하는 과정을 살펴보자.

$\sigma$ 를 알 때 $\mu$ 에 관한 추론은 $Z$-통계량을 이용한다. 즉, 귀무가설 $H_0$ 하에서 (즉, $H_0$ 가 참일 때)

$$Z = \frac{\overline{X} - \mu}{\sigma/\sqrt{n}} = \frac{\overline{X} - 1500}{100/\sqrt{25}} = \frac{\overline{X} - 1500}{20}$$

은 근사적으로 표준정규분포를 따르므로, $Z$-통계량의 값이 $z_{0.05} = 1.645$ 보다 클 확률은 0.05이다. 즉, $H_0$ 하에서 $\overline{X}$ 의 값이 1,500보다 훨씬 커져서 $Z$-통계량의 값이 1.645보다 커질 확률이 0.05(5%)이며, 이 경우에는 $H_0$ 보다는 $H_1$ 이 참이라고 주장할 근거가 있는 셈이다. 이를 가설검정의 용어로 나타내면, **유의수준**(significance level) 5%에서 **기각역**(critical region)이 “$Z \geq 1.645$”로 주어진다고 하며, 이를 그림으로 나타내면 [그림 5-2]와 같다.

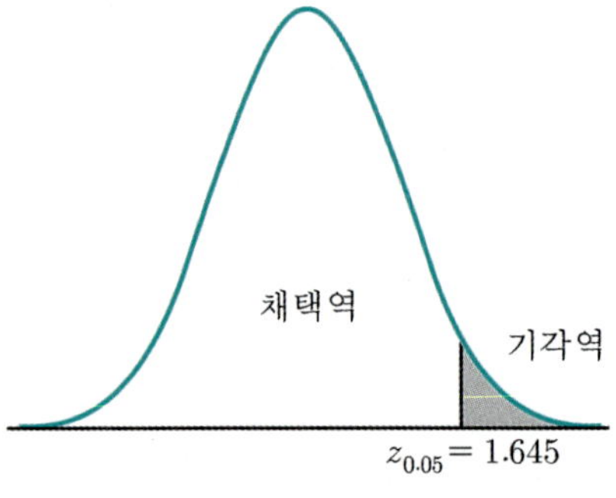


**[그림 5-2]** 기각역과 채택역

앞의 예에서 $\overline{X} = 1550$ 일 때 $Z$-통계량의 값은

$$Z = \frac{\overline{X} - 1500}{20} = \frac{1550 - 1500}{20} = 2.5 \; > \; 1.645$$

이므로 기각역 속에 들어간다. 따라서 $H_0$를 기각하고 $H_1$을 채택하여 새 공법에서 평균수명이 증가하였다고 확신하게 된다.

흔히 사용하는 유의수준은 5%($\alpha = 0.05$), 1%($\alpha = 0.01$) 등으로 10%를 넘는 경우는 드물다. 따라서 기각역은 좁고 채택역은 넓게 되며, 검정결과에서 귀무가설 $H_0$가 기각되어야 대립가설 $H_1$이 참이라는 확실한 근거가 있다는 뜻이다. 귀무가설을 기각시키지 않으면 아무런 확신을 할 수 없다는 것이 검정결과의 올바른 해석법이다.

지금까지 설명한 용어를 요약하면 다음과 같다.

**가설검정의 용어**

**대립가설**: 표본으로부터 입증하고자 하는 가설
**귀무가설**: 대립가설에 대한 확실한 근거가 없을 때 받아들이는 가설
**검정통계량**: 검정에 사용하는 통계량
**유의수준**: 귀무가설이 참일 때 대립가설을 채택하는 오류를 범할 확률
**기각역**: 귀무가설을 기각시키는 검정통계량의 관측값의 영역

**참고**

앞의 예에서 보인 검정법을 다음과 같은 5단계로 나누어 정리할 수 있다.

1. 귀무가설($H_0$)과 대립가설($H_1$)의 설정
2. 유의수준($\alpha$) 결정
3. 검정통계량 선택
4. 검정통계량으로 기각역 표현
5. 유의성 판정($H_1$이 채택되면 유의성이 있다고 결론)

$\sigma$를 알 때 모평균 $\mu$에 대한 검정법을 요약하면 다음과 같다.

**$Z$-검정($\sigma$를 알 때 모평균 $\mu$에 관한 검정)**

귀무가설: $H_0 \ : \ \mu = \mu_0$

검정통계량: $Z = \dfrac{\overline{X} - \mu_0}{\sigma / \sqrt{n}}$

유의수준 $\alpha$에서 기각역:

$H_1 : \mu > \mu_0$일 때 $\quad Z \geq z_\alpha$

$H_1 : \mu < \mu_0$일 때 $\quad Z \leq -z_\alpha$

$H_1 : \mu \neq \mu_0$일 때 $\quad |Z| \geq z_{\alpha/2}$

위의 요약에서 대립가설 $H_1 : \mu \neq \mu_0$ 를 **양측가설**, $H_1 : \mu > \mu_0$ 또는 $H_1 : \mu < \mu_0$ 를 **단측가설**이라고 하며, 대응되는 검정을 각각 **양측검정**, **단측검정**이라고 한다.

**참고**

검정문제에서도 $\sigma$ 를 아는 경우보다는 모르는 경우가 대부분이며, 따라서 실제 문제에서는 $Z$-검정보다는 5.3절에서 다룰 $t$-검정을 시행한다.

**참고**

**대립가설과 기각역**

모평균 $\mu$ 에 관한 검정에서 기각역은 대립가설과 같은 방향이다. 즉, 대립가설에서 '크다'면 오른쪽에, '작다'면 왼쪽에, '아니다'면 양쪽에 기각역이 주어지며, 기각역의 넓이는 유의수준의 값과 같다고 생각하면 편리하다.

앞의 예에서 귀무가설 $H_0$ 가 참일 때 $Z$-통계량의 값이 1.645보다 커져서 기각역 속에 들어가면 $H_1$ 을 채택하여 오류를 범하게 된다. 이와 같은 오류를 **제1종의 오류**(type Ⅰ error)라고 한다. 이에 대하여 $H_1$ 이 참일 때 $H_0$ 를 채택하는 오류를 **제2종의 오류**(type Ⅱ error)라고 한다.

| 검정결과 \ 실제현상 | $H_0$ 참 | $H_1$ 참 |
|---|---|---|
| $H_0$ 채택 | 옳은 결정 | **제2종의 오류** |
| $H_1$ 채택 | **제1종의 오류** | 옳은 결정 |

제1종의 오류는 $H_0$ 가 참일 때 $H_1$ 을 채택하는 오류이므로 **유의수준**은 '제1종의 오류를 범할 확률'로 정의할 수도 있다.

앞의 예에서 기각역이 '$Z \geq 1.645$'로 주어지며, $Z$-통계량의 값이 2.5로서 기각역 속에 들어가므로 $H_0$ 를 기각하였다. 이러한 결정에서 $z = 2.0$ 으로 $H_0$ 를 기각하는 것과 $z = 4.0$ 으로 기각하는 것은 기각의 정도가 다를 것이다. 이와 같은 개념을 나타낸 것이 **유의확률** 또는 $p$-**값**이며, 다음과 같이 정의된다.

**유의확률(significance probability) 또는 $p$-값($p$-value)**

주어진 관측값에서 $H_0$를 기각시키는 최소의 유의수준

앞의 예에서 $z = 2.5$이므로 유의확률은 다음과 같다.

$$P(Z \geq 2.5) = 0.0062$$

대부분의 통계패키지는 검정 결과로 유의확률을 출력한다. 따라서 유의수준 $\alpha$에서 검정을 시행하고 싶을 때는 유의확률이 $\alpha$보다 작으면 귀무가설을 기각하게 된다. 다만, 패키지에서 출력되는 유의확률이 양측검정의 유의확률인 경우, 단측검정에서의 유의확률은 출력된 값의 $\frac{1}{2}$이 된다.

실제로 유의확률은 주어진 유의수준에서의 검정결과보다 많은 정보를 제공하는 셈이다. 즉, 유의확률이 작을수록 대립가설 $H_1$이 참이라는 근거가 자료에 있음을 뜻하며, 유의확률이 커질수록 $H_1$이 참이라는 근거가 약해짐을 뜻한다.

가장 흔히 사용하는 유의수준은 5%이므로, 흔히 유의확률이 5%(0.05) 이하이면 '유의성이 있다'라고 판정을 내리며, 5%(0.05) 이상이면 '유의성이 없다'라고 판정을 내린다. '유의성이 있다'라는 의미는 '대립가설이 참이라는 근거가 있다'라는 뜻이다. 그러나 유의성의 기준은 문제에 따라 다르며, 많은 경우에 5%와 10% 사이에 있을 때에도 약하지만 유의성이 있다고 해석한다.

**예제 5.2** [예제 5.1]에서 생산된 캔에는 내용물의 함량이 300 g이라고 적혀 있었다. 실제 조사 결과에 의하면 함량이 300 g 미만이라고 할 수 있는가? 유의수준 5%에서 검정하여라. 유의확률은 얼마인가?

**풀이** 문제에 맞는 귀무가설과 대립가설은 각각 다음과 같다.

$$H_0: \ \mu = 300, \ H_1: \ \mu < 300$$

$\sigma = 10$을 알고 있는 경우로서 검정통계량과 유의수준 5%에서 기각역은 다음과 같다.

$$\text{검정통계량: } Z = \frac{\overline{X} - \mu_0}{\sigma / \sqrt{n}}$$

$$\text{기각역: } Z \leq -z_{0.05} = -1.645$$

한편 $\overline{X} = 294.4$이므로 검정통계량의 값은 다음과 같다.

$$Z = \frac{\overline{X} - \mu_0}{\sigma / \sqrt{n}} = \frac{294.4 - 300}{10 / \sqrt{16}} = -2.24 < -1.645$$

따라서 귀무가설을 기각시키고, 평균 함량이 300 g 미만이라고 결론을 내린다. 유의확률은 다음과 같다.

$$P(Z \le -2.24) = 1 - P(Z \le 2.24) = 1 - 0.9875 = 0.0125$$

## 5.3 한 모평균에 관한 추론

추정과 검정을 합하여 흔히 **통계적 추론**(statistical inference)이라고 하며, 특히 한 모평균의 추론 문제는 **일표본 문제**라고 한다.

앞에서 다룬 모평균 $\mu$에 관한 추론 문제의 원리를 다시 요약해 보자.

$\mu$를 추정하기 위해 가장 많이 사용되는 추정량은 $\overline{X}$이다. 이제 $\overline{X}$를 이용하여 $\mu$에 관한 추론 문제를 다루기 위해서는 $\overline{X}$의 분포를 알아야 한다. 즉, 모집단이 정규분포를 따를 때 $\overline{X}$의 분포는 다음과 같음을 이용한다.

$$\overline{X} \sim N\left(\mu, \frac{\sigma^2}{n}\right) \quad \text{또는} \quad Z = \frac{\overline{X} - \mu}{\sigma / \sqrt{n}} \sim N(0,1)$$

그러나 실제 자료로부터 모평균 $\mu$에 관한 추론 문제를 다루는 문제에서 $\sigma$를 아는 경우보다 모르는 경우가 대부분이며, $\sigma$를 모를 때는 $Z$-통계량을 사용할 수 없다. 따라서 $\sigma$ 대신에 표본표준편차 $S$를 대입한 통계량을 사용하는 방안을 생각할 수 있으며, $\sigma$ 대신에 $S$를 대입한 통계량의 분포를 위해 $t$-분포가 소개된다.

### 5.3.1 $t$-분포

$\sigma$가 미지일 때, 모평균 $\mu$에 관한 추론 문제를 다루기 위하여 $t$-분포를 다음과 같이 정의한다.

### $t$-분포

$X_1, X_2, \cdots, X_n$ 이 정규분포 $N(\mu, \sigma^2)$ 에서 추출된 임의표본일 때

$$T = \frac{\overline{X} - \mu}{S/\sqrt{n}}$$

은 자유도 $n-1$인 $t$-**분포**를 따른다고 하며, 기호 $t(n-1)$로 나타낸다.

**참고**

**$t$-분포**

① $t$-분포의 일반적인 정의를 위해서는 7장에서 다루게 될 카이제곱 분포에 대한 정의가 먼저 필요하다. $Z$가 표준정규분포 $N(0,1)$ 을 따르고, $V$가 자유도 $k$ 인 카이제곱 분포를 따르며, $Z$와 $V$는 서로 독립일 때

$$T = \frac{Z}{\sqrt{V/k}}$$

는 자유도 $k$ 인 $t$-분포를 따른다고 하며, 기호 $t(k)$ 로 나타낸다. 이와 같은 정의를 이용하면 위에서 정의된 $t$-분포는 실제로 정리에 해당된다.

② 아일랜드의 한 양조회사에서 근무하던 W. S. Gosset는 평균의 추론에서 $t$-분포의 필요성을 인식하고, 이에 대한 연구 결과를 회사 규정에 따라 Student라는 가명으로 발표하였다. 따라서 $t$-분포는 흔히 **스튜던트 $t$-분포**라고 부르며, $\overline{X}$를 표준화시킬 때 $\sigma$ 대신에 $S$를 사용하는 것을 **스튜던트화**(Studentize)한다고 한다.

**참고**

**자유도(degrees of freedom)**

제곱합의 자유도에 대하여 알아보자. 제곱합의 자유도는

(제곱이 된 항의 개수) − (선형조건의 개수)

로 정의된다. 제곱합 $\sum_{i=1}^{n}(X_i - \overline{X})^2$ 에서 '제곱이 된 항의 개수'는 $n$ 개이며, 이 항들은 $\sum_{i=1}^{n}(X_i - \overline{X}) = 0$ 이라는 선형조건을 만족한다. 즉, 선형조건의 개수는 1이다. 따라서 제곱합 $\sum_{i=1}^{n}(X_i - \overline{X})^2$ 의 자유도는 $n-1$ 이 된다. 이것은 $n$개의 편차 $(X_1 - \overline{X})$, $(X_2 - \overline{X})$, $\cdots$, $(X_n - \overline{X})$가 모두 임의의 값을 취할 수 있는 것은 아니고, $n-1$개의 항이 정해지면 합이 0이 되기 위하여 마지막 1개 항의 값은 자동적으로 정해져서 자유를 잃게 됨을 뜻한다. 따라서 제곱합의 자유도는 $n-1$ 이며, $S^2$ 의 자유도, $T$-통계량의 자유도가 모두 $n-1$ 이 된다.

$t$-분포의 모양은 표준정규분포와 마찬가지로 0을 중심으로 좌우대칭이며 종 모양의 분포를 갖는다. 그러나 $t$-분포는 표준정규분포보다는 더 두터운 꼬리(즉 긴 꼬리)를 갖고 있으며, 자유도 $k$가 증가할수록 $t$-분포의 모양은 표준정규분포에 점점 가까워진다.

KESS를 이용하여 $t$-분포와 표준정규분포의 모양을 비교해 보자. KESS의 **[통계학습]→[표본분포]** 메뉴의 '표본분포' 대화상자에서 '$t$-분포'를 클릭하고 자유도를 선택한 다음, '그래프 그리기' 단추를 누르면 $t$-분포의 그래프가 그려진다. [그림 5-3]은 자유도가 $k = 3$인 경우에 $t$-분포의 그래프를 그린 것이다. 그림에서 $t$-분포는 표준정규분포보다 긴 꼬리를 갖는 분포임을 쉽게 확인할 수 있다.

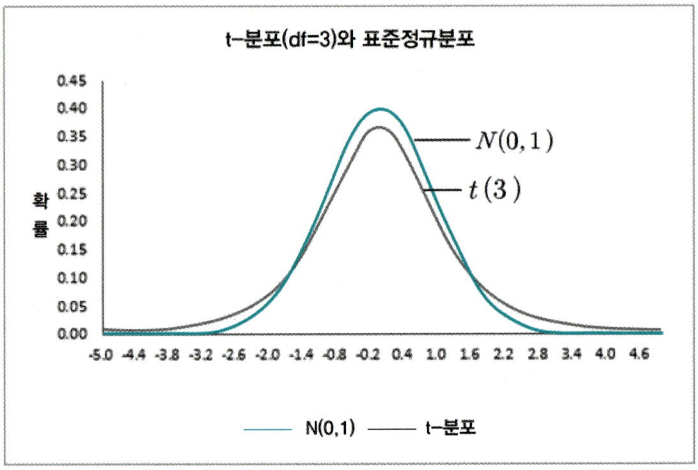


**[그림 5-3]** 자유도 3인 $t$-분포와 표준정규분포

표준정규분포에서 오른쪽 꼬리의 넓이가 $\alpha$인 점을 기호 $z_\alpha$로 나타낸 것과 마찬가지로, $t$-분포에서 오른쪽 꼬리의 넓이가 $\alpha$인 점을 기호 $t_\alpha(k)$로 나타내기로 한다. 즉, $T \sim t(k)$일 때 $t_\alpha(k)$는

$$P(\,T \geq t_\alpha(k)\,) = \alpha$$

를 만족시키는 점이며, 이를 그림으로 나타내면 [그림 5-4]와 같다.

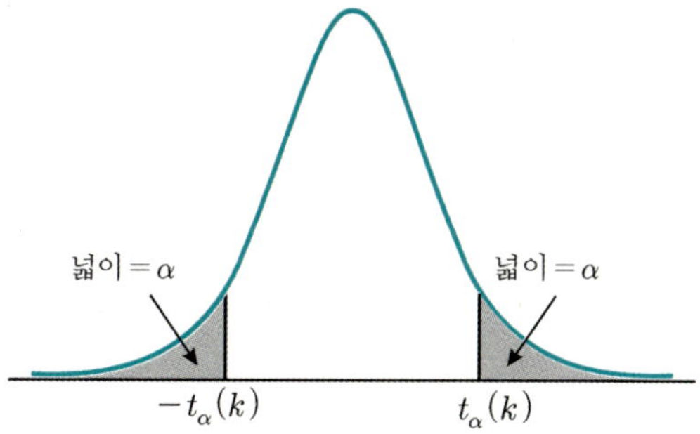


**[그림 5-4]** 기호 $t_{\alpha}(k)$의 의미

부록 〈표 3〉의 $t$-분포표에는 주어진 $\alpha$와 $k$에 대한 $t_{\alpha}(k)$ 값이 수록되어 있으며. 이 표로부터 다음과 같은 값들을 확인할 수 있다.

$$t_{0.05}(9) = 1.833 \ ; \qquad t_{0.05}(30) = 1.697$$
$$t_{0.01}(9) = 2.821 \ ; \qquad t_{0.01}(30) = 2.457$$

또한 $t$-분포표에서 자유도가 $\infty$일 때 $t_{\alpha}$값은 $z_{\alpha}$ 값과 일치함을 확인할 수 있다. 즉, 자유도가 증가할수록 $t$-분포는 표준정규분포에 수렴한다. 따라서 표준정규분포표에서 원하는 $\alpha$에 대응되는 $z_{\alpha}$값이 없는 경우에는 $t$-분포표에서 $t_{\alpha}(\infty)$를 찾으면 된다. 4장에서 언급된 대표적인 $z_{\alpha}$값은 $t$-분포표에서 $t_{\alpha}(\infty)$를 찾은 것이다.

$t$-분포의 정의에서 $T$-통계량은 모집단이 정규분포를 따른다는 가정하에서만 $t$-분포를 따른다. 그러나 모집단이 정규분포를 따르지 않을 때에도 중심극한정리에 의해 $\overline{X}$의 분포는 정규분포에 수렴하며, 따라서 $T$-통계량의 분포는 근사적으로 표준정규분포보다는 자유도 $n-1$인 $t$-분포에 가까운 것이 보통이다.

이와 같은 사실은 KESS에서 확인할 수 있다.

KESS의 **[통계학습]→[모의실험]** 메뉴를 선택하여 대화상자에서 '$T$-통계량의 경험분포'를 선택하면 모의실험을 실시할 수 있다. 화면의 선택사항에서 예를 들어

모집단의 분포: 지수분포
표본의 크기($n$): 5
실험횟수: 200

을 선택하여 '그래프 그리기' 단추를 누르면 [그림 5-5]와 같이 히스토그램과 자유도 4인 $t$-분포의 그래프가 그려진다. 즉, 지수분포에서 크기 5인 표본을 뽑아 $T$-통계량을 구하는 작업을 200번 반복한 다음에, 이들 200개의 $t$-값을 히스토그램으로 나타내고 이를 $t$-분포 및 표준정규분포와 비교하는 것이다. 이 경우에

표본크기 $n$이 20 이상만 되면 $t$-분포와 표준정규분포의 구별이 어려워지므로 소표본에서만 비교의 의미가 있다.

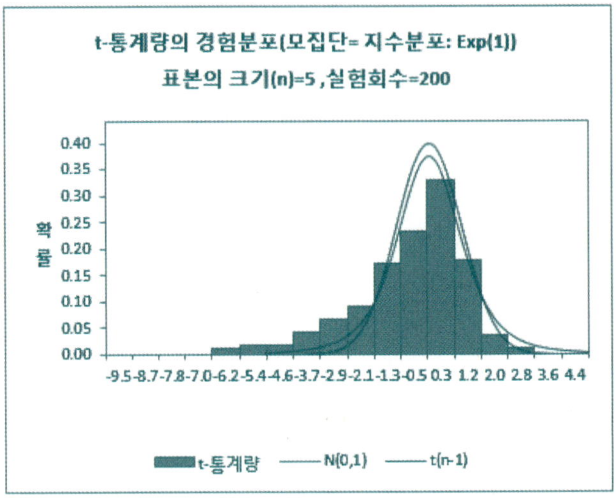


[그림 5-5] $T$-통계량의 경험분포

## 5.3.2 한 모평균의 추정과 검정

한 모평균에 관한 추정·검정 문제를 흔히 **일표본 문제**라고 한다. 정규성의 가정하에, $\sigma$를 모를 때 모평균 $\mu$에 관한 추론문제는 $T$-통계량

$$T = \frac{\overline{X} - \mu}{S/\sqrt{n}}$$

는 자유도 $n-1$인 $t$-분포를 따름을 이용하는 것이 보통이다.

먼저 모평균 $\mu$의 신뢰구간을 구해 보자. $T$-통계량이 자유도 $n-1$인 $t$-분포를 따름을 이용하면 다음 등식이 성립한다.

$$\begin{aligned} 1-\alpha &= P\left(-t_{\alpha/2}(n-1) < \frac{\overline{X}-\mu}{S/\sqrt{n}} < t_{\alpha/2}(n-1)\right) \\ &= P\left(\overline{X} - t_{\alpha/2}(n-1)\frac{S}{\sqrt{n}} < \mu < \overline{X} + t_{\alpha/2}(n-1)\frac{S}{\sqrt{n}}\right) \end{aligned}$$

따라서 신뢰구간은 다음과 같다.

### $\sigma$를 모를 때 모평균 $\mu$의 $100(1-\alpha)\%$ 신뢰구간

$$\bar{x} \pm t_{\alpha/2}(n-1)\frac{S}{\sqrt{n}} = \left(\bar{x} - t_{\alpha/2}(n-1)\frac{S}{\sqrt{n}},\ \bar{x} + t_{\alpha/2}(n-1)\frac{S}{\sqrt{n}}\right)$$

다음은 모평균 $\mu$에 대한 가설검정 문제를 생각해 보자.

$\sigma$를 모를 때 귀무가설 $H_0: \mu = \mu_0$를 검정하기 위한 검정통계량은

$$T = \frac{\overline{X} - \mu_0}{S/\sqrt{n}}$$

이며, 이 $T$-통계량을 이용한 검정을 $t$-**검정**이라고 한다. $H_0$하에서 $T$-통계량은 자유도 $n-1$인 $t$-분포를 따르므로 $t$-검정법은 다음과 같이 요약할 수 있다.

### 일표본 $t$-검정

귀무가설: $H_0: \mu = \mu_0$

검정통계량: $T = \dfrac{\overline{X} - \mu_0}{S/\sqrt{n}}$

유의수준 $\alpha$에서 기각역:

$H_1: \mu > \mu_0$일 때 $\quad T \geq t_\alpha(n-1)$

$H_1: \mu < \mu_0$일 때 $\quad T \leq -t_\alpha(n-1)$

$H_1: \mu \neq \mu_0$일 때 $\quad |T| \geq t_{\alpha/2}(n-1)$

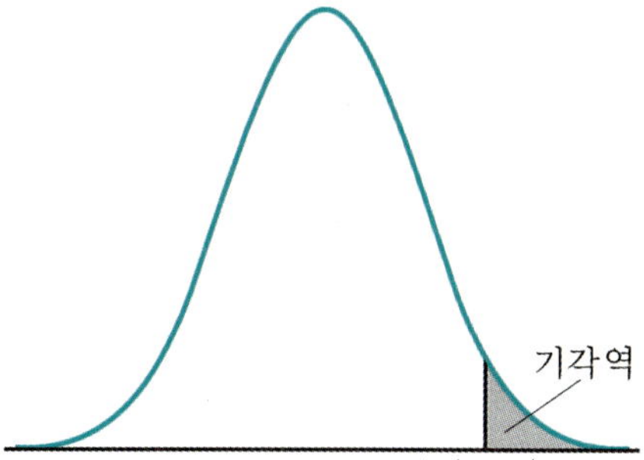


[그림 5-6] 대립가설 $H_1: \mu > \mu_0$에 대응되는 기각역

검정 결과를 유의확률로 나타내는 방법을 알아보자. 앞에서 설명한 바와 같이 유의확률은 주어진 관측값에서 귀무가설 $H_0$를 기각시키는 최소의 유의수준이다.

따라서 유의확률이 작을수록 유의수준을 작게 해도 귀무가설 $H_0$를 기각할 수 있으므로, 작은 유의확률은 대립가설 $H_1$이 참이라는 확실한 근거가 있다는 뜻이다.

$t$-검정에서 검정통계량 $T$의 관측값이 $t$일 때, 유의확률은 다음과 같이 주어진다.

**일표본 $t$-검정에서 유의확률**

$H_1 : \mu > \mu_0$ 일 때 유의확률$= P(T \geq t)$

$H_1 : \mu < \mu_0$ 일 때 유의확률$= P(T \leq t)$

$H_1 : \mu \neq \mu_0$ 일 때 유의확률$= 2P(T \geq |t|)$

**예제 5.3** A회사에서 생산되는 어느 다이어트 식품이 체중 감소에 도움이 되는지 알아보기 위해 10명의 지원자에게 3개월간 복용하게 한 후 체중감소량을 측정한 결과 다음의 자료를 얻었다. 아래 물음에 답하여라.

3.5, 2.2, 0, −1.0, 3.8, 4.3, −2.3, 1.2, 1.8, 2.5

① 자료의 평균, 분산, 표준편차 및 표준오차를 구하여라.

② 이 다이어트 식품은 효과가 있다고 확신할 수 있는가? 유의수준 5%에서 검정하여라.

③ 평균 감소량의 95% 신뢰구간을 구하여라.

**풀이** ① 데이터로부터 평균, 분산, 표준편차 및 표준오차를 구하면 다음과 같다.

평균: $\overline{X} = 1.6$

분산: $S^2 = \dfrac{\Sigma(x_i - \overline{x})^2}{n-1} = \dfrac{\Sigma x_i^2 - n\overline{x}^2}{n-1} = \dfrac{67.24 - 10 \times 1.6^2}{9} = 4.627$

표준편차: $S = \sqrt{4.627} = 2.15$

표준오차: $S/\sqrt{n} = 2.15/\sqrt{10} = 0.68$

② 체중이 감소하였는지를 확인하는 문제이므로 가설은 다음과 같다.

$$H_0 : \mu = 0$$
$$H_1 : \mu > 0$$

$\sigma$를 모르는 경우이므로 검정통계량 및 기각역은 다음과 같다.

$$\text{검정통계량: } T = \frac{\overline{X} - \mu_0}{S/\sqrt{n}}$$

$$\text{기각역: } T \geq t_{0.05}(9) = 1.833$$

한편 ①의 결과에서 검정통계량의 값은 다음과 같다.

$$T = \frac{\overline{X} - \mu_0}{S/\sqrt{n}} = \frac{1.6}{0.68} = 2.35 > 1.833$$

따라서 귀무가설을 기각하고, 체중 감소에 효과가 있다고 결론을 내린다.

③ 체중의 평균 감소량인 $\mu$의 95% 신뢰구간은 다음과 같다.

$$\begin{aligned} \overline{x} \pm t_{\alpha/2}(n-1)\frac{S}{\sqrt{n}} &= 1.6 \pm (2.262)(0.68) \\ &= 1.6 \pm 1.54 = (0.06,\ 3.14) \end{aligned}$$

**예제 5.4** 어느 회사의 통조림은 내용물 함량이 400 g으로 표시되어 있다. 이를 검사하기 위하여 이 회사제품 10개를 시중에서 임의로 추출하여 조사한 결과 다음의 자료를 얻었다. 내용물은 올바르게 표시되어 있는지 유의수준 5%에서 검정하고, 평균함량의 95% 신뢰구간을 구하여라.

393, 402, 398, 401, 385, 405, 388, 395, 397, 386

**풀이** 내용물이 올바르게 표시되어 있는지를 검증하기 위한 가설은 다음과 같다.

$$H_0: \mu = 400$$
$$H_1: \mu \neq 400$$

한 모평균에 대한 양측검정이므로 검정통계량과 기각역은 다음과 같다.

$$\text{검정통계량: } T = \frac{\overline{X} - \mu_0}{S/\sqrt{n}}$$
$$\text{기각역: } |T| \geq t_{0.025}(9) = 2.262$$

자료로부터 $\bar{x} = 395$, $S = 6.93$ 이므로 검정통계량의 값은 다음과 같다.

$$T = \frac{395 - 400}{6.93/\sqrt{10}} = -2.28 < -2.262$$

따라서 유의수준 5%에서 $H_0$ 를 기각하고 내용물이 올바르게 표시되어 있지 않다고 결론을 내린다. 한편 평균 함량의 95% 신뢰구간은 다음과 같다.

$$\begin{aligned} \bar{x} \pm t_{0.025}(9)\frac{S}{\sqrt{n}} &= 395 \pm 2.262\frac{6.93}{\sqrt{10}} \\ &= 395 \pm 4.96 = (390.04,\ 399.96) \end{aligned}$$

**참고**

**양측검정과 신뢰구간의 관계**

양측검정의 가설 $H_0 : \mu = \mu_0$, $H_1 : \mu \neq \mu_0$에서 귀무가설 $H_0$의 채택역은 다음과 같이 나타낼 수 있다.

$$\left| \frac{\bar{X} - \mu_0}{S/\sqrt{n}} \right| \le t_{\alpha/2}(n-1), \quad 즉,\ |\bar{X} - \mu_0| \le t_{\alpha/2}(n-1) \times \frac{S}{\sqrt{n}}$$

따라서 다음 관계가 성립한다.

$$\bar{X} - t_{\alpha/2}(n-1) \times \frac{S}{\sqrt{n}} \le \mu_0 \le \bar{X} + t_{\alpha/2}(n-1) \times \frac{S}{\sqrt{n}}$$

한편 $\mu$ 의 $100(1-\alpha)\%$ 신뢰구간은 $\bar{x} \pm t_{\alpha/2}(n-1) \times \frac{S}{\sqrt{n}}$ 이므로, 양측검정에서 다음 관계가 성립한다.

$$\mu_0 \in 신뢰구간 \Leftrightarrow H_0 : \mu = \mu_0 \ \ 채택$$

## 5.4 한 모비율에 관한 추론

$X$ 가 이항분포 $B(n,p)$ 를 따를 때 모비율 $p$의 추정량으로

$$표본비율 \ \ \hat{p} = \frac{X}{n}$$

를 사용함을 4.3절에서 설명하였다.

이제 $X$ 또는 $\hat{p}$의 정규근사를 이용하여 모비율 $p$에 관한 검·추정 문제를 다루어 보자.

$np$와 $n(1-p)$가 모두 5 이상이 되도록 $n$이 충분히 클 때

$$Z = \frac{X-np}{\sqrt{np(1-p)}} = \frac{\hat{p}-p}{\sqrt{p(1-p)/n}} \stackrel{\cdot}{\sim} N(0,1)$$

임을 이용하여 $p$의 신뢰구간은 다음과 같이 구한다.

$$\begin{aligned} 1-\alpha &\fallingdotseq P\left(-z_{\alpha/2} \le \frac{\hat{p}-p}{\sqrt{p(1-p)/n}} \le z_{\alpha/2}\right) \\ &= P\left(\hat{p}-z_{\alpha/2}\sqrt{\frac{p(1-p)}{n}} \le p \le \hat{p}+z_{\alpha/2}\sqrt{\frac{p(1-p)}{n}}\right) \\ &\fallingdotseq P\left(\hat{p}-z_{\alpha/2}\sqrt{\frac{\hat{p}(1-\hat{p})}{n}} \le p \le \hat{p}+z_{\alpha/2}\sqrt{\frac{\hat{p}(1-\hat{p})}{n}}\right) \end{aligned}$$

따라서 $p$의 추정에 관한 결과를 요약하면 다음과 같다.

**모비율 $p$의 추정**

추정량: 표본비율 $\hat{p} = \dfrac{X}{n}$

표준오차: $\widehat{\mathrm{SE}}(\hat{p}) = \sqrt{\dfrac{\hat{p}(1-\hat{p})}{n}}$

$100(1-\alpha)\%$ 신뢰구간: $\hat{p} \pm z_{\alpha/2}\sqrt{\dfrac{\hat{p}(1-\hat{p})}{n}}$

다음은 모비율 $p$에 대한 가설검정 문제를 생각해 보자. 귀무가설 $H_0 : p = p_0$를 검정하기 위한 검정통계량은 $\hat{p}$를 표준화시킨 $Z$-통계량

$$Z = \frac{\hat{p}-p_0}{\sqrt{p_0(1-p_0)/n}}$$

이 $H_0$하에서 근사적으로 표준정규분포 $N(0,1)$을 따름을 이용하여 $Z$-검정을 시행한다. 검정법을 요약하면 다음과 같다.

**모비율의 검정($Z$-검정)**

귀무가설: $H_0: p = p_0$

검정통계량: $Z = \dfrac{\hat{p} - p_0}{\sqrt{p_0(1-p_0)/n}}$

유의수준 $\alpha$에서 기각역 (유의확률):

$H_1: p > p_0$ 일 때 $\quad Z \geq z_\alpha \quad (P(Z \geq z))$

$H_1: p < p_0$ 일 때 $\quad Z \leq -z_\alpha \quad (P(Z \leq z))$

$H_1: p \neq p_0$ 일 때 $\quad |Z| \geq z_{\alpha/2} \quad (2P(Z \geq |z|))$

**예제 5.5** 어느 국회의원 입후보자의 선거구 유권자 가운데 300명을 임의로 추출하여 조사한 결과 138명이 해당 국회의원 입후보자를 지지하였다. 지지율의 95% 신뢰구간을 구하고, 지지율이 50% 미만이라고 확신할 수 있는지 유의수준 5%에서 검정하여라.

**풀이** 지지율 $p$의 추정값은 $\hat{p} = 138/300 = 0.46$이며, 따라서 95% 신뢰구간은 다음과 같다.

$$\hat{p} \pm z_{\alpha/2}\sqrt{\frac{\hat{p}(1-\hat{p})}{n}} = 0.46 \pm 1.96\sqrt{\frac{(0.46)(1-0.46)}{300}}$$

$$= 0.46 \pm 0.056 = (0.404,\ 0.516)$$

또한, 문제의 뜻에 맞는 가설은

$$H_0: p = 0.5, \qquad H_1: p < 0.5$$

이며, 기각역은 $Z \leq -z_{0.05} = -1.645$이다. $Z$-통계량의 값은

$$Z = \frac{\hat{p} - p_0}{\sqrt{p_0(1-p_0)/n}} = \frac{0.46 - 0.50}{\sqrt{(0.5)(0.5)/300}} = -1.39 > -1.645$$

이므로, 유의수준 5%에서 $H_0$를 기각할 수 없다. 즉, 지지율이 50% 미만이라는 확실한 근거는 없다.

평균의 추정에서와 마찬가지로 모비율의 추정에서도 오차한계의 개념을 사용한다. 즉, $p$의 $100(1-\alpha)\%$ 신뢰구간은

$$\hat{p} \pm z_{\alpha/2}\sqrt{\frac{\hat{p}(1-\hat{p})}{n}}$$

이므로 $100(1-\alpha)\%$ 신뢰수준에서 **오차한계**는 $z_{\alpha/2}\sqrt{\hat{p}(1-\hat{p})/n}$ 이다. 그러나 표본을 추출하기 이전에는 $\hat{p}$ 의 값이 미지이므로 $\hat{p}(1-\hat{p})$ 의 최댓값을 사용한다. 즉, $\hat{p}(1-\hat{p})$ 은 $\hat{p}=\frac{1}{2}$ 일 때 최대가 됨을 이용하면 오차한계는 $z_{\alpha/2}\sqrt{\frac{1}{4n}}$ 이 된다.

모평균에서와 마찬가지로 '$100(1-\alpha)\%$ 신뢰수준에서 **오차한계**'를 간단히 '$100(1-\alpha)\%$ **오차한계**'라고도 한다.

**예제 5.6** 모비율 $p$ 를 추정하기 위하여 1,500개의 표본을 사용할 때, 95% 신뢰수준에서 오차한계를 구하여라.

**풀이** $\hat{p}$ 의 값을 모르므로 95% 신뢰수준에서 오차한계는 다음과 같이 구한다.

$$z_{\alpha/2}\sqrt{\frac{\hat{p}(1-\hat{p})}{n}} = 1.96\sqrt{\frac{\hat{p}(1-\hat{p})}{1500}} \le 1.96\sqrt{\frac{1}{4}\cdot\frac{1}{1500}} \fallingdotseq 0.0253$$

즉, 95% 신뢰수준에서 오차한계는 $\pm 2.53\%$ 이다.

## 5.5 엑셀의 이용

엑셀에서는 한 모평균에 대한 검정이나 구간추정을 할 수 있는 분석 도구가 없다. 다만, 통계함수 ZTEST를 이용하여 $Z$-검정을 간접적으로 시행할 수 있으나 사용하기 불편하여 실용성이 떨어진다. 따라서 이 절에서는 KESS를 이용한 방법만 소개하기로 한다.

### 5.5.1 KESS를 이용한 평균의 검·추정

KESS를 이용하여 모평균 $\mu$에 관한 추론을 하는 방법을 알아보자.

먼저 워크시트에서 자료를 변수명과 함께 열 기준으로 입력하거나 자료파일을 불러온 다음, KESS 메뉴인 **[추가 기능]**의 **[통계분석]**에서 **[t-검정]→[일표본 검정]**을 선택하면 '일표본 검정'의 대화상자가 뜬다. 이 창에서 변수명과 함께 검정값($\mu_0$ 값)을 입력시킨 후에 '확인' 버튼을 누르면 된다. 신뢰구간은 옵션이며, 신뢰구간을 선택하면 신뢰수준도 선택할 수 있다.

**예제 5.7** 어느 전구 생산 공정에서는 평균 1,500시간, 표준편차 100시간의 공정으로 제품을 생산하고 있다. 어느 날 공정에 이상이 있는지(즉, 평균수명이 1,500시간 미만인지) 확인하기 위하여 10개의 전구를 랜덤하게 뽑아 가속 실험으로 수명을 측정한 결과 다음의 자료를 얻었다. KESS를 이용하여 검정을 시행하여라.(자료: 'DATA' 폴더의 '기술통계' 파일에서 '수명')

1445, 1205, 1625, 1450, 1360, 1380, 1550, 1510, 1350, 1420

**풀이** 문제에 맞는 가설은 다음과 같다.

$$H_0:\ \mu = 1500\ ,\ H_1:\ \mu < 1500$$

새로운 워크시트에 '수명' 변수이름과 함께 자료를 입력한다. KESS의 메뉴인 **[통계분석]→[t-검정]→[일표본 검정]**을 선택하면 [그림 5-7](a)와 같은 '일표본 $t$-검정' 대화상자가 나타난다. '분석변수'를 선택하고, 검정값에 1500을 입력한 후 신뢰구간을 체크한다. 대립가설 $\mu < \mu_0$ 를 선택한 후 '확인'을 클릭하면 (b)와 같은 결과가 '통계분석결과' 워크시트에 출력된다. 단측검정 결과에서 유의확률이 0.045이므로 유의수준 5%에서는 귀무가설을 기각한다. 따라서 공정에 이상이 있다고 결론을 내린다.

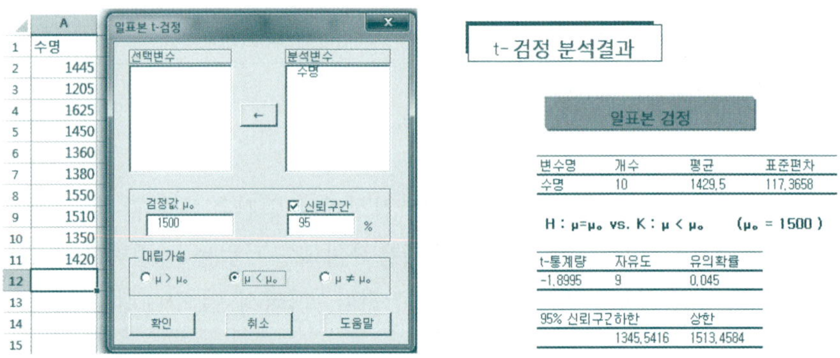


(a) KESS에서 일표본 $t$-검정 창　　(b) $t$-검정 결과 및 95% 신뢰구간

**[그림 5-7]** KESS에서 $t$-검정 결과

**예제 5.8** '혈압' 자료에서 '이완혈압1'에 대한 95% 신뢰구간을 구하고, 평균 이완혈압이 85 이상이라고 할 수 있는지 KESS를 이용하여 검정하여라.

**풀이** '혈압자료'를 읽어들인 후 '혈압' 워크시트에서 다음을 시행한다.
KESS 메뉴인 **[통계분석]**에서 **[t-검정]→[일표본 검정]** 메뉴를 선택하고,

'일표본 $t$-검정' 대화상자 창에서 '분석변수'로 '이완혈압1'을 선택하고 '검정값'으로 85를 입력한다. 신뢰구간은 옵션이므로 해당되는 박스를 체크하고 디폴트 값인 95%를 그대로 사용하면 된다. 모든 선택이 끝난 후에 '확인'을 누르면 [그림 5-8]과 같은 결과가 출력된다.

출력 결과에서 평균 이완혈압1은 87.4로 추정되며, 이완혈압1의 95% 신뢰구간은 (84.83, 89.97)이다. 문제에 맞는 가설은 $H_0: \ \mu = 85$, $H_1: \ \mu > 85$ 이며, 유의확률이 0.0333이므로 유의수준 5%에서 귀무가설을 기각한다. 즉, 유의수준 5%에서 평균 이완혈압1은 85 이상이라고 할 수 있다.

t-검정 분석결과

일표본 검정

| 변수명 | 개수 | 평균 | 표준편차 |
|---|---|---|---|
| 이완혈압1 | 50 | 87.4 | 9.0486 |

H : μ=μ₀ vs. K : μ > μ₀     (μ₀ = 85 )

| t-통계량 | 자유도 | 유의확률 |
|---|---|---|
| 1.8755 | 49 | 0.0333 |

| 95% 신뢰구간 | 하한 | 상한 |
|---|---|---|
| | 84.8284 | 89.9716 |

[그림 5-8] KESS에서 $t$-검정 결과

## 5.5.2 KESS를 이용한 모비율의 검·추정

KESS를 이용하여 모비율 $p$에 관한 추론을 하는 방법을 알아보자.

KESS의 메뉴 **[통계분석]→[모비율검정]→[일표본 검정]**을 선택하면 '일표본 검정'의 대화상자가 뜬다. 이 창에서 시행횟수($n$), 성공횟수($x$)와 귀무가설하에서의 모비율인 $p_0$의 값을 입력시킨 후에 '확인'을 클릭하면 된다. 신뢰구간은 옵션으로 선택할 수 있다.

**예제 5.9** [예제 5.5]를 KESS를 이용하여 풀어라.

**풀이** KESS의 메뉴에서 **[모비율검정]→[일표본 검정]**을 선택하고, 대화상자에서 [그림 5-9](a)와 같이 시행횟수 300, 성공횟수 138, 모비율 0.5를 입력시키고 확인하면 (b)의 출력 결과를 얻는다. 결과는 [예제 5.5]의 계산 결과와 같으며, 단측검정의 유의확률은 (0.1659)/2=0.083으로서 유의수준 5%에서 유의성이 없음을 확인할 수 있다.

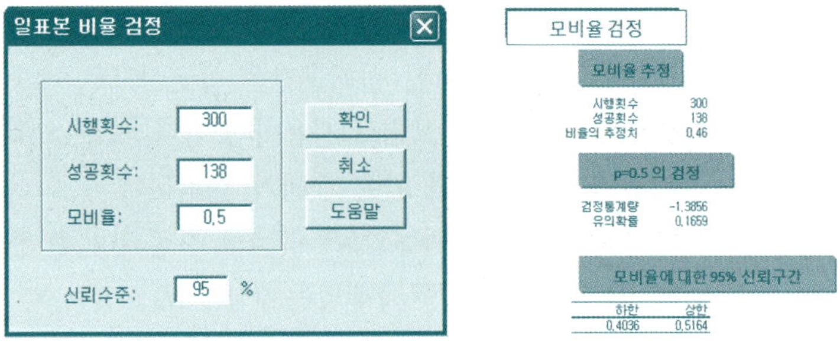


(a) 일표본 비율검정 대화상자 (b) 모비율 검정 출력 결과

[그림 5-9] 모비율 검정 대화상자와 출력 결과

# 연습문제

**5-1** 정규모집단 $N(\mu, 3^2)$에서 크기 $n = 25$의 임의표본을 사용할 때 다음 물음에 답하여라.

(a) 표본평균 $\overline{X}$의 표준오차를 구하여라.

(b) $\overline{X}$를 이용한 $\mu$의 추정에서 95% 오차한계를 구하여라.

**5-2** $\overline{X}$의 표준오차를 다음과 같이 줄이기 위하여 표본크기를 몇 배로 늘려야 하겠는가?

(a) 원래 값의 $\frac{1}{2}$ (b) 원래 값의 $\frac{1}{5}$

**5-3** 어느 공정에서 생산되는 철선의 인장강도는 표준편차가 3(kg/cm$^2$)이 되도록 품질관리를 하고 있다. 이 공정에서 임의로 10개의 표본을 뽑아 조사한 결과 $\overline{x} = 72.25$(kg/cm$^2$)를 얻었다. 평균인장 강도의 95% 신뢰구간을 구하여라.

**5-4** 내용물의 성분을 분석하는 어느 정밀기기의 측정값은 근사적으로 표준편차 2(%)인 정규분포를 따른다고 한다. 어느 날 10회 반복 측정한 결과 측정하려는 내용물의 성분이 $\overline{x} = 62.5\%$ 이었다. 내용물 성분의 95% 신뢰구간을 구하여라.

**5-5** 어느 통조림은 내용물의 무게가 $N(400, 12^2)$을 따르도록 되어 있다. 내용물의 함량이 이 기준에 미달된다는 근거가 있는지를 확인하기 위해 9개의 표본을 임의로 뽑아 조사한 결과 $\overline{x} = 390(g)$을 얻었다. 기준에 미달된다고 확신할 수 있는가?

**5-6** 다음은 어느 시료에서 관측된 (가상적) 자료이다. 아래 물음에 답하여라.

17, 19, 20, 21, 23

(a) 평균의 90% 신뢰구간을 구하여라.

(b) 평균이 18 이상이라고 확신할 수 있는가? 유의수준 10%에서 검정하여라.

**5-7** 다음은 어느 시료에서 관측된 6개의 자료이다. 아래 물음에 답하여라.

$$10,\quad 12,\quad 15,\quad 15,\quad 17,\quad 21$$

(a) 평균의 95% 신뢰구간을 구하여라.

(b) 평균이 11 이상이라고 확신할 수 있는가? 유의수준 5%에서 검정하여라.

(c) 마지막 자료인 21이 33으로 바뀔 경우에 (b)의 검정을 시행하여라. (b)의 결과와 어떻게 다른가? 결과를 비교하고, 이유를 설명하여라.

**5-8** 어느 공정에서 생산되는 통조림은 내용물이 400 g으로 표시되어 있다. 이 공정의 표준편차는 8 g이라고 한다. 랜덤하게 16개의 제품을 조사하여 표본평균이 400 g 이하이면 불합격 판정을 내린다고 한다. 불합격률을 5% 이내로 하기 위해서는 생산공정에서 평균함량을 얼마로 조정해야 하는가?

**5-9** 어느 공정은 표준편차 $\sigma = 5$ 로 생산관리를 하고 있다. 이 공정에서 생산된 제품의 평균이 100 이상인지 확인하기 위하여 $n = 16$ 개의 시료에서 데이터를 얻고, 이를 기초로 유의수준 2.5%에서 다음 가설을 검정하려고 한다. $\mu = 104$ 에서 제2종의 오류를 범할 확률을 구하여라.

$$H_0 : \mu = 100, \qquad H_1 : \mu > 100$$

**5-10** 어느 체중감량 다이어트의 효과를 검증하기 위한 프로그램에 지원자를 모집한 결과, 이 프로그램에 100명의 지원자가 참여하였다. 6개월 후에 체중 감소량의 표본평균과 표본표준편차는 각각 $\overline{x} = 1$(Kg), $S = 2$이었다. 평균 감소량에 대한 가설 $H_0 : \mu = 0$, $H_1 : \mu > 0$을 검정하여라. 여러분은 이 다이어트 방법이 실제로 효과적인 방법이라고 생각하는가?

**5-11** B 회사 제품인 어느 통조림은 내용물 함량이 400 g으로 표시되어 있다. 이를 검사하기 위하여 이 회사제품 10개를 시중에서 임의로 추출하여 조사한 결과 다음의 자료를 얻었다. 내용물은 올바르게 표시되어 있는지 유의수준 5%에서 검정하고, 평균함량의 95% 신뢰구간을 구하여라. 또한 계산 결과를 KESS로 확인하여라.

$$408,\quad 405,\quad 397,\quad 405,\quad 395,\quad 415,\quad 389,\quad 403,\quad 397,\quad 390$$

**5-12** 다음은 어느 기계 조립 공정에서 기계 1대를 조립하는 데 소요되는 시간(단위: 분)을 조사한 자료이다. 1대의 평균 조립시간의 95% 신뢰구간을 구하고, 평균 조립시간이 60분 이상이라고 확신할 수 있는지 유의수준 5%에서 검정하여라. 또한 결과를 KESS로 확인하여라.

| 58 | 62 | 60 | 65 | 68 | 56 | 59 | 66 | 65 | 61 |
|---|---|---|---|---|---|---|---|---|---|

**5-13** '혈압' 자료에서 '수축혈압1'에 대한 95% 신뢰구간을 구하고, 평균수축혈압이 120 이상이라고 할 수 있는지 KESS를 이용하여 검정하여라.

**5-14** 어느 공정에서 생산되는 제품의 불량률을 조사하기 위하여 100개를 임의로 뽑아 조사한 결과 8개의 불량품이 발견되었다. 불량률의 95% 신뢰구간을 구하고, 불량률이 10% 미만이라고 확신할 수 있는지 유의수준 5%에서 검정하여라. 또한 결과를 KESS로 확인하여라.

**5-15** 어느 볼트 제조 공정에서는 불량률을 추정하려고 한다. 500개의 표본을 임의로 뽑아 조사한 결과 36개가 불량품이었다. 불량률의 95% 신뢰구간을 구하고, 불량률이 5% 이상이라고 확신할 수 있는지 유의수준 5%에서 검정하여라. 또한 결과를 KESS로 확인하여라.

# 6장 추정과 검정의 방법2

## 6.1 표본크기의 결정

신문이나 TV에 발표되는 여론조사 또는 설문조사의 결과에서 흔히 '95% 신뢰수준에서 오차한계는 ±3.1%이다'라는 보도를 보게 된다. 이 절에서는 이와 같은 보도의 의미를 알아보고, 이에 필요한 표본크기를 구하는 방법을 알아본다.

일반적으로 표본크기를 크게 하면 표본오차가 감소하여 정밀도가 높아지지만 표본의 크기가 증가할수록 비용이 증가하는 문제가 발생한다. 따라서 주어진 정밀도를 만족시키기 위한 표본크기를 구하는 방법을 알아야 한다.

### 6.1.1 평균의 추정에서 오차한계와 표본크기

$X_1,\cdots,X_n$이 평균 $\mu$, 분산 $\sigma^2$인 정규분포 $N(\mu,\sigma^2)$에서 임의표본일 때, 모평균 $\mu$의 $100(1-\alpha)\%$ 신뢰구간은 다음과 같다.

$$\bar{x} \pm z_{\alpha/2}\left(\frac{\sigma}{\sqrt{n}}\right)$$

위의 식에서 모수 $\mu$와 추정량 $\overline{X}$와의 차이가 $z_{\alpha/2}(\sigma/\sqrt{n})$ 이내일 가능성은 $100(1-\alpha)\%$이며, $z_{\alpha/2}(\sigma/\sqrt{n})$를 $\mu$의 추정에서 $100(1-\alpha)\%$ 신뢰수준에서 **오차한계**(limit of error)라고 한다.

따라서 과거의 데이터로부터 $\sigma$를 알 경우에, 오차한계를 $d$ 이내로 제어하기 위한 표본의 크기 $n$은 다음 등식을 만족한다.

$$z_{\alpha/2}\left(\frac{\sigma}{\sqrt{n}}\right) = d$$

따라서 위 식을 $n$에 관하여 풀면 다음과 같다.

$$n = \left(\frac{z_{\alpha/2} \cdot \sigma}{d}\right)^2$$

이를 요약하면 다음과 같다.

**평균의 추정에서 표본크기**

모평균 $\mu$를 추정할 때 $100(1-\alpha)\%$ 신뢰수준에서 **오차한계**가 $d$ 이내가 되기 위한 표본크기는 다음을 만족하는 최소의 정수이다.

$$n \geq \left(\frac{z_{\alpha/2} \cdot \sigma}{d}\right)^2$$

실제 문제에서는 $\sigma$를 아는 경우보다 모르는 경우가 많으며, 이럴 때는 적은 수의 예비표본을 추출하여 $\sigma$를 추정하고 이를 이용하여 표본크기를 결정한다.

오차한계를 나타낼 때 '신뢰수준'이란 용어는 생략하고 간단히 '$100(1-\alpha)\%$ **오차한계**'라고 표현하기도 한다. 대표적인 오차한계와 이에 대응되는 표본크기는 다음과 같다.

$$90\% \text{ 오차한계에서 표본크기: } n = \left(\frac{1.645\,\sigma}{d}\right)^2$$

$$95\% \text{ 오차한계에서 표본크기: } n = \left(\frac{1.96\,\sigma}{d}\right)^2$$

$$99\% \text{ 오차한계에서 표본크기: } n = \left(\frac{2.576\,\sigma}{d}\right)^2$$

**예제 6.1** 어느 공정에서 생산되는 전구의 수명은 $\sigma = 100$시간으로 공정을 관리하고 있다. 이 공정에서 생산되는 전구의 평균수명을 $\overline{X}$로 추정할 때 95% 신뢰수준에서 오차한계가 25시간 이내가 되기 위한 표본크기를 구하여라.

**풀이** 95% 오차한계에 대한 표본크기는 다음과 같다.

$$n \geq \left(\frac{1.96\,\sigma}{d}\right)^2 = \left(\frac{1.96 \times 100}{25}\right)^2 = 61.5$$

따라서 구하는 표본크기는 62개 이상이다.

**예제 6.2** A 회사 제품의 통조림은 내용물 함량이 500 g으로 표시되어 있다. 이 회사 제품 가운데 랜덤하게 10개의 시료(표본)를 추출하여 조사한 결과 $S$=16.5(g)이었다. 실제 평균 함량을 조사하기 위하여 시료를 추출할 때 90% 신뢰수준에서 오차한계가 5 g 이내가 되기 위한 표본크기를 구하여라.

**풀이** $\sigma$=16.5로 추정하면 표본크기는 다음 식을 만족한다.

$$n \geq \left(\frac{1.645\,\sigma}{d}\right)^2 = \left(\frac{1.645 \times 16.5}{5}\right)^2 = 29.5$$

따라서 구하는 표본크기는 30개 이상이며, 추가로 20개의 시료만 더 뽑으면 된다.

### 6.1.2 비율의 추정에서 오차한계와 표본크기

이항분포의 정규근사를 이용하여 모비율 $p$의 신뢰구간을 구한다. 표본비율을 $\hat{p}$ 이라고 할 때, $p$의 $100(1-\alpha)\%$ 신뢰구간은 다음과 같다.

$$\hat{p} \pm z_{\alpha/2}\sqrt{\frac{\hat{p}(1-\hat{p})}{n}}$$

따라서 $p$의 추정에서 $100(1-\alpha)\%$ 신뢰수준에서 **오차한계**는 $z_{\alpha/2}\sqrt{\hat{p}(1-\hat{p})/n}$ 이며, 오차한계를 $d$ 이내로 하기 위한 표본크기는 다음 식을 만족한다.

$$z_{\alpha/2}\sqrt{\frac{\hat{p}(1-\hat{p})}{n}} = d$$

이 식을 $n$에 관하여 풀면 다음과 같다.

$$n = \hat{p}(1-\hat{p})\left(\frac{z_{\alpha/2}}{d}\right)^2$$

그러나 실제로 표본을 추출하기 이전이므로 $\hat{p}$ 의 값을 알 수 없다. 따라서 $p$에 대한 사전 정보 또는 사전 조사에 의해 $\hat{p} = p^*$로 추정할 수 있을 때는 위의 식에서 $\hat{p}$ 대신에 $p^*$를 대입하여 표본크기를 구할 수 있다.

그러나 $p$ 값에 대한 사전 정보가 없는 경우에는 $\hat{p}(1-\hat{p})$의 최댓값을 대입하여 표본크기의 상한값을 구할 수 있다. 즉, $\hat{p}+(1-\hat{p})=1$이므로 $\hat{p}(1-\hat{p})$의 최댓값은 $\hat{p}=\frac{1}{2}$일 때 $\frac{1}{4}$이다. 따라서 이때의 표본크기는 다음과 같다.

$$n = \frac{1}{4}\left(\frac{z_{\alpha/2}}{d}\right)^2$$

이들을 정리하면 다음과 같다.

### 모비율의 추정에서 표본크기

모비율 $p$를 추정할 때 $100(1-\alpha)\%$ 신뢰수준에서 **오차한계**가 $d$ 이내가 되기 위한 표본크기는 다음 식을 만족하는 최소의 정수이다.

① $p$ 값을 대략 $p^*$로 추정할 수 있는 경우:

$$n \geq p^*(1-p^*)\left(\frac{z_{\alpha/2}}{d}\right)^2$$

② $p$ 값에 대한 사전 정보가 없는 경우:

$$n \geq \frac{1}{4}\left(\frac{z_{\alpha/2}}{d}\right)^2$$

**예제 6.3** 정부의 정책에 대한 국민의 지지도를 추정하려고 한다. 95% 신뢰수준에서 오차한계를 ±3% 이내로 하기 위해서는 표본크기를 얼마로 해야 하는가?

**풀이** $p$ 값에 대한 사전 정보가 없으며 $z_{0.025} = 1.96$이므로 표본크기는 다음과 같이 구한다.

$$n \geq \frac{1}{4}\left(\frac{z_{\alpha/2}}{d}\right)^2 = \frac{1}{4}\left(\frac{1.96}{0.03}\right)^2 = 1067.1$$

따라서 구하는 표본크기는 1068이다.

**예제 6.4** 2005년의 한 조사 결과에 의하면 우리나라 고등학생의 평균 흡연율은 11.6%라고 한다. 이와 같은 결과가 변함이 없는지 확인하기 위하여 표본조사를 시행하려고 한다. 90% 신뢰수준에서 오차한계가 ±2% 이내가 되기 위한 표본크기를 구하여라.

**풀이** 지난번의 조사에서 $p$=0.116이라는 사전 정보가 있으므로 이를 이용하면 표본크기는 다음과 같이 구한다.

$$n \geq (0.116)(1-0.116)\left(\frac{1.645}{0.02}\right)^2 = 693.7$$

따라서 구하는 표본크기는 694개이다.

**참고**

[예제 6.4]에서 $p$=0.116 대신에 $p$=0.5를 사용하면 표본크기는 694개에서 1,692개로 늘어남을 확인할 수 있다.

## 6.2 두 모평균에 관한 추론

### 6.2.1 독립비교

두 모평균의 차에 대한 추정·검정 문제를 흔히 **이표본 문제**라고 한다. 먼저 이표본 문제로서 두 모평균의 차인 $\mu_1 - \mu_2$의 추론에 사용되는 $T$-통계량을 알아보자.

첫 번째 모집단이 $N(\mu_1, \sigma_1^2)$을 따르며, 두 번째 모집단은 $N(\mu_2, \sigma_2^2)$을 따른다고 하자. 두 모집단에서 각각 크기가 $n_1$, $n_2$이고 서로 **독립**인 임의표본의 표본평균을 $\overline{X}$, $\overline{Y}$라고 하자. 그러면 $\mu_1 - \mu_2$의 추정량은 $\overline{X} - \overline{Y}$이며, $\overline{X} - \overline{Y}$의 분포는 다음과 같다.

$$\overline{X} - \overline{Y} \sim N\left(\mu_1 - \mu_2, \frac{\sigma_1^2}{n_1} + \frac{\sigma_2^2}{n_2}\right); \quad \text{즉, } Z = \frac{(\overline{X} - \overline{Y}) - (\mu_1 - \mu_2)}{\sqrt{\dfrac{\sigma_1^2}{n_1} + \dfrac{\sigma_2^2}{n_2}}} \sim N(0,1)$$

이제 모분산에 표본분산을 대입하여 스튜던트화하는 과정을 두 가지로 나누어 생각하기로 한다. 즉, $\sigma_1^2 = \sigma_2^2 = \sigma^2$(미지)인 경우와 $\sigma_1^2 \neq \sigma_2^2$인 경우로 나누어 스튜던트화된 통계량의 분포를 알아보자.

#### (1) 등분산을 가정할 수 있을 때

$X \sim N(\mu_1, \sigma_1^2)$, $Y \sim N(\mu_2, \sigma_2^2)$이며, 두 모집단은 서로 독립임을 가정한다. 이제 $\sigma_1^2 = \sigma_2^2 = \sigma^2$(미지)인 경우에 미지의 공통분산인 $\sigma^2$을 추정하는 방법을 알아보자.

두 모집단에서 크기가 각각 $n_1$, $n_2$인 임의표본의 표본평균을 $\overline{X}$, $\overline{Y}$, 표본분산을 $S_1^2$, $S_2^2$이라고 할 때 공통분산 $\sigma^2$을 추정하기 위한 **합동표본분산**(pooled sample variance)은 다음과 같이 정의된다.

$$S_p^2 = \frac{(n_1-1)S_1^2+(n_2-1)S_2^2}{n_1+n_2-2} = \frac{\sum_{i=1}^{n_1}(X_i-\overline{X})^2+\sum_{i=1}^{n_2}(Y_i-\overline{Y})^2}{n_1+n_2-2}$$

$S_p^2$ 은 두 표본의 총제곱합을 그의 자유도로 나눈 것이다.

$\mu_1-\mu_2$ 의 추정은 $\overline{X}-\overline{Y}$를 이용하며, 따라서 $\mu_1-\mu_2$ 에 관한 추론은 $\overline{X}-\overline{Y}$의 분포를 이용하여 시행할 수 있다. 이제 $\overline{X}-\overline{Y}$를 스튜던트화한 분포는 다음과 같음을 증명 없이 받아들이기로 한다.

**스튜던트화된 $\overline{X}-\overline{Y}$ 의 분포**

정규성과 독립성 및 등분산성의 가정하에

$$T=\frac{(\overline{X}-\overline{Y})-(\mu_1-\mu_2)}{S_p\sqrt{\frac{1}{n_1}+\frac{1}{n_2}}}$$

은 자유도 $n_1+n_2-2$ 인 $t$-분포를 따른다.

이와 같은 결과로부터 $\mu_1-\mu_2$ 의 신뢰구간은 다음과 같이 구할 수 있다.

$$\begin{aligned} 1-\alpha &= P\left(-t_{\alpha/2}(n_1+n_2-2) \le \frac{(\overline{X}-\overline{Y})-(\mu_1-\mu_2)}{S_p\sqrt{\frac{1}{n_1}+\frac{1}{n_2}}} \le t_{\alpha/2}(n_1+n_2-2)\right) \\ &= P\left((\overline{X}-\overline{Y})-t_{\alpha/2}(n_1+n_2-2)\cdot S_p\sqrt{\frac{1}{n_1}+\frac{1}{n_2}} \le (\mu_1-\mu_2)\right. \\ &\qquad \left. \le (\overline{X}-\overline{Y})+t_{\alpha/2}(n_1+n_2-2)\cdot S_p\sqrt{\frac{1}{n_1}+\frac{1}{n_2}}\right) \end{aligned}$$

따라서 신뢰구간은 다음과 같다.

**$\mu_1-\mu_2$ 의 $100(1-\alpha)\%$ 신뢰구간(독립성과 등분산의 가정하에)**

$$(\overline{x}-\overline{y}) \pm t_{\alpha/2}(n_1+n_2-2)\cdot S_p\sqrt{\frac{1}{n_1}+\frac{1}{n_2}}$$

다음은 검정문제를 알아보자.

$\mu_1$ 과 $\mu_2$ 를 비교하는 가설은 $H_0: \mu_1=\mu_2$ 이며, $H_0$ 하에서 $\mu_1-\mu_2=0$ 이므로

검정통계량은 다음과 같다.

$$T = \frac{\overline{X} - \overline{Y}}{S_p\sqrt{\frac{1}{n_1} + \frac{1}{n_2}}}$$

이 $T$-통계량은 $H_0$ 하에서 자유도 $(n_1 + n_2 - 2)$인 $t$-분포를 따르므로 검정법은 다음과 같이 요약할 수 있다.

이와 같은 검정에서 $X$-표본과 $Y$-표본은 서로 독립이므로 이런 비교를 **독립비교**라고 한다.

**이표본 $t$-검정(독립비교 - 공통분산)**

귀무가설: $H_0 : \mu_1 = \mu_2$

검정통계량: $T = \dfrac{\overline{X} - \overline{Y}}{S_p\sqrt{\frac{1}{n_1} + \frac{1}{n_2}}}$

유의수준 $\alpha$에서 기각역:

$H_1 :\ \mu_1 > \mu_2$일 때 $\quad T \geq t_\alpha(n_1 + n_2 - 2)$

$H_1 :\ \mu_1 < \mu_2$일 때 $\quad T \leq -t_\alpha(n_1 + n_2 - 2)$

$H_1 :\ \mu_1 \neq \mu_2$일 때 $\quad |T| \geq t_{\alpha/2}(n_1 + n_2 - 2)$

이표본 독립비교 $t$-검정에서 유의확률은 일표본 $t$-검정에서와 같은 모양으로 주어진다. $T$-통계량의 관측값이 $t$일 때 유의확률은 다음과 같다.

**이표본 $t$-검정에서 유의확률**

$H_1 :\ \mu_1 > \mu_2$ 일 때 유의확률 $= P(T \geq t)$

$H_1 :\ \mu_1 < \mu_2$ 일 때 유의확률 $= P(T \leq t)$

$H_1 :\ \mu_1 \neq \mu_2$ 일 때 유의확률 $= 2P(T \geq |t|)$

**예제 6.5** 비타민 $B_1$이 버섯의 성장을 촉진시킨다는 가설을 확인하기 위하여 성장 상태가 비슷한 20개의 버섯을 임의추출하였다. 이 가운데 10개를 다시 임의로 뽑아 처리그룹으로 분류하고 비타민 $B_1$을 투여하였으며, 나머지 10개는 대조그룹으로 분류하여 비타민을 투여하지 않았다. 일정한 기간이 지난 후에 버섯의 무게를 측정한 결과 다음의 자료를 얻었다. 비타민 $B_1$이 버섯의 성장을 촉진한다고 할 수 있는가? 또한 버섯의 평균 무게의 차에 대한 95% 신뢰구간을 구하여라.

| 처리그룹 | 12 | 18 | 16 | 22 | 23 | 19 | 20 | 22 | 25 | 20 |
|---|---|---|---|---|---|---|---|---|---|---|
| 대조그룹 | 15 | 17 | 19 | 16 | 13 | 19 | 18 | 16 | 12 | 18 |

**풀이** 두 자료의 산포가 많이 다르지 않은 것으로 판단되므로, 공통분산을 가정하고 $t$-검정을 시행해 보자.
비타민 $B_1$ 의 효과를 검증하는 문제이므로 가설은 다음과 같다.

$$H_0: \mu_1 = \mu_2, \quad H_1: \mu_1 > \mu_2$$

검정통계량과 유의수준 5%에 대한 기각역은 다음과 같다.

$$\text{검정통계량: } T = \frac{\overline{X} - \overline{Y}}{S_p \sqrt{\frac{1}{n_1} + \frac{1}{n_2}}}$$

$$\text{기각역: } T \geq t_{0.05}(18) = 1.734$$

자료로부터 $\overline{x} = 19.7$, $\overline{y} = 16.3$, $S_1^2 = 14.01$, $S_2^2 = 5.789$ 이므로

$$S_p^2 = \frac{(n_1 - 1)S_1^2 + (n_2 - 1)S_2^2}{n_1 + n_2 - 2} = \frac{126.1 + 52.1}{18} = 9.9$$

이며, 검정통계량의 값은 다음과 같다.

$$T = \frac{19.7 - 16.3}{\sqrt{9.9(\frac{1}{10} + \frac{1}{10})}} = 2.42 > 1.734$$

따라서 $H_0$ 를 기각시키며, 유의수준 5%에서 비타민 $B_1$ 의 효과가 있다고 결론을 내린다.
$t_{0.025}(18) = 2.101$ 이므로 $\mu_1 - \mu_2$ 의 95% 신뢰구간은 다음과 같다.

$$(\overline{x} - \overline{y}) \pm t_{0.025}(18) S_p \sqrt{\frac{1}{n_1} + \frac{1}{n_2}} = 3.4 \pm (2.101)\sqrt{9.9(\frac{1}{10} + \frac{1}{10})}$$
$$= 3.4 \pm 2.956 = (0.444,\ 6.356)$$

### (2) 등분산을 가정할 수 없을 때

지금까지 설명한 $t$-검정은 두 모집단이 같은 분산을 갖는다는 가정하에 성립하는 검정법이다. 이제 두 모분산 $\sigma_1^2$과 $\sigma_2^2$이 다른 경우에 대하여 알아보자.

두 모분산이 다를 때는 $\sigma^2$을 합동으로 추정할 수 없으며, $X$-표본과 $Y$-표본 각각에서 따로 추정해야 한다. 즉, $\sigma_1^2$의 추정량 $S_1^2$과 $\sigma_2^2$의 추정량 $S_2^2$을 사용하여 $\overline{X}-\overline{Y}$를 스튜던트화시키면

$$T=\frac{(\overline{X}-\overline{Y})-(\mu_1-\mu_2)}{\sqrt{\dfrac{S_1^2}{n_1}+\dfrac{S_2^2}{n_2}}}$$

는 근사적으로 $t$-분포를 따름을 이용하여 $\mu_1-\mu_2$에 관한 추론문제를 다룬다. 다만, 이 경우에 자유도는 **새터스웨이트**(Satterthwaite)의 근사식으로 다음과 같이 주어진다.

**등분산이 아닐 때 스튜던트화된 $\overline{X}-\overline{Y}$의 분포**

정규성과 독립성의 가정하에

$$T=\frac{(\overline{X}-\overline{Y})-(\mu_1-\mu_2)}{\sqrt{\dfrac{S_1^2}{n_1}+\dfrac{S_2^2}{n_2}}}$$

은 근사적으로 자유도가 다음과 같은 $t$-분포를 따른다.

$$\phi=\frac{\left(\dfrac{S_1^2}{n_1}+\dfrac{S_2^2}{n_2}\right)^2}{\dfrac{1}{n_1-1}\left(\dfrac{S_1^2}{n_1}\right)^2+\dfrac{1}{n_2-1}\left(\dfrac{S_2^2}{n_2}\right)^2}$$

**참고**

새터스웨이트의 근사식에 의한 자유도는 정수가 아닌 실수로 주어지며, 따라서 이에 대응되는 $t_\alpha(\phi)$ 값은 보간법으로 구할 수 있다.

등분산을 가정할 수 있는지의 여부는 다음과 같은 등분산성의 가설을 검정하여 결정할 수 있다.

$$H_0: \ \sigma_1^2 = \sigma_2^2, \qquad H_1: \ \sigma_1^2 \neq \sigma_2^2$$

이와 같은 등분산성을 검정하기 위하여 $F$-검정을 시행하며, 흔히 유의수준 5%에서 귀무가설이 기각되지 않으면 등분산성을 가정하고 문제를 풀게 된다.

$F$-검정은 6.4절에서 다룰 예정이다.

**예제 6.6** A 보험회사에서는 보험설계사의 '보험판매실적'을 파악하기 위하여 신입사원과 경력사원 각각 6명씩 지난 6개월간의 실적을 조사하였으며, 다음의 결과를 얻었다. 경력사원의 판매실적이 신입사원보다 높다고 할 수 있는가? 유의수준 5%에서 검정하여라.

| 신입사원($x$) | 12 | 23 | 18 | 36 | 20 | 17 |
|---|---|---|---|---|---|---|
| 경력사원($y$) | 15 | 58 | 36 | 84 | 24 | 17 |

**풀이** $x$와 $y$의 평균과 분산은 각각 다음과 같다.

$$\bar{x} = 21, \quad \bar{y} = 39, \quad S_1^2 = 67.2, \quad S_2^2 = 736$$

두 분산의 비가 10배 이상 차이가 나므로 등분산성을 가정할 수 없다. 따라서 이분산을 가정하고 단측검정을 시행한다. 즉, 가설은

$$H_0: \ \mu_1 = \mu_2, \qquad H_1: \ \mu_1 < \mu_2$$

이며, 검정통계량의 값은 다음과 같다.

$$T = \frac{(\overline{X} - \overline{Y})}{\sqrt{\dfrac{S_1^2}{n_1} + \dfrac{S_2^2}{n_2}}} = \frac{21 - 39}{\sqrt{\dfrac{67.2}{6} + \dfrac{736}{6}}} = \frac{-18}{11.57} = -1.56$$

수정된 자유도는 다음과 같다.

$$\phi = \frac{\left(\dfrac{S_1^2}{n_1} + \dfrac{S_2^2}{n_2}\right)^2}{\dfrac{1}{n_1 - 1}\left(\dfrac{S_1^2}{n_1}\right)^2 + \dfrac{1}{n_2 - 1}\left(\dfrac{S_2^2}{n_2}\right)^2} = \frac{\left(\dfrac{67.2}{6} + \dfrac{736}{6}\right)^2}{\dfrac{1}{5}\left(\dfrac{67.2}{6}\right)^2 + \dfrac{1}{5}\left(\dfrac{736}{6}\right)^2} = 5.9$$

한편 $t$-분포표에서 $t_{0.05}(5) = 2.015$, $t_{0.05}(6) = 1.943$이므로

$$T = -1.56 > -t_{0.05}(5.9)$$

이며, 검정통계량의 값이 기각역에 속하지 않는다. 즉, 귀무가설을 기각할 근거는 없으며, 경력사원의 보험판매실적이 신입사원보다 높다는 근거는 없다.

**참고**

[예제 6.6]에서는 두 평균의 차이가 18로서 상당히 큼에도 불구하고 귀무가설을 기각시키지 못한 것은 분산이 크기 때문이다. 이와 같이 개인차가 심할 때에는 독립표본에 의한 비교보다 다음 절에서 다룰 대응비교가 더 적절한 방법일 수 있다.

두 표본의 크기가 같을 때는 등분산과 이분산에서 계산된 두 $T$-통계량의 값은 같으나 자유도의 차이 때문에 기각역이 다르게 된다. 그러나 표본크기가 다르면 두 $T$-통계량의 값도 다를 수 있다.

**예제 6.7** A와 B의 두 전구 제품에서 각각 5개, 10개씩 시료를 추출하여 수명을 측정한 결과 다음의 자료를 얻었다. 제품 A보다 B의 평균수명이 길다고 할 수 있는가? 등분산을 가정한 경우와 이분산을 가정한 경우 각각에 대하여 유의수준 5%에서 검정하여라.

| 제품 | 표본크기 | 표본평균 | 표본표준편차 |
|---|---|---|---|
| A | 5 | 1200 | 300 |
| B | 10 | 1400 | 100 |

**풀이** ① 등분산을 가정한 경우

등분산을 가정한 경우에 $\overline{X}-\overline{Y}$의 표준오차는 다음과 같이 추정된다.

$$\mathrm{SE}(\overline{X}-\overline{Y}) = \sqrt{S_p^2\left(\frac{1}{5}+\frac{1}{10}\right)} = \sqrt{\frac{4(300)^2+9(100)^2}{13}\left(\frac{1}{5}+\frac{1}{10}\right)} = 101.9$$

따라서 $T$-통계량의 값은 다음과 같다.

$$T = \frac{\overline{X}-\overline{Y}}{\mathrm{SE}(\overline{X}-\overline{Y})} = \frac{-200}{101.9} = -1.963 < -t_{0.05}(13) = -1.771$$

즉, 귀무가설을 기각시키고, A보다 B의 평균수명이 길다고 할 수 있다.

② 이분산을 가정한 경우

이분산을 가정한 경우에 $\overline{X}-\overline{Y}$의 표준오차는 다음과 같이 추정된다.

$$\mathrm{SE}(\overline{X}-\overline{Y})=\sqrt{\frac{S_1^2}{n_1}+\frac{S_2^2}{n_2}}=\sqrt{\frac{300^2}{5}+\frac{100^2}{10}}=137.8$$

따라서 $T$-통계량의 값은 다음과 같다.

$$T=\frac{\overline{X}-\overline{Y}}{\mathrm{SE}(\overline{X}-\overline{Y})}=\frac{-200}{137.8}=-1.45$$

한편 수정된 자유도는 다음과 같다.

$$\phi=\frac{\left(\frac{300^2}{5}+\frac{100^2}{10}\right)^2}{\frac{1}{4}\left(\frac{300^2}{5}\right)^2+\frac{1}{9}\left(\frac{100^2}{10}\right)^2}=4.45$$

따라서 $T=-1.45>-t_{0.05}(5)=-2.015\ (>\ -t_{0.05}(4.45))$이므로 귀무가설을 기각시키지 못한다. 즉, A보다 B의 평균수명이 길다고 할 수 없다.

### 6.2.2 대응비교

두 모평균을 비교하는 문제에서 지금까지는 두 모집단에서 독립적으로 표본이 추출되어 $X$와 $Y$가 서로 독립인 경우를 다루었다. 그러나 경우에 따라서는 독립표본보다 서로 종속관계에 있는 표본이 더 유용한 경우도 있다.

예를 들어 새로 개발한 수면제를 기존의 수면제와 비교하는 문제를 생각해 보자. 두 수면제를 임상실험하기 위하여 20명의 불면증 환자를 임의로 두 그룹으로 나누어 A 그룹에는 새로운 수면제를, B 그룹에는 기존의 수면제를 적용시킨다고 하자. 이 경우에 불면증 환자들의 조건이 많이 다르면 $S_p^2$이 커져서 약효에 차이가 있을 때에도 그 차이를 감지하지 못하게 된다. 이와 같은 경우에는 한 환자에게 두 수면제를 교대로 복용시키거나, 모든 조건이 비슷한 환자끼리 쌍으로 묶어서, 각 쌍에 두 수면제를 임의로 선택하여 적용시키는 것이 더 효과적인 실험이 된다. 즉, 각 쌍은 모든 조건이 비슷하므로 $X-Y$의 값은 약효의 차이를 나타낸다. 이와 같은 실험에서 각 쌍은 조건이 비슷하므로 $X$와 $Y$는 독립이 아니며, 각 쌍들 사이에서는 독립성이 유지된다.

이와 같이 쌍으로 주어진 자료를 이용하여 두 모평균을 비교하는 방법을 **대응비교**(paired comparison) 또는 **쌍체비교**라고 한다.

대응비교에서는 두 관측값의 차에 일표본 방법을 적용시킨다. 즉, 관측값이 $(X_1, Y_1), \cdots, (X_n, Y_n)$으로 주어질 때

$$D_i = X_i - Y_i, \quad i = 1, \cdots, n$$

으로 정의하고, $D_1, D_2, \cdots, D_n$에 일표본 방법을 적용시킨다. 즉,

$$\overline{D} = \frac{1}{n}\sum_{i=1}^{n} D_i, \qquad S_D^2 = \frac{1}{n-1}\sum_{i=1}^{n}(D_i - \overline{D})^2$$

으로 정의할 때, 신뢰구간과 검정법은 다음과 같다.

**대응비교(쌍체비교)**

(1) $\mu_1 - \mu_2$의 $100(1-\alpha)\%$ 신뢰구간: $\bar{d} \pm t_{\alpha/2}(n-1)\dfrac{S_D}{\sqrt{n}}$

(2) $H_0: \mu_1 = \mu_2$의 검정통계량: $T = \dfrac{\overline{D}}{S_D/\sqrt{n}}$

**예제 6.8** [예제 6.6]의 자료는 실제로 개인의 성격이나 가정환경 등이 비슷한 사원끼리 조를 짜서 관측된 자료라고 한다. 경력사원의 보험판매실적이 신입사원의 판매실적보다 높다고 할 수 있는가? 유의수준 5%에서 검정하여라.

**풀이** $D_i = X_i - Y_i$의 관측값은 다음과 같다.

$$-3, \quad -35, \quad -18, \quad -48, \quad -4, \quad 0$$

이들 자료에서 $\overline{D} = -18$, $S_D = 19.67$이다. 따라서 검정통계량의 값은 다음과 같다.

$$T = \frac{\overline{D}}{S_D/\sqrt{n}} = \frac{-18}{19.67/\sqrt{6}} = \frac{-18}{8.03} = -2.24 < -t_{0.05}(5) = -2.015$$

따라서 $H_0$를 기각하므로, 경력사원의 판매실적이 신입사원보다 높다고 할 수 있다.

**참고**

독립비교와 비교하여 대응비교에서는 데이터의 개수가 반으로 줄기 때문에 자유도가 감소하여 $t_\alpha$ 값의 절댓값은 커진다. 그러나 대응비교에서는 $\overline{D}$의 표준오차가 $\overline{X}-\overline{Y}$의 표준오차보다 작을 것을 기대한다. 이와 같이 자유도의 감소로 인한 불이익에 비하여 표준오차의 감소가 상대적으로 더 클 때 대응비교가 효과적이라고 할 수 있다.

**예제 6.9** A, B 두 종류의 사료가 젖소의 우유 생산량에 미치는 영향을 조사하기 위하여, 16마리의 젖소를 영양 상태와 나이가 비슷한 젖소끼리 묶어서 8쌍으로 나누고, 각 쌍에서 임의로 선택하여 A, B의 사료를 주었다. 2주 동안 우유 생산량을 조사한 결과 다음의 자료를 얻었다. 우유 생산량에 차이가 있는지를 유의수준 5%에서 검정하여라.

| 쌍번호 | 1 | 2 | 3 | 4 | 5 | 6 | 7 | 8 |
|---|---|---|---|---|---|---|---|---|
| 사료 A($x$) | 38 | 42 | 36 | 40 | 35 | 38 | 38 | 35 |
| 사료 B($y$) | 36 | 41 | 32 | 35 | 35 | 40 | 30 | 33 |

**풀이** 두 사료의 동질성을 검정하는 문제이므로 가설은 다음과 같다.

$$H_0 : \mu_1 = \mu_2, \quad H_1 : \mu_1 \neq \mu_2$$

$D_i = X_i - Y_i$의 관측값은 다음과 같다.

$$2, \quad 1, \quad 4, \quad 5, \quad 0, \quad -2, \quad 8, \quad 2$$

이들 자료에서 $\overline{D} = 2.5$, $S_D = 3.117$이다. 따라서 검정통계량의 값은 다음과 같다.

$$T = \frac{\overline{D}}{S_D / \sqrt{n}} = \frac{2.5}{3.117 / \sqrt{8}} = 2.27 < t_{0.025}(7) = 2.365$$

따라서 유의수준 5%에서 귀무가설을 기각시키지 못하며, 두 사료에 차이가 있다는 확실한 근거는 없다고 결론을 내린다.

## 6.3 두 모비율에 관한 추론

$X$가 이항분포 $B(n,p)$를 따를 때, 모비율 $p$에 관한 추론 문제는 추정량 $\hat{p}$의 정규근사를 이용하여 다루었다. 이제 두 모비율의 차에 관한 추론 문제를 생각해 보자. 즉, $X_1$이 이항분포 $B(n_1, p_1)$을 따르고 $X_2$가 이항분포 $B(n_2, p_2)$를 따를 때, 두 모비율의 차인 $p_1 - p_2$에 관한 추정과 검정의 문제를 알아보자.

$$p_1 \text{의 추정량 : } \hat{p}_1 = \frac{X_1}{n_1}; \quad p_2 \text{의 추정량 : } \hat{p}_2 = \frac{X_2}{n_2}$$

이므로 $p_1 - p_2$의 추정량으로 $\hat{p}_1 - \hat{p}_2$을 사용한다. 또한 $\hat{p}_1$과 $\hat{p}_2$이 근사적으로 정규분포를 따르므로 두 추정량의 차인 $\hat{p}_1 - \hat{p}_2$도 근사적으로 정규분포를 따른다. 즉, $\hat{p}_1 - \hat{p}_2$은 근사적으로 정규분포

$$N\left(p_1 - p_2,\ \frac{p_1(1-p_1)}{n_1} + \frac{p_2(1-p_2)}{n_2}\right)$$

를 따름을 이용하여 $p_1 - p_2$에 관한 추론 문제를 다루며, 추정법을 요약하면 다음과 같다.

**$p_1 - p_2$에 대한 추정**

추정량: 표본비율의 차 $\hat{p}_1 - \hat{p}_2$

$100(1-\alpha)\%$ 신뢰구간:

$$(\hat{p}_1 - \hat{p}_2) \pm z_{\alpha/2}\sqrt{\frac{\hat{p}_1(1-\hat{p}_1)}{n_1} + \frac{\hat{p}_2(1-\hat{p}_2)}{n_2}}$$

두 모비율이 같다는 귀무가설 $H_0: p_1 = p_2$ 하에서는 공통비율인 $p$를 합동으로 추정할 수 있다. 즉,

$$\hat{p} = \frac{X_1 + X_2}{n_1 + n_2}$$

를 **합동표본비율**이라고 하며, $H_0$ 하에서는 $p_1$과 $p_2$를 모두 $\hat{p}$로 추정하게 된다. 이를 이용하여 모비율의 비교를 위한 검정통계량을 만들며, 검정법을 요약하면 다음과 같다.

### 두 모비율의 비교를 위한 검정($Z$-검정)

귀무가설 $H_0 \ : \ p_1 = p_2$

검정통계량: $Z = \dfrac{\hat{p}_1 - \hat{p}_2}{\sqrt{\hat{p}(1-\hat{p})\left(\dfrac{1}{n_1} + \dfrac{1}{n_2}\right)}}$

유의수준 $\alpha$ 에서 기각역(유의확률):

$H_1 : \ p_1 > p_2$일 때 $\quad Z \geq z_\alpha \quad (P(Z \geq z))$

$H_1 : \ p_1 < p_2$일 때 $\quad Z \leq -z_\alpha \quad (P(Z \leq z))$

$H_1 : \ p_1 \neq p_2$일 때 $\quad |Z| \geq z_{\alpha/2} \quad (2P(Z \geq |z|))$

**예제 6.10** A, B 두 기계에서 생산되는 제품의 불량률이 같은지를 확인하기 위하여 샘플링 검사를 실시하였다. A와 B에서 각각 50개씩 임의로 뽑아 조사한 결과 A에서는 9개의 불량품이 나왔고 B에서는 2개의 불량품이 나왔다. 두 불량률이 같다고 할 수 있는가? 유의수준 5%에서 검정하여라.

**풀이** 문제에서 요구하는 검정은 양측검정이므로 대립가설은 $H_1 : \ p_1 \neq p_2$ 이다. 한편 $\hat{p}_1 = 9/50 = 0.18$, $\hat{p}_2 = 2/50 = 0.04$ 이며, 귀무가설 $H_0 : \ p_1 = p_2$ 하에서 $p$ 의 합동추정량은 다음과 같다.

$$\hat{p} = \frac{X_1 + X_2}{n_1 + n_2} = \frac{9+2}{50+50} = 0.11$$

검정통계량의 값은 다음과 같다.

$$Z = \frac{\hat{p}_1 - \hat{p}_2}{\sqrt{\hat{p}(1-\hat{p})\left(\dfrac{1}{n_1} + \dfrac{1}{n_2}\right)}} = \frac{0.18 - 0.04}{\sqrt{(0.11)(1-0.11)\left(\dfrac{1}{50} + \dfrac{1}{50}\right)}} = 2.237$$

한편 $z_{0.025} = 1.96$ 이므로, 유의수준 5%에서 $H_0$ 를 기각한다. 즉, 두 제품의 불량률은 다르다고 할 수 있다.

## 6.4 두 모분산에 관한 추론

### 6.4.1 $F$-분포

$F$-**분포**는 두 모분산의 비에 관한 추론 문제나 여러 모평균을 비교하는 분산분석, 설명변수와 반응변수 사이의 관계를 규명하는 회귀분석 등에서 많이 사용되며, 이 절에서는 다음의 결과를 이용한다.

**$F$-분포**

$S_1^2$ : $N(\mu_1, \sigma_1^2)$에서 크기 $n_1$인 임의표본의 표본분산

$S_2^2$ : $N(\mu_2, \sigma_2^2)$에서 크기 $n_2$인 임의표본의 표본분산

을 나타내고, 두 표본이 서로 독립일 때

$$F = \frac{S_1^2/\sigma_1^2}{S_2^2/\sigma_2^2}$$

은 자유도 $(n_1-1, n_2-1)$인 $F$-분포를 따르며, 기호 $F(n_1-1, n_2-1)$로 나타낸다.

**참고**

**카이제곱($\chi^2$) 분포(카이제곱 분포는 7장에서 정의)를 이용한 $F$-분포의 정의**

자유도 $k$인 카이제곱 분포를 기호 $\chi^2(k)$로 나타내기로 한다.

$V_1 \sim \chi^2(k_1)$이고 $V_2 \sim \chi^2(k_2)$이며 $V_1$과 $V_2$는 서로 독립일 때

$$F = \frac{V_1/k_1}{V_2/k_2}$$

은 자유도 $(k_1, k_2)$인 $F$-분포를 따른다고 하며, 기호 $F(k_1, k_2)$로 나타낸다.

$F$-분포는 양수에서 정의되는 두 카이제곱 분포(또는 제곱합)의 비로 정의되므로 $F$-분포도 양수에서 정의되며, 오른쪽으로 긴 꼬리를 갖는다.

KESS를 이용하여 $F$-분포의 그래프를 그려 보자. KESS의 메뉴인 **[통계분석]→[통계학습]→[표본분포]**를 선택하고, '표본분포' 대화상자에서 $F$-분포와 자유도를 선택한 후에 '그래프 그리기' 단추를 누르면 $F$-분포의 그래프가 나타난다. 예를 들어 자유도 (5,5)인 $F$-분포의 그래프는 [그림 6-1]과 같다. 특히 $k_1$과 $k_2$

가 비슷한 값이면서 동시에 증가하면 $F$-분포의 모양은 1에 가까이 밀집된 분포의 모양이 됨을 확인할 수 있을 것이다.

$F$-분포에서 오른쪽 꼬리의 넓이가 $\alpha$인 점을 기호 $F_\alpha(k_1,k_2)$로 나타내기로 한다. 즉, $F_\alpha(k_1,k_2)$는

$$P(F \geq F_\alpha(k_1,k_2)) = \alpha$$

인 점이며, 이를 그림으로 나타내면 [그림 6-1]과 같다.

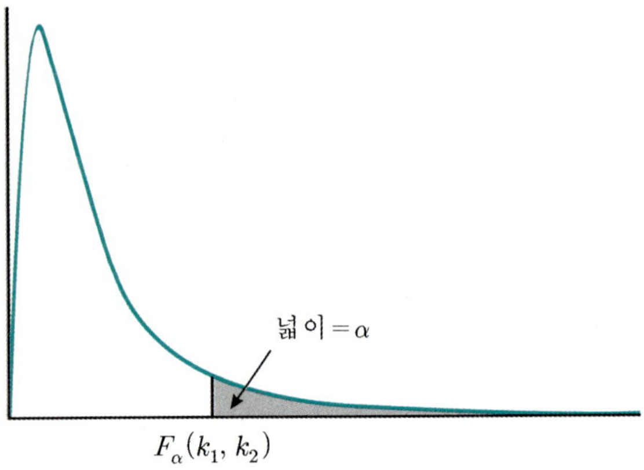


**[그림 6-1]** $F$-분포와 $F_\alpha(k_1, k_2)$의 의미

부록의 〈표 5〉에는 $F$-분포표가 수록되어 있으며, 이 표로부터 다음과 같은 값들을 확인할 수 있다.

$$F_{0.05}(5,5) = 5.05, \quad F_{0.05}(10,10) = 2.98$$

$$F_{0.05}(5,10) = 3.33, \quad F_{0.05}(10,5) = 4.74$$

$F$-분포표는 $\chi^2$-분포표와는 달리 오른쪽 꼬리에 대한 표만 있으며, 왼쪽 꼬리에 대한 $F_\alpha$값을 구하기 위하여 다음의 정리를 이용한다.

**$F$-분포의 성질**

$$F \sim F(k_1,k_2) \text{ 일 때 } \frac{1}{F} \sim F(k_2,k_1)$$

왼쪽 꼬리의 넓이가 $\alpha$인 점은 오른쪽 꼬리의 넓이가 $1-\alpha$인 점이므로 $F_{1-\alpha}$로 나타낼 수 있다. 또한 $F$-분포의 성질로부터 $F_{1-\alpha}$값은 자유도를 바꾼 $F_\alpha$값에서

역수를 취함으로써 얻을 수 있다.

**왼쪽 꼬리의 $F_\alpha$값**

$$F_{1-\alpha}(k_1,k_2)=\frac{1}{F_\alpha(k_2,k_1)}$$

예를 들어 자유도 (5,10)일 때 왼쪽 꼬리의 넓이가 5%가 되는 $F_{0.95}(5,10)$의 값은 다음과 같다.

$$F_{0.95}(5,10) = \frac{1}{F_{0.05}(10,5)} = \frac{1}{4.74} = 0.21$$

### 6.4.2 두 모분산의 비에 관한 검정

두 모평균에 관한 추론에서 $T$−통계량이 $t$−분포를 따르기 위한 조건으로 두 분산이 같다는 가정이 필요하였다. 따라서 이표본 문제에서는 '등분산성'의 가설을 먼저 검정해야 한다. 등분산성의 가설은 다음과 같다.

$$H_0: \ \sigma_1^2 = \sigma_2^2, \ H_1: \ \sigma_1^2 \neq \sigma_2^2$$

등분산은 $\sigma_1^2/\sigma_2^2 = 1$로 나타낼 수 있으며, 따라서 $S_1^2/S_2^2$이 너무 크거나 너무 작으면 두 분산이 심각히 다름을 의미한다. 즉, 등분산성의 검정은 $F$−통계량인

$$F = \frac{S_1^2}{S_2^2}$$

이 귀무가설 $H_0$하에서 자유도 $(n_1-1, n_2-1)$인 $F$−분포를 따름을 이용한다. 양측검정에서 $F$가 1보다 크면 오른쪽 기각역을 사용하고, $F$가 1보다 작으면 왼쪽 기각역을 사용할 것이다. 그러나 $\frac{1}{F}$은 자유도가 $(n_2-1, n_1-1)$인 $F$−분포를 따름을 이용하면 $F$−검정의 기각역을 오른쪽만 이용하는 등분산성의 검정법을 다음과 같이 요약할 수 있다.

### 등분산성의 검정($F$-검정)

가설: $H_0: \sigma_1^2 = \sigma_2^2, \quad H_1: \sigma_1^2 \neq \sigma_2^2$

검정통계량: $F = \dfrac{\text{larger of } \{S_1^2, S_2^2\}}{\text{smaller of } \{S_1^2, S_2^2\}}$

기각역: $F > F_{\alpha/2}(k_1, k_2)$, $k_1$: 분자의 자유도, $k_2$: 분모의 자유도

**예제 6.11** [예제 6.6]의 자료에 대하여 등분산성 검정을 하여라.

**풀이** [예제 6.6]에서 두 표본분산은 다음과 같았다.

$$S_1^2 = 67.2, \quad S_2^2 = 736$$

따라서 검정통계량의 값은 다음과 같다.

$$F = \frac{\text{larger of } \{S_1^2, S_2^2\}}{\text{smaller of } \{S_1^2, S_2^2\}} = \frac{736}{67.2} = 10.95$$

한편 $F$-분포표에서 $F_{0.025}(5,5) = 7.15$이므로 귀무가설을 기각하고, 등분산을 가정할 수 없다고 결론을 내린다.

## 6.5 엑셀의 이용

이표본 문제에서는 엑셀에서도 여러 분석 도구가 제공되고 있다. 앞에서 다루었던 예제들과 '혈압' 자료에서 엑셀과 KESS를 이용한 분석법을 알아보자.

엑셀에서는 일표본 문제를 다루기 위한 분석 도구가 없었으나 이표본 문제를 다루는 도구는 있다. 즉, 엑셀의 **[데이터]** 탭 아래에 있는 **[분석]→[데이터 분석]**에 여러 가지 $t$-검정을 위한 도구가 있다. KESS에서는 **[추가 기능]** 탭 아래에 있는 **[통계분석]→[ $t$-검정]** 메뉴 아래 **[일표본 검정]**과 **[이표본 검정]** 메뉴가 있으므로 해당되는 메뉴를 선택하여 시행한다. 일표본 검정에 대하여는 5장에서 다루었으므로, 여기에서는 **[이표본 검정]** 메뉴에 대하여만 설명하기로 한다.

KESS의 **[이표본 검정]** 메뉴에서는 독립비교와 대응비교(쌍체비교)를 선택하여

시행할 수 있으며, 독립비교에서는 등분산성 검정이 디폴트로 시행된다. 따라서 등분산성 검정의 결과에 따라 '등분산'과 '이분산'의 가정하에 얻은 검정 결과를 선택하여 사용한다.

### 6.5.1 두 모평균의 비교: 독립비교

**예제 6.12** [예제 6.5]에서 비타민 $B_1$이 버섯의 성장을 촉진한다고 할 수 있는지 알아보았다. 같은 문제를 엑셀과 KESS를 이용하여 풀어라.(자료: 'DATA' 폴더의 '기술통계' 파일에서 '버섯(표준)')

**풀이** ① 엑셀의 이용

[그림 6-2]의 왼쪽과 같이 자료를 입력하고, 엑셀의 메뉴인 **[데이터]→[데이터 분석]**을 선택한다. 이어서 나타나는 '통계 데이터 분석' 창에서 독립비교 $t$-검정을 시행하는 '$t$-검정: 등분산 가정 두집단'을 선택한다.

두 변수에 대한 입력범위를 각각

$A$1:$A$11,  $B$1:$B$11

로 입력하고 '이름표'를 체크한 다음, 가설 평균차를 0으로 입력한다. 유의수준은 디폴트 값인 5%를 그대로 사용하여 '확인'을 클릭하면 [그림 6-3]과 같은 결과가 출력된다. $T$-통계량의 값이 2.42이며, 단측검정 기각역('t 기각치 단측검정')은 1.734임을 나타낸다. 단측검정 유의확률이 0.013으로 강한 유의성을 나타낸다. 즉, 비타민 $B_1$이 버섯의 성장에 효과가 있다고 앞에서와 같은 결론을 내린다.

출력 결과에서 't-기각치'는 주어진 유의수준에서 기각역의 경계값을 뜻한다.

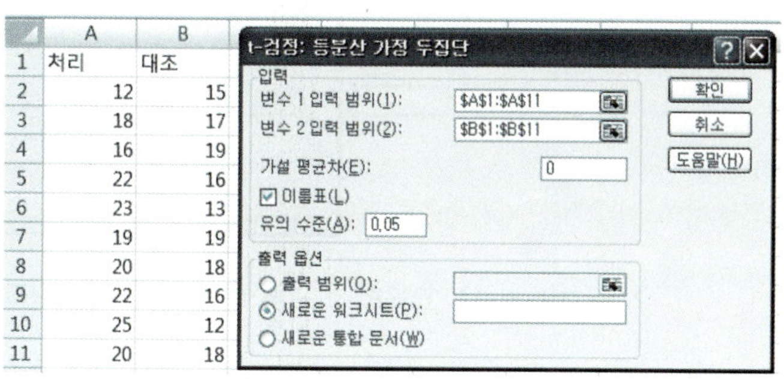


**[그림 6-2]** 엑셀의 등분산 $t$-검정 대화상자(독립비교)

| | A | B | C |
|---|---|---|---|
| 1 | t-검정: 등분산 가정 두 집단 | | |
| 2 | | | |
| 3 | | 처리 | 대조 |
| 4 | 평균 | 19.7 | 16.3 |
| 5 | 분산 | 14.01111111 | 5.788888889 |
| 6 | 관측수 | 10 | 10 |
| 7 | 공동(Pooled) 분산 | 9.9 | |
| 8 | 가설 평균차 | 0 | |
| 9 | 자유도 | 18 | |
| 10 | t 통계량 | 2.416274785 | |
| 11 | P(T<=t) 단측 검정 | 0.013262439 | |
| 12 | t 기각치 단측 검정 | 1.734063592 | |
| 13 | P(T<=t) 양측 검정 | 0.026524878 | |
| 14 | t 기각치 양측 검정 | 2.100922037 | |

[그림 6-3] 엑셀의 독립비교 출력 결과

② KESS의 이용

KESS의 메뉴 [통계분석]→[ $t$-검정]→[이표본 검정]을 선택한다. [그림 6-4]와 같은 '이표본 $t$-검정' 대화상자에서 '처리'와 '대조'를 분석변수로 선택하고, 검정방법은 '독립비교'를 선택한 다음, 대립가설로 $\mu_1 > \mu_2$를 선택하고 '신뢰구간'을 체크한다. 이어서 '확인'을 클릭하면 [그림 6-5]와 같은 출력 결과를 얻을 수 있다. 등분산성 검정에서 유의확률이 0.2041로서 유의하지 않으므로 '등분산'의 결과를 이용한다. 단측검정의 유의확률이 0.0133이다. 즉, 비타민 $B_1$이 버섯 성장에 효과가 있다고 결론을 내린다. 참고로 두 모평균 차의 95% 신뢰구간은 (0.44, 6.36)이다.

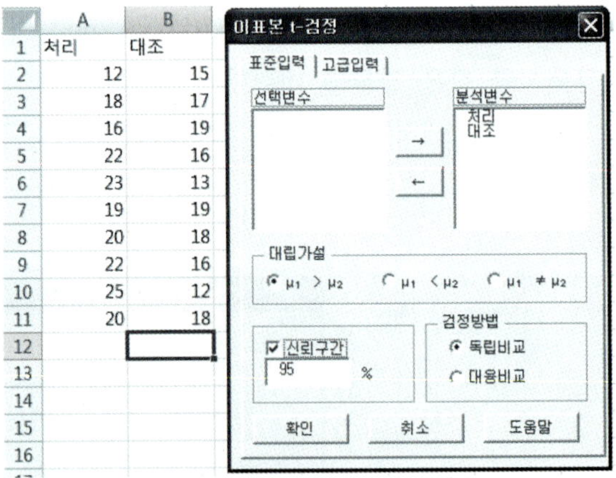


[그림 6-4] KESS의 이표본 $t$-검정 대화상자(독립비교)

**이표본 검정 (독립비교)**

| 변수명 | 개수 | 평균 | 표준편차 |
|---|---|---|---|
| 처리 | 10 | 19.7 | 3.7431 |
| 대조 | 10 | 16.3 | 2.406 |

**등분산 검정**

| 자유도 | F 값 | 유의확률 |
|---|---|---|
| ( 9 , 9 ) | 2.4203 | 0.2041 |

"H0:두 표본의 분산들이 서로 같다."를 유의수준 α=0.05에서 기각할 수 없다.
※유의확률이 유의수준보다 큰 경우에는 등분산 결과를 사용하는 것이 좋다.

H : $\mu_1 = \mu_2$ vs. K : $\mu_1 > \mu_2$ ($\mu_1$ : 처리, $\mu_2$ : 대조 )

| 분산 | t-통계량 | 자유도 | 유의확률 |
|---|---|---|---|
| 등분산 | 2.4163 | 18 | 0.0133 |
| 이분산 | 2.4163 | 15.3525 | 0.0143 |

| 95% 신뢰구간하한 | | 상한 |
|---|---|---|
| 등분산 | 0.4437 | 6.3563 |
| 이분산 | 0.4065 | 6.3935 |

**[그림 6-5]** KESS의 독립비교 출력 결과

**예제 6.13** '혈압' 자료에서 '이완혈압2'의 평균이 '이완혈압1'의 평균보다 감소하였는지 엑셀을 이용하여 검정하여라.

**풀이** 엑셀의 통계분석 메뉴인 **[데이터 분석]**을 선택하여 나타나는 '통계 데이터 분석' 창에서 't-검정: 등분산 가정 두집단'을 선택한다. 두 변수에 대한 입력범위를 각각

$E$1:$E$51,  $H$1:$H$51

로 입력하고 '이름표'를 체크한 다음, 가설 평균차를 0으로 입력하고 '확인'을 클릭하면 [그림 6-6]의 결과가 출력된다. 양측검정의 유의확률은 0.082로서 약한 유의성이 있으나 유의수준 5%에서는 귀무가설을 기각할 수 없다. 즉, 유의수준 5%에서 혈압이 감소하였다는 확실한 근거는 없다고 결론을 내린다.

| | A | B | C |
|---|---|---|---|
| 1 | t-검정: 등분산 가정 두 집단 | | |
| 2 | | | |
| 3 | | 이완혈압1 | 이완혈압2 |
| 4 | 평균 | 87.4 | 84.64 |
| 5 | 분산 | 81.87755102 | 112.48 |
| 6 | 관측수 | 50 | 50 |
| 7 | 공동(Pooled) 분산 | 97.17877551 | |
| 8 | 가설 평균차 | 0 | |
| 9 | 자유도 | 98 | |
| 10 | t 통계량 | 1.399888272 | |
| 11 | P(T<=t) 단측 검정 | 0.082352273 | |
| 12 | t 기각치 단측 검정 | 1.660551218 | |
| 13 | P(T<=t) 양측 검정 | 0.164704545 | |
| 14 | t 기각치 양측 검정 | 1.984467404 | |

**[그림 6-6]** 엑셀의 독립비교 출력 결과

**예제 6.14** '혈압' 자료에서 '수축혈압2'의 평균이 '수축혈압1'의 평균보다 감소하였는지 KESS를 이용하여 검정하여라.

**풀이** KESS의 메뉴 **[통계분석]→[ $t$-검정]→[이표본 검정]**을 선택한다. '이표본 t-검정' 대화상자에서 '수축혈압1'과 '수축혈압2'를 분석변수로 선택하고, 대립가설로 $\mu_1 > \mu_2$ 를 선택하고 검정방법은 '독립비교'를 선택한다. 이어서 '확인'을 클릭하면 [그림 6-7]과 같은 출력 결과를 얻을 수 있다. 등분산성 검정에서 유의확률이 0.0117로서 매우 유의하므로 '이분산'의 결과를 이용한다. 유의확률이 0.0074이므로 유의성이 매우 강하다. 즉, 지난해보다 올해의 평균 수축혈압이 낮아졌다고 할 수 있다.

이표본 검정 (독립비교)

| 변수명 | 개수 | 평균 | 표준편차 |
|---|---|---|---|
| 수축혈압1 | 50 | 144.18 | 23.0356 |
| 수축혈압2 | 50 | 134.32 | 15.9763 |

등분산 검정

| 자유도 | F 값 | 유의확률 |
|---|---|---|
| ( 49 , 49 ) | 2.079 | 0.0117 |

"H0: 두 표본의 분산들이 서로 같다."를 유의수준 α=0.05에서 기각한다.
※유의확률이 유의수준보다 큰 경우에는 등분산 결과를 사용하는 것이 좋다.

H : $\mu_1 = \mu_2$ vs. K : $\mu_1 > \mu_2$ ($\mu_1$ : 수축혈압1, $\mu_2$ : 수축혈압2 )

| 분산 | t-통계량 | 자유도 | 유의확률 |
|---|---|---|---|
| 등분산 | 2.487 | 98 | 0.0073 |
| 이분산 | 2.487 | 87.2816 | 0.0074 |

[그림 6-7] KESS의 독립표본 $t$-검정 출력 결과

### 6.5.2 두 모평균의 비교: 대응비교

**예제 6.15** [예제 6.9]에서는 A, B 두 사료를 비교하기 위하여 우유생산량 자료를 얻었다. 같은 문제를 엑셀과 KESS를 이용하여 풀어라.(자료: '기술통계' 파일에서 '우유생산량')

**풀이** ① 엑셀의 이용

[그림 6-8]과 같이 엑셀의 통계분석 메뉴인 **[데이터 분석]**에서 't-검정: 쌍체비교'를 선택한다. 이어서 나타나는 쌍체비교 대화상자에서 입력범위를 입력하고, 가설 평균차를 0으로 입력한다. 결과는 [그림 6-9]와 같다. 양측검정의 유의확률이 0.058(5.8%)로서 약한 유의성이 있는 것으로 판단된다.

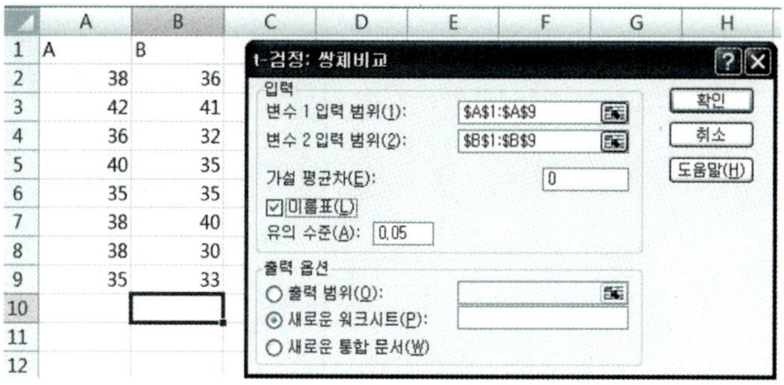


**[그림 6-8]** '$t$-검정: 쌍체비교' 대화상자(대응비교)

| | A | B | C |
|---|---|---|---|
| 1 | t-검정: 쌍체 비교 | | |
| 2 | | | |
| 3 | | A | B |
| 4 | 평균 | 37.75 | 35.25 |
| 5 | 분산 | 5.928571429 | 14.21428571 |
| 6 | 관측수 | 8 | 8 |
| 7 | 피어슨 상관 계수 | 0.568011692 | |
| 8 | 가설 평균차 | 0 | |
| 9 | 자유도 | 7 | |
| 10 | t 통계량 | 2.268713032 | |
| 11 | P(T<=t) 단측 검정 | 0.028793335 | |
| 12 | t 기각치 단측 검정 | 1.894578604 | |
| 13 | P(T<=t) 양측 검정 | 0.057586671 | |
| 14 | t 기각치 양측 검정 | 2.364624251 | |

**[그림 6-9]** 엑셀의 대응비교 출력 결과

**참고**

[예제 6.15]에서 유의확률 5.8%일 때 유의수준 5%에서는 귀무가설을 기각시키지 못하지만, 상당히 유의성이 있음을 뜻한다. 일반적으로 유의확률이 5~10% 사이에 있을 때는 약한 유의성이 있다고 표현하기도 한다.

### ② KESS의 이용

KESS의 메뉴 **[통계분석]→[$t$-검정]→[이표본 검정]**에서 검정방법으로 '대응비교'를 선택하는 것만 다르며([그림 6-10]), 사용법은 독립비교와 같다. 출력 결과는 [그림 6-11]과 같다. 유의확률 5.8%는 엑셀의 결과와 같다.

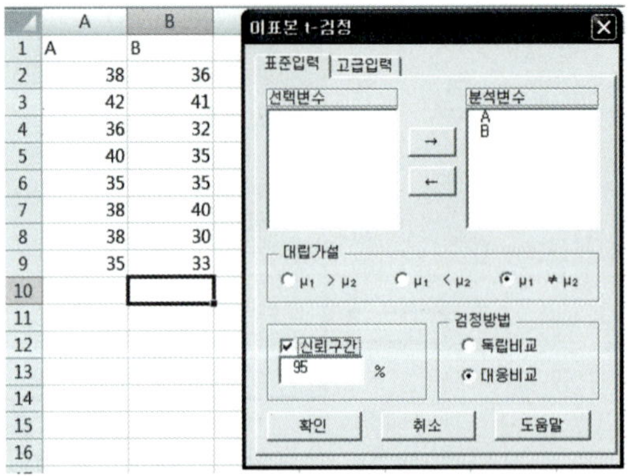


[그림 6-10] '이표본 $t$-검정' 대화상자(대응비교)

**이표본 검정 (대응비교)**

| 변수명 | 개수 | 평균 | 표준편차 |
|---|---|---|---|
| A | 8 | 37.75 | 2.4349 |
| B | 8 | 35.25 | 3.7702 |

H : $\mu_1 - \mu_2 = 0$ vs. K : $\mu_1 - \mu_2 \neq 0$ ($\mu_1$ : A, $\mu_2$ : B )

| t-통계량 | 자유도 | 유의확률 |
|---|---|---|
| 2.2687 | 7 | 0.0576 |

| 95% 신뢰구간하한 | 상한 |
|---|---|
| -0.1057 | 5.1057 |

[그림 6-11] KESS의 대응비교 출력 결과

**예제 6.16** [예제 6.6]과 [예제 6.8]에서 다룬 신입사원과 경력사원의 보험판매실적 데이터에 대하여 KESS를 이용하여 독립비교와 대응비교를 시행하고 결과를 비교하여라.(자료: '기술통계' 파일에서 '보험')

**풀이** KESS의 메뉴 **[이표본 검정]**을 선택한다. '이표본 t-검정' 대화상자에서 '신입사원'과 '경력사원'을 분석변수로 선택하고, 대립가설로 '$\mu_1 < \mu_2$'를 선택한다. 검정방법은 '독립비교'를 선택한 다음 '확인'을 클릭하면 [그림 6-12](a)와 같은 결과를 얻는다. 다시 같은 방법으로 '대응비교'를 선택하고 '확인'을 클릭하면 [그림 6-12](b)의 결과를 얻는다.

독립비교에서는 두 분산이 유의하게 다르므로 이분산의 결과를 이용하며, $T$-통계량의 값은 [예제 6.6]에서와 같이 −1.56이고 단측검정의 유의확률은 0.0858(즉, 8.6%)로서 약한 유의성을 나타낸다.

대응비교에서는 $T$-통계량의 값이 [예제 6.8]에서와 같이 −2.24이며, 유의확률은 0.0375(즉, 3.8%)로서 강한 유의성을 나타낸다.

즉, 독립비교보다는 대응비교의 결과에서 유의성이 강하게 나타난다.

**이표본 검정 (독립비교)**

| 변수명 | 개수 | 평균 | 표준편차 |
|---|---|---|---|
| 신입사원 | 6 | 21 | 8.1976 |
| 경력사원 | 6 | 39 | 27.1293 |

**등분산 검정**

| 자유도 | F 값 | 유의확률 |
|---|---|---|
| ( 5 , 5 ) | 10.9524 | 0.0201 |

**"H0:두 표본의 분산들이 서로 같다."를 유의수준 α=0.05에서 기각한다.**
**※유의확률이 유의수준보다 큰 경우에는 등분산 결과를 사용하는 것이 좋다.**

**H : $\mu_1 = \mu_2$ vs. K : $\mu_1 < \mu_2$  ($\mu_1$ : 신입사원, $\mu_2$ : 경력사원 )**

| 분산 | t-통계량 | 자유도 | 유의확률 |
|---|---|---|---|
| 등분산 | -1.5557 | 10 | 0.0754 |
| 이분산 | -1.5557 | 5.9055 | 0.0858 |

(a) 이표본 $t$-검정 독립비교 출력 결과

**이표본 검정 (대응비교)**

| 변수명 | 개수 | 평균 | 표준편차 |
|---|---|---|---|
| 신입사원 | 6 | 21 | 8.1976 |
| 경력사원 | 6 | 39 | 27.1293 |

**H : $\mu_1 - \mu_2 = 0$ vs. K : $\mu_1 - \mu_2 < 0$  ($\mu_1$ : 신입사원, $\mu_2$ : 경력사원 )**

| t-통계량 | 자유도 | 유의확률 |
|---|---|---|
| -2.2418 | 5 | 0.0375 |

(b) 이표본 $t$-검정 대응비교 출력 결과

[그림 6-12] KESS에서 독립비교와 대응비교의 결과

앞의 [예제 6.13]과 [예제 6.14]에서는 혈압자료에서 이완혈압1과 이완혈압2, 수축혈압1과 수축혈압2를 비교하는 문제에서 독립비교를 사용하였다. 그러나 1년이라는 시차가 있어도 같은 환자에 대한 검사결과이므로 대응비교(쌍체비교)가 더 합리적이라고 할 수 있다. 다음 예제에서는 이들을 대응비교로 비교해 보자.

**예제 6.17** '혈압' 자료에서 혈압이 낮아졌는지 확인하기 위하여 '이완혈압1'과 '이완혈압2', '수축혈압1'과 '수축혈압2'를 대응비교로 비교하고, [예제 6.13] 및 [예제 6.14]의 결과와 비교하여라.

**풀이** KESS를 이용하여 비교하기로 한다.

[예제 6.14]에서와 같이 **[통계분석]→[$t$－검정]→[이표본 검정]**을 선택하여 '이표본 $t$－검정'을 시행하되 검정방법으로 '대응비교'를 체크한다. 결과는 [그림 6-13]의 (a) 및 (b)와 같다. 독립비교에 비하여 대응비교에서 유의확률이 감소하였음을 확인할 수 있다. 이완혈압에서는 0.082에서 0.0123으로 감소하여 강한 유의성이 있는 것으로 나타났으며, 수축혈압에서도 0.0074에서 0.0011로 감소하였다.

**이표본 검정 (대응비교)**

| 변수명 | 개수 | 평균 | 표준편차 |
|---|---|---|---|
| 이완혈압1 | 50 | 87.4 | 9.0486 |
| 이완혈압2 | 50 | 84.64 | 10.6057 |

H : $\mu_1 - \mu_2 = 0$ vs. K : $\mu_1 - \mu_2 > 0$ ($\mu_1$ : 이완혈압1, $\mu_2$ : 이완혈압2 )

| t-통계량 | 자유도 | 유의확률 |
|---|---|---|
| 2.3194 | 49 | 0.0123 |

(a) 이완혈압의 검정 결과

**이표본 검정 (대응비교)**

| 변수명 | 개수 | 평균 | 표준편차 |
|---|---|---|---|
| 수축혈압1 | 50 | 144.18 | 23.0356 |
| 수축혈압2 | 50 | 134.32 | 15.9763 |

H : $\mu_1 - \mu_2 = 0$ vs. K : $\mu_1 - \mu_2 > 0$ ($\mu_1$ : 수축혈압1, $\mu_2$ : 수축혈압2 )

| t-통계량 | 자유도 | 유의확률 |
|---|---|---|
| 3.2296 | 49 | 0.0011 |

(b) 수축혈압의 검정 결과

**[그림 6-13]** 대응비교에 의한 혈압의 비교

### 6.5.3 두 모비율의 비교

**예제 6.18** [예제 6.10]에서 A, B 두 제품을 50개씩 검사한 결과 각각에서 9개, 2개씩의 불량품이 나왔다. 두 제품의 불량률이 같은지를 KESS를 이용하여 검정하여라.

**풀이** KESS의 메뉴인 **[통계분석]→[모비율검정]→[이표본 검정]**을 선택하고, [그림 6-14]와 같이 '이표본 비율검정' 대화상자에서 '집단1'과 '집단2'의 각각에 '시행횟수'와 '성공횟수'를 입력하고 '확인'을 클릭한다.

출력 결과는 [그림 6-15]와 같다. 앞에서와 같이 검정통계량의 값은 2.237이며, 유의확률은 0.0253으로서 유의성이 매우 높다. 즉, 두 제품의 불량률이 다르다고 할 수 있다.

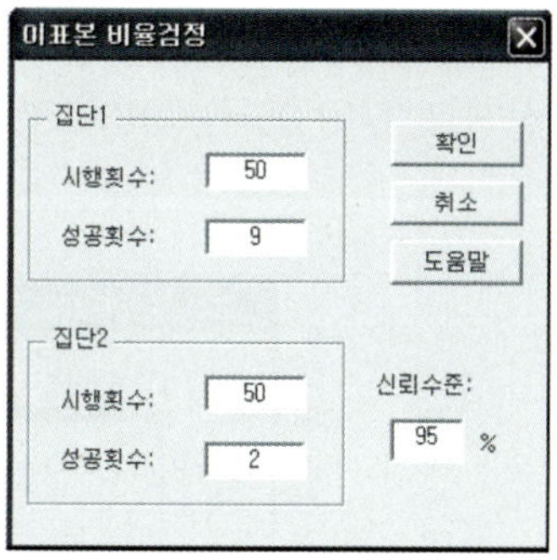


[그림 6-14] KESS의 이표본 비율검정 대화상자

**모비율 추정**

| | 집단1 | 집단2 |
|---|---|---|
| 시행횟수 | 50 | 50 |
| 성공횟수 | 9 | 2 |
| 비율의 추정치 | 0.18 | 0.04 |

**H0 : p1=p2의 검정**

| | |
|---|---|
| 검정통계량 | 2.2372 |
| 유의확률 | 0.0253 |

**p1-p2에 대한 95% 신뢰구간**

| 하한 | 상한 |
|---|---|
| 0.0205 | 0.2595 |

[그림 6-15] KESS의 이표본 비율검정 출력 결과

## 6.5.4 두 모분산의 비교

**예제 6.19** [예제 6.6]에서 신입사원과 경력사원의 보험판매실적을 비교하였다. 같은 데이터에 대하여 두 모분산이 같다고 할 수 있는지 엑셀을 이용하여 검정하여라.(자료: '기술통계' 파일에서 '보험')

**풀이** 자료가 입력된 워크시트에서, '통계 데이터 분석' 창을 열고 'F-검정: 분산에 대한 두 집단'을 선택한다. 대화상자에서 두 변수의 입력 범위를 입력하고 '확인'을 클릭하면 [그림 6-17]과 같은 출력 결과를 얻는다. 단측검정의

유의확률이 0.01이므로 양측검정의 유의확률은 0.02이다. 따라서 두 분산은 다르다고 할 수 있다.

[예제 6.6]에서는 $F$-통계량의 값이 10.95이었으나 엑셀의 출력 결과에서는 0.0913이다. 이는 [예제 6.6]에서 사용한 $F$-통계량에서는 분산이 큰 '경력사원'을 분자로 사용하였으며, 엑셀에서는 '신입사원'을 분자로 사용하였기 때문이다. 실제로 1/10.95=0.0913으로서 두 결과는 같음을 알 수 있다.

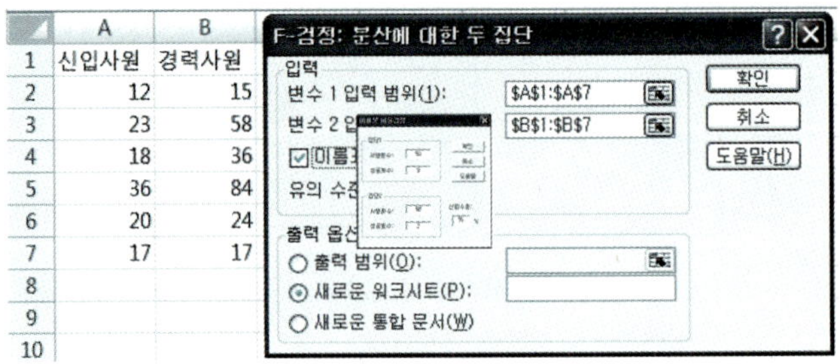


[그림 6-16] 등분산성 검정 대화상자

| F-검정: 분산에 대한 두 집단 | | |
|---|---|---|
| | 신입사원 | 경력사원 |
| 평균 | 21 | 39 |
| 분산 | 67.2 | 736 |
| 관측수 | 6 | 6 |
| 자유도 | 5 | 5 |
| F 비 | 0.091304348 | |
| P(F<=f) 단측 검정 | 0.010029483 | |
| F 기각치: 단측 검정 | 0.1980069 | |

[그림 6-17] 엑셀의 출력 결과

KESS에서는 독립표본 $t$-검정을 시행하면 두 분산의 동일성 검정을 디폴트로 시행한다. 즉, 두 모평균의 비교를 위해 '이표본 t-검정' 메뉴를 사용하면 등분산을 가정해도 좋은지에 대한 정보를 제공하기 위해 등분산성 검정을 시행한다.

그러나 때로는 분산 자체에 대하여 관심이 있는 경우가 있다. 예를 들어 어느 통조림 제조 공정에서 내용물의 함량이 300 g 미만이면 불량품이라고 하자. 이 공정의 불량률을 5% 또는 10% 이내로 제어하기 위해서는 공정의 평균은 300 g보다 커야 하며, 같은 불량률에서는 분산이 작은 정밀한 포장 기계일수록 여분으로 추가해야 하는 내용물의 양이 적어서 회사에 이익이 될 것이다.

예제 6.20 통조림 포장 공정이 새로 증설되었다. 기존의 공정인 A 방법에 비하여 새로운 공정인 B 방법의 분산이 작을 것을 기대한다. 이를 확인하기 위하여 각각에서 10개의 표본을 추출하여 내용물의 함량을 측정한 결과 다음의 자료를 얻었다. A 방법에 비하여 B 방법의 분산이 작다고 할 수 있는가? KESS를 이용하여 검정하여라.(자료: '기술통계' 파일에서 '통조림')

| | | | | | | | | | | |
|---|---|---|---|---|---|---|---|---|---|---|
| A | 293 | 286 | 312 | 315 | 309 | 295 | 300 | 328 | 298 | 300 |
| B | 304 | 310 | 298 | 303 | 301 | 303 | 299 | 310 | 311 | 298 |

풀이 KESS에서 등분성을 비교하는 $F$-검정이 따로 없으므로 [통계분석]→[$t$-검정]→[이표본 검정]에서 '이표본 $t$-검정'을 시행한다. 등분산 검정의 결과는 [그림 6-18]과 같다. 등분산성 검정 결과 단측검정의 유의확률은 0.0132/2=0.0066이므로 매우 유의하다. 즉, B 방법의 분산이 작다고 할 수 있다.

이표본 검정 (독립비교)

| 변수명 | 개수 | 평균 | 표준편차 |
|---|---|---|---|
| A | 10 | 303.6 | 12.3756 |
| B | 10 | 303.7 | 5.0343 |

등분산 검정

| 자유도 | F 값 | 유의확률 |
|---|---|---|
| ( 9 , 9 ) | 6.043 | 0.0132 |

"H0: 두 표본의 분산들이 서로 같다."를 유의수준 α=0.05에서 기각한다.
※유의확률이 유의수준보다 큰 경우에는 등분산 결과를 사용하는 것이 좋다.

[그림 6-18] KESS의 등분산성 검정 결과

# 연습문제

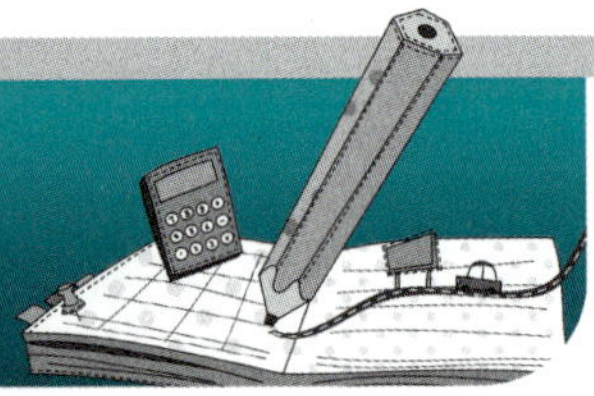

**6-1** 정규분포 $N(\mu, 5^2)$에서 임의로 추출한 표본의 $\overline{X}$를 이용하여 $\mu$를 추정할 때, 95% 신뢰수준에서 오차한계가 2 이내가 되기 위한 표본크기를 구하여라.

**6-2** 전국의 유권자를 대상으로 여론조사를 실시하려고 한다. 95% 신뢰수준에서 오차한계가 ±5% 이내가 되기 위한 표본크기를 구하여라.

**6-3** 모비율의 추정에서 1,600개의 표본을 사용할 경우에 95% 신뢰수준에서 오차한계는 얼마인가? 또한 95% 신뢰수준에서 오차한계를 ±2% 이내로 제어하기 위한 최소의 표본크기는 얼마인가?

**6-4** 지난 조사에서 실업률이 5%였다고 한다. 새로운 실업 대책이 시행된 후에 임의표본을 추출하여 실업률의 변화를 알아보려고 한다. 95% 오차한계가 1% 이내가 되기 위한 표본크기는 얼마인가?

**6-5** A, B 두 꼬마전구의 수명을 검사한 결과 다음과 같았다(단위: 100시간). 두 전구의 수명이 같다고 할 수 있는가? 유의수준 5%에서 검정하여라. 또한 평균수명의 차에 대한 95% 신뢰구간을 구하여라.

| A | 26 | 16 | 22 | 18 | 20 |
|---|---|---|---|---|---|
| B | 12 | 16 | 13 | 15 | 18 |

**6-6** 다음은 A, B 두 종류의 재충전용 배터리에 대하여 한 번 충전 후 사용시간을 측정한 자료이다. 두 배터리의 사용시간에 차이가 있는지 검정하고, 평균 사용시간의 차에 대한 95% 신뢰구간을 구하여라.

| A | 7.3 | 6.5 | 8.7 | 5.8 | 6.8 |
|---|---|---|---|---|---|
| B | 5.0 | 4.3 | 6.4 | 4.2 | 5.1 |

**6-7** A, B 두 식이요법을 비교하기 위하여 20명의 비만 환자를 랜덤하게 두 그룹으로 나누고, 각 그룹에 A와 B를 3개월간 적용시킨 결과 다음과 같은 체중 감소량 자료를 얻었다. 아래 물음에 답하여라.

| | 표본크기 | 표본평균 | 표본표준편차 |
|---|---|---|---|
| A | 10 | 12 | 3 |
| B | 10 | 15 | 5 |

(a) 등분산을 가정해도 좋은지를 유의수준 5%에서 검정하여라.
(b) 두 식이요법의 효과에 차이가 있다고 할 수 있는지를 검정하여라.

**6-8** 다음은 A, B 두 처리를 각각 6개의 실험단위에 실시하여 얻은 자료이다.

| | | | | | | |
|---|---|---|---|---|---|---|
| A | 2.4 | 2.8 | 2.9 | 3.0 | 3.3 | 3.6 |
| B | 2.4 | 3.0 | 3.1 | 3.4 | 3.5 | 3.8 |

(a) 등분산을 가정해도 좋은지를 유의수준 5%에서 검정하여라.
(b) A보다 B의 평균이 크다고 할 수 있는지 검정하여라.

**6-9** 어느 체중감량 다이어트의 효과를 검증하기 위하여 6명의 지원자에게 1개월간 다이어트를 실시한 결과 다음과 같은 다이어트 전과 후의 몸무게 자료를 얻었다. 정규성을 가정하고 아래 물음에 답하여라.

| 번호 | 1 | 2 | 3 | 4 | 5 | 6 |
|---|---|---|---|---|---|---|
| 전 | 65 | 80 | 72 | 68 | 60 | 75 |
| 후 | 63 | 77 | 68 | 67 | 62 | 71 |

(a) 다이어트의 효과가 있다고 할 수 있는지 유의수준 5%에서 대응비교 검정을 하여라.
(b) 전과 후의 자료를 독립표본으로 간주하고 (a)와 같은 검정을 시행하고, 결과를 (a)와 비교하여 설명하여라.
(c) 마지막 데이터인 71이 47로 잘못 입력되었다. (a)와 같은 대응비교 검정을 시행하고, 결과를 (a)와 비교 설명하여라.

**6-10** 새로 개발된 수면제 A가 기존의 수면제 B보다 더 효과적인지(즉, 더 숙면할 수 있는지) 검사하기 위하여 6명의 불면증 환자에게 A와 B를 교대로 투여한 결과 다음과 같은 숙면시간 자료를 얻었다. 아래 물음에 답하여라.

| 환자번호 | 1 | 2 | 3 | 4 | 5 | 6 |
|---|---|---|---|---|---|---|
| A | 3 | 5 | 7 | 8 | 9 | 7 |
| B | 3 | 4 | 5 | 6 | 6 | 6 |

(a) A가 B보다 더 효과적이라고 할 수 있는가?

(b) 6번 환자의 숙면시간이 (7, 6)에서 착오로 (28, 6)으로 입력되었을 때 (a)와 같은 검정을 시행하여라. 또한 결과를 (a)와 비교 설명하여라.

**6-11** 두 종류의 수면제 A와 B를 비교하기 위하여 10명의 환자에게 A와 B를 교대로 수일간 복용하게 하면서 수면시간의 증가량을 조사한 결과 다음의 자료를 얻었다. 수면제 B가 수면제 A보다 수면시간을 더 연장시켜 주는지를 유의수준 5%에서 검정하고, 증가한 수면시간의 차에 대한 95% 신뢰구간을 구하여라. 또한 결과를 엑셀과 KESS로 확인하여라.

| 환자번호 | 1 | 2 | 3 | 4 | 5 | 6 | 7 | 8 | 9 | 10 |
|---|---|---|---|---|---|---|---|---|---|---|
| A | 0.7 | −1.6 | −0.2 | −1.2 | −0.1 | 3.4 | 3.7 | 0.8 | 0.0 | 2.0 |
| B | 1.9 | 0.8 | 1.1 | 0.1 | −0.1 | 4.4 | 5.5 | 1.6 | 4.6 | 3.4 |

**6-12** '혈압' 자료에서 '콜레스테롤2'의 평균이 '콜레스테롤1'의 평균보다 감소하였는지 검정하려고 한다. 엑셀을 이용하여 독립비교와 대응비교를 시행하고 결과를 비교 설명하여라.

**6-13** KESS의 1장의 '성적' 자료 파일에서 '중간시험'과 '기말시험'의 평균이 같은지 KESS를 이용하여 검정하여라. 또한 두 평균의 차에 대한 95% 신뢰구간을 구하여라.

**6-14** A, B 두 기계에서 생산되는 제품의 불량률이 같은지를 확인하기 위하여, A와 B에서 각각 100개씩 임의로 뽑아 조사한 결과 A에서는 5개, B에서는 15개의 불량품이 나왔다. 두 불량률이 같다고 할 수 있는가? 유의수준 5%에서 검정하여라. 또한 KESS를 이용하여 결과를 확인하여라.

# 7장 범주형 자료분석

범주형 자료에 대한 적합도 검정이나 분할표 검정에서는 흔히 카이제곱 검정을 한다. 따라서 카이제곱 분포에 대한 간단한 소개를 하고 이를 이용하여 적합도 검정과 분할표 분석을 하는 방법을 알아보기로 한다.

## 7.1 카이제곱 분포

**카이제곱 분포**(chi-square distribution)는 한 분산에 관한 추론 문제나 분할표에서 독립성 검정 등에 사용하기도 하며, $t$-분포 또는 $F$-분포의 정의에서 사용되는 분포로서, $S^2$ 또는 제곱합과 관계되는 통계량의 분포를 나타낸다.

카이제곱 분포는 다음과 같이 정의된다.

**카이제곱($\chi^2$) 분포**

$Z_1, Z_2, \cdots, Z_k$가 $k$개의 서로 독립인 $N(0,1)$ 확률변수일 때

$$V = Z_1^2 + Z_2^2 + \cdots + Z_k^2$$

의 분포를 **자유도**(degrees of freedom) $k$인 **카이제곱 분포**라고 하며, 기호 $\chi^2(k)$로 나타낸다.

카이제곱($\chi^2$) 분포는 $N(0,1)$ 확률변수들의 제곱의 합으로 정의되므로 양의 값만 취하며, 오른쪽으로 긴 꼬리를 갖고, 자유도 $k$가 커질수록 오른쪽으로 이동하면서 대칭에 가까운 모양이 된다.

다음 예제에서 $\chi^2$-분포의 그래프를 그려 보자.

**예제 7.1** KESS를 이용하여 자유도 5와 20인 $\chi^2$-분포의 그래프를 그려라. 분포의 모양이 어떻게 변하는가?

풀이 KESS의 **[통계학습]→[표본분포]** 메뉴의 '표본분포' 창에서 '카이제곱분포'를 클릭하고 자유도를 선택한 다음, '그래프 그리기' 단추를 누르면 $\chi^2$-분포의 그래프가 그려진다. [그림 7-1]은 자유도가 $k=5$ 인 경우와 $k=20$ 인 경우에 $\chi^2$-분포의 그래프를 그린 것이다. 그림에서 볼 수 있듯이 자유도가 증가하면서 $\chi^2$-분포의 그래프는 오른쪽으로 이동하면서 대칭에 가까운 모양이 됨을 확인할 수 있다.

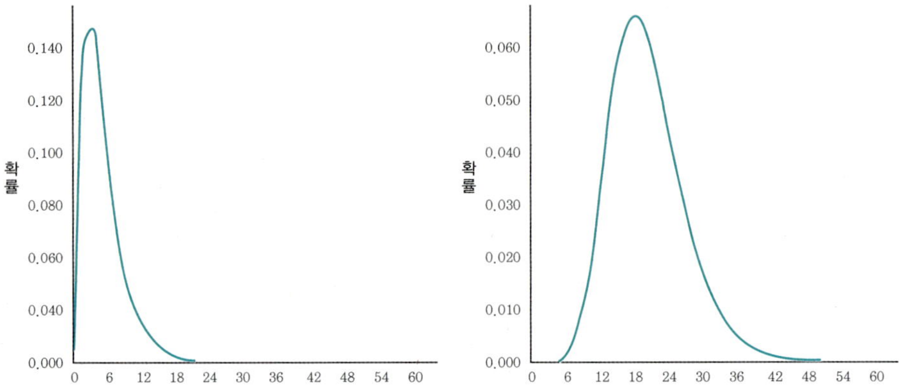


(a) $k=5$ 인 경우 (b) $k=20$ 인 경우

**[그림 7-1]** $\chi^2$-분포의 그래프

$\chi^2$-분포에서 오른쪽 꼬리의 넓이가 $\alpha$ 인 점을 기호 $\chi^2_\alpha(k)$ 로 나타낸다. 즉, $V \sim \chi^2(k)$ 일 때 $\chi^2_\alpha(k)$ 는

$$P(V \geq \chi^2_\alpha(k)) = \alpha$$

를 만족시키는 점이며, 이를 그림으로 나타내면 [그림 7-2]와 같다.

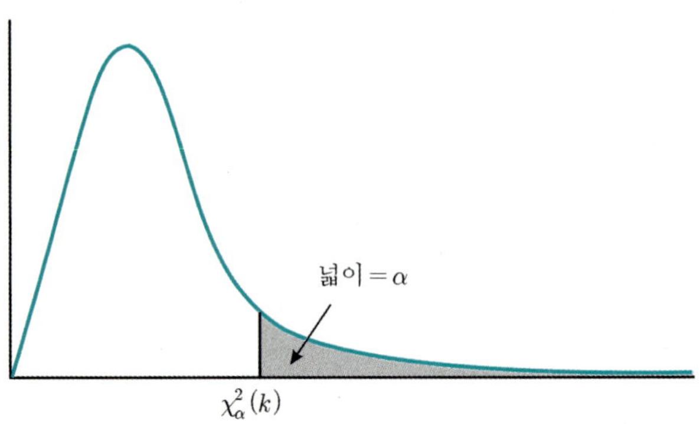


**[그림 7-2]** 기호 $\chi^2_\alpha(k)$ 의 의미

부록의 〈표 4〉에는 $\chi^2$-분포표가 수록되어 있으며, 이 표로부터 다음과 같은 값을 확인할 수 있다.

$$\chi^2_{0.05}(5) = 11.07, \quad \chi^2_{0.05}(20) = 31.41$$

$$\chi^2_{0.95}(5) = 1.15, \quad \chi^2_{0.95}(20) = 10.85$$

**참고**

**표본분산의 분포**

$X_1, X_2, \cdots, X_n$이 정규분포 $N(\mu, \sigma^2)$에서의 임의표본일 때

$$\frac{(n-1)S^2}{\sigma^2} = \frac{\sum_{i=1}^{n}(X_i - \overline{X})^2}{\sigma^2}$$

은 자유도 $n-1$인 $\chi^2$-분포(즉, $\chi^2(n-1)$)를 따른다.

## 7.2 적합도 검정

관측값을 어떤 속성에 따라 분류하여, 각 속성별 빈도(도수)로 나타낸 자료를 **범주형 자료**(categorical data)라고 한다. 예를 들어 학생들의 점수를 A, B, … 별로 인원수를 나타낸 자료나, 요일별 교통사고 건수 등은 범주형 자료이다. 이와 같은 범주형 자료는 흔히 빈도표(또는 도수분포표)나 분할표로 나타낸다. 이 절에서는 빈도표로 나타낸 자료들이 이론적인 또는 가정된 모형과 일치하는지를 검정하는 **적합도 검정**(goodness-of-fit test)에 대하여 살펴보기로 한다.

적합도 검정의 자료구조는 〈표 7-1〉과 같다.

〈표 7-1〉 적합도 검정의 자료구조

| 범주 | 1 | 2 | … | $k$ | 계 |
|---|---|---|---|---|---|
| 관측도수 | $O_1$ | $O_2$ | … | $O_k$ | $n$ |
| 확률 | $p_1$ | $p_2$ | … | $p_k$ | 1 |

〈표 7-1〉과 같은 빈도표에서 각 범주에 대한 속성확률이 가정된 확률모형과 일치하는지를 검정하기 위하여 귀무가설을 다음과 같이 세운다.

$$H_0: \ p_1 = p_{1\,0}, \ \cdots, p_k = p_{k\,0}$$

귀무가설 $H_0$ 하에서 각 범주의 **기대도수**(expected frequency)는 다음과 같다.

$$E_i = n\,p_{i\,0}, \quad i = 1, \cdots, k$$

$H_0$가 참일 때 **관측도수**(observed frequency) $O_i$와 기대도수 $E_i$는 서로 비슷한 값을 가질 것을 기대한다. 또한 $O_i$와 $E_i$의 차이를 나타내는 측도로서 $(O_i - E_i)^2$을 $E_i$에 대한 상대적인 크기로 나타내어 더한 것으로 검정통계량을 정의한다. 즉,

$$\chi^2 = \sum_{i=1}^{k} \frac{(O_i - E_i)^2}{E_i}$$

는 $H_0$ 하에서 근사적으로 자유도 $k-1$인 카이제곱($\chi^2$) 분포를 따름을 이용하여 다음과 같이 적합도 검정을 시행한다.

**적합도 검정**

귀무가설 $H_0: \ p_1 = p_{1\,0}, \ \cdots, p_k = p_{k\,0}$

검정통계량: $\chi_0^2 = \sum_{i=1}^{k} \frac{(O_i - E_i)^2}{E_i}$, (다만 $E_i = n\,p_{i\,0}$)

유의수준 $\alpha$에서 기각역: $\chi_0^2 \ge \chi_\alpha^2(k-1)$

유의확률: $P(\chi^2 \ge \chi_0^2)$

**예제 7.2** 어느 완두콩 교배실험에서는 둥글고 노란 완두(둥노)가 322개, 둥글고 녹색인 완두(둥녹)가 108개, 모나고 노란 완두(모노)가 98개, 모나고 녹색인 완두(모녹)가 32개 얻어졌다. 멘델의 이론에 의하면 이들의 비율은 9:3:3:1이어야 한다. 교배실험 결과는 멘델의 이론에 어긋난다고 할 수 있는가?

**풀이** 검정하려는 귀무가설은 다음과 같다.

$$H_0: \ p_1 = \frac{9}{16}, \ p_2 = \frac{3}{16}, \ p_3, = \frac{3}{16}, \ p_4 = \frac{1}{16}$$

검정통계량의 계산표는 〈표 7-2〉와 같다.

〈표 7-2〉 적합도 검정통계량 계산표

| 범주 | 둥노 | 둥녹 | 모노 | 모녹 | 계 |
|---|---|---|---|---|---|
| $O_i$ | 322 | 108 | 98 | 32 | 560 |
| $E_i$ | 315 | 105 | 105 | 35 | 560 |
| $(O_i - E_i)^2/E_i$ | 0.1556 | 0.0857 | 0.4667 | 0.2571 | 0.9651 |

계산표에서 검정통계량의 값은 $\chi_0^2 = 0.9651$이며, $\chi_{0.05}^2(3) = 7.81$이므로 유의성이 전혀 없다. 즉, 멘델의 이론에 어긋난다는 근거는 전혀 없다.

## 7.3 분할표 분석

이 절에서는 **분할표**(contingency table) 형식으로 주어진 자료에서 **독립성 검정**과 **동질성 검정**을 시행하는 방법을 알아보기로 한다.

다음과 같은 예를 생각해 보자. 고등학생들이 국어, 영어, 수학 가운데 가장 선호하는 과목이 성별에 따라 다른지 조사하기 위하여 남학생과 여학생 각각을 250명씩 조사하여 〈표 7-3〉과 같은 결과를 얻었다. 성별에 따라 선호하는 과목이 다르다고 할 수 있는가?

〈표 7-3〉 과목 선호도 조사 결과

| 성별 \ 과목 | 국어 | 영어 | 수학 | 계 |
|---|---|---|---|---|
| 남학생 | 90 | 110 | 50 | 250 |
| 여학생 | 120 | 90 | 40 | 250 |
| 계 | 210 | 200 | 90 | 500 |

〈표 7-3〉에서는 남학생이 국, 영, 수를 선호하는 비율과 여학생이 국, 영, 수를 선호하는 비율이 같은가? 즉, 남학생의 국, 영, 수에 대한 확률모형과 여학생의 국, 영, 수에 대한 확률모형이 같은가를 검증하는 문제이며, 따라서 이와 같은 문제를 **동질성 검정**(homogeneity test)의 문제라고 한다. 동질성 검정 문제에서 자료구조의 특징은 각 부차모집단(〈표 7-3〉에서는 성별)별로 총빈도(총도수)가 미

리 정해지는 것이다. 〈표 7-3〉에서는 남학생과 여학생이 각각 250명씩 미리 정해진 것이다.

다른 예를 생각해 보자. 갑, 을, 병 세 도시에서 (강도, 절도, 폭행)의 범죄 형태를 알아보기 위하여 〈표 7-4〉의 자료를 수집하였다. 자료는 10만 명당 범죄율이다.

**〈표 7-4〉** 도시별 범죄율

| 도시 \ 범죄 | 강도 | 절도 | 폭행 | 계 |
|---|---|---|---|---|
| 갑 | 25 | 126 | 73 | 224 |
| 을 | 36 | 78 | 52 | 166 |
| 병 | 12 | 52 | 47 | 111 |
| 계 | 73 | 256 | 172 | 501 |

〈표 7-4〉의 분할표에서 관심이 있는 문제는 '도시별로 (강도, 절도, 폭행)의 범죄 형태가 같은가'를 검정하는 문제로 생각할 수도 있으나, 여기에서는 각 도시별 범죄율의 합이 미리 정해진 것이 아니므로 다른 방법으로 접근할 수 있다. 즉, 〈표 7-4〉의 자료에는 '도시'와 '범죄'라는 두 요인이 있으며, '두 요인이 서로 독립인가'를 검정하는 **독립성 검정**(independence test)의 문제로 이해할 수 있다.

일반적으로 동질성 검정에서는 각 행의 합이 미리 정해져 있으나, 독립성 검정에서는 전체의 합만이 미리 정해진다. 독립성 검정과 동질성 검정은 통계적 모형과 검정법의 유도과정이 다르지만 결과적으로 검정법은 같으므로, 여기에서는 결과만 소개하기로 한다.

일반적으로 $r \times c$ 분할표는 〈표 7-5〉와 같다. 여기에서 $O_{ij}$는 $(i,j)$칸의 **관측도수**(observed frequency)이다.

**〈표 7-5〉** $r \times c$ 분할표

| 요인 A \ 요인 B | $B_1$ | $B_2$ | $\cdots$ | $B_c$ | 계 |
|---|---|---|---|---|---|
| $A_1$ | $O_{11}$ | $O_{12}$ | $\cdots$ | $O_{1c}$ | $O_{1\cdot}$ |
| $A_2$ | $O_{21}$ | $O_{22}$ | $\cdots$ | $O_{2c}$ | $O_{2\cdot}$ |
| $\vdots$ | $\vdots$ | $\vdots$ | | $\vdots$ | $\vdots$ |
| $A_r$ | $O_{r1}$ | $O_{r2}$ | $\cdots$ | $O_{rc}$ | $O_{r\cdot}$ |
| 계 | $O_{\cdot 1}$ | $O_{\cdot 2}$ | $\cdots$ | $O_{\cdot c}$ | $n$ |

분할표 분석에서 관심이 있는 가설은 다음과 같다.

독립성 검정 $H_0$ : 요인 A와 요인 B는 서로 독립이다.

동질성 검정 $H_0$ : A의 각 부차모집단에서 요인 B의 확률모형은 모두 같다.

독립성 검정이나 동질성 검정을 위한 검정통계량은 다음과 같다.

$$\chi_0^2 = \sum_{i=1}^{r}\sum_{j=1}^{c}\frac{(O_{ij}-E_{ij})^2}{E_{ij}}$$

다만, $E_{ij}$ 는 **기대도수**(expected frequency)로서 다음과 같다.

$$E_{ij} = \frac{O_{i\cdot} \times O_{\cdot j}}{n}$$

$H_0$ 하에서 $\chi_0^2$ 은 근사적으로 자유도 $(r-1)(c-1)$ 인 카이제곱 분포를 따름을 이용하여, 검정법을 다음과 같이 요약할 수 있다.

**독립성 검정 또는 동질성 검정**

검정통계량: $\chi_0^2 = \sum_{i=1}^{r}\sum_{j=1}^{c}\frac{(O_{ij}-E_{ij})^2}{E_{ij}}$

유의수준 $\alpha$ 에서 기각역: $\chi_0^2 \ge \chi_\alpha^2((r-1)(c-1))$

유의확률: $P(\chi^2 \ge \chi_0^2)$

**참고**

**독립성의 가정하에 $(i,j)$ 칸의 기대도수 $E_{ij}$ 를 추정하는 방법은 다음과 같다.**

$P(A_i) = p_{i\cdot}$, $P(B_j) = p_{\cdot j}$, $P(A_i \cap B_j) = p_{ij}$라고 하자. 두 요인 $A$와 $B$가 독립일 때 결합확률은 주변확률의 곱과 같으므로 다음 등식이 성립한다.

$$p_{ij} = p_{i\cdot} \times p_{\cdot j}$$

한편 $p_{i\cdot}$ 와 $p_{\cdot j}$는 각각 $O_{i\cdot}/n$ 과 $O_{\cdot j}/n$ 로 추정되므로 $E_{ij}$는 다음과 같이 추정된다.

$$\hat{E}_{ij} = n\hat{p}_{ij} = n(\hat{p}_{i\cdot} \times \hat{p}_{\cdot j}) = n \times \frac{O_{i\cdot}}{n} \times \frac{O_{\cdot j}}{n}$$

$$= \frac{O_{i\cdot} \times O_{\cdot j}}{n}$$

**참고**

**검정통계량 $\chi_0^2$의 자유도는 다음과 같이 설명될 수 있다.**

$rc$개의 $O_{ij}$의 합은 $n$이므로 자유도가 1개 감소한다. 또한 $r-1$개의 $p_{i\cdot}$와 $c-1$개의 $p_{\cdot j}$를 추정하면서 자유도가 $[(r-1)+(c-1)]$ 만큼 감소한다. 따라서 전체의 자유도는 다음과 같다.

$$(rc-1)-[(r-1)+(c-1)]=(r-1)(c-1)$$

**예제 7.3** 〈표 7-3〉의 자료에서 귀무가설

$H_0$: 남학생과 여학생의 과목 선호도는 같다

를 유의수준 5%에서 검정하여라.

**풀이** 〈표 7-3〉의 각 칸에서 기대도수를 구하면 〈표 7-6〉과 같다.

**〈표 7-6〉** 기대도수

| 성별 \ 과목 | 국어 | 영어 | 수학 | 계 |
|---|---|---|---|---|
| 남학생 | 105 | 100 | 45 | 250 |
| 여학생 | 105 | 100 | 45 | 250 |
| 계 | 210 | 200 | 90 | 500 |

기대도수는 $E_{ij}=O_{i\cdot}\times O_{\cdot j}/n$로 계산한다. 즉, 각 주변합을 곱하여 총계로 나누면 된다. 예를 들어 (1, 1) 칸과 (2, 3) 칸의 기대도수는 각각 다음과 같이 계산한다.

$$\frac{250\times 210}{500}=105, \qquad \frac{250\times 90}{500}=45$$

따라서 〈표 7-3〉과 〈표 7-6〉에서 검정통계량의 값은 다음과 같다.

$$\chi_0^2=\frac{(90-105)^2}{105}+\frac{(110-100)^2}{100}+\cdots+\frac{(40-45)^2}{45}=7.397$$

한편 카이제곱 분포표에서 $\chi_{0.05}^2(2)=5.99$이므로, 유의수준 5%에서 $H_0$를 기각한다. 즉, 남학생과 여학생의 과목 선호도가 다르다고 결론을 내린다.

**예제 7.4** 〈표 7-4〉의 자료에서 귀무가설

$H_0$ : 도시와 범죄형태는 서로 독립이다

를 유의수준 5%에서 검정하여라.

**풀이** 〈표 7-4〉의 각 칸에서 기대도수를 구하면 〈표 7-7〉과 같다.

〈표 7-7〉 기대도수

| 도시 \ 범죄 | 강도 | 절도 | 폭행 | 계 |
|---|---|---|---|---|
| 갑 | 32.6 | 114.5 | 76.9 | 224 |
| 을 | 24.2 | 84.8 | 57.0 | 166 |
| 병 | 16.2 | 56.7 | 38.1 | 111 |
| 계 | 73 | 256 | 172 | 501 |

〈표 7-7〉에서 예를 들어 첫 번째 행 첫 번째 칸과 세 번째 행 세 번째 칸의 기대도수는 각각 다음과 같이 계산한다.

$$\frac{224 \times 73}{501} = 32.6, \qquad \frac{111 \times 172}{501} = 38.1$$

따라서 〈표 7-4〉와 〈표 7-7〉에서 검정통계량의 값은 다음과 같다.

$$\chi_0^2 = \frac{(25-32.6)^2}{32.6} + \frac{(126-114.5)^2}{114.5} + \cdots + \frac{(47-38.1)^2}{38.1} = 13.45$$

한편 카이제곱 분포표에서 $\chi^2_{0.05}(4) = 9.49$ 이므로, 유의수준 5%에서 $H_0$ 를 기각한다. 즉, 도시와 범죄 형태는 서로 독립이 아니라고 결론을 내린다.

## 7.4 엑셀의 이용

엑셀에서는 범주형 자료를 분석하는 도구(절차)가 마련되어 있지 않다. 따라서 이 절에서는 KESS를 이용한 방법만 소개하기로 한다.

### (1) 적합도 검정

KESS를 이용하여 적합도 검정을 시행할 때는 **[통계분석]**에서 **[범주형 자료분석]→[적합도 검정]**을 이용한다. 워크시트에 자료를 입력하는 방법은 첫 번째 행에 범주이름을, 두 번째 행에 관측도수(빈도) $O_i$를 입력시키고, 세 번째 행에는 확률을 비율 형식으로 입력한다. 즉, $p_{i0} = r_i / r$이면 각 칸의 값들이 $r_1, r_2, \cdots, r_k$가 되도록 입력하면 된다.

**예제 7.5** [예제 7.2]의 자료에서 둥글고 노란 완두(둥노), 둥글고 녹색인 완두(둥녹), 모나고 노란 완두(모노), 모나고 녹색인 완두(모녹)의 비율이 9 : 3 : 3 : 1이라고 할 수 있는지 KESS를 이용하여 검정하여라.

**풀이** 적합도 검정을 위한 자료의 입력은 [그림 7-3]과 같이 표 형식으로 입력한다. 즉, 범주의 이름, 관측도수, 각 범주의 비율을 행별로 입력한다. 다만, 비율은 합이 1이 될 필요가 없이 비율 형식으로 입력해도 된다.

KESS의 메뉴인 **[통계분석]**에서 **[범주형 자료분석]→[적합도 검정]**을 선택하여 확인하고 '적합도 검정' 창에서 출력옵션으로 '기대도수'와 '열기준'이 선택된 것을 확인한다. 열기준이란 각 열별로 범주이름, 관측도수 및 비율이 입력되어 있다는 뜻이다.

적합도 검정 결과는 [그림 7-4]와 같다. 카이제곱 통계량의 값은 0.9651이며, 유의확률은 0.8097로서 유의성이 없다. 즉, 멘델의 이론과 어긋난다는 근거는 없다고 결론을 내린다.

| | A | B | C | D |
|---|---|---|---|---|
| 1 | 둥노 | 둥녹 | 모노 | 모녹 |
| 2 | 322 | 108 | 98 | 32 |
| 3 | 9 | 3 | 3 | 1 |

**[그림 7-3]** 적합도 검정 자료 입력

적합도 검정

도수표

| | 둥노 | 둥녹 | 모노 | 모녹 |
|---|---|---|---|---|
| 관측도수 | 322 | 108 | 98 | 32 |
| 기대도수 | 315 | 105 | 105 | 35 |

카이제곱 통계량 : 0.9651
유의확률 : 0.8097

**[그림 7-4]** 적합도 검정 결과

**예제 7.6** 〈표 7-8〉은 어느 도시에서 주중에 발생한 교통사고 건수를 조사한 결과이다. 요일에 따라 교통사고 발생 빈도가 다르다고 할 수 있는가? KESS를 이용하여 분석하여라.

〈표 7-8〉 요일별 교통사고 건수

| 요일 | 월 | 화 | 수 | 목 | 금 | 계 |
|---|---|---|---|---|---|---|
| 사고건수 | 105 | 80 | 73 | 75 | 122 | 455 |

**풀이** 자료는 [그림 7-5]와 같이 입력한다. 앞 예제에서와 같이 KESS의 메뉴에서 **[적합도 검정]**을 이용하여 검정한 결과는 [그림 7-6]과 같다. 유의확률이 0.0004로 매우 유의성이 높다. 즉, 요일에 따라 교통사고 발생 빈도가 다르다고 할 수 있다.

| | A | B | C | D | E |
|---|---|---|---|---|---|
| 1 | 월 | 화 | 수 | 목 | 금 |
| 2 | 105 | 80 | 73 | 75 | 122 |
| 3 | 1 | 1 | 1 | 1 | 1 |

[그림 7-5] 적합도 검정 자료 입력

도수표

| | 월 | 화 | 수 | 목 | 금 |
|---|---|---|---|---|---|
| 관측도수 | 105 | 80 | 73 | 75 | 122 |
| 기대도수 | 91 | 91 | 91 | 91 | 91 |

카이제곱 통계량 : 20.4176
유의확률 : 0.0004

[그림 7-6] 적합도 검정 결과

**참고**

**[통계분석]→[그래프]→[정규확률그림]** 메뉴에서 분석변수를 선택하고 확인하면, 정규확률그림과 함께 정규성 검정의 유의확률이 출력된다. 이때의 정규성 검정도 적합도 검정의 하나이지만 방법은 다르다. 즉, 정규성 검정을 시행하는 방법은 여러 가지가 있으며, KESS에서는 비모수적 방법인 콜모고로프 검정을 시행한 것이다.

### (2) 분할표 분석

KESS를 이용하여 독립성 검정이나 동질성 검정을 시행하려면, 먼저 워크시트에서 분할표를 표 형식으로 입력한다. 즉, 분할표의 모양은 첫 번째 행과 첫 번째 열에 차례로 요인 A와 요인 B의 수준 이름을 입력시키고, 두 번째 행과 열부터 대응되는 칸에 도수를 입력한다. 검정은 KESS 메뉴 **[통계분석]**에서 **[범주형 자료분석]→[분할표]**를 선택하면 '분할표 검정' 대화상자가 뜨는데 여기에 필요한 옵션을 체크하고 확인해 주면 된다.

**예제 7.7** 〈표 7-3〉의 자료를 이용하여 남학생과 여학생의 과목 선호도가 심각하게 다르다고 할 수 있는지 KESS를 이용하여 검정해 보자.

**풀이** 워크시트에 〈표 7-3〉의 자료를 [그림 7-7]과 같이 입력하고 저장한다. KESS의 메뉴에서 **[범주형 자료분석]→[분할표]**를 선택하고 '분할표 검정' 창에서 셀별 출력 옵션으로 '기대도수'가 선택된 것을 확인한다. 결과는 [그림 7-8]과 같다. 검정통계량의 값은 7.3968로서 앞에서 다룬 결과와 같음을 확인할 수 있다. 검정의 유의확률은 0.02476이므로 성별에 따라 과목 선호도가 다르다고 결론을 내린다.

| | A | B | C | D |
|---|---|---|---|---|
| 1 | | 국어 | 영어 | 수학 |
| 2 | 남학생 | 90 | 110 | 50 |
| 3 | 여학생 | 120 | 90 | 40 |

**[그림 7-7]** 분할표 분석 자료의 입력

분할표

| | 국어 | 영어 | 수학 | 계 |
|---|---|---|---|---|
| 남학생 | | | | |
| 관측도수 | 90 | 110 | 50 | 250 |
| 기대도수 | 105 | 100 | 45 | |
| 여학생 | | | | |
| 관측도수 | 120 | 90 | 40 | 250 |
| 기대도수 | 105 | 100 | 45 | |
| 계 | 210 | 200 | 90 | 500 |

카이제곱 통계량 : 7.3968
유의확률 : 0.02476

**[그림 7-8]** 분할표의 검정 결과

**예제 7.8** 〈표 7-4〉의 자료에서 귀무가설 '$H_0$: 도시와 범죄 형태는 서로 독립이다'를 KESS를 이용하여 검정하여라.

**풀이** 워크시트에 〈표 7-4〉의 자료를 [그림 7-9]와 같이 입력하고 저장한다. KESS의 메뉴에서 **[범주형 자료분석]→[분할표]**를 이용하여 검정한 결과는 [그림 7-10]과 같다. 검정통계량의 값은 13.4483이며, 유의확률은 0.00928로서 유의성이 매우 강함을 알 수 있다. 즉, 도시와 범죄 형태는 서로 관련이 있다고 할 수 있다.

| | A | B | C | D |
|---|---|---|---|---|
| 1 | | 강도 | 절도 | 폭행 |
| 2 | 갑 | 25 | 126 | 73 |
| 3 | 을 | 36 | 78 | 52 |
| 4 | 병 | 12 | 52 | 47 |

**[그림 7-9]** 분할표 분석 자료의 입력

분할표

| | 강도 | 절도 | 폭행 | 계 |
|---|---|---|---|---|
| 갑 | | | | |
| 관측도수 | 25 | 126 | 73 | 224 |
| 기대도수 | 32.6387 | 114.4591 | 76.9022 | |
| 을 | | | | |
| 관측도수 | 36 | 78 | 52 | 166 |
| 기대도수 | 24.1876 | 84.8224 | 56.99 | |
| 병 | | | | |
| 관측도수 | 12 | 52 | 47 | 111 |
| 기대도수 | 16.1737 | 56.7186 | 38.1078 | |
| 계 | 73 | 256 | 172 | 501 |

카이제곱 통계량 : 13.4483
유의확률 : 0.00928

**[그림 7-10]** 분할표의 검정 결과

**예제 7.9** 흡연이 호흡기능에 미치는 영향을 조사하기 위하여 1초 동안 내쉴 수 있는 공기의 양을 측정하는 폐기능 검사를 실시하였다. 300명에 대한 조사 결과는 〈표 7-9〉와 같다. 흡연 경력과 폐기능 상태는 서로 독립이라고 할 수 있는지 KESS를 이용하여 검정하여라.

〈표 7-9〉 폐기능 조사 결과

| | | 폐기능 | |
|---|---|---|---|
| | | 정상 | 비정상 |
| 흡연경력 | 비흡연 | 115 | 5 |
| | 현재흡연 | 81 | 19 |
| | 과거흡연 | 72 | 8 |

**풀이** 자료를 [그림 7-11]과 같이 입력하고 메뉴에서 **[분할표]**를 이용하여 검정한 결과는 [그림 7-12]와 같다. 유의확률이 0.00179로서 유의성이 매우 강하다. 즉, 흡연 경력과 폐기능 상태는 서로 관련이 있다고 할 수 있다.

| | A | B | C |
|---|---|---|---|
| 1 | | 정상 | 비정상 |
| 2 | 비흡연 | 115 | 5 |
| 3 | 현재흡연 | 81 | 19 |
| 4 | 과거흡연 | 72 | 8 |

**[그림 7-11]** 분할표 분석 자료의 입력

분할표

| | 정상 | 비정상 | 계 |
|---|---|---|---|
| 비흡연 | | | |
| 관측도수 | 115 | 5 | 120 |
| 기대도수 | 107.2 | 12.8 | |
| 현재흡연 | | | |
| 관측도수 | 81 | 19 | 100 |
| 기대도수 | 89.3333 | 10.6667 | |
| 과거흡연 | | | |
| 관측도수 | 72 | 8 | 80 |
| 기대도수 | 71.4667 | 8.5333 | |
| 계 | 268 | 32 | 300 |

카이제곱 통계량 : 12.6458
유의확률 : 0.00179

**[그림 7-12]** 분할표의 검정 결과

# 연습문제

**7-1** 요일별로 교통사고율이 다른지를 조사하기 위하여 다음과 같은 요일별 교통사고 건수의 자료를 얻었다. 요일에 따라 사고율이 다르다고 할 수 있는가? 유의수준 5%에서 검정하여라. 또한 결과를 KESS로 확인하여라.

| 월 | 화 | 수 | 목 | 금 |
|---|---|---|---|---|
| 82 | 55 | 48 | 62 | 70 |

**7-2** 어느 실험에서 A, B, C, D의 네 종류가 각각 다음 표와 같이 관측되었다. 이들의 비율이 8 : 5 : 4 : 3이라고 할 수 있는가?

| 종류 | A | B | C | D | 계 |
|---|---|---|---|---|---|
| 개수 | 200 | 150 | 100 | 50 | 500 |

**7-3** 자료의 정규성 검정을 적합도 검정으로 시행하는 방법은 다음과 같다. 우선 자료로부터 표본평균과 표본표준편차를 구하고, 전체의 자료구간을 $k$개의 구간으로 나눈 다음 추정된 평균, 표준편차를 참값으로 간주하여 각 구간의 확률 $p_i$를 구한다. 그러면 각 구간의 기대도수 $E_i$는 자료의 개수 $n$과 각 구간의 확률 $p_i$의 곱에 의해 구해진다. 또한 관측도수 $O_i$는 각 구간에 속하는 자료의 개수로 결정된다. 이와 같이 구한 기대도수와 관측도수를 이용하면 통계량

$$\chi^2 = \sum_{i=1}^{k} \frac{(O_i - E_i)^2}{E_i}$$

는 근사적으로 자유도 $k-3$인 $\chi^2$-분포를 따름을 이용하여 정규성 검정을 할 수 있다.

이제 100개의 자료에 대한 정규성 검정을 시행하기 위하여 자료구간을 8개의 구간으로 나누고 조사한 결과 다음의 표를 얻었다. 이 자료는 정규분포를 따른다고 할 수 있는지를 검정하려고 한다. KESS를 이용하여 검정통계량의 값을 구하고, 이를 이용하여 유의수준 5%에서 검정하여라.(KESS에서 출력되는 유의확률은 자유도의 변화때문에 성립하지 않으므로 검정통계량의 값만 이용해야 한다.)

| 구간번호 | 1 | 2 | 3 | 4 | 5 | 6 | 7 | 8 |
|---|---|---|---|---|---|---|---|---|
| 확률 | 0.05 | 0.10 | 0.15 | 0.20 | 0.20 | 0.15 | 0.10 | 0.05 |
| 관측도수 | 5 | 10 | 22 | 25 | 19 | 12 | 6 | 1 |

**7-4** $n=200$개의 자료에 대하여 정규성을 가정해도 좋은지를 검토하려고 한다. 이들 자료에서 표본평균 $\bar{x}$와 표본표준편차 $S$를 구한 다음, 이들을 이용하여 자료를 5개의 구간으로 나누고 각 구간의 확률 및 관측도수를 구한 결과 다음과 같았다. 정규성을 가정해도 좋은지 유의수준 5%에서 검정하여라.

| 구간번호 | 1 | 2 | 3 | 4 | 5 | 계 |
|---|---|---|---|---|---|---|
| 확률 | 0.1 | 0.2 | 0.4 | 0.2 | 0.1 | 1 |
| 관측도수 | 25 | 45 | 60 | 45 | 25 | 200 |

**7-5** 다음은 A, B 두 요인에 대한 2×3 분할표이다. A와 B는 서로 독립이라고 할 수 있는지 유의수준 5%에서 검정하여라.

| A \ B | B1 | B2 | B3 |
|---|---|---|---|
| A1 | 20 | 30 | 50 |
| A2 | 30 | 60 | 60 |

**7-6** 연령에 따라 선호하는 정당이 다른지를 조사하기 위해 다음 자료를 얻었다. 연령 세대에 따라 선호하는 정당이 다르다고 할 수 있는지를 유의수준 5%에서 검정하여라.

| 연령 \ 정당 | A | B | C | 계 |
|---|---|---|---|---|
| 30세 미만 | 50 | 30 | 20 | 100 |
| 30~50세 | 80 | 100 | 20 | 200 |
| 50세 이상 | 30 | 50 | 20 | 100 |

**7-7** 어느 대학에서는 새로 제정되는 규정에 대한 학생들의 의견을 알아보기 위하여 각 학년에서 100명씩 뽑아 조사한 결과 다음의 자료를 얻었다. 학년에 따라 의견이 다르다고 할 수 있는가? KESS를 이용하여 검정하여라.

| 학년 \ 의견 | 찬성 | 반대 | 기권 |
|---|---|---|---|
| 1 | 42 | 22 | 36 |
| 2 | 40 | 30 | 30 |
| 3 | 49 | 11 | 40 |
| 4 | 33 | 35 | 32 |

**7-8** 어느 회사에서는 교육수준과 직장에 대한 만족도가 서로 상관이 없는지를 조사하기 위하여 다음의 자료를 얻었다. KESS를 이용하여 독립성 검정을 시행하여라.

| 교육수준 \ 만족도 | 불만 | 보통 | 만족 |
|---|---|---|---|
| 고등학교 | 35 | 45 | 85 |
| 대학교 | 55 | 125 | 288 |
| 대학원 | 12 | 20 | 15 |

# 8장 분산분석

6.2절에서는 두 모평균 $\mu_1$과 $\mu_2$의 크기를 비교하기 위하여 두 표본평균 $\overline{X}$와 $\overline{Y}$의 크기를 비교하였다. 즉, $\overline{X}-\overline{Y}$를 스튜던트화시킨 통계량이 $t$-분포를 따름을 이용하여 $\mu_1-\mu_2$에 관한 추론문제를 다루었다.

이제 세 개 이상의 모평균을 비교하는 문제를 생각해 보자. 예를 들어 A, B, C 세 기계에서 생산되는 제품의 품질이 같은가를 비교하기 위한 문제에서는 세 종류의 제품에 대한 평균 $\bar{y}_1$, $\bar{y}_2$, $\bar{y}_3$를 비교하여 세 평균이 같은지의 여부를 판정할 수 있다. 다만, $\bar{y}_1$, $\bar{y}_2$, $\bar{y}_3$가 서로 얼마만큼 다른지를 나타낼 통계량이 필요하다. 이를 위한 기법이 분산분석이다. 즉, **분산분석**(analysis of variance, ANOVA)은 특성값의 변동을 나타내는 제곱합을 요인별 제곱합과 오차에 의한 제곱합으로 분해하고, 이들의 비를 통계량으로 하여 요인의 유의성을 검증하는 통계적 기법을 뜻한다.

위의 예에서 '기계'와 같이 관측값에 영향을 주는 속성을 **인자**(factor) 또는 **요인**이라고 하며, 기계의 종류인 'A, B, C'와 같이 인자의 여러 조건을 **인자수준**(factor level) 또는 **처리**(treatment)라고 한다. 특성값에 영향을 주는 요인이 1개만 있는 모형을 **일원배치법**(one-way ANOVA)이라고 하며, 2개 있는 모형을 **이원배치법**(two-way ANOVA)이라고 한다.

## 8.1 일원배치법

일원배치법에서는 특성값에 영향을 주는 한 요인(인자)의 유의성을 검증하기 위하여 요인의 여러 수준(처리)에서 실험하여 그 처리효과를 비교하게 된다. 처리의 개수가 $k$개이고, 각 처리 내에 $n_i$개의 관측값이 있는 경우에 일원배치법의 자료구조는 〈표 8-1〉과 같다.

〈표 8-1〉 일원배치의 자료구조

| | 처리1 | 처리2 | … | 처리$k$ | |
|---|---|---|---|---|---|
| | $y_{11}$ | $y_{21}$ | $\cdots$ | $y_{k1}$ | |
| | $y_{12}$ | $y_{22}$ | $\cdots$ | $y_{k2}$ | |
| | $\vdots$ | $\vdots$ | $\cdots$ | $\vdots$ | |
| | $y_{1n_1}$ | $y_{2n_2}$ | $\cdots$ | $y_{kn_k}$ | |
| **평균** | $\bar{y}_{1\cdot}$ | $\bar{y}_{2\cdot}$ | … | $\bar{y}_{k\cdot}$ | **총평균** $\bar{y}_{\cdot\cdot}$ |

**참고**

분산분석이나 다음 장의 회귀분석에서는 어떤 요인에 의한 반응값임을 나타내기 위해 확률변수를 $x$ 대신 $y$를 사용하여 나타내며, 대문자 대신 소문자로 나타내기로 한다.

일원배치법에서 관측값을 나타내는 모형은 다음과 같다.

$$y_{ij} = \mu + \alpha_i + \varepsilon_{ij} \ , \quad i = 1, \cdots, k \ , \ j = 1, \cdots, n_i$$

다만, $\mu$: 총평균

$\alpha_i$: 처리 $i$ 의 **처리효과**(treatment effect)로서 $\sum n_i \alpha_i = 0$을 가정

$\varepsilon_{ij}$: **오차항**(error term)으로 서로 독립인 $N(0, \sigma^2)$ 확률변수

처리효과가 있는지의 여부를 검증하는 귀무가설은 다음과 같다.

$$H_0 \ : \ \alpha_1 = \alpha_2 = \cdots = \alpha_k = 0$$

여기에서 처리효과에 대하여 $\sum n_i \alpha_i = 0$ 을 가정하므로, 처리효과가 모두 같을 때는 $\alpha_i$ 들이 모두 0이고, **'처리효과가 없다'**라고 표현한다.
'처리'의 개념 대신에 '모평균'의 개념으로 이해할 수도 있다. 즉,

$$\mu_i = \mu + \alpha_i, \quad i = 1, \cdots, k$$

로 정의하면 $\mu_i$는 $i$ 번째 모집단의 평균이 되며, 모평균이 모두 같다는 귀무가설은

$$H_0 : \mu_1 = \mu_2 = \cdots = \mu_k$$

로 표현할 수 있다. 일원배치법에서 처리효과에 대한 가설이나 모평균에 대한 가설은 같은 가설을 나타낸다.

이제 제곱합을 분해하여 $H_0$ 를 검정하는 검정통계량을 만들어 보자. 〈표 8-1〉에서 사용된 평균들은 다음과 같이 정의된다.

$$\bar{y}_{i\cdot} = \frac{1}{n_i}\sum_{j=1}^{n_i} y_{ij}, \qquad \bar{y}_{\cdot\cdot} = \frac{1}{N}\sum_{i=1}^{k}\sum_{j=1}^{n_i} y_{ij}$$

다만, $N$은 관측값의 총 개수로서 $N = \sum n_i$ 로 정의된다.

총편차 $y_{ij} - \bar{y}_{\cdot\cdot}$를 다음과 같이 분해한다.

$$y_{ij} - \bar{y}_{\cdot\cdot} = (y_{ij} - \bar{y}_{i\cdot}) + (\bar{y}_{i\cdot} - \bar{y}_{\cdot\cdot})$$

이제 위 식의 양변을 제곱하여 모든 $i, j$ 에 관하여 더하면 우변에서 곱의 합이 0이 되어 다음과 같은 제곱합의 분해를 얻는다.

$$\sum_{i=1}^{k}\sum_{j=1}^{n_i}(y_{ij} - \bar{y}_{\cdot\cdot})^2 = \sum_{i=1}^{k}\sum_{j=1}^{n_i}(y_{ij} - \bar{y}_{i\cdot})^2 + \sum_{i=1}^{k} n_i(\bar{y}_{i\cdot} - \bar{y}_{\cdot\cdot})^2$$

위 식의 **제곱합**(sum of squares)을 차례로 **총제곱합**, **잔차제곱합**(또는 **급내제곱합**), **처리제곱합**(또는 **급간제곱합**)이라고 부른다. 또한 제곱합의 자유도는 각각 $N-1$, $N-k$, $k-1$임이 알려져 있다.

이들을 요약하면 제곱합의 분해는 다음과 같다.

$$\text{SST} = \text{SSE} + \text{SS}_{\text{tr}}$$

다만, 각 제곱합은 다음과 같이 정의된다(자유도에서 $N$은 관측값의 총 개수).

**총제곱합** $\text{SST} = \sum_{i=1}^{k}\sum_{j=1}^{n_i}(y_{ij} - \bar{y}_{\cdot\cdot})^2$, 자유도 $N-1$

**잔차제곱합** $\text{SSE} = \sum_{i=1}^{k}\sum_{j=1}^{n_i}(y_{ij} - \bar{y}_{i\cdot})^2$, 자유도 $N-k$

**처리제곱합** $\text{SS}_{\text{tr}} = \sum_{i=1}^{k} n_i(\bar{y}_{i\cdot} - \bar{y}_{\cdot\cdot})^2$, 자유도 $k-1$

또한 제곱합을 자유도로 나눈 것을 **평균제곱**(mean square)이라고 하며 잔차와 처리에 대한 평균제곱은 각각 다음과 같다.

**잔차평균제곱**: $\text{MSE} = \dfrac{\text{SSE}}{N-k}$

$$\textbf{처리평균제곱: } \mathrm{MS_{tr}} = \frac{\mathrm{SS_{tr}}}{k-1}$$

한편 귀무가설 $H_0$ 하에서 평균제곱의 비로 정의된

$$F = \frac{\mathrm{MS_{tr}}}{\mathrm{MSE}}$$

은 자유도 $(k-1,\ N-k)$인 $F$–분포를 따름이 알려져 있다. 이를 이용하여 유의수준 $\alpha$ 에서 $H_0$ 를 검정하기 위한 기각역은 다음과 같다.

$$F \geq F_{\alpha}(k-1, N-k)$$

또한 $F$–통계량의 관측값을 $f$ 라고 하면 유의확률은 다음과 같다.

$$\text{유의확률} = P(F \geq f)$$

이와 같은 검정 결과를 요약하여 표로 나타낸 것을 **분산분석표**(ANOVA table)라고 하며, 일원배치법의 분산분석표는 〈표 8–2〉와 같다.

**〈표 8–2〉 일원배치 분산분석표**

| 요인 | 제곱합 | 자유도 | 평균제곱 | $F$ 값 | 유의확률 |
|---|---|---|---|---|---|
| 처리 | $\mathrm{SS_{tr}}$ | $k-1$ | $\mathrm{MS_{tr}}$ | $f = \mathrm{MS_{tr}}/\mathrm{MSE}$ | $P(F \geq f)$ |
| 잔차 | SSE | $N-k$ | MSE | | |
| 계 | SST | $N-1$ | | | |

(다만, $N = \sum n_i$ )

**참고**

평균제곱에 대하여 $E(\mathrm{MSE}) = \sigma^2$, $E(\mathrm{MS_{tr}}) = \sigma^2 + \frac{1}{k-1}\sum n_i \alpha_i^2$ 이 성립한다. 따라서 처리효과가 모두 0이 아니면(즉, 처리효과가 있으면) 검정통계량 $F$의 값은 커질 것으로 기대한다.

**예제 8.1** A, B, C, D 네 치료법에 의한 체중 감량 효과를 비교하기 위하여 연령과 비만 정도가 비슷한 16명의 여성을 랜덤하게 4그룹으로 나누고, 각각에 네 치료법을 2주간 시행하여 〈표 8-3〉과 같은 체중 감량 데이터를 얻었다. 치료법에 따라 체중 감량 효과가 다르다고 할 수 있는가? 유의수준 5%에서 검정하여라.

〈표 8-3〉 네 치료법에 의한 체중 감소량

| A | B | C | D |
|---|---|---|---|
| 5 | 3 | −1 | 2 |
| 4 | 1 | 1 | 3 |
| 2 | 2 | 2 | 4 |
| 5 | 2 | 2 | 3 |

**풀이** 각 처리별 평균 및 제곱합들은 다음과 같다.

$$\bar{y}_{1\cdot} = 4,\quad \bar{y}_{2\cdot} = 2,\quad \bar{y}_{3\cdot} = 1,\quad \bar{y}_{4\cdot} = 3,\quad \bar{y}_{\cdot\cdot} = 2.5$$

$$\sum(y_{1j} - \bar{y}_{1\cdot})^2 = 6,\quad \sum(y_{2j} - \bar{y}_{2\cdot})^2 = 2,$$

$$\sum(y_{3j} - \bar{y}_{3\cdot})^2 = 6,\quad \sum(y_{4j} - \bar{y}_{4\cdot})^2 = 2,$$

$$\mathrm{SS_{tr}} = 4\sum_i (\bar{y}_{i\cdot} - \bar{y}_{\cdot\cdot})^2 = 20$$

$$\mathrm{SSE} = \sum_i\sum_j (y_{ij} - \bar{y}_{i\cdot})^2 = 16$$

따라서 〈표 8-4〉와 같은 분산분석표를 얻는다.

〈표 8-4〉 일원배치 분산분석표

| 요인 | 제곱합 | 자유도 | 평균제곱 | $F$ 값 |
|---|---|---|---|---|
| 처리 | 20 | 3 | 6.667 | 5.00 |
| 잔차 | 16 | 12 | 1.333 | |
| 계 | 36 | 15 | | |

한편 $F$−분포표에서 $F_{0.05}(3,12) = 3.49$ 이므로 유의수준 5%에서 $H_0$ 를 기각시킨다. 즉, 치료법에 따라 체중감소 효과가 다르다고 할 수 있다.

**예제 8.2** H, K, S 세 회사 제품의 살충제에 대한 살충효과를 비교하기 위하여 실험을 실시하였다. 〈표 8-5〉는 백분율(%)로 나타낸 살충효과 자료이다. 살충효과가 다르다고 할 수 있는가? 분산분석표를 작성하고 유의수준 5%에서 검정하여라.

**〈표 8-5〉 살충효과 자료**

| H | K | S |
|---|---|---|
| 78 | 66 | 73 |
| 66 | 71 | 82 |
| 84 | 70 | 76 |
| 80 | 65 | 65 |
| 72 | 75 | 60 |

**풀이** 〈표 8-5〉의 자료로부터 다음의 계산 결과를 얻을 수 있다.

$$\bar{y}_{1\cdot} = 76.0,\quad \bar{y}_{2\cdot} = 69.4,\quad \bar{y}_{3\cdot} = 71.2,\quad \bar{y}_{\cdot\cdot} = 72.2$$

$$\sum(y_{1i} - \bar{y}_{1\cdot})^2 = 200.0,\ \sum(y_{2i} - \bar{y}_{2\cdot})^2 = 65.2,\ \sum(y_{3i} - \bar{y}_{3\cdot})^2 = 306.8$$

$$SS_{tr} = 5\sum_i(\bar{y}_{i\cdot} - \bar{y}_{\cdot\cdot})^2 = 116.4$$

$$SSE = \sum_i\sum_j(y_{ij} - \bar{y}_{i\cdot})^2 = 572.0$$

따라서 〈표 8-6〉과 같은 분산분석표를 얻는다.

**〈표 8-6〉 일원배치 분산분석표**

| 요인 | 제곱합 | 자유도 | 평균제곱 | $F$ 값 |
|---|---|---|---|---|
| 처리 | 116.4 | 2 | 58.200 | 1.221 |
| 잔차 | 572.0 | 12 | 47.667 | |
| 계 | 688.4 | 14 | | |

한편 $F$-분포표에서 $F_{0.05}(2,12) = 3.89$ 이므로 유의수준 5%에서 $H_0$ 를 기각시키지 못한다. 즉, 살충제의 종류에 따라 살충효과가 다르다는 근거는 없다.

## 8.2 반복이 없는 이원배치법

특성값에 영향을 주는 요인이 2개 있는 모형을 **이원배치법**이라고 한다. 두 요인을 A, B라고 하고 각각 $p$, $q$ 개의 수준이 있는 경우의 자료구조는 〈표 8-7〉과 같다.

〈표 8-7〉 반복이 없는 이원배치의 자료구조

| 인자A \ 인자B | $B_1$ | $B_2$ | $\cdots$ | $B_q$ | 평균 |
|---|---|---|---|---|---|
| $A_1$ | $y_{11}$ | $y_{12}$ | $\cdots$ | $y_{1q}$ | $\bar{y}_{1\cdot}$ |
| $A_2$ | $y_{21}$ | $y_{22}$ | $\cdots$ | $y_{2q}$ | $\bar{y}_{2\cdot}$ |
| $\vdots$ | $\vdots$ | $\vdots$ | $\cdots$ | $\vdots$ | $\vdots$ |
| $A_p$ | $y_{p1}$ | $y_{p2}$ | $\cdots$ | $y_{pq}$ | $\bar{y}_{p\cdot}$ |
| 평균 | $\bar{y}_{\cdot 1}$ | $\bar{y}_{\cdot 2}$ | $\cdots$ | $\bar{y}_{\cdot q}$ | $\bar{y}_{\cdot\cdot}$ |

〈표 8-7〉에서 $\bar{y}_{i\cdot}$ 및 $\bar{y}_{\cdot j}$는 각각 행 및 열의 평균이며, $\bar{y}_{\cdot\cdot}$는 총평균이다.

이원배치법에서 관측값을 나타내는 모형은 다음과 같다.

$$y_{ij} = \mu + \alpha_i + \beta_j + \varepsilon_{ij}, \quad i = 1, \cdots, p, \; j = 1, \cdots, q$$

다만, $\mu$ 와 $\varepsilon_{ij}$ 는 일원배치와 같이 정의되며

$\alpha_i$: 인자A의 $i$ 번째 수준의 효과로서 $\sum \alpha_i = 0$

$\beta_j$: 인자B의 $j$ 번째 수준의 효과로서 $\sum \beta_j = 0$

인자 A와 B의 효과를 검증하기 위한 귀무가설은 각각 다음과 같다.

$$H_0 : \alpha_1 = \alpha_2 = \cdots = \alpha_p = 0, \qquad H_0 : \beta_1 = \beta_2 = \cdots = \beta_q = 0$$

〈표 8-7〉에서 정의된 행 평균과 열 평균을 이용하면 각 모수의 추정값은 다음과 같이 주어진다.

$$\alpha_i \text{ 의 추정: } \bar{y}_{i\cdot} - \bar{y}_{\cdot\cdot}, \quad \beta_j \text{ 의 추정: } \bar{y}_{\cdot j} - \bar{y}_{\cdot\cdot}$$

이를 이용하여 총제곱합을 다음과 같이 분해한다.

$$\mathrm{SST} = \mathrm{SS_A} + \mathrm{SS_B} + \mathrm{SSE}$$

다만, **총제곱합**: $\text{SST} = \sum_{i=1}^{p}\sum_{j=1}^{q}(y_{ij} - \bar{y}_{..})^2$

**인자A 제곱합**: $\text{SS}_\text{A} = q\sum_{i=1}^{p}(\bar{y}_{i.} - \bar{y}_{..})^2$

**인자B 제곱합**: $\text{SS}_\text{B} = p\sum_{j=1}^{q}(\bar{y}_{.j} - \bar{y}_{..})^2$

**잔차제곱합**: $\text{SSE} = \sum_{i=1}^{p}\sum_{j=1}^{q}(y_{ij} - \bar{y}_{i.} - \bar{y}_{.j} + \bar{y}_{..})^2$

각 제곱합을 자유도로 나누어 평균제곱을 정의하며, 평균제곱의 비(ratio)로 $F-$통계량을 정의한다. 또한 $F-$검정 결과를 유의확률로 나타내며, 이를 표로 나타낸 것이 **이원배치 분산분석표**로서 〈표 8-8〉과 같다.

**〈표 8-8〉** 반복이 없는 이원배치 분산분석표

| 요인 | 제곱합 | 자유도 | 평균제곱 | $F$값 | 유의확률 |
|---|---|---|---|---|---|
| 인자A | $\text{SS}_\text{A}$ | $p-1$ | $\text{MS}_\text{A}$ | $f_1 = \text{MS}_\text{A}/\text{MSE}$ | $P(F \geq f_1)$ |
| 인자B | $\text{SS}_\text{B}$ | $q-1$ | $\text{MS}_\text{B}$ | $f_2 = \text{MS}_\text{B}/\text{MSE}$ | $P(F \geq f_2)$ |
| 잔차 | SSE | $(p-1)(q-1)$ | MSE | | |
| 계 | SST | $pq-1$ | | | |

**예제 8.3** 지역과 비료의 종류에 따라 토마토 생산량에 차이가 있는지를 확인하기 위하여 4개 지역에서 각각 A, B, C 세 종류의 비료를 적용시킨 후에 생산량을 조사한 결과 〈표 8-9〉의 자료를 얻었다. 지역과 비료의 종류에 따라 생산량에 차이가 있다고 할 수 있는가? 분산분석표를 작성하고, 지역과 비료의 종류에 따라 토마토 생산량에 차이가 있는지를 유의수준 5%에서 검정하여라.

**〈표 8-9〉** 토마토 수확량

| 지역 \ 비료 | A | B | C |
|---|---|---|---|
| 지역 1 | 42.8 | 52.3 | 48.2 |
| 지역 2 | 38.6 | 43.5 | 40.3 |
| 지역 3 | 50.2 | 58.7 | 53.5 |
| 지역 4 | 48.2 | 50.8 | 51.2 |

**풀이** 지역을 인자A, 비료를 인자B로 정하면, 다음의 계산 결과를 얻는다.

$$\bar{y}_{1.} = 47.767,\ \bar{y}_{2.} = 40.800,\ \bar{y}_{3.} = 54.133,\ \bar{y}_{4.} = 50.067$$

$$\bar{y}_{.1} = 44.950,\ \bar{y}_{.2} = 51.325,\ \bar{y}_{.3} = 48.300,\ \bar{y}_{..} = 48.1917$$

$$\mathrm{SS_A} = 3\sum(\bar{y}_{i\cdot} - \bar{y}_{\cdot\cdot})^2 = 280.909$$
$$\mathrm{SS_B} = 4\sum(\bar{y}_{\cdot j} - \bar{y}_{\cdot\cdot})^2 = 81.352$$
$$\mathrm{SST} = \sum\sum(y_{ij} - \bar{y}_{\cdot\cdot})^2 = 380.729$$
$$\mathrm{SSE} = \mathrm{SST} - \mathrm{SS_A} - \mathrm{SS_B} = 380.729 - 280.909 - 81.352 = 18.468$$

따라서 〈표 8-10〉과 같은 분산분석표를 얻는다. 한편 $F$-분포표에서 $F_{0.05}(2,6) = 5.14$, $F_{0.05}(3,6) = 4.76$이므로 유의수준 5%에서 두 $H_0$를 모두 기각한다. 즉, 지역에 따라서도 수확량이 다르며, 비료의 종류에 따라서도 다르다는 확실한 근거가 있다.

〈표 8-10〉 반복이 없는 이원배치 분산분석표

| 요인 | 제곱합 | 자유도 | 평균제곱 | $F$값 |
|---|---|---|---|---|
| 인자A | 280.909 | 3 | 93.636 | 30.42 |
| 인자B | 81.352 | 2 | 40.676 | 13.21 |
| 잔차 | 18.468 | 6 | 3.078 | |
| 계 | 380.729 | 11 | | |

## 8.3 반복이 있는 이원배치법

특성값에 영향을 주는 요인이 2개 있는 이원배치모형에서 수준들의 각 조합(처리)에서 반복실험을 실시하는 모형을 **반복이 있는 이원배치법**이라고 하며, 자료구조는 〈표 8-11〉과 같다. 이 책에서는 각 처리에서의 반복횟수가 같은 경우만 다루기로 한다.

반복이 있는 이원배치모형에서는 A, B 인자의 수준별 **교호작용**(interaction)에 대한 유의성 검정이 가능하다. 이와 같은 교호작용이 있는 이원배치모형은 다음과 같다.

$$y_{ijk} = \mu + \alpha_i + \beta_j + \gamma_{ij} + \varepsilon_{ijk},$$
$$i = 1, \cdots, p, \quad j = 1, \cdots, q, \quad k = 1, \cdots, r$$

다만, $\mu$, $\alpha_i$, $\beta_j$, $\varepsilon_{ijk}$는 반복이 없는 이원배치에서와 같이 정의되며,

$\gamma_{ij}$: A의 $i$ 번째 수준과 B의 $j$ 번째 수준의 **교호작용**

〈표 8-11〉 반복이 있는 이원배치의 자료구조

| 인자B / 인자A | $B_1$ | $B_2$ | $\cdots$ | $B_q$ | 평균 |
|---|---|---|---|---|---|
| $A_1$ | $y_{111}$<br>$\vdots$<br>$y_{11r}$ | $y_{121}$<br>$\vdots$<br>$y_{12r}$ | $\cdots$<br><br>$\cdots$ | $y_{1q1}$<br>$\vdots$<br>$y_{1qr}$ | $\overline{y}_{1\cdot\cdot}$ |
| | $\overline{y}_{11\cdot}$ | $\overline{y}_{12\cdot}$ | $\cdots$ | $\overline{y}_{1q\cdot}$ | |
| $\vdots$ | $\vdots$ | $\vdots$ | | $\vdots$ | $\vdots$ |
| $A_p$ | $y_{p11}$<br>$\vdots$<br>$y_{p1r}$ | $y_{p21}$<br>$\vdots$<br>$y_{p2r}$ | $\cdots$<br><br>$\cdots$ | $y_{pq1}$<br>$\vdots$<br>$y_{pqr}$ | $\overline{y}_{p\cdot\cdot}$ |
| | $\overline{y}_{p1\cdot}$ | $\overline{y}_{p2\cdot}$ | $\cdots$ | $\overline{y}_{pq\cdot}$ | |
| | $\overline{y}_{\cdot 1\cdot}$ | $\overline{y}_{\cdot 2\cdot}$ | $\cdots$ | $\overline{y}_{\cdot q\cdot}$ | $\overline{y}_{\cdots}$ |

으로 정의된다. 교호작용의 유의성에 대한 가설은 다음과 같다.

$$H_0 : \gamma_{ij} = 0 \text{ , 모든 } i,j \text{ 에 대하여}$$

〈표 8-11〉에 있는 행평균 $\overline{y}_{i\cdot\cdot}$, 열평균 $\overline{y}_{\cdot j\cdot}$, $(i, j)$ 칸의 평균 $\overline{y}_{ij\cdot}$를 사용하면, 각 모수의 추정값은 다음과 같다.

$$\alpha_i \text{ 의 추정: } \overline{y}_{i\cdot\cdot} - \overline{y}_{\cdots}$$
$$\beta_j \text{ 의 추정: } \overline{y}_{\cdot j\cdot} - \overline{y}_{\cdots}$$
$$\gamma_{ij} \text{ 의 추정: } \overline{y}_{ij\cdot} - \overline{y}_{i\cdot\cdot} - \overline{y}_{\cdot j\cdot} + \overline{y}_{\cdots}$$

이를 이용하여 총제곱합을 다음과 같이 분해한다.

$$\text{SST} = \text{SS}_\text{A} + \text{SS}_\text{B} + \text{SS}_{\text{A}\times\text{B}} + \text{SSE}$$

다만, 총제곱합: $\text{SST} = \sum_i \sum_j \sum_k (y_{ijk} - \overline{y}_{\cdots})^2$

인자A 제곱합: $\text{SS}_\text{A} = qr\sum_i (\overline{y}_{i\cdot\cdot} - \overline{y}_{\cdots})^2$

인자B 제곱합: $\text{SS}_\text{B} = pr\sum_j (\overline{y}_{\cdot j\cdot} - \overline{y}_{\cdots})^2$

교호작용 제곱합: $\text{SS}_{\text{A}\times\text{B}} = r\sum_i \sum_j (\overline{y}_{ij\cdot} - \overline{y}_{i\cdot\cdot} - \overline{y}_{\cdot j\cdot} + \overline{y}_{\cdots})^2$

잔차제곱합: $\text{SSE} = \sum_i \sum_j \sum_k (y_{ijk} - \overline{y}_{ij\cdot})^2$

각 제곱합을 자유도로 나누어 평균제곱을 정의하며, 평균제곱의 비(ratio)로 $F-$통계량을 정의하는 것은 앞에서와 같다. 반복이 있는 이원배치법에서 **분산분석표**는 〈표 8-12〉와 같다.

〈표 8-12〉 반복이 있는 이원배치 분산분석표

| 요인 | 제곱합 | 자유도 | 평균제곱 | $F$값 | 유의확률 |
|---|---|---|---|---|---|
| 인자A | $SS_A$ | $p-1$ | $MS_A$ | $f_1 = MS_A/MSE$ | $P(F \ge f_1)$ |
| 인자B | $SS_B$ | $q-1$ | $MS_B$ | $f_2 = MS_B/MSE$ | $P(F \ge f_2)$ |
| 교호작용 | $SS_{A\times B}$ | $(p-1)(q-1)$ | $MS_{A\times B}$ | $f_3 = MS_{A\times B}/MSE$ | $P(F \ge f_3)$ |
| 잔차 | $SSE$ | $pq(r-1)$ | $MSE$ | | |
| 계 | $SST$ | $pqr-1$ | | | |

**예제 8.4** 리탈린(ritalin)이 정상아동과 과잉운동아동에 미치는 영향을 조사하기 위하여, 정상아동 8명과 과잉운동아동 8명을 각각 두 그룹으로 나누어 한 그룹에는 리탈린을 투여하고 다른 그룹에는 위약(placebo)을 투여하였다. 관측값으로 활동지수를 측정하였으며, 결과는 〈표 8-13〉과 같다. 투여약 효과, 아동 효과, 교호작용의 각각에 대한 유의성 검정을 하여라.

〈표 8-13〉 활동지수 자료

| 아동 \ 투여약 | 위약 | 리탈린 |
|---|---|---|
| 정상아 | 50 45<br>55 52 | 67 60<br>58 65 |
| 과잉운동아 | 70 68<br>72 75 | 51 57<br>48 55 |

**풀이** 아동을 인자A, 투여약을 인자B로 정하면, 다음의 계산 결과를 얻는다.

$$\overline{y}_{11\cdot} = 50.5,\quad \overline{y}_{12\cdot} = 62.5,\quad \overline{y}_{21\cdot} = 71.25,\quad \overline{y}_{22\cdot} = 52.75$$

$$\overline{y}_{1\cdot\cdot} = 56.5,\quad \overline{y}_{2\cdot\cdot} = 62.0$$

$$\overline{y}_{\cdot1\cdot} = 60.875,\quad \overline{y}_{\cdot2\cdot} = 57.625,\quad \overline{y}_{\cdots} = 59.25$$

$$SST = \sum\sum\sum (y_{ijk} - \overline{y}_{\cdots})^2 = (50-59.25)^2 + \cdot + (55-59.25)^2 = 1275$$

$$SS_A = 2\times4\times\sum(\overline{y}_{i\cdot\cdot} - \overline{y}_{\cdots})^2 = 8[(-2.75)^2 + (2.75)^2] = 121$$

$$SS_B = 2\times4\times\sum(\overline{y}_{\cdot j\cdot} - \overline{y}_{\cdots})^2 = 8[(1.625)^2 + (-1.625)^2] = 42.25$$

$$SSE = \sum\sum\sum(y_{ijk} - \overline{y}_{ij\cdot})^2 = (50-50.5)^2 + \cdots + (55-52.75)^2 = 181.5$$

$$SS_{A\times B} = SST - SS_A - SS_B - SSE = \;= 930.25$$

이들을 이용한 분산분석표는 〈표 8-14〉와 같다.

〈표 8-14〉 반복이 있는 이원배치 분산분석표

| 요인 | 제곱합 | 자유도 | 평균제곱 | $F$값 |
|---|---|---|---|---|
| 인자 A(아동) | 121.00 | 1 | 121.00 | 8.00 |
| 인자 B(투여약) | 42.25 | 1 | 42.25 | 2.79 |
| 교호작용 | 930.25 | 1 | 930.25 | 61.50 |
| 잔차 | 181.50 | 12 | 15.125 | |
| 계 | 1275 | 15 | | |

한편 $F$-분포표에서 $F_{0.05}(1,12) = 4.75$ 이므로 유의수준 5%에서 인자 A(아동)의 주효과는 유의하며, 인자 B(투여약)의 주효과는 유의하지 않다. 그러나 교호작용은 매우 유의한 것으로 나타났다. 이와 같이 교호작용이 유의할 때는 주효과가 유의하지 않아도 모형에서 제외시키면 안 된다. 특히 교호작용 효과가 유의할 때는 각 주효과의 유의성 여부가 큰 의미를 갖지 못한다.

## 8.4 엑셀의 이용

엑셀과 KESS 모두에서 분산분석을 시행할 수 있다.

### 8.4.1 일원배치법

엑셀에서 분산분석은 메뉴의 **[데이터]** 탭에서 **[데이터 분석]**을 선택하고, 이어서 나타나는 '통계 데이터 분석' 창에서 **[분산분석: 일원배치법]** 등을 이용하여 시행할 수 있다.

KESS에서 일원배치 분산분석은 **[통계분석]**에서 **[분산분석]→[일원배치법]**을 이용한다. 다만, KESS에서 분산분석을 위한 자료의 입력 방법에는 두 가지가 있다. 즉, 하나는 「표준입력」이며 다른 하나는 「고급입력」이다.

**표준입력**은 엑셀과 같은 형식으로서 표와 같은 형식으로 입력하는 방법이다. 즉, 워크시트에서 '열기준'으로 자료를 입력할 때, 첫 번째 행에 변수 (또는 처리) 이름을 입력시키고, 두 번째 행부터 차례로 자료를 입력시키는 방법이다.

**고급입력**은 다른 통계패키지와의 호환성을 위해 만든 것으로서 분류변수와 분석변수가 따로 있는 경우에 사용한다. 즉, 분류변수와 분석변수가 쌍을 이루어 입력되는 형식이다.

**예제 8.5** [예제 8.1]의 문제를 엑셀과 KESS를 이용하여 풀어라.(자료: 'DATA' 폴더의 '분산분석' 파일에서 'diet(표준)')

**풀이** ① 엑셀의 이용

[그림 8-1]과 같이 입력된 워트시트에서 **[데이터]→[데이터 분석]**을 선택하고, 이어서 나타나는 '통계 데이터 분석' 창에서 **[분산분석: 일원배치법]**을 선택하면 [그림 8-1]의 오른쪽과 같은 대화상자가 나타난다. 이 창에서 자료의 입력범위를 지정하고, '첫째 행 이름표 사용'을 체크한다. 이어서 '확인'을 클릭하면 [그림 8-2]와 같은 출력 결과를 얻는다. 분산분석 결과에서 처리에 대한 유의확률이 0.0178이므로 치료법에 따라 체중감량의 효과가 다르다고 결론을 내린다.

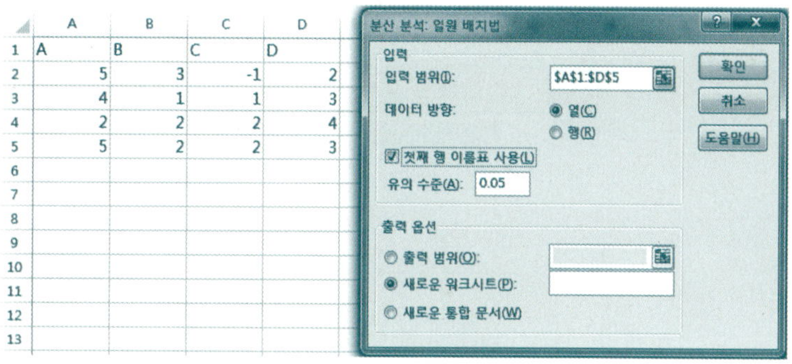


**[그림 8-1]** 일원배치 표준입력과 입력 창

| | A | B | C | D | E | F | G |
|---|---|---|---|---|---|---|---|
| 1 | 분산 분석: 일원 배치법 | | | | | | |
| 2 | | | | | | | |
| 3 | 요약표 | | | | | | |
| 4 | 인자의 수준 | 관측수 | 합 | 평균 | 분산 | | |
| 5 | A | 4 | 16 | 4 | 2 | | |
| 6 | B | 4 | 8 | 2 | 0.666667 | | |
| 7 | C | 4 | 4 | 1 | 2 | | |
| 8 | D | 4 | 12 | 3 | 0.666667 | | |
| 9 | | | | | | | |
| 10 | | | | | | | |
| 11 | 분산 분석 | | | | | | |
| 12 | 변동의 요인 | 제곱합 | 자유도 | 제곱 평균 | F 비 | P-값 | F 기각치 |
| 13 | 처리 | 20 | 3 | 6.6666667 | 5 | 0.017767 | 3.49029482 |
| 14 | 잔차 | 16 | 12 | 1.3333333 | | | |
| 15 | | | | | | | |
| 16 | 계 | 36 | 15 | | | | |

**[그림 8-2]** 엑셀에서 일원배치 분산분석 결과

② KESS의 이용

KESS에서 자료를 입력하는 방법은 **표준입력**과 **고급입력**이 있으며, 표준입력은 엑셀과 같은 방법이다.

KESS의 메뉴에서 **[분산분석]→[일원배치법]**을 이용한다. 일원배치법의 '표준입력' 탭에서 [그림 8-3]과 같이 '분석변수'를 선택하고 '확인'을 클릭한다. '분산분석표'와 '수준별 상자그림'이 디폴트로 출력된다.

출력 결과는 [그림 8-4] 및 [그림 8-5]와 같다. 엑셀에서와 같이 유의확률은 0.0178이다. 또한 [그림 8-5]의 상자그림으로부터 치료법에 따라 체중 감소량 분포의 위치가 많이 다름을 확인할 수 있다.

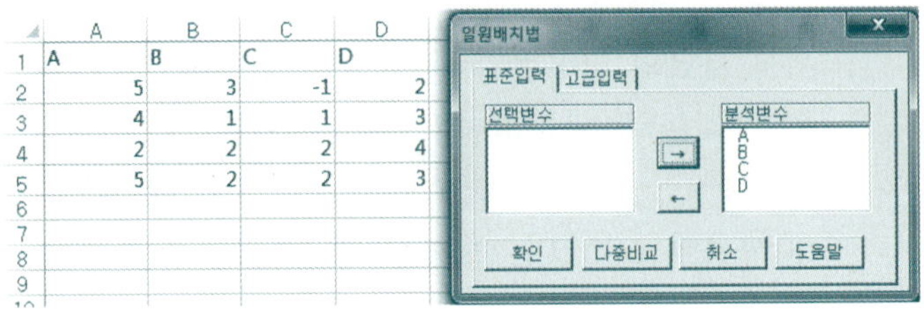


**[그림 8-3]** KESS의 표준입력에서 일원배치법 창

일원배치 분산분석 결과

기술 통계량

| | 개수 | 평균 | 표준편차 |
|---|---|---|---|
| A | 4 | 4 | 1.4142 |
| B | 4 | 2 | 0.8165 |
| C | 4 | 1 | 1.4142 |
| D | 4 | 3 | 0.8165 |

등분산 검정

| Levene's test | 제곱합 | 자유도 | 평균제곱 | F값 | 유의확률 |
|---|---|---|---|---|---|
| 처리 | 1 | 3 | 0.3333 | 0.6667 | 0.5885 |
| 잔차 | 6 | 12 | 0.5 | | |

"H0:요인 수준 간 모분산들이 서로 같다."를 유의수준 α=0.05에서 기각하지 못한다.
즉, 모분산들이 (p>0.05) 차이가 없다.
등분산 가정이 만족 된다.

분산분석표

| 요인 | 제곱합 | 자유도 | 평균제곱 | F값 | 유의확률 |
|---|---|---|---|---|---|
| 처리 | 20 | 3 | 6.6667 | 5 | 0.0178 |
| 잔차 | 16 | 12 | 1.3333 | | |
| 계 | 36 | 15 | | | |

"H0:모평균들이 서로 같다."를 유의수준 α=0.05에서 기각한다.
즉, 표본평균들이 뚜렷한(p<0.05) 차이가 있다.

**[그림 8-4]** 일원배치 분산분석 결과

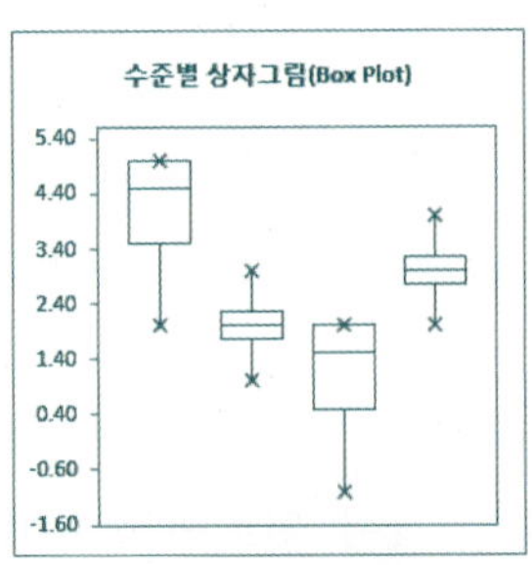


**[그림 8-5]** 상자그림에 의한 비교

**예제 8.6** A, B, C 세 자동차 회사에서 생산되는 같은 배기량을 갖는 자동차에 대한 시내 주행 연비를 조사하였다. 각 종류에 8대씩 실험을 실시하였다. 도로 사정으로 일부는 추정에 실패하고 〈표 8-15〉의 연비자료를 얻었다. 세 자동차의 연비가 다르다고 할 수 있는가? 엑셀과 KESS를 이용하여 분산분석을 시행하여라.(자료: '분산분석' 파일에서 '연비(표준)')

〈표 8-15〉 세 자동차의 연비

| A | B | C |
|---|---|---|
| 15.1 | 14.1 | 16.5 |
| 13.2 | 12.3 | 18.2 |
| 16.8 | 13.8 | 19.3 |
| 14.1 | 11.3 | 17.5 |
| 15.6 | 12.7 | 15.8 |
| 18.3 | 16.4 | |
| | 15.2 | |

**풀이** 각 처리에서 반복수가 다른 경우에도 자료는 [그림 8-6]과 같이 입력한다.

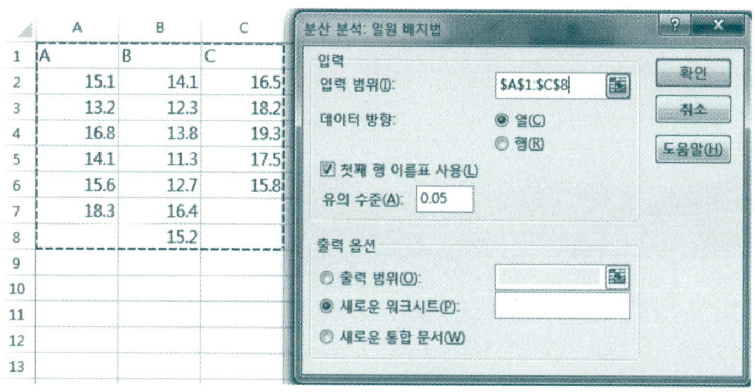


[그림 8-6] 자료의 입력

① 엑셀의 이용

[데이터 분석]→[분산분석: 일원배치법]을 이용하면 [그림 8-7]과 같은 분산분석 결과를 얻는다. 유의확률이 0.006124로서 매우 유의성이 강하며, 따라서 자동차의 종류에 따라 연비가 다르다고 결론을 내린다.

|  | A | B | C | D | E | F | G |
|---|---|---|---|---|---|---|---|
| 1 | 분산 분석: 일원 배치법 | | | | | | |
| 2 | | | | | | | |
| 3 | 요약표 | | | | | | |
| 4 | 인자의 수준 | 관측수 | 합 | 평균 | 분산 | | |
| 5 | A | 6 | 93.1 | 15.5166667 | 3.38966667 | | |
| 6 | B | 7 | 95.8 | 13.6857143 | 3.07142857 | | |
| 7 | C | 5 | 87.3 | 17.46 | 1.903 | | |
| 8 | | | | | | | |
| 9 | | | | | | | |
| 10 | 분산 분석 | | | | | | |
| 11 | 변동의 요인 | 제곱합 | 자유도 | 제곱 평균 | F 비 | P-값 | F 기각치 |
| 12 | 처리 | 41.81554 | 2 | 20.9077698 | 7.29529048 | 0.006124 | 3.68232034 |
| 13 | 잔차 | 42.9889 | 15 | 2.86592698 | | | |
| 14 | | | | | | | |
| 15 | 계 | 84.80444 | 17 | | | | |

**[그림 8-7]** 엑셀에서 출력 결과

② KESS의 이용

KESS의 메뉴에서 **[분산분석]→[일원배치법]**을 이용한다. [그림 8-6]의 워크시트를 사용하려면 표준입력을 이용하면 된다. 분산분석 결과는 [그림 8-8]과 같다. (a)는 분산분석표로서 유의확률이 엑셀의 결과와 같은 0.0061임을 확인할 수 있으며, (b)는 수준별 상자그림으로 세 수준에서 분포의 위치가 많이 다름을 확인할 수 있다.

**기술 통계량**

|  | 개수 | 평균 | 표준편차 |
|---|---|---|---|
| A | 6 | 15.5167 | 1.8411 |
| B | 7 | 13.6857 | 1.7525 |
| C | 5 | 17.46 | 1.3795 |

**등분산 검정**

| Levene's test | 제곱합 | 자유도 | 평균제곱 | F값 | 유의확률 |
|---|---|---|---|---|---|
| 처리 | 0.3824 | 2 | 0.1912 | 0.2192 | 0.8057 |
| 잔차 | 13.0841 | 15 | 0.8723 | | |

"H0:요인 수준 간 모분산들이 서로 같다."를 유의수준 α=0.05에서 기각하지 못한다.
즉, 모분산들이 (p>0.05) 차이가 없다.
등분산 가정이 만족 된다.

**분산분석표**

| 요인 | 제곱합 | 자유도 | 평균제곱 | F값 | 유의확률 |
|---|---|---|---|---|---|
| 처리 | 41.8155 | 2 | 20.9078 | 7.2953 | 0.0061 |
| 잔차 | 42.9889 | 15 | 2.8659 | | |
| 계 | 84.8044 | 17 | | | |

"H0:모평균들이 서로 같다."를 유의수준 α=0.01에서 기각한다.
즉, 표본평균들이 아주 뚜렷한(p<0.01) 차이가 있다.

(a) 분산분석표

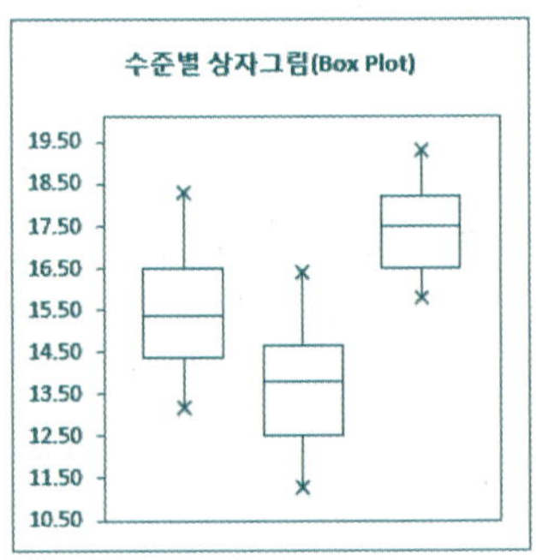


(b) 상자그림

**[그림 8-8]** KESS에서 출력 결과

### 8.4.2 반복이 없는 이원배치법

엑셀에서 반복 없는 이원배치 분산분석은 **[데이터 분석]→[분산분석: 반복 없는 이원배치법]**을 이용한다.

KESS에서는 **[통계분석]**에서 **[분산분석]→[이원배치법]**을 이용한다. 다만, 자료의 입력은 일원배치에서와 마찬가지로 「표준입력」과 「고급입력」의 두 가지 방법이 있다. 표준입력에서는 반복수가 1일 때 반복이 없는 일원배치로 인식한다.

**예제 8.7** [예제 8.3]의 문제를 엑셀과 KESS를 이용하여 풀어라.(자료: '분산분석' 파일에서 'tomato(표준)')

**풀이** ① 엑셀의 이용

자료는 [그림 8-9]의 왼쪽과 같이 입력한다. 엑셀의 통계분석 메뉴인 **[데이터 분석]→[분산분석: 반복 없는 이원배치법]**을 선택하여 [그림 8-9]와 같이 자료의 범위를 입력하고 옵션을 선택한다. 첫 행과 첫 열은 변수(수준) 이름이므로 '이름표'를 체크한다. 출력 결과는 [그림 8-10]과 같이 인자 A(비료)와 인자 B(지역)의 유의확률이 각각 0.0005, 0.0063으로서 모두 유의한 것으로 나타났다.

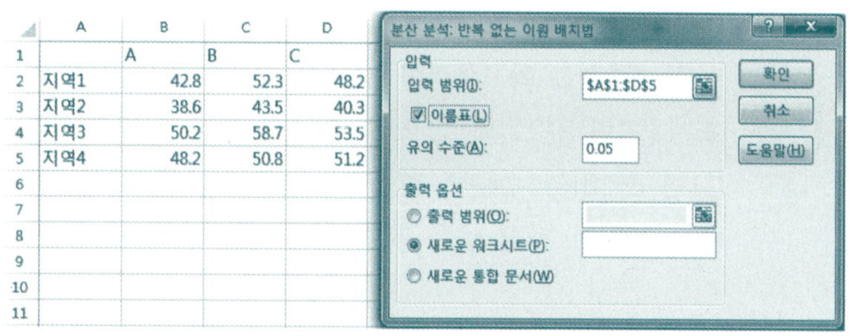


**[그림 8-9]** 자료의 입력과 반복 없는 이원배치 옵션

| 분산 분석: 반복 없는 이원 배치법 | | | | | | |
|---|---|---|---|---|---|---|
| | | | | | | |
| 요약표 | 관측수 | 합 | 평균 | 분산 | | |
| 지역1 | 3 | 143.3 | 47.7666667 | 22.7033333 | | |
| 지역2 | 3 | 122.4 | 40.8 | 6.19 | | |
| 지역3 | 3 | 162.4 | 54.1333333 | 18.3633333 | | |
| 지역4 | 3 | 150.2 | 50.0666667 | 2.65333333 | | |
| | | | | | | |
| A | 4 | 179.8 | 44.95 | 27.69 | | |
| B | 4 | 205.3 | 51.325 | 38.9491667 | | |
| C | 4 | 193.2 | 48.3 | 33.1533333 | | |
| | | | | | | |
| 분산 분석 | | | | | | |
| 변동의 요인 | 제곱합 | 자유도 | 제곱 평균 | F 비 | P-값 | F 기각치 |
| 인자 A(행) | 280.909167 | 3 | 93.6363889 | 30.4206299 | 0.00050151 | 4.75706266 |
| 인자 B(열) | 81.3516667 | 2 | 40.6758333 | 13.2147821 | 0.00633331 | 5.14325285 |
| 잔차 | 18.4683333 | 6 | 3.07805556 | | | |
| | | | | | | |
| 계 | 380.729167 | 11 | | | | |

[그림 8-10] 엑셀의 출력 결과

② KESS의 이용

KESS에서는 [그림 8-9]와 같은 표준입력도 가능하며, 고급입력도 가능하다. [그림 8-11]은 데이터가 고급입력 형식으로 입력된 모양이다. KESS에서 **[분산분석]→[이원배치법]**을 선택하여 나타나는 대화상자에서 '고급입력' 탭을 선택하고, [그림 8-11]과 같이 분류변수와 분석변수를 선택한다. 반복이 없는 경우이므로 디폴트로 체크된 '교호작용 포함'은 체크를 해제한다.

'분산분석표'와 '수준별 평균의 그래프'가 디폴트로 출력된다. 분산분석표는 [그림 8-12]와 같으며, 엑셀과 같은 결과를 얻음을 확인할 수 있다. [그림 8-13]의 수준별 평균의 그래프로부터 지역 3에서 비료 B를 사용할 때 생산량이 가장 높은 것을 알 수 있다.

| 비료 | 지역 | 생산량 |
|---|---|---|
| A | 1 | 42.8 |
| A | 2 | 38.6 |
| A | 3 | 50.2 |
| A | 4 | 48.2 |
| B | 1 | 52.3 |
| B | 2 | 43.5 |
| B | 3 | 58.7 |
| B | 4 | 50.8 |
| C | 1 | 48.2 |
| C | 2 | 40.3 |
| C | 3 | 53.5 |
| C | 4 | 51.2 |

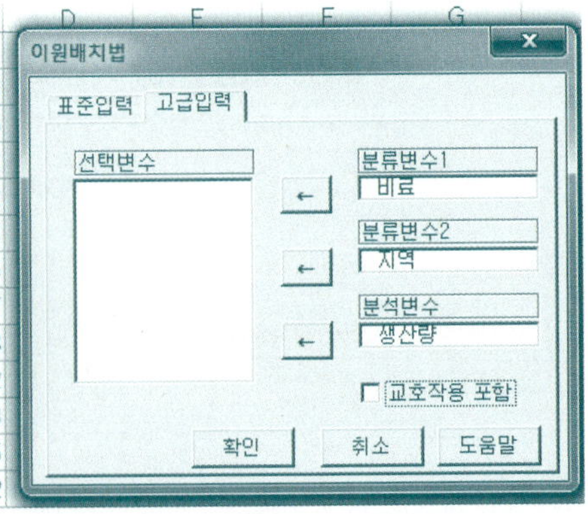


[그림 8-11] KESS에서 고급입력과 이원배치 대화상자

**기술 통계량**

| | 관측도수 | 평균 | 표준편차 |
|---|---|---|---|
| A | 4 | 44.95 | 5.2621 |
| B | 4 | 51.325 | 6.2409 |
| C | 4 | 48.3 | 5.7579 |
| | | | |
| 1 | 3 | 47.7667 | 4.7648 |
| 2 | 3 | 40.8 | 2.488 |
| 3 | 3 | 54.1333 | 4.2852 |
| 4 | 3 | 50.0667 | 1.6289 |

**분산분석표**

| 요인 | 제곱합 | 자유도 | 평균제곱 | F값 | 유의확률 |
|---|---|---|---|---|---|
| 비료 | 81.3517 | 2 | 40.6758 | 13.2148 | 0.0063 |
| 지역 | 280.9092 | 3 | 93.6364 | 30.4206 | 0.0005 |
| 잔차 | 18.4683 | 6 | 3.0781 | | |
| | 380.7292 | 11 | | | |

[그림 8-12] KESS의 출력 결과

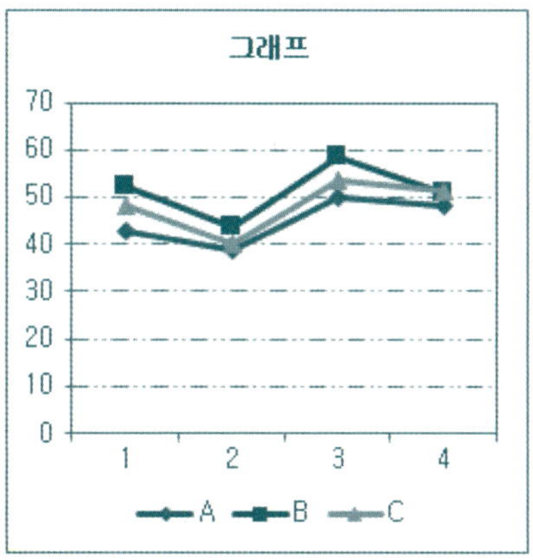


[그림 8-13] 수준별 평균의 그래프

### 8.4.3 반복이 있는 이원배치법

엑셀에서 반복이 있는 이원배치 분산분석은 [데이터 분석]→[분산분석: 반복 있는 이원배치법]을 이용하여 시행할 수 있다.

KESS에서는 [분산분석]→[이원배치법]을 이용한다. 다만, 「표준입력」에서는 반복수가 2 이상일 때 교호작용 포함이 체크되므로 원하지 않으면 체크를 해제한다. 또한 「고급입력」에서는 '교호작용 포함'이 디폴트로 체크되어 있으므로 이를 원하지 않으면 체크를 해제해야 한다.

**예제 8.8** [예제 8.4]의 문제를 엑셀과 KESS를 이용하여 풀어라.(자료: '분산분석' 파일에서 'ritalin(표준)')

**풀이** 자료는 [그림 8-14]와 같이 입력한다.

|   | A | B | C |
|---|---|---|---|
| 1 |  | 위약 | 리탈린 |
| 2 | 정상아 | 50 | 67 |
| 3 |  | 45 | 60 |
| 4 |  | 55 | 58 |
| 5 |  | 52 | 65 |
| 6 | 과잉운동0 | 70 | 51 |
| 7 |  | 68 | 57 |
| 8 |  | 72 | 48 |
| 9 |  | 75 | 55 |

**[그림 8-14]** 반복이 있는 이원배치의 자료 입력

① 엑셀의 이용

**[데이터 분석]→[분산분석: 반복 있는 이원배치법]**을 이용하여 분산분석을 시행한다. 대화상자는 [그림 8-15]와 같다. 각 칸(셀)에서의 반복수가 4이므로 '표본당 행수'를 4로 입력한다. 엑셀에서 출력 결과는 [그림 8-16]과 같다.

출력 결과에 의하면 인자 A(행) 요인(아동)의 주효과에 대한 유의확률은 0.0152로 매우 유의하지만 인자 B(열) 요인(투여약)의 주효과에 대한 유의확률은 0.1205로서 약하다. 그러나 교호작용에 대한 유의확률은 0.0000으로서 유의성이 매우 강하므로 인자 B(투여약)를 모형에서 제외시키면 안 된다.

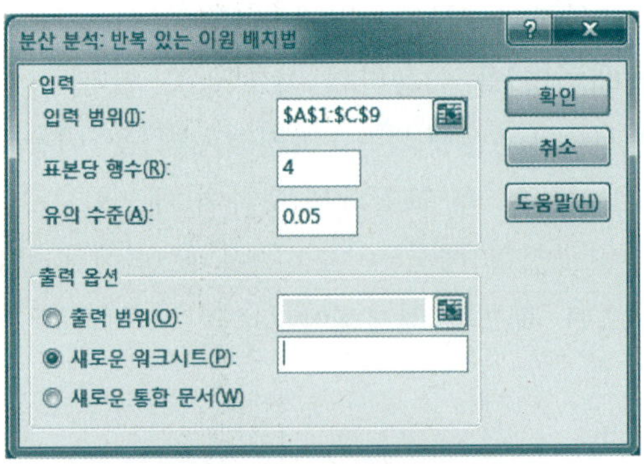


**[그림 8-15]** 엑셀에서 옵션 창

| A | B | C | D | E | F | G |
|---|---|---|---|---|---|---|
| 분산 분석: 반복 있는 이원 배치법 | | | | | | |
| | | | | | | |
| 요약표 | 위약 | 리탈린 | 계 | | | |
| 정상아 | | | | | | |
| 관측수 | 4 | 4 | 8 | | | |
| 합 | 202 | 250 | 452 | | | |
| 평균 | 50.5 | 62.5 | 56.5 | | | |
| 분산 | 17.66667 | 17.66667 | 56.28571 | | | |
| | | | | | | |
| 과잉운동아 | | | | | | |
| 관측수 | 4 | 4 | 8 | | | |
| 합 | 285 | 211 | 496 | | | |
| 평균 | 71.25 | 52.75 | 62 | | | |
| 분산 | 8.916667 | 16.25 | 108.5714 | | | |
| | | | | | | |
| 계 | | | | | | |
| 관측수 | 8 | 8 | | | | |
| 합 | 487 | 461 | | | | |
| 평균 | 60.875 | 57.625 | | | | |
| 분산 | 134.4107 | 41.69643 | | | | |
| | | | | | | |
| | | | | | | |
| 분산 분석 | | | | | | |
| 변동의 요인 | 제곱합 | 자유도 | 제곱 평균 | F 비 | P-값 | F 기각치 |
| 인자 A(행) | 121 | 1 | 121 | 8 | 0.01522 | 4.747225 |
| 인자 B(열) | 42.25 | 1 | 42.25 | 2.793388 | 0.120506 | 4.747225 |
| 교호작용 | 930.25 | 1 | 930.25 | 61.50413 | 4.61E-06 | 4.747225 |
| 잔차 | 181.5 | 12 | 15.125 | | | |
| | | | | | | |
| 계 | 1275 | 15 | | | | |

**[그림 8-16]** 엑셀에서 출력 결과

② KESS의 이용

KESS 메뉴에서 **[분산분석]→[이원배치법]**을 이용한다. 자료의 입력은 「표준입력」과 「고급입력」의 두 가지 방법이 있다. 여기에서는 표준입력인 [그림 8-14]를 이용하여 분석하였으며, [그림 8-17](a)의 대화상자에서 '반복수'는 4를 입력하고, '행인자'와 '열인자'의 이름을 입력하였다.

[그림 8-18]의 분산분석표는 엑셀의 분산분석표와 같은 결과를 나타낸다. [그림 8-17](b)는 주효과의 수준별 평균의 그래프이며, 그래프가 그림과 같이 교차되는 모양일 때는 강한 교호작용이 있음을 뜻한다.

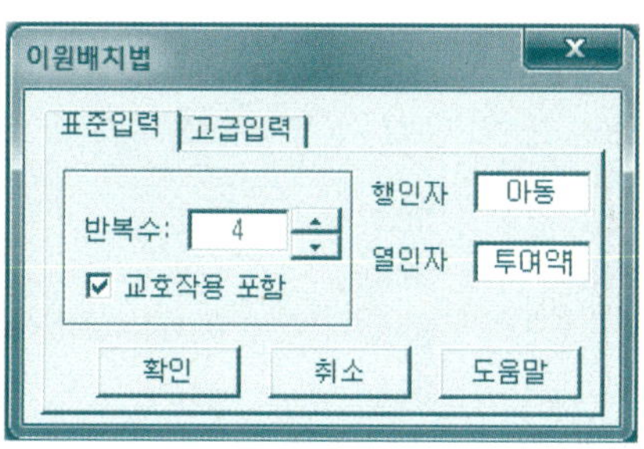


(a) 옵션창

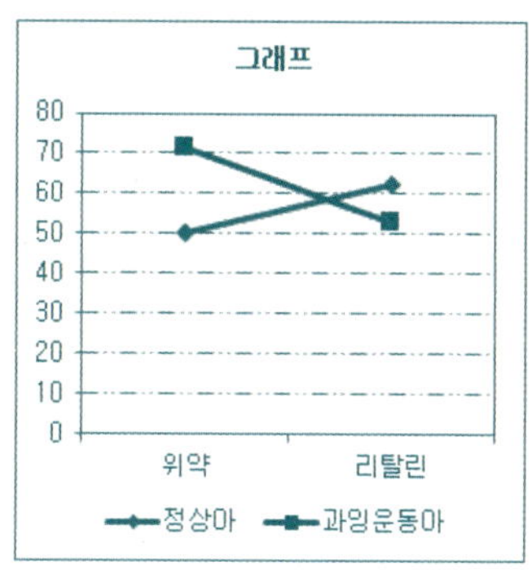


(b) 수준별 평균의 그래프

**[그림 8-17]** KESS에서 반복이 있는 이원배치

**기술 통계량**

| | 위약 | 리탈린 | 계 |
|---|---|---|---|
| 정상아 | | | |
| 관측도수 | 4 | 4 | 8 |
| 평균 | 50.5 | 62.5 | 56.5 |
| 표준편차 | 4.2032 | 4.2032 | 7.5024 |
| 과잉운동아 | | | |
| 관측도수 | 4 | 4 | 8 |
| 평균 | 71.25 | 52.75 | 62 |
| 표준편차 | 2.9861 | 4.0311 | 10.4198 |
| 계 | | | |
| 관측도수 | 8 | 8 | 16 |
| 평균 | 60.875 | 57.625 | 59.25 |
| 표준편차 | 11.5936 | 6.4573 | 9.2195 |

**분산분석표**

| 요인 | 제곱합 | 자유도 | 평균제곱 | F값 | 유의확률 |
|---|---|---|---|---|---|
| 아동 | 121 | 1 | 121 | 8 | 0.0152 |
| 투여약 | 42.25 | 1 | 42.25 | 2.7934 | 0.1205 |
| 교호작용 | 930.25 | 1 | 930.25 | 61.5041 | 0 |
| 잔차 | 181.5 | 12 | 15.125 | | |
| 계 | 1275 | 15 | | | |

[그림 8-18] KESS에서 출력 결과

**참고**

엑셀이나 KESS를 이용하여 반복이 있는 분산분석을 시행할 때는 각 칸(셀)에서의 반복수가 같아야 하며, 반복수가 다른 경우에는 일반선형모형 메뉴를 이용해야 한다.

**예제 8.9** 시멘트의 강도를 결정하는 주요 요인은 석고의 종류와 첨가량이라고 한다. 어느 연구소에서는 3종류의 석고(A1, A2, A3)를 각각 4수준의 석고 첨가량(B1, B2, B3, B4)을 사용하여 각 수준조합에서 2회 반복실험하였다. 일정 기간이 경과한 후에 측정된 압축강도는 〈표 8-16〉과 같았다. KESS를 이용하여 분산분석을 시행하여라.(자료: '분산분석' 파일에서 'cement(표준)')

〈표 8-16〉 시멘트의 압축강도

| 종류 \ 첨가량 | B1 | B2 | B3 | B4 |
|---|---|---|---|---|
| A1 | 310 | 332 | 325 | 314 |
| | 315 | 322 | 319 | 320 |
| A2 | 322 | 335 | 345 | 328 |
| | 328 | 330 | 340 | 332 |
| A3 | 335 | 330 | 360 | 340 |
| | 337 | 340 | 358 | 342 |

**풀이** 자료는 [그림 8-19]와 같이 표준입력을 사용하였다. 분산분석 결과는 [그림 8-20]과 같다. 행요인(종류), 열요인(첨가량), 교호작용 모두가 유의성이 있는 것으로 나타났으며, [그림 8-21]에 의하면 석고 종류는 A3로, 석고 첨가량은 B3 수준으로 조합하는 것이 압축강도가 가장 강한 것으로 보인다.

| | A | B | C | D | E |
|---|---|---|---|---|---|
| 1 | | B1 | B2 | B3 | B4 |
| 2 | A1 | 310 | 332 | 325 | 314 |
| 3 | | 315 | 322 | 319 | 320 |
| 4 | A2 | 322 | 335 | 345 | 328 |
| 5 | | 328 | 330 | 340 | 332 |
| 6 | A3 | 335 | 330 | 360 | 340 |
| 7 | | 337 | 340 | 358 | 342 |

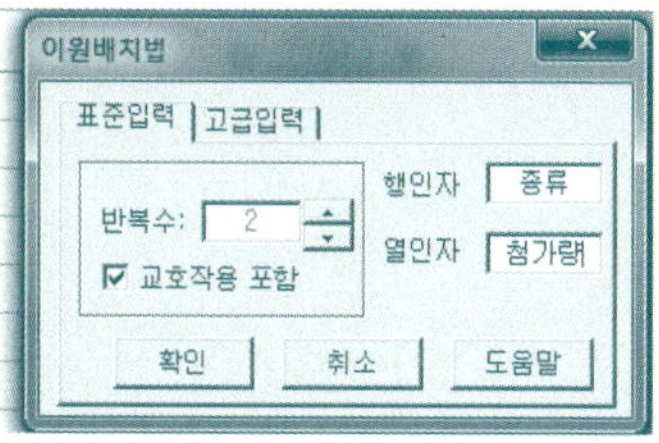


[그림 8-19] 표준입력과 이원배치 대화상자

**기술 통계량**

| | B1 | B2 | B3 | B4 | 계 |
|---|---|---|---|---|---|
| A1 | | | | | |
| 관측도수 | 2 | 2 | 2 | 2 | 8 |
| 평균 | 312.5 | 327 | 322 | 317 | 319.625 |
| 표준편차 | 3.5355 | 7.0711 | 4.2426 | 4.2426 | 6.9063 |
| A2 | | | | | |
| 관측도수 | 2 | 2 | 2 | 2 | 8 |
| 평균 | 325 | 332.5 | 342.5 | 330 | 332.5 |
| 표준편차 | 4.2426 | 3.5355 | 3.5355 | 2.8284 | 7.329 |
| A3 | | | | | |
| 관측도수 | 2 | 2 | 2 | 2 | 8 |
| 평균 | 336 | 335 | 359 | 341 | 342.75 |
| 표준편차 | 1.4142 | 7.0711 | 1.4142 | 1.4142 | 10.7005 |
| 계 | | | | | |
| 관측도수 | 6 | 6 | 6 | 6 | 24 |
| 평균 | 324.5 | 331.5 | 341.1667 | 329.3333 | 331.625 |
| 표준편차 | 10.8213 | 5.9917 | 16.774 | 11.003 | 12.614 |

**분산분석표**

| 요인 | 제곱합 | 자유도 | 평균제곱 | F값 | 유의확률 |
|---|---|---|---|---|---|
| 종류 | 2148.25 | 2 | 1074.125 | 62.7226 | 0 |
| 첨가량 | 882.4583 | 3 | 294.1528 | 17.1768 | 0.0001 |
| 교호작용 | 423.4167 | 6 | 70.5694 | 4.1208 | 0.0177 |
| 잔차 | 205.5 | 12 | 17.125 | | |
| 계 | 3659.625 | 23 | | | |

[그림 8-20] 기술통계량과 분산분석표

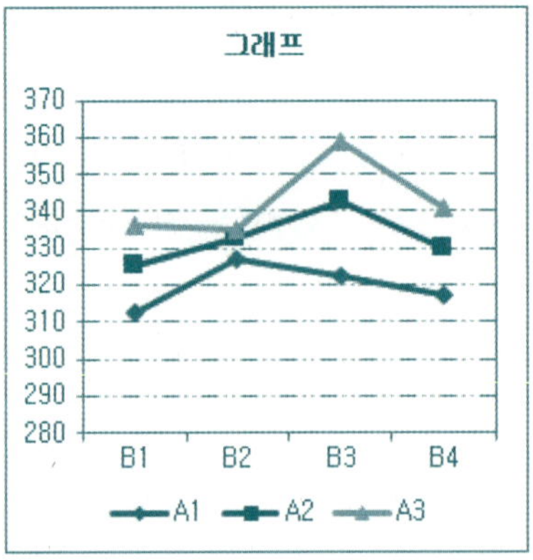


[그림 8-21] 수준별 평균의 그래프

**참고**

'이원배치 반복이 있는 모형'에서 교호작용의 유의성이 약한 경우에는 교호작용 효과를 제거하고 분석하면 주효과의 유의성이 더 강해질 수도 있다.

# 연습문제

**8-1** 다음은 A, B, C 세 처리에 대한 관측 자료이다. 처리효과가 있는지 확인하기 위한 분산분석표를 작성하고, 유의수준 5%에서 검정하여라.

| A | B | C |
|---|---|---|
| 1 | 2 | 3 |
| 2 | 3 | 4 |
| 2 | 3 | 4 |
| 3 | 4 | 5 |

**8-2** 다음은 A, B, C 세 처리에 대한 관측 자료이다. 처리효과가 있는지 확인하기 위한 분산분석표를 작성하고, 결과를 설명하여라.

| A | B | C |
|---|---|---|
| 3 | 7 | 5 |
| 4 | 8 | 7 |
| 5 | 9 | |

**8-3** 다음은 세 종류의 처리에 의해 생산되는 철선의 인장강도를 나타내는 자료이다. 처리의 종류에 따라 평균 인장강도가 다르다고 할 수 있는가? KESS를 이용하여 답하여라.

| 처리 1 | 처리 2 | 처리 3 |
|---|---|---|
| 55 | 58 | 63 |
| 57 | 63 | 56 |
| 48 | 54 | 61 |
| 52 | 60 | 65 |

**8-4** 다음은 A, B, C, D 네 종류의 전구의 수명을 나타내는 자료이다(단위: 100시간). 전구의 종류에 따라 수명이 다르다고 할 수 있는가? 엑셀을 이용하여 답하여라.

| A | B | C | D |
|---|---|---|---|
| 13 | 16 | 17 | 12 |
| 16 | 18 | 18 | 11 |
| 12 | 20 | 23 | 16 |
| 15 | 15 | 25 | 12 |
|  | 22 | 22 | 13 |
|  | 20 |  |  |

**8-5** 다음은 세 그룹의 환자들에 대하여 폐활량을 조사한 자료이다. 그룹에 따라 폐활량이 다르다고 할 수 있는가? KESS를 이용하여 답하여라.

| 그룹 1 | 그룹 2 | 그룹 3 |
|---|---|---|
| 74 | 75 | 89 |
| 58 | 83 | 78 |
| 66 | 70 | 85 |
| 65 | 88 | 93 |
| 70 | 68 | 74 |
| 78 | 80 | 91 |

**8-6** 다음은 두 요인 A, B 각각의 3수준에서 1회씩 관측하여 얻은 자료이다. 분산분석표를 작성하고, A, B 두 요인에 대한 주효과의 유의성을 유의수준 5%에서 검정하여라.

| A \ B | B1 | B2 | B3 |
|---|---|---|---|
| A1 | 3 | 5 | 4 |
| A2 | 5 | 6 | 7 |
| A3 | 7 | 7 | 10 |

**8-7** A, B, C 세 종류의 식이요법을 영양 상태가 다른 네 종류의 동물에 실험한 결과 체중 증가가 다음과 같았다. 식이요법과 영양 상태에 따라 체중 증가에 차이가 있다고 할 수 있는가? 유의수준 5%에서 검정하여라. 또한 결과를 KESS로 확인하여라.

| 식이요법 \ 영양 상태 | ① | ② | ③ | ④ |
|---|---|---|---|---|
| A | −1 | 0 | 3 | 6 |
| B | 2 | 3 | 5 | 6 |
| C | 2 | 6 | 7 | 9 |

**8-8** 다음은 어느 합금의 강도를 혼합 비율(A)의 세 수준과 주조 시간(B)의 네 수준에서 각각 1회씩 관측하여 얻은 자료이다. 혼합 비율과 주조 시간에 따라 강도에 차이가 있다고 할 수 있는가? KESS를 이용하여 답하여라.

| 혼합 비율(A) \ 주조 시간(B) | $B_1$ | $B_2$ | $B_3$ | $B_4$ |
|---|---|---|---|---|
| $A_1$ | 90 | 101 | 104 | 111 |
| $A_2$ | 95 | 98 | 110 | 109 |
| $A_3$ | 100 | 103 | 112 | 115 |

**8-9** 네 종류의 벼의 수확량을 조사하기 위하여 조건이 다른 6개 지역에서 다음의 자료를 얻었다. 벼의 종류에 따라 수확량에 차이가 있는가? 엑셀을 이용하여 답하여라.

| 벼의 종류 \ 지역 | 1 | 2 | 3 | 4 | 5 | 6 |
|---|---|---|---|---|---|---|
| A | 30.4 | 33.9 | 32.7 | 34.6 | 32.4 | 35.6 |
| B | 28.8 | 25.5 | 27.3 | 30.5 | 28.9 | 29.8 |
| C | 33.0 | 32.7 | 33.9 | 33.4 | 33.7 | 34.5 |
| D | 31.8 | 33.5 | 34.5 | 35.6 | 34.5 | 35.6 |

**8-10** 다음은 두 요인 A, B 각각의 두 수준에서 2회씩 관측하여 얻은 자료이다. 분산분석표를 작성하고, 주요인과 교호작용의 효과에 대한 유의성을 유의수준 5%에서 검정하여라.

| A \ B | B1 | B2 |
|---|---|---|
| A1 | 7, 9 | 3, 5 |
| A2 | 8, 4 | 10, 14 |

**8-11** A, B, C 세 종류의 다이어트의 효과를 확인하려고 한다. 이를 위하여 비만의 정도가 비슷한 남녀 각각 9명을 랜덤하게 3그룹으로 나누었고, 각각에 A, B, C 세 방법을 적용하였다. 3개월 후의 체중 감소량은 다음 표와 같다. 주요인과 교호작용의 유의성을 KESS를 이용하여 검정하여라. 또한 남녀별로 가장 좋은 다이어트 방법으로는 어떤 것을 추천하겠는가?

| 성별 \ 다이어트 | A | B | C |
|---|---|---|---|
| F | 3, 5, 6 | 7, 8, 9 | 5, 5, 6 |
| M | 2, 4, 5 | 4, 4, 5 | 6, 7, 8 |

**8-12** 세 종류의 다른 기계를 네 사람의 기능공이 운전하면서 제품의 품질에 미치는 영향을 조사하기 위하여 각 처리에서 2회 반복실험을 하였다. 각 요인과 교호작용의 효과에 대한 유의성을 엑셀을 이용하여 검정하여라.

| 기계 \ 기능공 | 1 | 2 | 3 | 4 |
|---|---|---|---|---|
| A | 22, 25 | 25, 27 | 28, 29 | 18, 22 |
| B | 18, 20 | 22, 26 | 29, 32 | 15, 18 |
| C | 16, 19 | 24, 25 | 22, 25 | 22, 24 |

# 9장 회귀분석

## 9.1 상관분석

두 변수 사이의 연관성에 관한 추론을 **상관분석**(correlation analysis)이라고 한다. 예를 들어 키와 몸무게, 영어점수와 수학점수, 이완혈압과 수축혈압 등은 연관성이 있는 변수들이다. 3.3절에서 다룬 상관계수는 이와 같은 연관성을 나타내는 척도로서, $X$와 $Y$의 **상관계수**(correlation coefficient)는 다음과 같이 정의된다.

$$\rho = \mathrm{Corr}(X, Y) = \frac{\mathrm{Cov}(X, Y)}{\sqrt{\mathrm{Var}(X)\mathrm{Var}(Y)}}$$

두 변수 $(X,\ Y)$에 대한 관측값이 $(x_1, y_1), \cdots, (x_n, y_n)$으로 주어질 때, 상관계수 $\rho$는 다음의 **표본상관계수**로 추정한다.

$$r = \frac{\sum_{i=1}^{n}(x_i - \overline{x})(y_i - \overline{y})}{\sqrt{\sum_{i=1}^{n}(x_i - \overline{x})^2 \sum_{i=1}^{n}(y_i - \overline{y})^2}}$$

표본상관계수는 다음과 같은 성질을 갖는다.

**표본상관계수의 성질**

(1) $-1 \le r \le 1$

(2) $|r|$의 값이 1에 가까울수록 강한 상관관계
$|r|$의 값이 0에 가까울수록 약한 상관관계

관측값으로부터 두 변수 사이의 연관성을 알아보거나, 다음 절에서 다루는 함수관계를 찾고자 할 때는 **산점도**(scatter plot)를 통하여 개략적인 관계를 확인하는 것이 꼭 필요하다.

예를 들어 〈표 9-1〉은 10명의 남학생에 대한 키($x$)와 몸무게($y$)의 자료이다. 이들 자료를 산점도로 나타낸 것이 [그림 9-1]이다.

**〈표 9-1〉** 키와 몸무게 자료

| 번호 | 1 | 2 | 3 | 4 | 5 | 6 | 7 | 8 | 9 | 10 |
|---|---|---|---|---|---|---|---|---|---|---|
| 키($x$) | 172 | 165 | 157 | 175 | 155 | 168 | 170 | 176 | 162 | 171 |
| 몸무게($y$) | 63 | 66 | 56 | 70 | 55 | 59 | 60 | 75 | 53 | 68 |

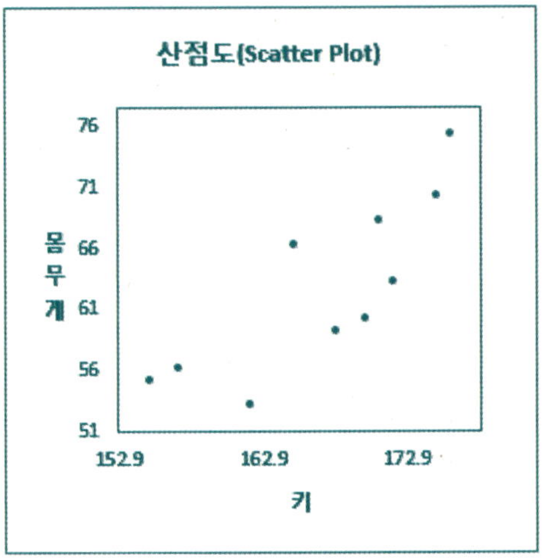


**[그림 9-1]** 키와 몸무게의 산점도

[그림 9-1]의 산점도에서 $x$값이 증가하면 $y$값도 증가하는 추세이다. 따라서 $x$와 $y$ 사이에는 양의 상관관계가 있음을 알 수 있다.

[그림 9-2]는 이변량 정규분포에서 여러 가지 $\rho$값에 대한 관측값의 산점도를 나타낸 것이다. 일반적으로 양의 상관관계가 있을 때는 왼쪽에서 오른쪽으로 증가하는 추세이며, 음의 상관관계가 있을 때는 감소하는 추세이다. 또한 점들이 직선에 밀집해 있을수록 강한 상관관계, 넓게 퍼져 있을수록 약한 상관관계가 있음을 뜻한다.

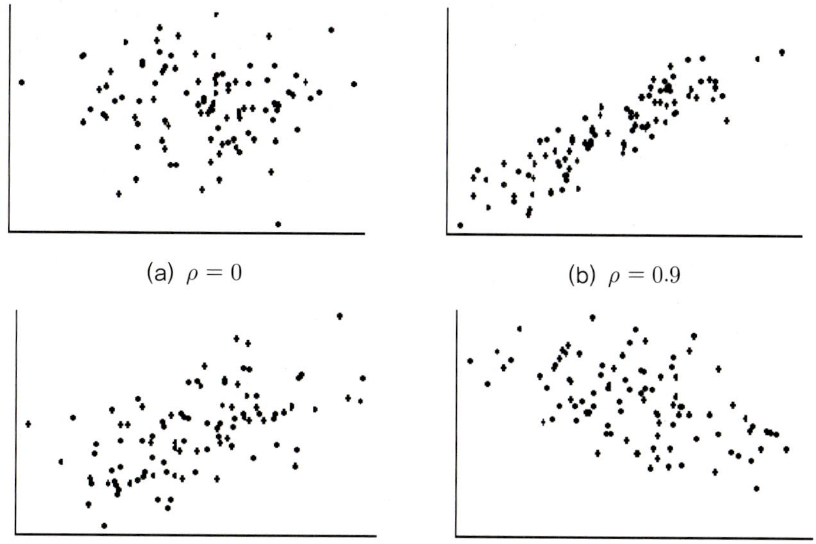

(a) $\rho = 0$　(b) $\rho = 0.9$　(c) $\rho = 0.5$　(d) $\rho = -0.5$

**[그림 9-2]** 여러 가지 $\rho$값에 대한 산점도

다음에는 연관성의 존재 여부를 검정하는 문제를 살펴보자. 상관계수에 대한 귀무가설 $H_0 : \rho = 0$는 연관성이 없다는 가설이 되며, 이를 검정하기 위하여 $r$을 변환시켜서 사용한다. 즉, 다음과 같이 정의되는 $T$-통계량은 $H_0$ 하에서 자유도 $n-2$인 $t$-분포를 따름을 이용하여 검정하며, 검정법은 다음과 같다.

### 연관성의 검정

귀무가설: $H_0 :\ \rho = 0$

검정통계량: $T = \dfrac{\sqrt{n-2}\, r}{\sqrt{1-r^2}}$ ($H_0$ 하에서 $\sim t(n-2)$)

유의수준 $\alpha$ 에서 기각역:

$H_1 :\ \rho > 0$일 때　$T \geq t_{\alpha}(n-2)$

$H_1 :\ \rho < 0$일 때　$T \leq -t_{\alpha}(n-2)$

$H_1 :\ \rho \neq 0$일 때　$|T| \geq t_{\alpha/2}(n-2)$

표본상관계수 $r$의 값은 엑셀이나 KESS를 이용하여 구할 수 있다. $r$을 구하기 위한 **제곱합**과 **곱의 합**의 기호와 간편계산법은 다음과 같다.

$$S(xx) = \sum_{i=1}^{n}(x_i - \bar{x})^2 = \sum x_i^2 - (\sum x_i)^2/n \text{ 또는 } \sum x_i^2 - n\bar{x}^2$$

$$S(yy) = \sum_{i=1}^{n}(y_i - \bar{y})^2 = \sum y_i^2 - (\sum y_i)^2/n \text{ 또는 } \sum y_i^2 - n\bar{y}^2$$

$$S(xy) = \sum_{i=1}^{n}(x_i - \bar{x})(y_i - \bar{y}) = \sum x_i y_i - (\sum x_i)(\sum y_i)/n \text{ 또는 } \sum x_i y_i - n\bar{x}\bar{y}$$

제곱합과 곱의 합 기호를 사용하면 표본상관계수는 다음과 같이 나타낼 수 있다.

$$r = \frac{S(xy)}{\sqrt{S(xx)S(yy)}}$$

**예제 9.1** 〈표 9-1〉의 자료에서 표본상관계수의 값을 구하고, 연관성의 가설

$$H_0: \ \rho = 0, \qquad H_1: \ \rho \neq 0$$

을 유의수준 5%에서 검정하여라.

**풀이** 〈표 9-1〉의 자료에서 $r$값은 다음과 같이 구한다.

$$\sum x_i = 1671, \qquad \sum x_i^2 = 279693$$
$$\sum y_i = 625, \qquad \sum y_i^2 = 39525, \qquad \sum x_i y_i = 104819$$
$$S(xx) = 279693 - (1671)^2/10 = 468.9$$
$$S(yy) = 39525 - (625)^2/10 = 462.5$$
$$S(xy) = 104819 - (1671)(625)/10 = 381.5$$

$$r = \frac{S(xy)}{\sqrt{S(xx)S(yy)}} = \frac{381.5}{\sqrt{468.9 \times 462.5}} = 0.819$$

연관성의 검정을 위한 $T$-통계량의 값은

$$T = \frac{\sqrt{n-2}\, r}{\sqrt{1-r^2}} = \frac{\sqrt{10-2}\,(0.819)}{\sqrt{1-(0.819)^2}} = 4.037 > t_{0.025}(8) = 2.306$$

이므로 유의수준 5%에서 $H_0$를 기각한다.

## 9.2 단순선형회귀모형

두 변수 사이의 연관성과 같은 상호관계를 규명하는 것이 **상관분석**이다. 이에 대하여 두 변수 사이의 함수관계를 규명하는 분야를 **회귀분석**(regression analysis)이라고 한다. 예를 들어 플라스틱 성형공정에서 공정온도($x$)와 제품의 강도($y$), 농작물 재배에서 비료의 양($x$)과 수확량($y$), 전자제품 대리점별로 광고료($x$)와 총판매액($y$) 등은 $x$의 값에 따라 $y$의 값이 영향을 받는 함수관계가 있다.

일반적으로 $x$와 $y$ 사이에 $y = f(x)$의 함수관계가 있을 때, $x$를 **설명변수**(explanatory variable) 또는 **독립변수**(independent variable)라고 하며, $y$를 **반응변수**(response variable) 또는 **종속변수**(dependent variable)라고 한다.

회귀모형에서 설명변수는 2개 이상이 될 수 있다. 설명변수가 1개인 회귀모형을 **단순회귀모형**(simple regression)이라고 하며, 2개 이상인 모형을 **중회귀모형**(multiple regression)이라고 한다. 단순회귀모형에서 특히 설명변수와 반응변수 사이에 직선관계(선형관계)가 있는 모형을 **단순선형회귀모형**(simple linear regression) 또는 **직선회귀모형**이라고 한다.

다음과 같은 예를 생각해 보자.

어떤 플라스틱 제품 생산공정에서 제품의 수율(收率, $y$%)은 그 제품을 만들 때 소요되는 공정시간($x$분)에 영향을 받는 것으로 추측된다. 이를 확인하고 그 관련성을 알아보기 위하여 〈표 9-2〉의 실험자료를 얻었다.

〈표 9-2〉 공정시간과 수율의 자료

| 번호 | 1 | 2 | 3 | 4 | 5 | 6 | 7 | 8 | 9 | 10 |
|---|---|---|---|---|---|---|---|---|---|---|
| $x$(분) | 8 | 8 | 10 | 10 | 12 | 12 | 14 | 14 | 16 | 16 |
| $y$(%) | 75 | 80 | 84 | 77 | 79 | 85 | 86 | 90 | 87 | 89 |

[그림 9-3]은 〈표 9-2〉의 자료를 산점도로 나타내고, 이들 자료를 직선으로 적합시킨 그림이다. 그림에서와 같이 자료를 가장 잘 적합시키는 직선을 찾는 것이 첫 번째 관심사가 된다.

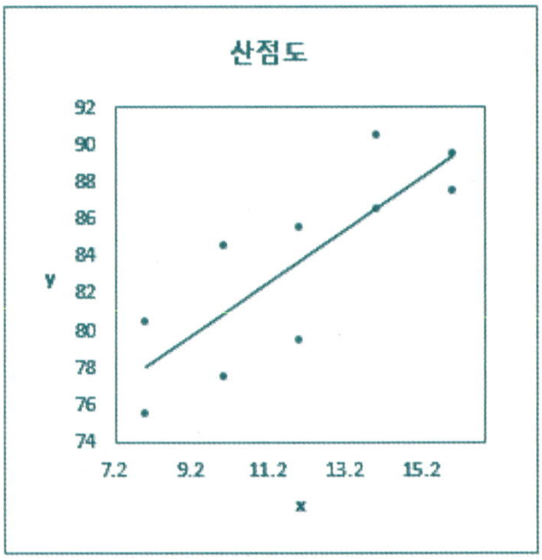


[그림 9-3] 산점도와 회귀직선

이와 같이 직선관계를 나타내는 **단순선형회귀모형** 또는 **직선회귀모형**은 다음과 같다.

$$y_i = \alpha + \beta x_i + \varepsilon_i, \qquad i = 1, \cdots, n$$

다만, $\alpha, \beta$ : 회귀모수
$x_1, \cdots, x_n$ : 설명변수(독립변수)
$y_1, \cdots, y_n$ : 반응변수(종속변수)
$\varepsilon_1, \cdots, \varepsilon_n$ : 서로 독립인 $N(0, \sigma^2)$ 확률변수(오차항)

회귀모수에서 특히 $\alpha$를 **상수항** 또는 $y$-**절편**이라고 하며, $\beta$를 **기울기**라고 한다. $\varepsilon_1, \cdots, \varepsilon_n$은 **오차항**(error term)으로서 서로 독립이고 평균 0, 분산 $\sigma^2$인 정규분포를 따르는 확률변수이다. 직선관계를 나타내는 $y = \alpha + \beta x$를 **모회귀직선**(population regression line)이라고 하며, 우리는 회귀모수 $\alpha$, $\beta$와 함께 회귀직선의 추정에 관심이 있다.

$\alpha$와 $\beta$의 추정량을 각각 $\hat{\alpha}$, $\hat{\beta}$라고 하면, **추정회귀직선** 또는 **적합된 회귀직선**은

$$\hat{y} = \hat{\alpha} + \hat{\beta} x$$

로 나타낸다. 또한 각 $x_i$에서 관측값 $y_i$와 적합된 값 $\hat{y}_i = \hat{\alpha} + \hat{\beta} x_i$의 차인 $r_i = y_i - \hat{y}_i$을 **잔차**(residual)라고 한다.

회귀모수를 추정하는 방법으로 가장 많이 사용되는 방법은 다음과 같이 정의되는 **최소제곱법**이다.

### 최소제곱법(least squares method)

잔차제곱합인 $\sum_{i=1}^{n}(y_i-\hat{y}_i)^2=\sum_{i=1}^{n}(y_i-\hat{\alpha}-\hat{\beta}x_i)^2$을 최소로 하는 $\hat{\alpha}$, $\hat{\beta}$을 각각 $\alpha$, $\beta$의 **최소제곱추정량**(least squares estimator)이라고 하며, 이러한 추정법을 **최소제곱법**이라고 한다.

$\alpha$와 $\beta$의 최소제곱추정량은 각각 다음과 같다.

### 최소제곱추정량과 최소제곱회귀직선

$$\hat{\beta}=\frac{\sum_{i=1}^{n}(x_i-\overline{x})(y_i-\overline{y})}{\sum_{i=1}^{n}(x_i-\overline{x})^2}$$

$$\hat{\alpha}=\overline{y}-\hat{\beta}\overline{x}$$

$$\hat{y}=\hat{\alpha}+\hat{\beta}x$$

**참고**

① $\hat{\alpha}=\overline{y}-\hat{\beta}\overline{x}$에서 $\overline{y}=\hat{\alpha}+\hat{\beta}\overline{x}$가 성립하므로 최소제곱회귀직선은 언제나 $(\overline{x},\overline{y})$를 지난다.

② 적합된 회귀직선 $\hat{y}=\hat{\alpha}+\hat{\beta}x$에서 $x$가 1단위 증가하면 $y$는 평균 $\hat{\beta}$단위 증가함을 알 수 있다.

③ 최소제곱추정량은 $\sum_{i=1}^{n}(y_i-\alpha-\beta x_i)^2$을 $\alpha$와 $\beta$에 대하여 각각 편미분한 것을 0으로 놓고 푼 것으로 다음과 같은 **정규방정식**(normal equation)의 해가 된다.

$$\begin{cases} n\alpha+\beta\sum x_i=\sum y_i \\ \alpha\sum x_i+\beta\sum x_i^2=\sum x_i y_i \end{cases}$$

9.1절에서 소개한 제곱합을 이용한 $\hat{\beta}$의 간편계산법은 다음과 같다.

$$\hat{\beta}=\frac{S(xy)}{S(xx)}$$

다만, $S(xx)=\sum x_i^2-(\sum x_i)^2/n$

$S(xy)=\sum x_i y_i-(\sum x_i)(\sum y_i)/n$

**예제 9.2** 〈표 9-2〉의 자료에 대하여 최소제곱회귀직선을 구하여라.

**풀이** 평균과 제곱합의 계산 결과는 다음과 같다.

$$\sum x_i = 120,\quad \overline{x} = 12,\quad \sum x_i^2 = 1520$$
$$\sum y_i = 832,\quad \overline{y} = 83.2,\quad \sum x_i y_i = 10098$$
$$S(xx) = \sum x_i^2 - (\sum x_i)^2/n = 1520 - (120)^2/10 = 80$$
$$S(xy) = \sum x_i y_i - (\sum x_i)(\sum y_i)/n = 10098 - (120)(832)/10 = 114$$

이들을 이용하면 회귀모수의 추정값은 다음과 같다.

$$\hat{\beta} = \frac{S(xy)}{S(xx)} = \frac{114}{80} = 1.425$$
$$\hat{\alpha} = \overline{y} - \hat{\beta}\overline{x} = 83.2 - (1.425)(12) = 66.1$$

따라서 추정된 회귀직선은 다음과 같다.

$$\hat{y} = 66.1 + 1.425x$$

참고로, 추정된 회귀식에서 공정시간이 1분 증가하면 수율은 평균 1.425% 증가함을 알 수 있다.

이제 **제곱합의 분해**를 통하여 회귀모형의 유의성 검정을 위한 분산분석표를 만드는 방법과 오차항의 분산을 추정하는 방법 등을 알아보자.

앞에서 언급한 바와 같이, 관측값과 적합값의 차인 $r_i = y_i - \hat{y}_i$을 **잔차**(resisual)라고 한다. 이제 **총편차**인 $y_i - \overline{y}$를 잔차와 **회귀편차**로 다음과 같이 분해한다.

$$(y_i - \overline{y}) = (y_i - \hat{y}_i) + (\hat{y}_i - \overline{y})$$

위 식의 양변을 제곱하여 더하면, 우변에서 곱의 합은 0이 되므로, 다음과 같은 제곱합의 분해를 얻는다.

**제곱합의 분해**

$$\underset{\text{SST (총제곱합)}}{\sum_{i=1}^{n}(y_i - \overline{y})^2} = \underset{\text{SSE (잔차제곱합)}}{\sum_{i=1}^{n}(y_i - \hat{y}_i)^2} + \underset{\text{SSR (회귀제곱합)}}{\sum_{i=1}^{n}(\hat{y}_i - \overline{y})^2}$$

$x$ 와 $y$ 의 제곱합과 곱의 합이 계산되어 있을 때는 회귀제곱합과 잔차제곱합을 다음과 같이 계산하면 간편하다.

$$\text{SST} = \sum_{i=1}^{n}(y_i - \bar{y})^2 = S(yy)$$

$$\text{SSR} = \sum_{i=1}^{n}(\hat{y_i} - \bar{y})^2 = \sum_{i=1}^{n}[(\hat{\alpha}+\hat{\beta}x_i) - (\hat{\alpha}+\hat{\beta}\bar{x})]^2$$

$$= \sum_{i=1}^{n}[\hat{\beta}(x_i - \bar{x})]^2 = \frac{[S(xy)]^2}{S(xx)}$$

$$\text{SSE} = \sum_{i=1}^{n}(y_i - \hat{y}_i)^2 = \text{SST} - \text{SSR}$$

관측값이 직선에 밀집해 있을수록 잔차제곱합인 SSE는 작아지며 회귀제곱합인 SSR은 커진다. 특히 총제곱합에서 회귀제곱합이 차지하는 비율인

$$R^2 = \frac{\text{SSR}}{\text{SST}}$$

을 **결정계수**(coefficient of determination)라고 한다. 이 결정계수는 $y$ 의 총변동 가운데 회귀모형으로 설명되는 비율로서 흔히 백분율(%)로 나타낸다. 이 결정계수는 $x$ 와 $y$ 의 표본상관계수 $r$ 을 제곱한 값과 같으며, 따라서 결정계수 $R^2$ 의 값은 0과 1 사이의 값을 갖는다.

SSE와 SSR의 자유도는 각각 $n-2$ 와 1이며, 제곱합을 자유도로 나눈

$$\text{MSE} = \text{SSE}/(n-2), \quad \text{MSR} = \text{SSR}/1$$

을 각각 **잔차평균제곱**(mean square error)과 **회귀평균제곱**(mean square regression)이라고 한다. 여기에서 MSE 는 특히 오차항의 분산 $\sigma^2$ 의 추정량으로 사용된다. 즉,

$$\hat{\sigma}^2 = \text{MSE}$$

직선회귀에서 $\beta = 0$ 일 때는 $x$ 와 $y$ 사이에 직선관계가 없으며, $x$ 값에 관계없이 $y$ 는 평균 $\alpha$, 분산 $\sigma^2$ 인 확률변수로 랜덤하게 결정된다. 따라서 직선관계 또는 회귀모형의 유의성을 나타내는 가설은 다음과 같다.

$$H_0: \ \beta = 0, \qquad H_1: \ \beta \neq 0$$

$H_0$ 하에서 평균제곱의 비인

$$F = \frac{\text{MSR}}{\text{MSE}}$$

는 자유도 $(1, n-2)$인 $F$-분포를 따름을 이용하여 모형의 유의성을 검정한다. 이와 같은 결과를 요약한 것이 〈표 9-3〉의 분산분석표이다.

〈표 9-3〉 직선회귀의 분산분석표

| 요인 | 제곱합 | 자유도 | 평균제곱 | $F$값 | 유의확률 |
|---|---|---|---|---|---|
| 회귀 | SSR | 1 | MSR | $f$ =MSR/MSE | $P(F \geq f)$ |
| 잔차 | SSE | $n-2$ | MSE | | |
| 계 | SST | $n-1$ | | | |

**참고**

평균제곱에 대하여 $E(\text{MSE}) = \sigma^2$, $E(\text{MSR}) = \sigma^2 + \beta^2 S(xx)$가 성립한다. 따라서 $\beta$가 0이 아니면 검정통계량 $F$의 값은 커질 것을 기대한다.

**예제 9.3** 앞의 [예제 9.2]에서는 〈표 9-2〉의 자료를 직선회귀로 적합시켰다. 같은 자료에 대하여 결정계수 $R^2$의 값을 구하고, 분산분석표를 작성하여 직선회귀의 유의성을 검정하여라.

**풀이** [예제 9.2]의 계산 결과를 이용하면 제곱합은 각각 다음과 같다.

$$S(xx) = 1520 - (120)^2/10 = 80$$
$$S(yy) = 69462 - (832)^2/10 = 239.6$$
$$S(xy) = 10098 - (120)(832)/10 = 114$$

따라서 총제곱합, 회귀제곱합, 잔차제곱합은 각각 다음과 같다.

$$\text{SST} = S(yy) = 239.6$$
$$\text{SSR} = \frac{[S(xy)]^2}{S(xx)} = \frac{(114)^2}{80} = 162.45$$
$$\text{SSE} = \text{SST} - \text{SSR} = 239.6 - 162.45 = 77.15$$

따라서 결정계수는 다음과 같다.

$$R^2 = \frac{\text{SSR}}{\text{SST}} = \frac{162.45}{239.6} = 0.678$$

즉, 총변동의 67.8%를 회귀직선으로 설명할 수 있음을 뜻한다. 분산분석표는

〈표 9-4〉와 같다. $F$-통계량의 값은 16.845이며 $F$-분포표에서 $F_{0.05}(1,8) = 5.32$이므로 유의수준 5%에서 모형이 유의성이 있다고 결론을 내린다.

**〈표 9-4〉 직선회귀의 분산분석표**

| 요인 | 제곱합 | 자유도 | 평균제곱 | F값 |
|---|---|---|---|---|
| 회귀 | 162.45 | 1 | 162.45 | 16.845 |
| 잔차 | 77.15 | 8 | 9.6437 | |
| 계 | 239.6 | 9 | | |

다음은 회귀모수의 추론에 대하여 알아보자.

정규성의 가정하에 회귀모수의 최소제곱추정량들은 정규분포를 따르며, 따라서 이들을 스튜던트화한 통계량들은 $t$-분포를 따른다. 결과를 요약하면 다음과 같다.

**$\hat{\alpha}$과 $\hat{\beta}$의 표준오차와 분포**

(1) $\mathrm{SE}(\hat{\beta}) = \sqrt{\dfrac{\mathrm{MSE}}{S(xx)}}$ ; $T = \dfrac{\hat{\beta}-\beta}{\mathrm{SE}(\hat{\beta})} \sim t(n-2)$

(2) $\mathrm{SE}(\hat{\alpha}) = \sqrt{\mathrm{MSE}\left(\dfrac{1}{n} + \dfrac{\bar{x}^2}{S(xx)}\right)}$ ; $T = \dfrac{\hat{\alpha}-\alpha}{\mathrm{SE}(\hat{\alpha})} \sim t(n-2)$

**참고**

기울기 모수의 추정량 $\hat{\beta}$에 대한 분포는 다음과 같이 유도된다.

$$\hat{\beta} = \frac{\sum(x_i-\bar{x})(y_i-\bar{y})}{\sum(x_i-\bar{x})^2} = \frac{\sum(x_i-\bar{x})y_i - \bar{y}\sum(x_i-\bar{x})}{\sum(x_i-\bar{x})^2} = \sum\left(\frac{x_i-\bar{x}}{\sum(x_i-\bar{x})^2}\right)y_i$$

즉, $\hat{\beta}$은 정규확률변수인 $y_i$의 일차결합이므로 다시 정규분포를 따른다. 위의 마지막 등식은 $\sum(x_i-\bar{x})=0$ 임을 이용한 것이다. 한편 $\hat{\beta}$의 평균과 분산은 다음과 같다.

$$E(\hat{\beta}) = \sum\left(\frac{x_i-\bar{x}}{\sum(x_i-\bar{x})^2}\right)(\alpha+\beta x_i) = \beta\frac{\sum(x_i-\bar{x})x_i}{\sum(x_i-\bar{x})^2} = \beta\frac{\sum(x_i-\bar{x})(x_i-\bar{x})}{\sum(x_i-\bar{x})^2} = \beta$$

$$\mathrm{Var}(\hat{\beta}) = \sum\frac{(x_i-\bar{x})^2}{[\sum(x_i-\bar{x})^2]^2}\sigma^2 = \frac{\sigma^2}{\sum(x_i-\bar{x})^2} = \frac{\sigma^2}{S(xx)}$$

따라서 $\hat{\beta}$은 $N\left(\beta, \dfrac{\sigma^2}{S(xx)}\right)$을 따른다. 한편 $\hat{\beta}$의 스튜던트화 과정에서는 $\sigma^2$의 추정량으로 MSE를 사용한 것으로, $\mathrm{SE}(\hat{\beta})$은 실제로 $\widehat{\mathrm{SE}}(\hat{\beta})$을 뜻한다.

회귀모수인 $\alpha$와 $\beta$에 대한 추론문제는 $\hat{\alpha}$과 $\hat{\beta}$의 분포를 이용하며, $\beta$에 대한 추론은 다음과 같이 요약할 수 있다.

### $\beta$에 대한 추론

(1) $\beta$의 $100(1-\alpha)\%$ 신뢰구간:

$$\hat{\beta} \pm t_{\alpha/2}(n-2)\ \mathrm{SE}(\hat{\beta})$$

(2) $H_0: \beta = \beta_0$의 검정

검정통계량: $T = \dfrac{\hat{\beta}-\beta_0}{\mathrm{SE}(\hat{\beta})}$

검정법: $t-$검정

**예제 9.4** [예제 9.2]와 [예제 9.3]의 결과를 이용하여 $\beta$의 95% 신뢰구간을 구하여라.

**풀이** [예제 9.3]에서 $\mathrm{MSE} = 9.6437$이므로 다음이 성립한다.

$$\mathrm{SE}(\hat{\beta}) = \sqrt{\frac{\mathrm{MSE}}{S(xx)}} = \sqrt{\frac{9.6437}{80}} = 0.3472$$

따라서 $\beta$의 95% 신뢰구간은 다음과 같다.

$$\hat{\beta} \pm t_{\alpha/2}(n-2)\ \mathrm{SE}(\hat{\beta}) = 1.425 \pm 2.306(0.3472)$$

$$= 1.425 \pm 0.801 = (0.624, 2.226)$$

다음은 예측값의 신뢰구간에 대하여 알아보자. 회귀직선 $y = \alpha + \beta x$는 최소제곱회귀직선 $\hat{y} = \hat{\alpha} + \hat{\beta}x$로 추정됨을 앞에서 설명하였다. 이제 $\hat{y}$의 분포를 이용하여 각 $x$에서 평균반응값인 $E(y) = \alpha + \beta x$의 신뢰구간을 구하면 다음과 같다.

### $x$에서 평균반응값 $E(y) = \alpha + \beta x$에 대한 추정

예측값: $\hat{y} = \hat{\alpha} + \hat{\beta}x$

표준오차: $\mathrm{SE}(\hat{y}) = \sqrt{\mathrm{MSE}\left(\dfrac{1}{n} + \dfrac{(x-\bar{x})^2}{S(xx)}\right)}$

신뢰구간: $(\hat{\alpha} + \hat{\beta}x) \pm t_{\alpha/2}(n-2)\mathrm{SE}(\hat{y})$

**참고**

$\bar{y}$와 $\hat{\beta}$은 서로 독립임을 받아들이면 $\hat{y}$의 분산은 다음과 같이 나타낼 수 있다.

$$\hat{y} = \hat{\alpha} + \hat{\beta}x = (\bar{y} - \hat{\beta}\bar{x}) + \hat{\beta}x = \bar{y} + (x - \bar{x})\hat{\beta}$$

이므로 다음이 성립한다.

$$\mathrm{Var}(\hat{y}) = \frac{\sigma^2}{n} + (x - \bar{x})^2 \cdot \frac{\sigma^2}{S(xx)} = \sigma^2\left[\frac{1}{n} + \frac{(x - \bar{x})^2}{S(xx)}\right]$$

신뢰구간의 길이는 $x$값에 따라 달라지며, $x$가 $\bar{x}$로부터 멀어질수록 $\mathrm{SE}(\hat{y})$가 증가하여 신뢰구간의 길이가 커진다. 이와 같은 신뢰구간을 곡선으로 연결한 그래프를 **신뢰대**(confidence band)라고 한다. 공정시간과 수율을 직선으로 적합시키는 회귀모형에서 예측값의 95% 신뢰대를 KESS를 이용하여 그리면 [그림 9-4]와 같다.

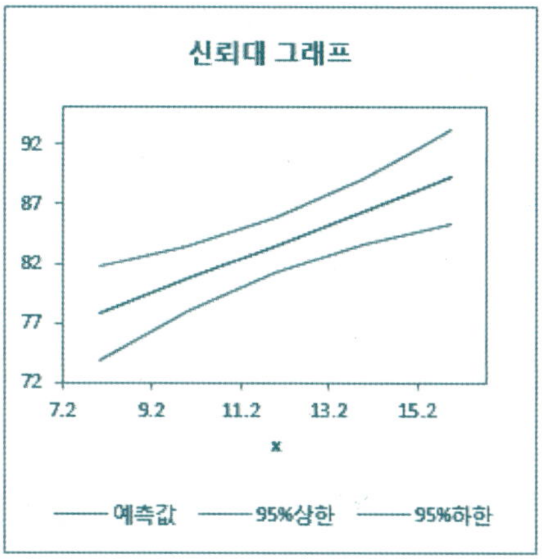


[그림 9-4] 신뢰대 그래프

## 9.3 중회귀모형

단순선형회귀모형에서는 설명변수가 1개 있는 모형을 다루었으나, 이제 설명변수가 2개 이상인 중회귀모형을 생각해 보자.

설명변수가 $k$개 있는 **중회귀모형**은 다음과 같다.

$$y_i = \beta_0 + \beta_1 x_{1i} + \cdots + \beta_k x_{ki} + \varepsilon_i,\ i = 1, \cdots, n$$

다만, $\beta_0, \beta_1, \cdots, \beta_k$: 회귀모수

$x_{1i}, \cdots, x_{ki}$: 설명변수(독립변수)

$y_1, \cdots, y_n$: 반응변수(종속변수)

$\varepsilon_1, \cdots, \varepsilon_n$: 서로 독립인 $N(0, \sigma^2)$ 확률변수(오차항)

단순선형회귀모형에서는 상수항을 $\alpha$로 표시하였으나 중회귀모형에서는 기호의 편의 때문에 $\beta_0$ 라는 기호를 사용하기로 한다.

중회귀에서는 단순회귀와는 달리 최소제곱추정량의 계산이 매우 복잡하여 컴퓨터에 의존하게 된다. 따라서 여기에서는 대략적인 이론만을 설명하고, 엑셀과 KESS를 이용하는 방법을 주로 설명할 예정이다.

중회귀모형은 다음과 같이 벡터 방정식으로 나타내면 편리하다.

$$\boldsymbol{y} = \boldsymbol{X}\boldsymbol{\beta} + \boldsymbol{\varepsilon}$$

다만, $\boldsymbol{X}$는 $i$ 번째 행이 $(1, x_{1i}, \cdots, x_{ki})$인 $n \times (k+1)$ 행렬

$\boldsymbol{\beta}$는 $(\beta_0, \beta_1, \cdots, \beta_k)'$로 된 $(k+1)$ 열벡터

$\boldsymbol{\varepsilon}$은 $(\varepsilon_1, \cdots, \varepsilon_n)'$ 으로 된 $n$ 열벡터

$\boldsymbol{y}$는 $(y_1, \cdots, y_n)'$ 으로 된 $n$ 열벡터

이와 같은 행렬을 사용하면 $\boldsymbol{\beta}$의 최소제곱추정량 및 적합된 모형은 다음과 같다.

**최소제곱추정량과 적합된 모형**

$\hat{\boldsymbol{\beta}} = (\boldsymbol{X}'\boldsymbol{X})^{-1}\boldsymbol{X}'\boldsymbol{y}$ $\quad$ ($\boldsymbol{X}'$: $\boldsymbol{X}$의 전치행렬)

$\hat{\boldsymbol{y}} = \boldsymbol{X}\hat{\boldsymbol{\beta}}$

총제곱합의 분해는 단순회귀의 경우와 같으며, 다만 자유도만 변한다. 중회귀모형의 유의성을 검정하기 위하여 가설

$$H_0 : \beta_1 = \cdots = \beta_k = 0, \quad H_1 : \beta_1, \cdots, \beta_k \text{가 모두 0은 아니다}$$

를 검정하며, 이를 위한 분산분석표는 〈표 9-5〉와 같다.

〈표 9-5〉 중회귀모형의 분산분석표

| 요인 | 제곱합 | 자유도 | 평균제곱 | $F$값 | 유의확률 |
|---|---|---|---|---|---|
| 회귀 | SSR | $k$ | MSR | $f$=MSR/MSE | $P(F \geq f)$ |
| 잔차 | SSE | $n-k-1$ | MSE | | |
| 계 | SST | $n-1$ | | | |

**참고**

중회귀의 분산분석표에서 SSR, SSE의 정의는 단순회귀에서와 같다. 즉,

$$\text{SSR} = \sum_{i=1}^{n}(\hat{y_i} - \bar{y})^2, \quad \text{SSE} = \sum_{i=1}^{n}(y_i - \hat{y}_i)^2$$

로 정의되며, 평균제곱인 MSR, MSE는 제곱합을 각각의 자유도로 나눈 것이다.

중회귀모형에서 **결정계수**는 단순회귀와 같이 정의된다. 즉, 결정계수는

$$R^2 = \frac{\text{SSR}}{\text{SST}}$$

로 정의된다. 설명변수가 추가되면 $R^2$ 값은 언제나 증가한다. 그러나 때로는 추가된 설명변수가 유의성이 없거나 설명력이 미약한 경우가 있다. 이와 같은 경우에는 결정계수보다는 다음과 같이 정의된 **수정결정계수**(adjusted $R^2$)를 살펴보아야 한다.

$$\text{adjusted } R^2 = 1 - \frac{n-1}{n-k-1}\frac{\text{SSE}}{\text{SST}}$$

새로 추가되는 변수가 설명력이 없을 때는 이 수정결정계수의 값이 오히려 감소하기도 하므로 새로운 설명변수의 추가 여부를 판단하는 데 도움이 된다.

중회귀모형의 분석은 일반적으로 계산이 복잡해지므로 간단히 계산기로 처리할 수 있는 경우는 많지 않다. 따라서 엑셀이나 다른 통계처리 소프트웨어에 의존하여 계산하게 된다. 엑셀이나 KESS의 사용법은 9.5절에서 다루기로 하고 이 절에서는 KESS의 결과를 이용하여 설명하기로 한다.

**예제 9.5** 단순회귀에서 다루었던 〈표 9-2〉의 자료를 다시 생각해 보자. [예제 9.3]의 결과에 의하면 결정계수의 값이 67.8%로서, 공정시간($x_1$)만으로 수율을 설명하는 것은 충분하지 않다. 따라서 원료의 촉매량을 설명변수에 추가하기로 하였으며, 〈표 9-6〉은 〈표 9-2〉에서 촉매량($x_2$)이 추가된 자료이다. 중회귀모형으로 적합시키고 분석하여라.(자료: '회귀분석' 파일에서 'plastic')

〈표 9-6〉 공정시간과 촉매량에 따른 수율의 비교

| 번호 | 1 | 2 | 3 | 4 | 5 | 6 | 7 | 8 | 9 | 10 |
|---|---|---|---|---|---|---|---|---|---|---|
| $x_1$(분) | 8 | 8 | 10 | 10 | 12 | 12 | 14 | 14 | 16 | 16 |
| $x_2$(g) | 3.1 | 3.3 | 3.5 | 3.0 | 3.2 | 3.4 | 3.0 | 3.6 | 3.2 | 3.6 |
| $y$ (%) | 75 | 80 | 84 | 77 | 79 | 85 | 86 | 90 | 87 | 89 |

**풀이** KESS에서 출력 결과는 [그림 9-5]와 같다.

분산분석표

| 요인 | 제곱합 | 자유도 | 평균제곱 | F 값 | 유의확률 |
|---|---|---|---|---|---|
| 회귀 | 204.7021 | 2 | 102.3511 | 20.530 | 0.0012 |
| 잔차 | 34.8979 | 7 | 4.9854 | | |
| 계 | 239.6000 | 9 | | | |

| | |
|---|---|
| Root MSE | 2.2328 |
| 결정계수 | 0.8543 |
| 수정결정계수 | 0.8127 |

모수 추정

| 변수명 | 추정값 | 표준오차 | t-통계량 | 유의확률 |
|---|---|---|---|---|
| 절편 | 36.11144 | 10.75101 | 3.359 | 0.0121 |
| x1 | 1.20158 | 0.26117 | 4.601 | 0.0025 |
| x2 | 9.92999 | 3.41095 | 2.911 | 0.0226 |

[그림 9-5] 중회귀모형에 의한 적합

분산분석표에서 모형의 유의성에 대한 유의확률은 0.0012로서 매우 유의하며, 결정계수는 단순회귀의 67.8%에서 85.4%로 증가하였다. $x_1$과 $x_2$의 계수 $\beta_1$과 $\beta_2$의 유의확률은 각각 0.0025와 0.0226으로 모두 유의하므로 추정된 모형은 다음과 같다.

$$\hat{y} = 36.11 + 1.20x_1 + 9.93x_2$$

## 9.4 잔차분석

회귀모형에서 최소제곱추정량으로 여러 가지 추론 문제를 다룰 수 있는 것은 모형에 대한 여러 가지 가정이 있었기 때문이다. 예를 들어 9.2절에서 다룬 선형 회귀모형

$$y_i = \alpha + \beta x_i + \varepsilon_i, \quad i = 1, \cdots, n$$

에서는 다음과 같은 중요한 가정이 전제된다.

(a) 선형성: $y = \alpha + \beta x$
(b) 정규성: $\varepsilon_i \sim N(0, \sigma^2)$
(c) 등분산성: $\varepsilon_1, \cdots, \varepsilon_n$ 의 분산은 모두 $\sigma^2$
(d) 독립성: $\varepsilon_1, \cdots, \varepsilon_n$ 은 서로 독립

이와 같은 가정 가운데 특히 선형성과 정규성의 가정은 매우 중요하며, 잔차를 검토하여 이러한 조건들이 만족되는지를 확인할 필요가 있다. 이와 같이 잔차를 이용하여 모형의 가정에 대한 검토를 하는 것을 **잔차분석**(residual analysis)이라고 한다.

경제모형에서는 특히 $y$ 값이 커지면서 분산도 증가하여 등분산의 조건이 만족되지 않는 경우가 흔히 있으며, 시간에 따라 관측된 시계열 자료에서는 독립성의 조건이 만족되지 않는 경우도 있다. 그러나 이런 문제들은 이 책의 범위를 벗어나므로 여기에서는 선형성과 정규성의 조건에 대한 잔차분석을 다루기로 한다.

오차항인 $\varepsilon_i$ 들이 서로 독립이고 같은 분포 $N(0, \sigma^2)$ 을 따른다면 잔차인 $r_i = y_i - \hat{y}_i$ 은 0을 중심으로 특별한 경향이 없이 임의로(랜덤하게) 분포되어 있어야 한다. 이를 확인하기 위하여 흔히 잔차 $r_i$ 가 관측순서 $i$ 또는 예측값 $\hat{y}_i$ 에 대하여 어떻게 변하는지를 그림으로 나타낸다. 예를 들어 [그림 9-6]은 관측번호에 따라 $r_i$ 를 나타낸 것이다. 그림에서 (a)는 $r_i$ 들이 임의로 분포되어 있음을 뜻하고 (b)는 어떤 경향이 있음을 뜻한다. 따라서 (b)의 경우는 선형성의 조건을 만족시키지 못함을 의미한다.

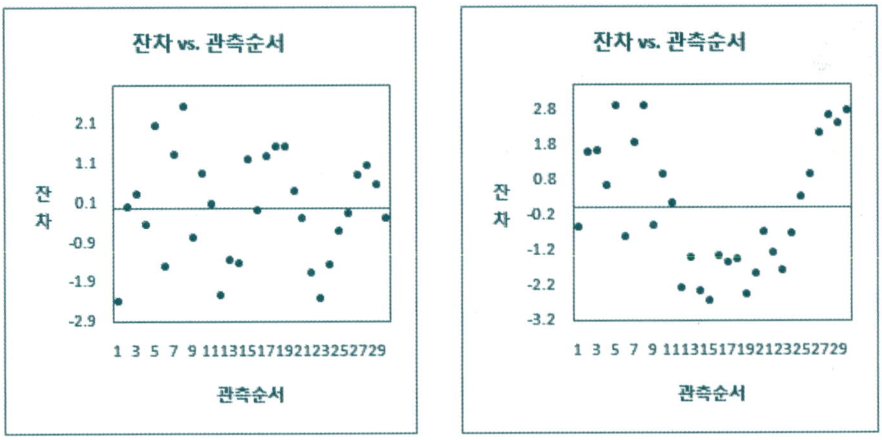


(a) 임의로 분포된 예 (b) 경향이 있는 예

[그림 9-6] 관측순서에 대한 잔차의 도표

일반적으로 잔차 $r_i$ 값 자체만으로는 그 값이 얼마나 큰지를 판단하기 어렵다. 즉, 표준편차에 비하여 얼마나 큰지를 알아야 특정한 $r_i$가 소위 **이상점**(outlier)인지를 판단할 수 있다. 이상점이란 다른 데이터보다 특히 크거나 작은 데이터로서 표준정규분포에서는 흔히 $\pm 3$을 벗어나면 이상점으로 분류하기도 한다.

잔차 $r_i$의 표준편차를 나타내기 위하여 **햇트행렬**(hat matrix)을 다음과 같이 정의한다.

$$H = X(X'X)^{-1}X'$$

이 햇트행렬의 $i$ 번째 대각선 원소를 $h_{ii}$ 라고 하면 $r_i$의 표준편차는 다음과 같다.

$$\mathrm{sd}(r_i) = \sqrt{\mathrm{MSE}(1-h_{ii})}$$

잔차 $r_i$를 표준편차로 나눈 것을 **표준화잔차**(studentized residual)라고 한다. 한편 $i$ 번째 관측값을 제외하고 $\sqrt{\mathrm{MSE}}$ 를 구한 값을 $\hat{\sigma}_{(i)}$ 라고 하면, $\hat{\sigma}_{(i)}$ 를 $\sqrt{\mathrm{MSE}}$ 대신으로 사용하여 표준편차를 추정할 수 있다. 잔차 $r_i$를 $\hat{\sigma}_{(i)}$ 로 나누어 표준화시킨 것을 **표준화제외잔차**(studentized deleted residual)라고 한다.

이들을 요약하면 다음과 같다.

**표준화잔차와 표준화제외잔차**

잔차: $r_i = y_i - \hat{y}_i$

표준화잔차: $t_i = \dfrac{r_i}{\sqrt{\mathrm{MSE}}\sqrt{1-h_{ii}}}$

표준화제외잔차: $t_{(i)} = \dfrac{r_i}{\hat{\sigma}_{(i)}\sqrt{1-h_{ii}}}$

**참고**

① 표준화잔차와 표준화제외잔차는 여러 가지 다른 용어로도 부른다. 예를 들어 '표준화' 대신에 '스튜던트화'라는 표현을 사용하기도 하고, 표준화잔차와 표준화제외잔차를 각각 내적스튜던트화잔차와 외적스튜던트화잔차라는 용어로 나타내기도 한다.

② 표준화잔차를 사용할 경우에 이상점의 인식이 어려울 수도 있다. 예를 들어 $i$번째 관측값이 이상점일 때 MSE는 이미 영향을 받아서 표준편차의 추정값인 $\sqrt{\mathrm{MSE}(1-h_{ii})}$가 과대로 추정되며, 따라서 $t_i$는 이상점으로 판별되지 못할 수도 있다.

표준화잔차와 표준화제외잔차는 근사적으로 표준정규분포를 따른다고 할 수 있으며, 따라서 $\pm 2.5$ 또는 $\pm 3$을 벗어나는 관측값은 이상점으로 의심할 수 있다. 또한 이와 같은 이상점이 많이 존재할 때는 정규성의 가정이 만족되지 않음을 뜻한다. 이상점이 존재할 때는 표준화잔차 $t_i$보다 표준화제외잔차 $t_{(i)}$가 이상점의 영향을 덜 받으므로, $t_{(i)}$가 좀 더 안전한 측도라고 할 수 있다.

잔차분석을 통하여 극단적인 이상점이 발견되면 그 관측값이 이상점인 원인을 찾아야 하며, 분포의 특성 때문에 나온 관측값들이면 전통적인 최소제곱법에 의한 분석이 안전한 결과를 제공하지 못함에 유의해야 한다. 이와 같은 잔차분석 등을 통하여 모형을 검토하는 분야를 **회귀진단**(regression diagnostic)이라고 한다. 그러나 회귀진단은 이 책의 범위를 벗어나므로 간단한 잔차분석만 다루기로 한다.

잔차분석은 계산이 복잡하므로 통계분석 소프트웨어 패키지에 의존한다. 다음 예에서는 KESS를 이용한 잔차분석의 결과를 살펴보기로 한다.

**예제 9.6** 〈표 9-6〉의 자료에서 $y$를 $x_1$, $x_2$로 적합시킬 때 KESS를 이용한 잔차분석을 시행하여라.(자료: '회귀분석' 파일에서 'plastic')

**풀이** KESS의 [회귀분석] 메뉴에서 '회귀진단' 버튼을 누른 다음 '표준화잔차'와 '표준화제외잔차' 탭에서 'vs 관측순서 그래프' 옵션을 선택하면 [그림 9-7]과 같은 결과를 얻는다.

[그림 9-7]의 잔차분석 결과에 의하면 표준화잔차는 ±2를 벗어나는 관측값이 없으며, 표준화제외잔차는 +2.5에 가까운 값은 있으나 심각하게 범위를 벗어나는 관측값은 아니므로 이상점이 있는 자료는 아니라고 할 수 있다.

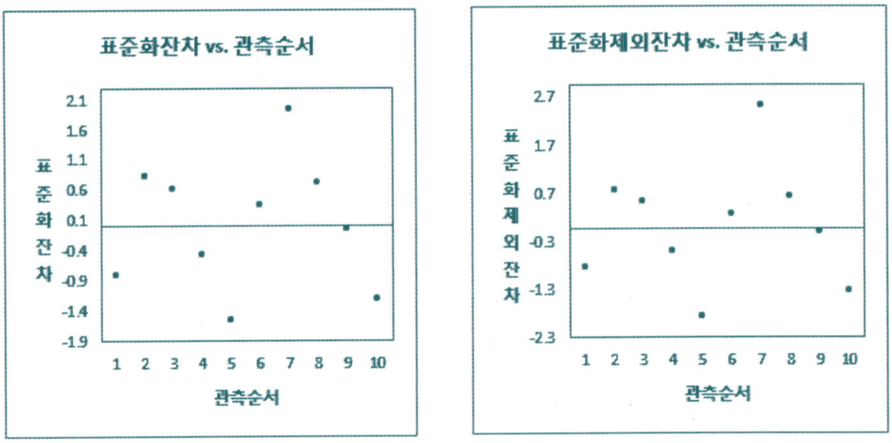


(a) 표준화잔차 (b) 표준화제외잔차

**[그림 9-7]** 표준화잔차와 표준화제외잔차

## 9.5 변수선택법

대부분의 회귀분석 문제에서 한 반응변수의 값을 결정하는 요인으로 사용되는 설명변수는 많이 있으나 그 가운데 관측 가능하면서도 중요하다고 생각되는 변수만 선택하여 설명변수로 사용하고, 나머지 모든 요인들은 오차항으로 처리된다. 그러나 때로는 주어진 많은 설명변수 가운데 모형에 포함시키면 모형이 복잡해지는 반면에 반응변수를 설명하는 설명력은 약한 변수들도 있다. 따라서 모형에 도움이 되는 설명변수를 선택하는 문제가 제기되며, 이를 회귀분석에서 **변수선택법**이라고 한다. 중요한 변수선택법으로는 다음과 같은 4가지 방법이 있다.

### (1) 변수추가법(forward selection)

절편만 있는 모형에서 시작하여 가장 중요한 변수부터 차례로 모형에 추가하는 방법으로, 부분-$F$-검정(partial $F$-test)을 이용한다. 즉, 가장 큰 부분-$F$-통계량에 대응되는 변수가 유의하지 않으면 변수선택을 중단하는 방법이다.

### (2) 변수제거법(backward elimination)

모든 설명변수를 모형에 포함시킨 후에 부분-$F$-검정에 의해 가장 중요하지 않은 변수가 유의할 때까지 변수를 제거해 나가는 방법이다.

### (3) 변수증감법(stepwise selection)

설명변수를 차례로 선택하는 과정에서 새로 선택된 변수로 인하여 기존에 선택된 변수 가운데 모형에 도움이 되지 않는 변수가 발생할 수 있으며, 필요 없는 변수는 모형에서 제거하는 것이 좋다. 이와 같이 새로운 변수를 선택하면 기존에 선택된 변수 가운데 제거할 변수가 있는지 확인하는 일을 반복하면서 변수선택과 변수제거를 반복적으로 시행하는 방법이 변수증감법이다. 변수증감법은 응용 분야에서 가장 많이 사용되는 변수선택법이다.

### (4) 모든 가능한 회귀(all possible regression)

모든 가능한 변수의 조합으로 모형을 적합시킨 후에 가장 '좋은' 모형을 선택하는 방법이다.

변수선택법은 컴퓨터의 도움이 없이는 실행하기 힘든 절차이므로 다음 절인 엑셀의 이용에서 KESS를 이용한 변수선택법을 연습하기로 한다.

## 9.6 엑셀의 이용

### 9.6.1 상관분석

엑셀에서 상관분석은 메뉴에서 [데이터]→[데이터 분석]을 선택하고, 이어서 나타나는 '통계 데이터 분석' 창에서 [상관분석]을 이용한다.

KESS에서 상관분석은 메뉴에서 [통계분석]→[상관분석]을 이용한다.

**예제 9.7** 〈표 9-1〉의 자료에서 표본상관계수의 값을 구하고, 연관성의 가설

$$H_0: \ \rho = 0, \qquad H_1: \ \rho \neq 0$$

을 유의수준 5%에서 검정하는 절차를 엑셀과 KESS를 이용하여 시행하여라.(자료: '회귀분석' 파일에서 '상관분석')

**풀이** 자료 파일을 열고 엑셀과 KESS를 다음과 같이 실행한다.

① 엑셀의 이용

메뉴에서 **[데이터]→[데이터 분석]**을 선택하고, 이어서 나타나는 '통계 데이터 분석' 창에서 **[상관분석]**을 선택하면 [그림 9-8](a)와 같은 입력 창이 나타난다. 데이터가 위치한 범위를 입력하고 '첫째 행 이름표 사용'을 체크한다. 이어서 확인을 클릭하면 (b)와 같은 결과가 출력된다. 표본상관계수가 0.819임을 보이고 있다. 엑셀에서는 검정을 시행하지 않는다.

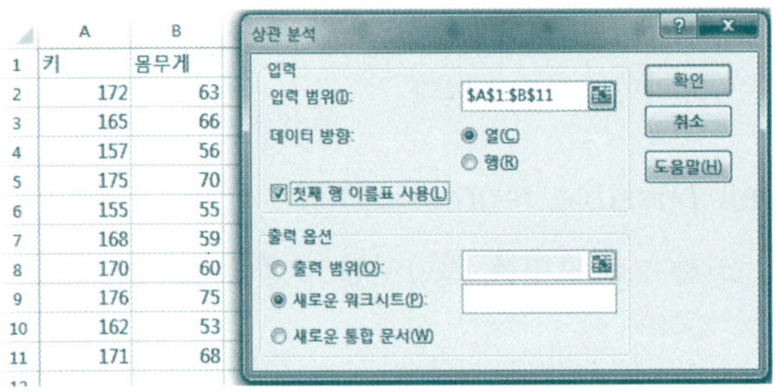


(a) 엑셀의 입력 창

| | A | B | C |
|---|---|---|---|
| 1 | | 키 | 몸무게 |
| 2 | 키 | 1 | |
| 3 | 몸무게 | 0.819216 | 1 |

(b) 엑셀의 출력 결과

**[그림 9-8]** 엑셀에서 입력과 출력

② KESS의 이용

메뉴에서 **[통계분석]→[상관분석]**을 선택하고, 키와 몸무게를 '선택변수'로 선택한다. 확인을 클릭하면 표본상관계수인 $r$의 값과 함께 $H_0 : \rho = 0$에 대한 검정 결과로 유의확률이 출력된다. 출력 결과에서 $r$값은 0.819이며, 유의확률은 0.0037이므로 $x$와 $y$사이에 매우 강한 상관관계가 있음을 알 수 있다.

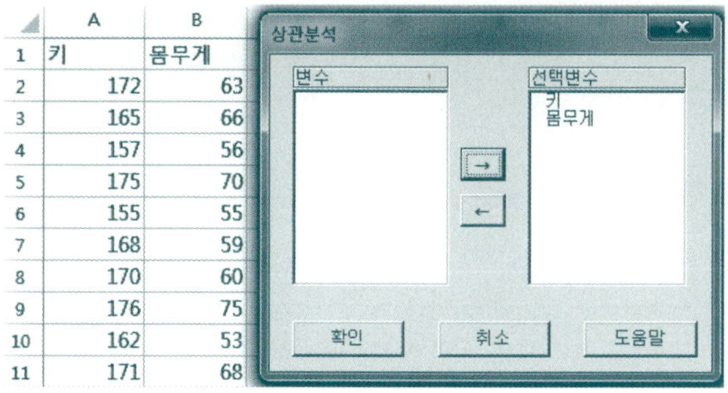


(a) 상관분석 입력 창

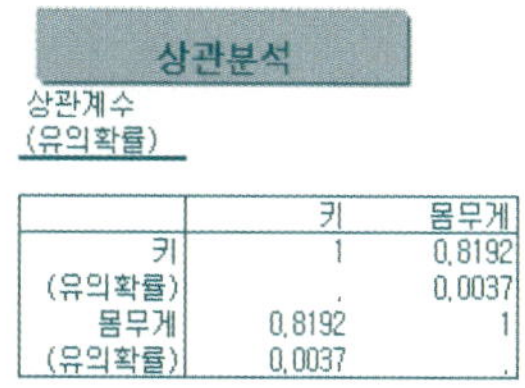


(b) 상관계수와 유의확률

**[그림 9-9]** KESS에서 입력과 출력

## 9.6.2 회귀분석

엑셀에서 회귀분석은 **[데이터]→[데이터 분석]**의 '통계 데이터 분석' 창에서 **[회귀분석]**을 이용한다.

KESS에서 회귀분석은 **[통계분석]** 메뉴에서 **[회귀분석]**을 이용한다.

**예제 9.8** 어느 대학에서는 신입생 선발기준으로 내신성적을 100점 만점으로 표준화하여 사용한다. 내신성적(x)과 대학졸업 평점(y)과의 관계를 알아보기 위하여 20명에 대한 조사를 한 결과 〈표 9-7〉을 얻었다. 회귀분석으로 내신성적과 대학평점의 관계를 엑셀과 KESS를 이용하여 분석하여라.(자료: '회귀분석' 파일에서 '내신성적')

**〈표 9-7〉** 내신성적과 대학평점

| x | 85 | 78 | 79 | 65 | 75 | 92 | 90 | 82 | 77 | 66 |
|---|---|---|---|---|---|---|---|---|---|---|
| y | 3.7 | 3.3 | 3.1 | 2.9 | 3.5 | 4.2 | 3.9 | 3.5 | 3.8 | 2.6 |
| x | 79 | 84 | 80 | 93 | 76 | 72 | 81 | 89 | 76 | 87 |
| y | 3.1 | 3.9 | 3.3 | 4.1 | 2.8 | 2.9 | 3.0 | 4.0 | 3.2 | 3.9 |

**풀이** 자료 파일을 열고 엑셀과 KESS를 다음과 같이 실행한다.

① 엑셀의 이용

메뉴에서 **[데이터]→[데이터 분석]**의 '통계 데이터 분석' 창에서 **[회귀분석]**을 이용한다. 회귀분석 입력 창에서 x와 y의 입력 범위를 지정하고, 필요한 옵션을 선택한다. 여기에서는 '**잔차도**'와 '**표준잔차**'를 옵션으로 선택하였다. 분산분석 및 계수추정 결과는 [그림 9-10]과 같다.

| | A | B | C | D | E | F | G | H | I |
|---|---|---|---|---|---|---|---|---|---|
| 1 | 요약 출력 | | | | | | | | |
| 2 | | | | | | | | | |
| 3 | 회귀분석 통계량 | | | | | | | | |
| 4 | 다중 상관계수 | 0.856755 | | | | | | | |
| 5 | 결정계수 | 0.734029 | | | | | | | |
| 6 | 조정된 결정계수 | 0.719253 | | | | | | | |
| 7 | 표준 오차 | 0.25456 | | | | | | | |
| 8 | 관측수 | 20 | | | | | | | |
| 9 | | | | | | | | | |
| 10 | 분산 분석 | | | | | | | | |
| 11 | | 자유도 | 제곱합 | 제곱 평균 | F 비 | 유의한 F | | | |
| 12 | 회귀 | 1 | 3.219084 | 3.219084 | 49.67655 | 1.42E-06 | | | |
| 13 | 잔차 | 18 | 1.166416 | 0.064801 | | | | | |
| 14 | 계 | 19 | 4.3855 | | | | | | |
| 15 | | | | | | | | | |
| 16 | | 계수 | 표준 오차 | t 통계량 | P-값 | 하위 95% | 상위 95% | 하위 95.0% | 상위 95.0% |
| 17 | Y 절편 | -0.82423 | 0.606978 | -1.35792 | 0.191269 | -2.09944 | 0.450987 | -2.09944 | 0.450987 |
| 18 | x | 0.053041 | 0.007526 | 7.048159 | 1.42E-06 | 0.037231 | 0.068852 | 0.037231 | 0.068852 |

**[그림 9-10]** 엑셀에서 분산분석표와 계수추정값

잔차도는 [그림 9-11](a)와 같다. 잔차도는 설명변수 $x$ 값에 대한 잔차그림을 나타낸다. 그러나 표준화되지 않은 잔차로는 이상점 여부를 판단하기 어려우므로 표준잔차를 살펴볼 필요가 있다.

워크시트에 출력된 **표준잔차**를 **[삽입]** 탭에서 분산형 차트의 메뉴인 **[차트]→[분산형]**을 이용하여 그림으로 나타내면 [그림 9-11](b)와 같다. 그림에서 가로축은 관측번호를 나타낸다. 표준잔차의 그림에서 9번째 잔차는 +2를 조금 벗어나지만 심각한 이상점은 아닌 것으로 판단되며, 잔차그림에는 특별한 경향이 없는 것으로 판단된다.

분산분석표에서 회귀모형의 유의확률은 충분히 작은 것으로 나타났으며, 결정계수는 $R^2 = 0.73$ 으로 회귀직선으로 총변동의 약 73%를 설명할 수 있음을 뜻한다. 회귀계수에서 절편의 유의성은 약하지만 이 경우에 0으로 할 필요는 없으므로 예측모형은 다음과 같이 추정할 수 있다.

$$y = -0.824 + 0.053x$$

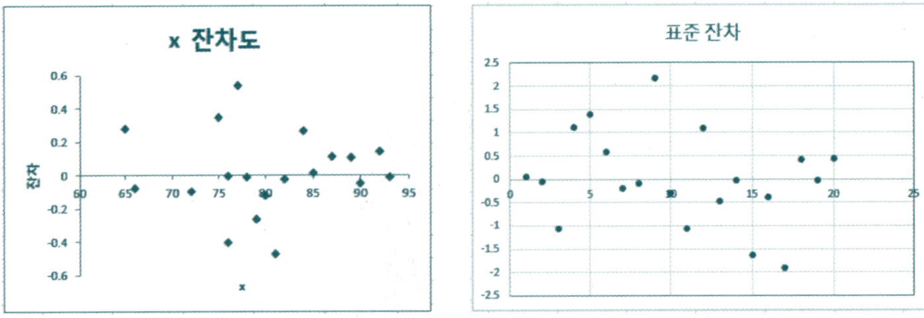


(a) 엑셀의 잔차도 (b) 표준찬차

**[그림 9-11]** 엑셀에서 표준잔차

② KESS의 사용

메뉴에서 **[통계분석]→[회귀분석]**을 선택하면 회귀분석 창이 나타난다. 독립변수와 종속변수를 선택하고, 단순선형회귀에서 옵션으로 '산점도'와 '표준화잔차 vs 독립변수 그래프'를 선택한다. 분산분석표와 회귀계수의 추정값은 [그림 9-12](a)와 같으며, 산점도와 표준화잔차는 [그림 9-12](b)와 같다. 분석 결과는 엑셀의 이용에서 설명한 내용과 같으므로 생략하기로 한다.

**분산분석표**

| 요인 | 제곱합 | 자유도 | 평균제곱 | F 값 | 유의확률 |
|---|---|---|---|---|---|
| 회귀 | 3.2191 | 1 | 3.2191 | 49.677 | < 0.0001 |
| 잔차 | 1.1664 | 18 | 0.0648 | | |
| 계 | 4.3855 | 19 | | | |

| | |
|---|---|
| Root MSE | 0.2546 |
| 결정계수 | 0.7340 |
| 수정결정계수 | 0.7193 |

**모수 추정**

| 변수명 | 추정값 | 표준오차 | t-통계량 | 유의확률 |
|---|---|---|---|---|
| 절편 | -0.82423 | 0.60698 | -1.358 | 0.1913 |
| x | 0.05304 | 0.00753 | 7.048 | < 0.0001 |

(a) 분산분석표와 계수추정값

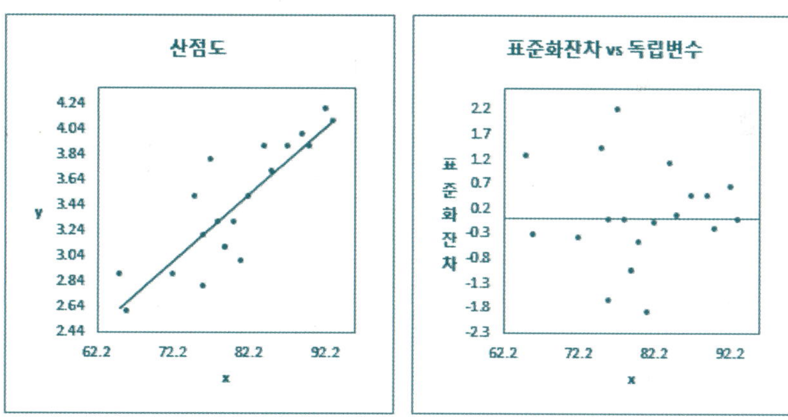


(b) 산점도와 표준화잔차

**[그림 9-12]** KESS에서 회귀분석 출력 결과

## 참고

① 엑셀과 KESS의 '회귀분석' 대화상자에는 '상수항 0을 사용' 및 '상수항 포함'이라는 옵션이 있다. 디폴트는 상수항을 포함하는 모형이며, 상수항이 없는 모형은

$$y_i = \beta x_i + \epsilon_i, \quad i = 1, \cdots, n$$

으로 주어진다. 이러한 모형은 이론적으로 $x=0$ 이면 $y=0$ 이 되는 모형에서 사용한다.

② KESS에서 '회귀분석'을 실행하면 자료의 워크시트에 '예측값', '잔차', '표준화잔차'의 값들을 옵션에 의해 출력시킬 수 있다.

## 참고

### 회귀분석의 산점도에서 추세선 그리기

[그림 9-12](b)의 산점도에서 추세선(즉, 적합된 회귀직선)을 그리는 방법을 알아보자. 출력된 산점도에서 커서를 점 위에 대고 라이트 클릭하면 [그림 9-13](a)와 같은 단축 메뉴가 뜬다. 여기에서 '추세선 추가'를 선택하면 오른쪽에 (b)의 창이 뜬다. 추세선 옵션에서 '선형'을 선택하고 창을 닫으면 산점도에 적합된 회귀직선이 그려진다.

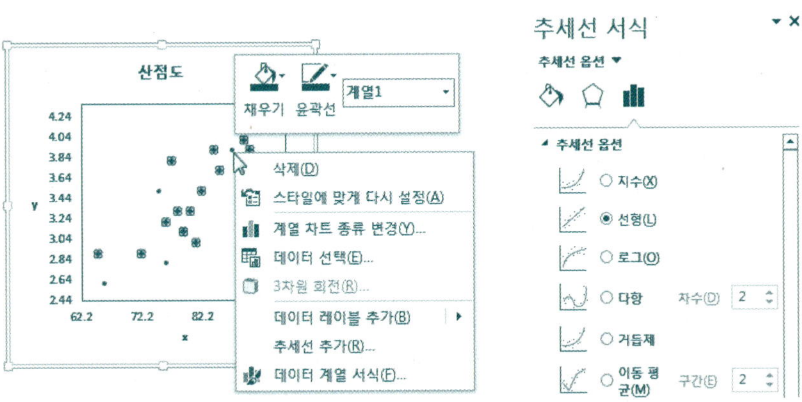


(a) 산점도 편집 메뉴　　　(b) 추세선 서식 창

**[그림 9-13]** 추세선 그리기

다음은 회귀모형을 이용하여 주식의 특성을 분석하는 한 예를 살펴보자.

자본시장 가격을 결정하는 모형으로 흔히 회귀모형이 이용된다. 예를 들어 주식시장에서 개별 주가의 수익률($y$)을 종합주가(또는 시장포트폴리오)의 수익률($x$)로 설명하는 모형은 흔히 다음과 같은 선형회귀모형으로 나타낸다.

$$y_i = \alpha + \beta x_i + \varepsilon_i, \quad i = 1, \cdots, n$$

이때 $(x_i, y_i)$는 여러 다른 시점에서 관측된 수익률이다. 이와 같은 모형에서 $y_i$의 표준편차는 개별주식의 총 위험률이며, 베타($\beta$)는 종합주가(또는 시장포트폴리오)의 위험을 1로 보았을 때 개별주식이 가지는 체계적 위험을 나타낸다. 이에 대하여 오차항 $\varepsilon$의 표준편차를 비체계적 위험이라고 한다. 체계적 위험인 베타($\beta$)가 1보다 큰 주식을 공격적 주식이라고 하며, 1보다 작은 주식을 방어적 주식이라고 한다. 다음 예에서 $\beta$의 의미를 알아보자.

**예제 9.9** 〈표 9-8〉은 세 종류의 주식($y_1$, $y_2$, $y_3$)과 시장포트폴리오의 수익률($x$)을 10개의 다른 시점에서 관측한 자료이다. 이들로부터 각 주식의 평균 수익률, 주식의 위험률에 해당되는 표준편차, 각 $y$와 $x$의 상관계수, 체계적 위험률인 $\beta$값을 구하고 결과를 해석해 보자.(자료: '회귀분석' 파일에서 '수익률')

〈표 9-8〉 주식의 수익률과 시장포트폴리오의 수익률(단위: %)

| 기간 | $x$ | $y_1$ | $y_2$ | $y_3$ |
|---|---|---|---|---|
| 1 | 11 | 10 | 11 | −6 |
| 2 | 7 | 8 | 4 | 18 |
| 3 | −2 | −4 | −3 | 4 |
| 4 | 8 | 22 | −2 | −5 |
| 5 | 9 | 8 | 14 | 32 |
| 6 | −5 | −11 | −9 | −7 |
| 7 | 12 | 14 | 15 | 24 |
| 8 | 11 | 12 | 13 | −17 |
| 9 | 3 | −9 | −3 | 2 |
| 10 | 10 | 12 | 4 | 27 |

**풀이** 세 주식 수익률에 대한 기술통계와 세 회귀직선을 KESS를 이용하여 구하였다. [그림 9-14]는 KESS를 이용하여 구한 세 회귀적선의 추정값들이다. 기술통계의 값들은 그림에서 생략하였다. 이들로부터 세 주식의 특성은 〈표 9-9〉와 같이 추정된다. 세 주식의 총 위험률인 표준편차는 각각 10.70%, 8.51%, 16.84%이며, 체계적 위험률은 1.53, 1.24, 0.81이고, $x$와의 상관계수는 0.84, 0.85, 0.28이다.

$y_1$과 $y_3$를 비교할 때 총 위험인 표준편차는 $y_3$가 높지만 체계적 위험인 베타($\beta$)는 $y_3$가 낮은 것으로 나타났다. 그 이유는 $y_3$는 시장포트폴리오인 $x$와의 상관계수가 낮기 때문이다. 이와 같이 체계적 위험인 $\beta$가 작을 경우에는 $y_3$의 변동성을 분산투자를 통하여 제거할 수 있다.

〈표 9-9〉 세 주식의 평균, 표준편차, $\beta$값 및 $x$와의 상관계수

| | 평균 | 표준편차 | $\beta$값 | $x$와의 상관계수 |
|---|---|---|---|---|
| 주식1($y_1$) | 6.2 | 10.70 | 1.53 | 0.84 |
| 주식2($y_2$) | 4.4 | 8.51 | 1.24 | 0.85 |
| 주식3($y_3$) | 7.2 | 16.84 | 0.81 | 0.28 |

**모수 추정**

| 변수명 | 추정값 | 표준오차 | t-통계량 | 유의확률 |
|---|---|---|---|---|
| 절편 | -3.61997 | 2.97211 | -1.218 | 0.2579 |
| x | 1.53437 | 0.35075 | 4.374 | 0.0024 |

(a) $y_1$과 $x$의 적합 결과

**모수 추정**

| 변수명 | 추정값 | 표준오차 | t-통계량 | 유의확률 |
|---|---|---|---|---|
| 절편 | -3.53567 | 2.27755 | -1.552 | 0.1592 |
| x | 1.23995 | 0.26879 | 4.613 | 0.0017 |

(b) $y_2$와 $x$의 적합 결과

**모수 추정**

| 변수명 | 추정값 | 표준오차 | t-통계량 | 유의확률 |
|---|---|---|---|---|
| 절편 | 1.98703 | 8.26800 | 0.240 | 0.8161 |
| x | 0.81453 | 0.97575 | 0.835 | 0.4281 |

(c) $y_3$와 $x$의 적합 결과

[그림 9-14] 세 직선회귀의 적합 결과

**참고**

단순회귀에서 $\hat{\beta}=\dfrac{\widehat{\mathrm{Cov}}(x,y)}{\widehat{\mathrm{Var}}(x)}$ 로 나타낼 수 있으므로 $x$와 $y$의 상관관계가 약하면 $\beta$값은 작아진다.

**예제 9.10** [예제 9.5]에서 다룬 중회귀모형을 엑셀과 KESS에서 확인해 보자.(자료: '회귀분석' 파일에서 'plastic')

**풀이** ① 엑셀의 이용

자료 파일을 열고, **[데이터]→[데이터 분석]**의 '통계 데이터 분석' 창에서 **[회귀분석]**을 선택한다(그림 9-15). $x$와 $y$의 입력 범위를 끌기에 의해

입력하고, 첫째 행이 변수명이므로 '이름표'를 체크한다. 잔차 옵션으로는 '잔차도'와 '표준잔차'를 선택하도록 하였다. 결과는 [그림 9-16] 및 [그림 9-17]과 같다.

[그림 9-17](a)와 (b)는 각각 $x_1$과 $x_2$로 적합할 때의 잔차도로서 '축서식'에 의해 축의 눈금을 수정한 그림이다. 잔차도에는 표준화되지 않은 잔차의 그림이 출력되므로 이상점의 판단은 표준잔차의 크기를 살펴보아야 한다.

분산분석표 다음에 출력되는 표준잔차는 그림에 포함시키지 않았으나 모두 ±2의 범위 내에 있으므로 이상점은 없다고 판단한다.

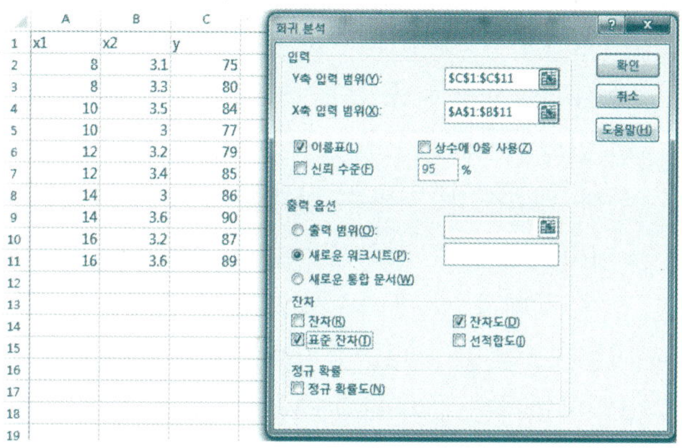


[그림 9-15] 엑셀에서 자료의 입력과 옵션의 선택

요약 출력

| 회귀분석 통계량 | |
|---|---|
| 다중 상관계수 | 0.92431 |
| 결정계수 | 0.854349 |
| 조정된 결정계수 | 0.812735 |
| 표준 오차 | 2.232804 |
| 관측수 | 10 |

분산 분석

| | 자유도 | 제곱합 | 제곱 평균 | F 비 | 유의한 F |
|---|---|---|---|---|---|
| 회귀 | 2 | 204.7021 | 102.3511 | 20.5301 | 0.001179 |
| 잔차 | 7 | 34.8979 | 4.985414 | | |
| 계 | 9 | 239.6 | | | |

| | 계수 | 표준 오차 | t 통계량 | P-값 | 하위 95% | 상위 95% | 하위 95.0% | 상위 95.0% |
|---|---|---|---|---|---|---|---|---|
| Y 절편 | 36.11144 | 10.75101 | 3.358887 | 0.012103 | 10.68933 | 61.53354 | 10.68933 | 61.53354 |
| x1 | 1.201575 | 0.261166 | 4.60081 | 0.002482 | 0.584016 | 1.819135 | 0.584016 | 1.819135 |
| x2 | 9.929988 | 3.410949 | 2.91121 | 0.022622 | 1.864376 | 17.9956 | 1.864376 | 17.9956 |

[그림 9-16] 분산분석표와 계수 추정

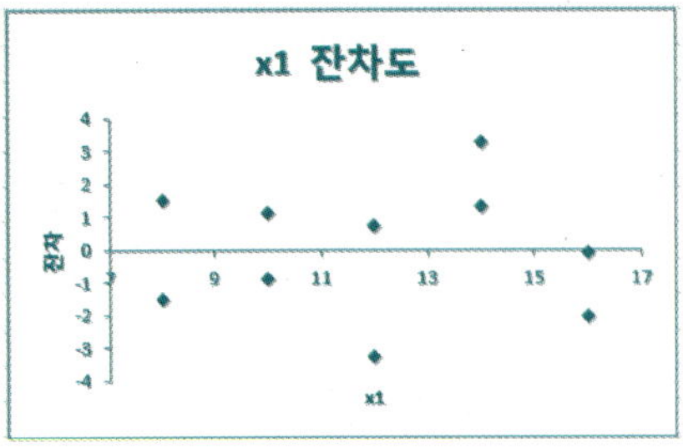


(a) $x_1$에 의한 잔차도

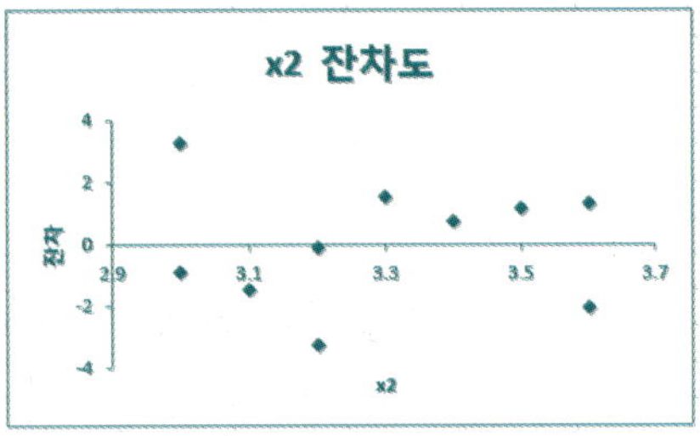


(b) $x_2$에 의한 잔차도

[그림 9-17] 엑셀에서 출력된 결과

② KESS의 이용

[통계분석]에서 [회귀분석]을 이용한다. [그림 9-18](a)와 같은 회귀분석 대화상자에서 종속변수 $y$와 독립변수 $x_1$, $x_2$를 선택하고 확인을 누르면 앞의 [예제 9.5]의 [그림 9-5]와 같은 출력 결과를 얻는다. 잔차분석을 위해 대화상자의 왼쪽 아래에 있는 '회귀진단' 버튼을 클릭하면 [그림 9-18](b)와 같은 회귀진단 옵션 창이 나온다. '표준화잔차'와 '표준화제외잔차' 탭에서 'vs 관측순서 그래프' 옵션을 선택하고, '확인'을 클릭하면 결과는 [그림 9-19](a) 및 (b)와 같다. 표준화제외잔차에서는 7번째 잔차가 2.5에 가까운 값이 나왔으나 심각한 이상점으로 판단되지는 않는다.

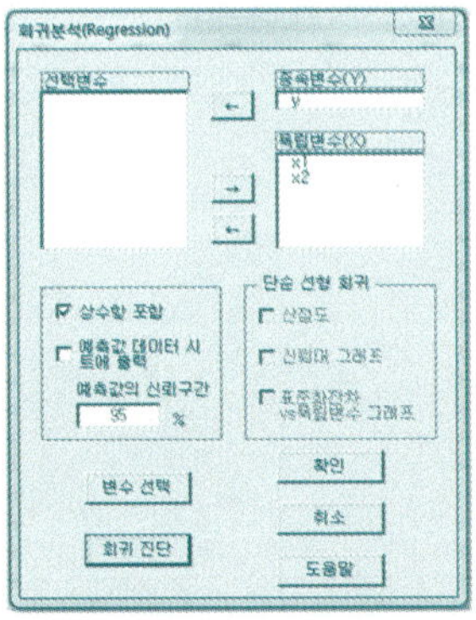


(a) 회귀분석 대화상자

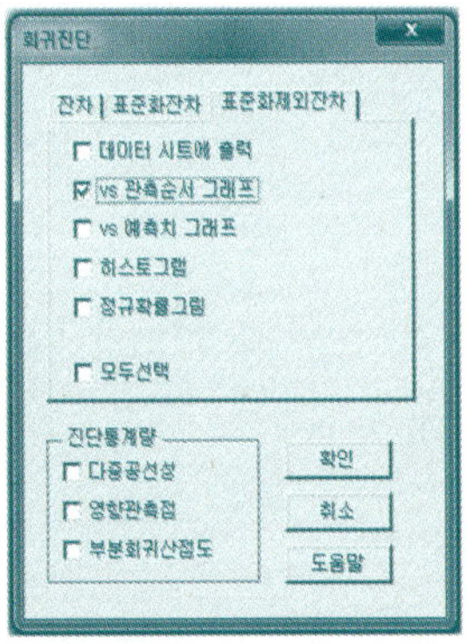


(b) 회귀진단 옵션 창

[그림 9-18] KESS의 회귀분석 대화상자와 회귀진단 옵션

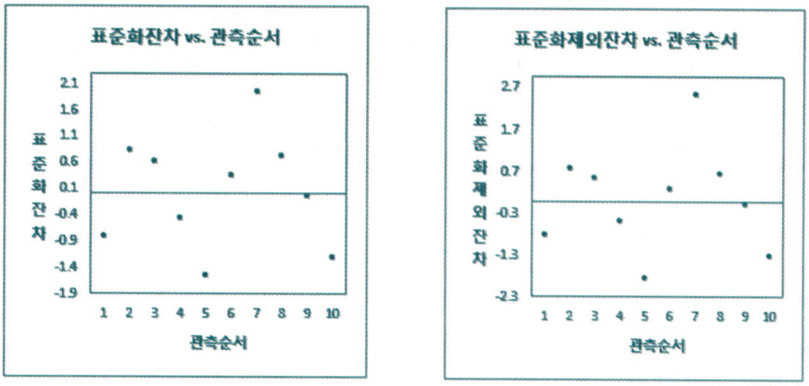


(a) 표준화잔차 (b) 표준화제외잔차

**[그림 9-19]** 표준화잔차와 표준화제외잔차

**예제 9.11** 〈표 9-10〉은 어느 병원에서 진료를 받은 환자 가운데 10명을 랜덤하게 뽑아 수집한 자료이다. 혈압을 다른 변수로 설명하는 회귀모형을 구성하여라.(자료: '회귀분석' 파일에서 '건강검진')

**〈표 9-10〉** 건강검진 자료

| 번호 | 나이 | 몸무게 | 콜레스테롤 | 수축기혈압 |
|---|---|---|---|---|
| 1 | 38 | 51 | 160 | 110 |
| 2 | 28 | 60 | 188 | 125 |
| 3 | 35 | 80 | 260 | 165 |
| 4 | 30 | 62 | 225 | 135 |
| 5 | 45 | 75 | 270 | 156 |
| 6 | 40 | 62 | 181 | 115 |
| 7 | 33 | 66 | 174 | 118 |
| 8 | 54 | 78 | 215 | 143 |
| 9 | 47 | 82 | 240 | 165 |
| 10 | 36 | 63 | 210 | 122 |

**풀이** KESS에서 회귀분석 메뉴를 이용하여 분석하였다. 먼저 나이, 몸무게, 콜레스테롤의 세 변수를 모두 독립변수로 사용하여 중회귀로 적합시킨 결과는 [그림 9-20](a)와 같다. 그림에서 나이의 유의확률이 0.6874로서 유의성이 없으므로 나이를 제외하고 적합시킨 결과는 [그림 9-20](b)와 같다. 결정계수는 0.002 감소한 반면에 수정결정계수는 0.8997에서 0.9114로 증가하였다. 또한 몸무게와 콜레스테롤의 유의확률은 모두 충분히 작은 것으로 판단된다.

참고로 콜레스테롤 한 변수만 사용한 경우는 [그림 9-20](c)와 같이 유의성은 있지만 수정결정계수가 9% 가까이 감소하므로 최종모형은 몸무게와 콜레스테롤을 설명변수로 하는 모형이 선호된다. 따라서 최종모형은 다음과 같이 세울 수 있다.

$$(\text{혈압}) = 4.711 + 0.972(\text{몸무게}) + 0.305(\text{콜레스테롤})$$

| | |
|---|---|
| Root MSE | 6.5827 |
| 결정계수 | 0.9331 |
| 수정결정계수 | 0.8997 |

**모수 추정**

| 변수명 | 추정값 | 표준오차 | t-통계량 | 유의확률 |
|---|---|---|---|---|
| 절편 | 6.03373 | 15.15183 | 0.398 | 0.7043 |
| 나이 | -0.14819 | 0.35080 | -0.422 | 0.6874 |
| 몸무게 | 1.07671 | 0.42538 | 2.531 | 0.0446 |
| 콜레스테롤 | 0.29194 | 0.10033 | 2.910 | 0.0270 |

(a) 세 독립변수를 사용한 경우

| | |
|---|---|
| Root MSE | 6.1844 |
| 결정계수 | 0.9311 |
| 수정결정계수 | 0.9114 |

**모수 추정**

| 변수명 | 추정값 | 표준오차 | t-통계량 | 유의확률 |
|---|---|---|---|---|
| 절편 | 4.71063 | 13.92750 | 0.338 | 0.7451 |
| 몸무게 | 0.97208 | 0.32491 | 2.992 | 0.0202 |
| 콜레스테롤 | 0.30469 | 0.08989 | 3.389 | 0.0116 |

(b) 두 독립변수를 사용한 경우

| | |
|---|---|
| Root MSE | 8.7327 |
| 결정계수 | 0.8430 |
| 수정결정계수 | 0.8234 |

**모수 추정**

| 변수명 | 추정값 | 표준오차 | t-통계량 | 유의확률 |
|---|---|---|---|---|
| 절편 | 25.91076 | 16.93093 | 1.530 | 0.1645 |
| 콜레스테롤 | 0.51573 | 0.07868 | 6.555 | 0.0002 |

(c) 한 독립변수만 사용한 경우

[그림 9-20] KESS를 이용한 중회귀 모수추정 결과

### 9.6.3 변수선택법

[예제 9.11]에서는 각 설명변수의 유의확률과 수정결정계수 등을 사용하여 적당한 변수를 선택하였다. 그러나 이와 같은 절차는 번거로운 경우가 많으며, 특히 변수의 개수가 많을 때에는 최적의 모형을 찾기가 쉽지 않다. 따라서 KESS에서는 변수선택을 위한 절차를 마련하였다.

엑셀에서는 변수선택법의 절차가 없으므로 다음 예제에서 KESS를 이용한 변수선택법을 알아보기로 한다.

**예제 9.12** 다음의 〈표 9-11〉 자료는 Hald(1952) 자료로서 변수선택에서 자주 인용되는 자료이다. $x_1$부터 $x_4$까지 4개의 설명변수를 사용하여 반응변수 $y$를 예측하는 중회귀모형을 만들 때 KESS의 변수증감법을 사용하여 모형을 적합시켜라.(자료: '회귀분석' 파일에서 'Hald')

〈표 9-11〉 Hald 자료

| 번호 | $x_1$ | $x_2$ | $x_3$ | $x_4$ | $y$ |
|---|---|---|---|---|---|
| 1 | 7 | 26 | 6 | 60 | 78.5 |
| 2 | 1 | 29 | 15 | 52 | 74.3 |
| 3 | 11 | 56 | 8 | 20 | 104.3 |
| 4 | 11 | 31 | 8 | 47 | 87.6 |
| 5 | 7 | 52 | 6 | 33 | 95.9 |
| 6 | 11 | 55 | 9 | 22 | 109.2 |
| 7 | 3 | 71 | 17 | 6 | 102.7 |
| 8 | 1 | 31 | 22 | 44 | 72.5 |
| 9 | 2 | 54 | 18 | 22 | 93.1 |
| 10 | 21 | 47 | 4 | 26 | 115.9 |
| 11 | 1 | 40 | 23 | 34 | 83.8 |
| 12 | 11 | 66 | 9 | 12 | 113.3 |
| 13 | 10 | 68 | 8 | 12 | 109.4 |

**풀이** [통계분석]에서 [회귀분석]을 이용한다. 회귀분석 대화상자에서 '변수선택' 버튼을 누르면 [그림 9-21](b)와 같은 창이 나타난다. 변수선택법의 4가지 옵션이 있으며 여기에서는 변수증감법을 선택한다. 나머지는 디폴트 옵션을 사용하여 '확인'을 클릭하면 [그림 9-22]와 같이 여러 그림들이 출력된다. 모든 경우에 회귀모형은 매우 유의한 것으로 분산분석표가 출력되므로 그림에서는 생략하였다. [그림 9-22]의 각 단계별 설명은 다음과 같다.

(a) 4변수를 모두 사용하였을 때의 각 변수에 대한 계수추정과 유의성 검정결과이다.

(b) 변수선택의 첫 단계로 $x_4$가 선택된 결과를 나타낸다.

(c) 변수선택의 두 번째 단계로 $x_1$이 추가로 선택된 결과를 나타낸다.

(d) 변수선택의 세 번째 단계로 $x_2$가 추가로 선택된 결과를 나타낸다. $x_1$과 $x_2$가 추가되면서 첫 단계에서 선택되었던 $x_4$의 설명력은 약해지며, 따라서 다음 단계에서 제거될 수 있다.

(e) $x_4$가 제거된 결과를 나타낸다.

(f) 지금까지 진행된 변수의 선택과 제거의 과정을 요약한 표이다.

따라서 변수증감법에 의해 만들어진 최종 모형은 다음과 같다.

$$y = 52.58 + 1.47x_1 + 0.66x_2$$

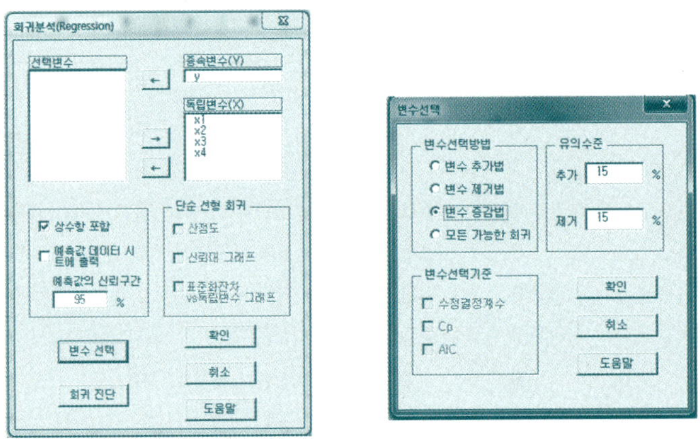


(a) 회귀분석 변수선택 버튼 (b) 변수선택 창

**[그림 9-21]** 회귀분석 변수선택 옵션

| 변수명 | 추정값 | 표준오차 | t-통계량 | 유의확률 |
|---:|---:|---:|---:|---:|
| 절편 | 62.40537 | 70.07096 | 0.891 | 0.3991 |
| x1 | 1.55110 | 0.74477 | 2.083 | 0.0708 |
| x2 | 0.51017 | 0.72379 | 0.705 | 0.5009 |
| x3 | 0.10191 | 0.75471 | 0.135 | 0.8959 |
| x4 | -0.14406 | 0.70905 | -0.203 | 0.8441 |

(a) 4변수를 모두 사용한 경우

| 변수명 | 추정값 | 표준오차 | t-통계량 | 유의확률 |
|---:|---:|---:|---:|---:|
| 절편 | 117.56793 | 5.26221 | 22.342 | < 0.0001 |
| x4 | -0.73816 | 0.15460 | -4.775 | 0.0006 |

(b) 변수선택의 첫 단계

| 변수명 | 추정값 | 표준오차 | t-통계량 | 유의확률 |
|---:|---:|---:|---:|---:|
| 절편 | 103.09738 | 2.12398 | 48.540 | < 0.0001 |
| x1 | 1.43996 | 0.13842 | 10.403 | < 0.0001 |
| x4 | -0.61395 | 0.04864 | -12.621 | < 0.0001 |

(c) 변수선택의 두 번째 단계

| 변수명 | 추정값 | 표준오차 | t-통계량 | 유의확률 |
|---:|---:|---:|---:|---:|
| 절편 | 71.64831 | 14.14239 | 5.066 | 0.0007 |
| x1 | 1.45194 | 0.11700 | 12.410 | < 0.0001 |
| x2 | 0.41611 | 0.18561 | 2.242 | 0.0517 |
| x4 | -0.23654 | 0.17329 | -1.365 | 0.2054 |

(d) 변수선택의 세 번째 단계

| 변수명 | 추정값 | 표준오차 | t-통계량 | 유의확률 |
|---:|---:|---:|---:|---:|
| 절편 | 52.57735 | 2.28617 | 22.998 | < 0.0001 |
| x1 | 1.46831 | 0.12130 | 12.105 | < 0.0001 |
| x2 | 0.66225 | 0.04585 | 14.442 | < 0.0001 |

(e) 변수선택의 네 번째 단계

**변수증감 요약**

| Step | /ar Changed | Num Vars In | P R-sq | M R-sq | C_p | F 값 | 유의확률 |
|---:|---|---:|---:|---:|---:|---:|---:|
| 1 | x4 (추가) | 1 | 0.6745 | 0.6745 | 138.7308 | 22.799 | 0.0006 |
| 2 | x1 (추가) | 2 | 0.2979 | 0.9725 | 5.4959 | 108.224 | < 0.0001 |
| 3 | x2 (추가) | 3 | 0.0099 | 0.9823 | 3.0182 | 5.026 | 0.0517 |
| 4 | x4 (제거) | 2 | 0.0037 | 0.9787 | 2.6782 | 1.863 | 0.2054 |

(f) 변수선택과 제거의 과정 요약

**[그림 9-22]** KESS에서 변수증감법을 이용한 변수선택 과정

# 연습문제

**9-1** 다음 자료에 대하여 아래 물음에 답하여라.

| $x$ | 1 | 3 | 3 | 5 |
|---|---|---|---|---|
| $y$ | 5 | 6 | 7 | 10 |

(a) $x$와 $y$의 표본상관계수를 구하여라.

(b) 가설 $H_0 : \rho=0$, $H_1 : \rho\neq0$ 을 유의수준 5%에서 검정하여라.

**9-2** 다음은 6쌍의 쌍둥이 형제에 대하여 심리검사를 실시하여 얻은 자료이다. 아래 물음에 답하여라.

| 번호 | 1 | 2 | 3 | 4 | 5 | 6 |
|---|---|---|---|---|---|---|
| 형 | 83 | 73 | 88 | 62 | 78 | 75 |
| 동생 | 87 | 68 | 85 | 70 | 68 | 73 |

(a) 형과 동생의 표본상관계수를 구하여라.

(b) 가설 $H_0 : \rho=0$, $H_1 : \rho\neq0$ 을 유의수준 5%에서 검정하여라.

(c) 결과를 KESS로 확인하여라.

**9-3** 다음은 1986년부터 1995년 사이의 10년간 서울 지역 강수량($x$)과 우리나라의 쌀 생산량($y$) 자료이다. 엑셀을 이용하여 상관분석을 시행하고 결과를 해석하여라.

| 연도 | 86 | 87 | 88 | 89 | 90 | 91 | 92 | 93 | 94 | 95 |
|---|---|---|---|---|---|---|---|---|---|---|
| 강수량 | 1599 | 1056 | 1293 | 1455 | 1158 | 2356 | 1437 | 760 | 1751 | 1247 |
| 쌀생산량 | 3894 | 3815 | 4204 | 4096 | 3893 | 3739 | 3702 | 3298 | 3513 | 3260 |

**9-4** 다음 자료는 어느 상표의 병에 대한 중량($x$, 단위 g)과 용량($y$, 단위 ml)의 자료이다. KESS를 이용하여 상관분석을 시행하고 결과를 해석하여라.

| 번호 | 1 | 2 | 3 | 4 | 5 | 6 | 7 | 8 | 9 | 10 |
|---|---|---|---|---|---|---|---|---|---|---|
| 중량($x$) | 495 | 496 | 499 | 500 | 500 | 502 | 503 | 503 | 504 | 505 |
| 용량($y$) | 763 | 762 | 761 | 759 | 761 | 760 | 760 | 761 | 758 | 758 |

**9-5** KESS의 자료 파일 '혈압자료'에서 '수축혈압1'($x$)과 '수축혈압2'($y$)의 상관관계를 KESS로 분석하고 결과를 해석하여라.

**9-6** KESS의 자료 파일 '혈압자료'에서 '이완혈압1'($x$)과 '이완혈압2'($y$)의 상관관계를 엑셀로 분석하고 결과를 해석하여라.

**9-7** 두 변수 $x$와 $y$ 사이의 관계를 분석하기 위하여 다음의 자료를 얻었다. $y$를 $x$로 설명하는 선형관계를 가정하고 아래 물음에 답하여라.

| $x$ | 1 | 2 | 3 | 4 |
|---|---|---|---|---|
| $y$ | 0 | 3 | 3 | 6 |

(a) 제곱합과 곱의 합을 구하고, 이를 이용하여 최소제곱 회귀직선을 구하여라.
(b) 분산분석표를 작성하고, 모형의 유의성을 검정하여라.
(c) 결정계수 $R^2$ 값을 구하고, 의미를 설명하여라.
(d) $\beta$의 95% 신뢰구간을 구하여라.

**9-8** 두 변수 $x$와 $y$ 사이의 관계를 분석하기 위하여 다음의 자료를 얻었다. $y$를 $x$로 설명하는 선형관계를 가정하고 아래 물음에 답하여라.

| $x$ | 2 | 3 | 5 | 6 | 9 |
|---|---|---|---|---|---|
| $y$ | 5 | 7 | 8 | 10 | 10 |

(a) 제곱합과 곱의 합을 구하고, 이를 이용하여 최소제곱 회귀직선을 구하여라.
(b) 분산분석표를 작성하고, 모형의 유의성을 검정하여라.
(c) $x = 7$에서 $y$의 평균에 대한 95% 신뢰구간을 구하여라.

**9-9** 다음은 비료의 양($x$)과 수확량($y$) 사이의 관계를 조사하기 위하여 수집한 자료이다. $x$와 $y$ 사이에 선형관계가 있다는 가정하에 다음 물음에 답하여라.

| 비료의 양($x$) | 3 | 4 | 5 | 6 | 7 |
|---|---|---|---|---|---|
| 수확량($y$) | 4.8 | 6.0 | 7.2 | 7.8 | 8.2 |

(a) 제곱합과 곱의 합을 구하고, 이를 이용하여 최소제곱 회귀직선을 구하여라.

(b) 결정계수 $R^2$ 값을 구하고, 의미를 설명하여라.

(c) $x = 10$ 에서 $y$ 의 평균에 대한 95% 신뢰구간을 구하여라.
또한 일반적으로 외삽(extrapolation)의 위험성에 대하여 설명하여라.

**9-10** 다음 자료에서 $x$ 와 $y$ 사이에 선형관계가 있다는 가정하에 KESS를 이용하여 아래 물음에 답하여라.

| $x$ | 1 | 2 | 3 | 4 | 5 |
|---|---|---|---|---|---|
| $y$ | 1.2 | 2.5 | 2.8 | 3.5 | 5.1 |

(a) 최소제곱 회귀직선을 구하여라.

(b) 첫 번째 자료인 (1, 1.2)가 잘못 입력되어 (1, 12)가 되었다면 회귀직선은 어떻게 변하겠는가?

(c) (b)의 자료에 대하여 KESS의 회귀분석 메뉴에 있는 '잔차분석'에서 '표준화잔차'와 '표준화제외잔차'를 출력하고 두 결과를 비교 설명하여라.

**참고**

(b)에서와 같이 한 이상점으로 인하여 최소제곱회귀직선은 완전히 다른 직선으로 변한다. 이와 같은 성질은 최소제곱법이 로버스트성이 없기 때문이다.

**9-11** 다음 자료에서 아래 물음에 답하여라.

| x1 | x2 | y |
|---|---|---|
| −5 | 5 | 11 |
| −4 | 4 | 11 |
| −1 | 1 | 8 |
| 2 | −3 | 2 |
| 2 | −2 | 5 |
| 3 | −2 | 5 |
| 3 | −3 | 4 |

(a) x1과 x2 각각을 설명변수로, y를 반응변수로 하는 회귀모형을 만들어라.

(b) x1, x2를 설명변수로, y를 반응변수로 하는 중회귀모형을 만들고 결과를 (1)과 비교 설명하여라. 이유는?

**9-12** 〈표 9-12〉는 Brownlee의 stackloss data라고 불리는 유명한 실제 자료이다. 이 자료는 암모니아를 산화하여 질산을 만드는 과정에서 암모니아의 '손실' 분량을 '공기흡입량', '냉각수온도', '질산농도'로 설명할 수 있는지 알아보기 위하여 수집된 자료이다. KESS를 이용하여 적당한 모형을 찾고 잔차분석을 시행하여라. (자료: '회귀분석' 파일에서 'Stackloss' 워크시트)

**〈표 9-12〉** stackloss data

| 공기흡입량 | 냉각수온도 | 질산농도 | 손실 |
|---|---|---|---|
| 80 | 27 | 89 | 42 |
| 62 | 24 | 87 | 28 |
| 62 | 24 | 93 | 19 |
| 58 | 18 | 80 | 14 |
| 58 | 18 | 82 | 11 |
| 50 | 18 | 86 | 7 |
| 50 | 20 | 80 | 9 |
| 80 | 27 | 88 | 37 |
| 62 | 22 | 87 | 18 |
| 62 | 24 | 93 | 20 |
| 58 | 18 | 89 | 14 |
| 58 | 19 | 93 | 12 |
| 50 | 19 | 72 | 8 |
| 56 | 20 | 82 | 15 |
| 75 | 25 | 90 | 37 |
| 62 | 23 | 87 | 18 |
| 58 | 23 | 87 | 15 |
| 58 | 17 | 88 | 13 |
| 50 | 18 | 89 | 8 |
| 50 | 19 | 79 | 8 |
| 70 | 20 | 91 | 15 |

**9-13** 〈표 9-13〉의 자료는 Frank Anscombe이 회귀분석에서 잔차분석과 회귀진단이 필요한 이유를 설명하기 위하여 만든 데이터이다. 자료에서 $x$를 설명변수로 하여

(a) "$x$ 와 $y_1$", (b) "$x$ 와 $y_2$", (c) "$x$ 와 $y_3$"

를 적합시키고 각각의 적합된 모형과 결정계수의 값을 구하여라. 또한 잔차분석

을 통하여 세 모형이 어떻게 다른지를 확인하여라.(자료: '회귀분석' 파일에서 'Anscombe' 워크시트)

〈표 9-13〉 Anscombe data

| $x$ | $y_1$ | $y_2$ | $y_3$ |
|---|---|---|---|
| 10 | 8.04 | 9.14 | 7.46 |
| 8 | 6.95 | 8.14 | 6.77 |
| 13 | 7.58 | 8.74 | 12.74 |
| 9 | 8.81 | 8.77 | 7.11 |
| 11 | 8.33 | 9.26 | 7.81 |
| 14 | 9.96 | 8.1 | 8.84 |
| 6 | 7.24 | 6.13 | 6.08 |
| 4 | 4.26 | 3.1 | 5.39 |
| 12 | 10.84 | 9.13 | 8.15 |
| 7 | 4.82 | 7.26 | 6.42 |
| 5 | 5.68 | 4.74 | 5.73 |

# 10장 비모수적 방법

지금까지 다룬 검정법 가운데 $t$-검정이나 $F$-검정은 모집단이 정규분포를 따른다는 가정하에 유도된 검정법이다. 예를 들어 한 모평균 $\mu$에 관한 추정은 $\overline{X}$를 이용하며, 모집단이 정규분포를 따를 때

$$T = \frac{\overline{X} - \mu}{S/\sqrt{n}}$$

은 자유도 $n-1$인 $t$-분포를 따름을 이용하여 $\mu$의 신뢰구간도 구하고 $\mu$에 관한 검정문제도 다룬다.

그러나 정규분포는 이론적인 분포로서, 실제로 어느 데이터도 엄격한 의미에서 정규모집단에서 얻어지는 경우는 없다. 다만, 표본평균의 분포가 중심극한정리에 의해 정규분포로 수렴하므로 정규성의 가정하에 얻어진 결과를 실제문제에 적용할 수 있는 것이다. 그러나 모집단의 분포가 정규분포와 많이 다르거나, 특히 데이터들 가운데 이상점(특이점)이 있는 경우에는 표본평균에 기초한 추정이나 검정의 효율은 급격히 떨어지게 된다.

이와 같이 모집단에 대하여 구체적인 분포함수를 가정하는 것이 무리일 때에는 모집단 분포에 대한 가정을 약화시키는 것이 오류의 가능성을 줄이고, 때로는 효율도 높일 수 있는 대안이 된다. 이와 같은 방법의 하나로 비모수적 방법이 있다.

**비모수적**(nonparametric) 방법은 모집단의 분포함수에 대하여 특정형태를 가정하지 않는 통계적 방법을 뜻한다. 비모수적 방법에서 흔히 사용되는 가정은 모집단 분포의 연속성과 대칭성 정도이다. 전통적인 비모수적 방법에서는 흔히 관측값의 **부호**(sign)와 **순위**(rank)를 사용한다.

일반적으로 관측값 대신에 관측값의 부호와 상대적 크기인 순위만 사용한 경우에도 정보의 손실이 심각하지 않다. 예를 들어 모집단이 정규분포를 따른다는 가정하에 얻어진 최량(best)의 절차와 비모수적 절차를 비교할 때, 정규분포하에서는 비모수적 절차의 효율이 정규이론에 의한 절차에 비하여 약간만 떨어지는 것이 보통이다. 그러나 모집단의 분포가 정규분포로부터 멀어지면서 꼬리가 두터운 분포를 따를 때는 비모수적 절차의 효율이 정규이론에 의한 절차보다 훨씬 높게 되는 것이 보통이다.

비모수적 방법에서는 한 모집단에 관한 추론문제를 **일표본 문제**(one-sample problem)라고 하며, 두 모집단에 관한 문제를 **이표본 문제**(two-sample problem)라고 한다.

**참고**

모수적 방법은 대부분 정규성의 가정하에 가장 최적(optimal)인 방법들이다. 그러나 모집단이 정규성에서 멀어질수록 효율이 떨어지게 되므로, 여러 분포에서 비모수적 방법과 모수적 방법의 효율을 비교하는 척도가 필요하다.

두 검정법 $T_1$과 $T_2$를 적용할 때 같은 검정력을 얻기 위한 표본크기를 각각 $n_1$, $n_2$라고 하면, 표본크기의 역비인 $n_2/n_1$의 극한값을 **점근상대효율**(asymptotic relative efficiency)이라고 하며 기호 ARE($T_1$, $T_2$)로 나타낸다. ARE($T_1, T_2$)의 값이 1보다 크면 검정법 $T_1$이 $T_2$보다 더 좋은 검정법이란 뜻이다.

## 10.1 일표본 위치문제

모수적 방법에서는 모집단의 중심위치를 나타내는 대표적인 모수가 모평균이다. 그러나 비모수적 방법에서는 모평균이 존재하지 않는 분포까지 포함해서 중심위치에 관한 추론문제를 다루므로 비모수적 방법에서는 중심위치를 나타내는 모수를 **위치모수**(location parameter)라고 한다. 이 절에서는 한 모집단에서 위치모수인 $\theta$에 대한 검정문제를 생각해 보기로 한다.

위치모수를 나타내는 방법으로 모형을 다음과 같이 가정한다.

$X_1, X_2, \cdots, X_n$ 은 연속인 분포 $F(x-\theta)$ 에서 임의표본이다.

이제 관측값 $X_1, X_2, \cdots, X_n$ 에 기초하여 $\theta$에 대한 검정을 시행하는 비모수적 검정법으로 부호검정과 윌콕슨 검정에 대하여 알아보자.

### 10.1.1 부호검정

**부호검정**(sign test)은 관측값과 가정된 위치모수의 차의 부호를 이용한 검정법이다. 부호검정을 정의하기 위해 $\theta$를 모집단의 중앙값(median)이라고 하자. 따라서

한 관측값 $X_i$가 $\theta$보다 클 확률이나 작을 확률이 모두 1/2이 된다. 이제 귀무가설이

$$H_0 : \theta = \theta_0$$

로 주어질 때 **부호검정 통계량**은 다음과 같이 정의된다.

$$B = \text{'}\theta_0\text{보다 큰 관측값의 개수'}$$

귀무가설하에서 $B$는 이항분포 $B(n, 1/2)$를 따름을 이용하여 검정법을 다음과 같이 정의할 수 있다. 다만, $b_\alpha(n)$은 이항분포에서 오른쪽 꼬리의 확률이 $\alpha$가 되는 점으로서 다음과 같이 정의된다.

$$P(B \geq b_\alpha(n)) = \alpha$$

부호검정법을 요약하면 다음과 같다.

**부호검정**

귀무가설: $H_0 : \theta = \theta_0$

검정통계량: $B$ = '$\theta_0$보다 큰 관측값의 개수'

유의수준 $\alpha$에서 기각역:

$H_1 : \theta > \theta_0$일 때 $B \geq b_\alpha(n)$

$H_1 : \theta < \theta_0$일 때 $B < b_{1-\alpha}(n)$

$H_1 : \theta \neq \theta_0$일 때 $B \geq b_{\alpha/2}(n)$ 또는 $B < b_{1-\alpha/2}(n)$

**참고**

① 이항분포는 이산형이므로 기각역의 표시에서 등호가 들어가는지가 중요하다. $b_\alpha(n)$의 정의 때문에 기각역이 오른쪽에 있을 때는 등호가 포함되지만 왼쪽에 있을 때는 등호가 포함되지 않는다. 등호를 포함해서 나타내려면 $B < b_{1-\alpha}(n)$ 대신에 $B \leq b_{1-\alpha}(n) - 1$을 사용할 수도 있다.

② $B$의 분포가 이산형이므로 주어진 $\alpha$에 대응되는 정확한 $b_\alpha(n)$은 존재하지 않는 것이 보통이다. 이때에는 가장 가까운 $b_\alpha(n)$을 사용하거나 유의확률을 사용해서 검정 결과를 나타내는 것이 좋다.

귀무가설하에서 부호검정 통계량의 분포는 이항분포를 따른다. 즉, 모집단의 분포가 연속형이면 $B$의 분포는 모집단의 분포와 관계없이 이항분포를 따른다. 이와 같이 귀무가설하에서 검정통계량의 분포가 모집단의 분포와 무관한 검정을

**분포무관검정**(distribution-free test)이라고 한다. 따라서 부호검정은 분포무관 검정법이다.

**정규근사.** 표본크기가 충분히 클 때에는($p=1/2$인 경우이므로, $n>10$일 때) 이항분포의 정규근사를 이용한다. 즉,

$$Z=\frac{B-n/2}{\sqrt{n/4}}$$

는 귀무가설하에서 근사적으로 표준정규분포를 따름을 이용하여 $Z$-검정을 시행한다.

**동점처리.** 표본 중에서 $\theta_0$와 같은 관측값이 있는 경우에는 그 관측값을 표본에서 제외시키고 표본크기를 그 개수만큼 줄인 후에 부호 검정을 실시한다. 관측값 중에서 동점이 있는 경우, 그 값이 $\theta_0$와 같지만 않으면 이러한 값들은 검정 절차에 아무런 영향을 주지 않는다.

**예제 10.1** A와 B 두 수면제의 약효를 비교하고자 한다. 12명의 환자에게 A와 B를 교대로 복용하는 실험을 10일간 시행하고, A와 B에 대한 각자의 평균 숙면시간을 구하였다. A가 B보다 더 효과적인지 확인하기 위하여 A−B를 구한 결과 다음과 같은 자료를 얻었다. 부호검정을 시행하여라. 또한 정규근사에 의한 부호검정을 시행하여라.

$$2.5,\quad 0,\quad -2.5,\quad 2.2,\quad -1,\quad 2,\quad 1.5,\quad 1.2,\quad 3,\quad 1,\quad 0.5,\quad 0.8$$

**풀이** $X=\mathrm{A}-\mathrm{B}$로 놓으면, $X$의 평균이 0보다 큰지를 검정하는 문제이므로 귀무가설과 대립가설은 각각 다음과 같다.

$$H_0:\ \theta=0,\quad H_1:\ \theta>0$$

데이터들 가운데 0과 동점은 1개 있으며, 0보다 큰 데이터의 개수를 나타내는 검정통계량의 값은 $B=9$이다. 한편 귀무가설하에서 $B$는 이항분포 $B(11, 0.5)$를 따르므로 유의확률은 이항분포표에서 다음과 같이 구한다.

$$P(B\geq 9)=1-P(B\leq 8)=1-0.967=0.033$$

즉, 유의수준 5%에서 귀무가설을 기각하고 A의 약효가 B보다 우수하다고

결론을 내린다.

정규근사를 위한 검정통계량의 값은 다음과 같다.

$$Z = \frac{B - 11/2}{\sqrt{11/4}} = 2.11$$

따라서 정규근사에 의한 유의확률은 다음과 같다.

$$P(Z \geq 2.11) = 1 - 0.9826 = 0.0174$$

즉, 정확한 검정과 정규근사에 의한 검정 결과는 비슷하다고 할 수 있다.

### 10.1.2 윌콕슨 부호순위검정

다음과 같은 두 데이터 세트에 대하여 가설 $H_0: \theta = 0$ vs. $H_1: \theta > 0$를 검정하는 문제를 살펴보자.

(1) −5, 1, 2, 3, 4　　　　(2) −1, 2, 3, 4, 5

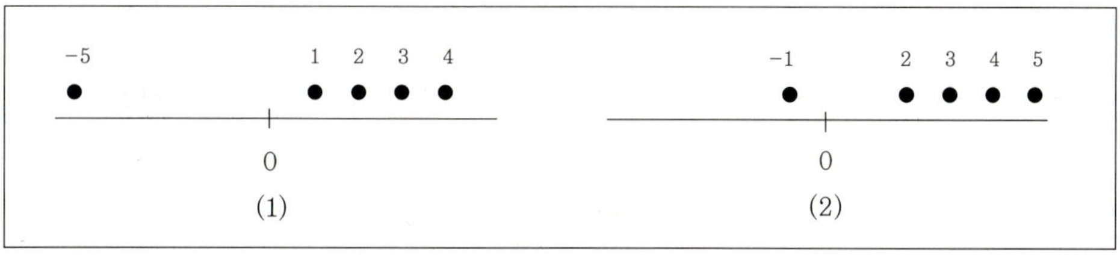


**[그림 10-1]** 두 데이터 세트의 분포 모양

두 경우에 부호검정 통계량의 값은 모두 4로서 유의확률은 0.1875이다. 그러나 (1)보다 (2)의 경우가 더 대립가설을 지지하는 데이터임이 확실하다. 이와 같은 차이를 반영하기 위하여 데이터 가운데 있는 양수의 개수뿐만 아니라 양수와 음수의 상대적인 크기까지 반영하는 검정통계량이 필요하다.

**참고**

부호검정에서는 모집단의 분포에 대한 '연속성'만 가정하였으나, 여기에서는 '대칭성'의 가정이 추가로 필요하다.

이제 $X_1, X_2, \cdots, X_n$ 은 '연속'이고 '대칭'인 분포 $F(x-\theta)$ 에서 랜덤표본일 때 다음과 같은 귀무가설을 검정하는 문제를 생각해 보자.

$$H_0 : \theta = \theta_0$$

귀무가설이 참일 때

$$X_1 - \theta_0, X_2 - \theta_0, \cdots, X_n - \theta_0$$

은 0에 대하여 대칭인 분포를 따른다. $\theta_0$에서 각 $X_i$까지의 거리와 상대적인 크기를 나타내기 위하여 절댓값들의 순위를 다음과 같이 정의한다. 즉, $|X_i - \theta_0|$의 **절대순위**(absolute rank)는 $|X_i - \theta_0|$의

$$\{|X_1 - \theta_0|, |X_2 - \theta_0|, \cdots, |X_n - \theta_0|\}$$

에서의 순위로 정의한다. 절대순위를 이용하여 **윌콕슨 부호순위 통계량**(Wilcoxon signed rank statistic)은 다음과 같이 정의된다.

$$W^+ = \text{'양의 } X_i - \theta_0 \text{ 에 대한 절대순위의 합'}$$

윌콕슨 부호순위 통계량의 의미는 각 $X_i$들을 $\theta_0$부터 가까운 '거리' 순서로 차례로 순위를 부여하고, $\theta_0$보다 큰 $X_i$에 대응되는 순위의 합을 구한 것이다. 따라서 $W^+$의 값이 큰 것은 $\theta > \theta_0$ 임을 의미하며, $W^+$의 값이 작은 것은 $\theta < \theta_0$ 임을 의미한다.

귀무가설 $H_0$ 하에서 각 $X_i$들은 $\theta_0$에 관하여 대칭이므로 $|X_i - \theta_0|$의 순위는 균등분포를 따르며, $X_i - \theta_0$가 양수일 확률과 음수일 확률은 각각 1/2씩이다. 따라서 $H_0$ 하에서 양의 $X_i - \theta_0$에 대한 절대순위의 합은 모집단의 분포 $F$와 무관하며, 윌콕슨 부호순위검정은 분포무관 검정법이다.

부록의 ⟨표 6⟩은 윌콕슨 부호순위 통계량의 분포로서 $W^+$의 오른쪽 꼬리에 해당되는 $P(W^+ \geq w_\alpha^+(n))$의 값과 왼쪽 꼬리에 해당되는 $P(W^+ \leq w_\alpha^{+*}(n))$의 값이 수록되어 있다. (표에서 $w_\alpha^+(n)$은 $x$로 $w_\alpha^{+*}(n)$는 $x^*$로 나타내었다.) 예를 들어 $n=5$일 때 $W^+$가 1 이하일 확률과 14 이상일 확률은 다음과 같다.

$$P(W^+ \geq 14) = P(W^+ \leq 1) = 0.062$$

즉, $\alpha = 0.062$에 해당되는 $w_\alpha^+(5)$와 $w_\alpha^{+*}(5)$는 각각 14와 1이다.

윌콕슨 부호순위검정법을 요약하면 다음과 같다.

**윌콕슨 부호순위검정**

귀무가설: $H_0: \theta = \theta_0$

검정통계량: $W^+$ = 양의 $X_i - \theta_0$에 대한 절대순위의 합

유의수준 $\alpha$에서 기각역:

- $H_1: \theta > \theta_0$일 때 $W^+ \geq w_\alpha^+(n)$
- $H_1: \theta < \theta_0$일 때 $W^+ \leq w_\alpha^{+*}(n)$
- $H_1: \theta \neq \theta_0$일 때 $W^+ \geq w_{\alpha/2}^+(n)$ 또는 $W^+ \leq w_{\alpha/2}^{+*}(n)$

**정규근사.** 표본 크기 $n$이 충분히 큰 경우에는 표준화된 $W^+$ 통계량을 이용하여 검정을 할 수 있다. 귀무가설 $H_0: \theta = \theta_0$ 하에서 $W^+$ 통계량의 평균과 분산은 각각 다음과 같다.

$$E_0(W^+) = \frac{n(n+1)}{4}, \quad \mathrm{Var}_0(W^+) = \frac{n(n+1)(2n+1)}{24}$$

따라서 표준화된 $W^+$ 통계량을 다음과 같이 정의한다.

$$Z = \frac{W^+ - E_0(W^+)}{\sqrt{\mathrm{Var}_0(W^+)}} = \frac{W^+ - \frac{n(n+1)}{4}}{\sqrt{\frac{n(n+1)(2n+1)}{24}}}$$

귀무가설하에서 $Z$-통계량은 근사적으로 표준정규분포를 따름을 이용하여 $Z$-검정을 시행한다.

## 동점처리

1. 표본 중에서 $\theta_0$와 같은 관측값이 있을 경우에는 그 관측값을 표본에서 제외시키고 표본의 크기를 그 개수만큼 줄인다.
2. 표본 중에서 $|X_i - \theta_0|$에 0이 아니면서 동점이 있는 경우에는 평균 순위를 사용하여 부호순위검정을 실시한다.

**참고**

여러 분포에서 부호검정 $B$와 윌콕슨 부호순위검정 $W^+$의 $t$-검정에 대한 점근상대효율은 다음과 같다. 정규분포에서 부호순위검정의 $t$-검정에 대한 상대효율이 95.5%이다.

| 분포 | ARE($B$, $t$) | ARE($W^+$, $t$) |
|---|---|---|
| 균등분포 | 1/3 | 1 |
| 정규분포 | $2/\pi$ (=0.637) | $3/\pi$ (=0.955) |
| 이중지수분포 | 2 | 1.5 |

**예제 10.2** 다음의 두 데이터 세트에 대하여 가설 $H_0$ : $\theta = 0$ vs. $H_1$ : $\theta > 0$를 검정할 때 윌콕슨 부호순위검정의 유의확률을 구하여라.

(1) −8, 1, 2, 3, 4, 5, 6, 7
(2) −1, 2, 3, 4, 5, 6, 7, 8

**풀이** (1) 부호순위 통계량의 값은 28이다. 따라서 유의확률은 $P(W^+ \geq 28) = 0.098$
(2) 부호순위 통계량의 값은 35이다. 따라서 유의확률은 $P(W^+ \geq 35) = 0.008$

**예제 10.3** [예제 10.1]에서 다음의 자료를 얻었었다. 가설 $H_0$ : $\theta = 0$ vs. $H_1$ : $\theta > 0$를 검정하는 문제에서 아래 물음에 답하여라.

2.5, 0.0, −2.5, 2.2, −1.0, 2.0, 1.5, 1.2, 3.0, 1.0, 0.5, 0.8

(1) 유의수준 5%에서 $t$-검정과 윌콕슨 부호순위검정을 시행하여라.
(2) 첫 자료인 2.5가 25로 잘못 입력되었을 때 $t$-검정과 윌콕슨 부호순위검정을 시행하고 결과를 비교하여라.

**풀이** (1) ① 자료의 표본평균과 표본분산 및 $T$-통계량의 값은 다음과 같다.

$$\bar{x} = 0.9333, \quad S^2 = 2.4061, \quad T = \frac{0.9333}{\sqrt{2.4061/12}} = 2.084$$

한편 $t_{0.05}(11) = 1.796$이므로 유의수준 5%에서 귀무가설을 기각한다.

② 0과 동점인 0.0을 제외하고 윌콕슨 부호순위 통계량을 다음과 같이 계산한다.

〈표 10-1〉 부호순위 통계량 계산표

| $x$ | $x-\theta_0$ | 부호 | 절대순위 |
|---|---|---|---|
| 2.5 | 2.5 | 1 | 9.5 |
| −2.5 | −2.5 | −1 | 9.5 |
| 2.2 | 2.2 | 1 | 8 |
| −1 | −1 | −1 | 3.5 |
| 2 | 2 | 1 | 7 |
| 1.5 | 1.5 | 1 | 6 |
| 1.2 | 1.2 | 1 | 5 |
| 3 | 3 | 1 | 11 |
| 1 | 1 | 1 | 3.5 |
| 0.5 | 0.5 | 1 | 1 |
| 0.8 | 0.8 | 1 | 2 |
| | | | $W^+=53$ |

한편 $W^+$의 분포표에서 $w_{0.042}(11)=53$이므로 유의확률은 4.2%이다. 즉 $t$−검정과 마찬가지로 유의수준 5%에서 귀무가설을 기각한다.

(2) 2.5가 25로 잘못 입력되었을 경우에 $t$−검정과 윌콕슨 부호순위검정은 다음과 같다.

① 자료의 표본평균과 표본분산 및 $T$−통계량의 값은 다음과 같다.

$$\bar{x}=2.8083,\quad S^2=51.003,\quad T=\frac{2.8083}{\sqrt{51.003/12}}=1.3622$$

한편 $t_{0.05}(11)=1.796$이므로 유의수준 5%에서 귀무가설을 기각시키지 못한다.

② 0과 동점인 0.0을 제외하고 11개의 자료에서 2.5가 25로 바뀌면 부호순위 통계량의 값은 53에서 53.5로 바뀐다. 유의확률은 4.2%보다 작으며, 따라서 유의수준 5%에서 귀무가설을 기각한다.

데이터 2.5가 25로 바뀌면서 표본평균은 0.93에서 2.81로 증가하지만, 분산은 2.4에서 51.0으로 급격히 증가하여 $T$−통계량의 값은 오히려 감소하게 된다. 따라서 표본평균의 값이 증가하였음에도 불구하고 귀무가설을 기각시키지 못하게 된다. 이와 같이 데이터들 가운데 이상점이 존재할 때는 $t$−검정이 효과적이지 못하며, 이상점에 영향을 덜 받는 비모수적 방법이 더 효과적인 경우가 많다.

## 10.2 이표본 위치문제

모수적 방법으로는 두 모집단이 정규분포를 따르고 등분산을 갖는다는 가정하에 두 모평균의 차인 $\overline{X}-\overline{Y}$를 스튜던트화한 $T$-통계량

$$T=\frac{(\overline{X}-\overline{Y})-(\mu_1-\mu_2)}{S_p\sqrt{\frac{1}{n_1}+\frac{1}{n_2}}}$$

은 자유도 $n_1+n_2-2$ 인 $t$-분포를 따름을 이용하여 추론문제를 다루었다. 또한 등분산성의 가정이 만족되지 않을 때는 각각의 분산을 따로 추정해 대입한 통계량이 근사적으로 $t$-분포를 따름을 이용하였다.

이제 두 위치모수의 차에 대한 추론 문제를 다루는 비모수적 방법을 알아보자. 이표본 위치문제의 모형은 다음과 같다(7장에서와는 달리 두 표본크기를 각각 $m$, $n$으로 한다).

$X_1, X_2, \cdots, X_m$ 은 연속인 분포 $F(x)$ 에서 임의표본이다.

$Y_1, Y_2, \cdots, Y_n$ 은 연속인 분포 $F(x-\Delta)$ 에서 임의표본이다.

이와 같은 모형의 의미는 $Y$-모집단이 $X$-모집단보다 $\Delta$만큼 크다는 뜻이다. 즉, $X$와 $Y$의 모평균이 각각 $\mu_1$, $\mu_2$일 때 $\Delta=\mu_2-\mu_1$ 임을 뜻한다. 윌콕슨 부호순위검정을 위해 분포의 대칭성 가정이 필요하였지만 이표본 위치문제에서는 연속성의 가정만 필요하다.

일표본 위치문제의 윌콕슨 부호순위검정에 대응되는 이표본 검정법을 소개하기 위해 $X$와 $Y$의 혼합표본에서 $Y_j$의 순위를 $R_j$라고 하자. 즉,

$$R_j = X\text{와 } Y\text{의 혼합표본에서 } Y_j\text{의 순위}$$

로 정의하고, **윌콕슨 순위합 통계량**(Wilcoxon rank-sum statistic)을 다음과 같이 정의한다.

$$W=\sum_{j=1}^{n}R_j$$

귀무가설 $H_0:\Delta=0$ 하에서 $X$와 $Y$의 혼합표본의 순위는 균등분포를 따르므로 순위합 통계량인 $W$는 분포무관이다.

부록의 〈표 7〉에는 표본크기가 작은 표본을 $Y$-표본으로 간주할 때의 윌콕슨 순위합 통계량인

$$W_s = \text{'혼합표본에서 표본크기가 작은 표본의 순위합'}$$

의 분포표가 수록되어 있다. 즉, $W_s$의 오른쪽 꼬리에 해당되는 $P(W_s \geq w_\alpha(m,n))$의 값과 왼쪽 꼬리에 해당되는 $P(W_s \leq w_\alpha^*(m,n))$의 값이 수록되어 있다. (표에서 $w_\alpha(m,n)$은 $x$로 $w_\alpha^*(m,n)$는 $x^*$로 나타내었다.) 예를 들어 $m=n=5$일 때 $W$가 36 이상일 확률과 19 이하일 확률은 다음과 같다.

$$P(W_s \geq 36) = P(W_s \leq 19) = 0.048$$

즉, $\alpha = 0.048$에 해당되는 $w_\alpha(5,5)$와 $w_\alpha^*(5,5)$는 각각 36과 19이다.

순위합 통계량의 분포표를 쉽게 이용하기 위해서, 이 책에서는 표본의 개수가 적은 것을 $Y$-표본으로 간주하기로 한다. 표본의 개수가 같을 때에는 어느 것을 $Y$-표본으로 간주해도 좋다.

순위합 통계량 $W$의 값이 크다는 것은 $Y$-표본의 값들이 $X$-표본의 값보다 크다는 뜻이므로 $\Delta$가 0보다 큼을 뜻한다. 따라서 **윌콕슨 순위합검정**을 다음과 같이 정의한다.

**윌콕슨 순위합검정**

귀무가설: $H_0: \ \Delta = 0$

검정통계량: $W = \sum_{j=1}^{n} R_j$ , 다만 $R_j$ = '$X$와 $Y$의 혼합표본에서 $Y_j$의 순위'

유의수준 $\alpha$에서 기각역:

$H_1: \ \Delta > 0$일 때 $W \geq w_\alpha(m,n)$

$H_1: \ \Delta < 0$일 때 $W \leq w_\alpha^*(m,n)$

$H_1: \ \Delta \neq 0$ 일 때 $W \geq w_{\alpha/2}(m,n)$ 또는 $W \leq w_{\alpha/2}^*(m,n)$

**정규근사.** 귀무가설 $H_0: \ \Delta = 0$ 하에서 $W$-통계량의 기댓값과 분산은 각각 다음과 같다.

$$E_0(W) = \frac{n(m+n+1)}{2}, \quad \mathrm{Var}_0(W) = \frac{mn(m+n+1)}{12}$$

또한 귀무가설하에서 표본크기가 충분히 클 때는 $W$를 표준화시킨 $Z$-통계량이 근사적으로 표준정규분포를 따름을 이용하여 $Z$-검정을 시행할 수 있다.

**동점처리.** 혼합표본에 동점이 있을 때는 평균순위를 사용한다.

**참고**

순위합검정의 점근상대효율은 부호순위검정의 점근상대효율과 같다.

**예제 10.4** A, B 두 전구의 수명이 같은지 조사하기 위하여 각각에서 7개씩 조사한 결과 다음과 같은 수명 측정 자료를 얻었다. 두 전구의 수명이 같다고 할 수 있는지 유의수준 5%에서 윌콕슨 순위합검정을 시행하여라.

| A | 1505 | 1450 | 1380 | 1680 | 1700 | 1545 | 1840 |
|---|---|---|---|---|---|---|---|
| B | 1510 | 1350 | 1280 | 1320 | 1440 | 1285 | 1600 |

**풀이** A, B 두 전구의 수명을 각각 $X$, $Y$로 나타낼 때 검정하고자 하는 가설은 다음과 같다.

$$H_0 : \ \Delta = 0, \quad H_1 : \ \Delta \neq 0$$

〈표 10-2〉는 순위합 통계량의 계산표이며, 표에서 $Y$ 표본의 순위합은 $W = 36$이다. 한편 순위합 통계량의 분포표에서 $w^*_{0.019}(7,7) = 36$이므로 양측검정의 유의확률은 2(0.019)=0.038이다. 따라서 유의수준 5%에서 귀무가설을 기각하며, 두 전구의 수명이 같지 않다고 결론을 내린다.

**〈표 10-2〉 순위합 통계량 계산표**

| $X_i$ | 순위 | $Y_j$ | 순위 |
|---|---|---|---|
| 1380 | 5 | 1280 | 1 |
| 1450 | 7 | 1285 | 2 |
| 1505 | 8 | 1320 | 3 |
| 1545 | 10 | 1350 | 4 |
| 1680 | 12 | 1440 | 6 |
| 1700 | 13 | 1510 | 9 |
| 1840 | 14 | 1600 | 11 |
| **순위합** | **69** | **순위합** | **36** |

**예제 10.5** 오랜 기간 카드뮴(cadmium)에 노출될 때 헤모글로빈(hemoglobin) 수준이 높아지는지 확인하기 위해 동물실험을 하였다. 10마리의 개를 랜덤하게 두 그룹으로 나누어 5마리는 대조그룹(control group)으로 카드뮴에 노출시키지 않았으며, 나머지 5마리는 처리그룹(treatment group)으로 카드뮴에 노출시켰다. 일정 기간 후에 헤모글로빈의 수준을 측정한 결과가 다음과 같았다. 카드뮴에 노출되는 것이 헤모글로빈의 수준을 높이는지 유의수준 5%에서 다음 검정을 시행하여라.(자료: '비모수분석' 파일에서 '헤모글로빈')

(1) KESS를 이용하여 $t$-검정을 시행하여라.

(2) 윌콕슨 순위합검정을 시행하고, (1)의 결과와 비교하여라.

| | | | | | |
|---|---|---|---|---|---|
| **대조그룹** | 14.5 | 16.5 | 14.8 | 16.2 | 15.1 |
| **처리그룹** | 15.7 | 16.8 | 17.6 | 18.2 | 25.8 |

**풀이** 대조그룹을 $X$, 처리그룹을 $Y$로 나타내면 문제에 맞는 가설은 다음과 같다.

$$H_0: \ \Delta = 0 \ , \quad H_1: \ \Delta > 0$$

(1) KESS에서 $t$-검정을 시행한 결과는 [그림 10-2]와 같다. 등분산성의 검정에서 유의확률이 0.0123이므로 이분산 $t$-검정을 시행한다. 단측검정에서 유의확률이 0.0662이다. 따라서 유의수준 5%에서 귀무가설을 기각하지 못한다.

**이표본 검정 (독립비교)**

| 변수명 | 개수 | 평균 | 표준편차 |
|---|---|---|---|
| 대조그룹 | 5 | 15.42 | 0.8815 |
| 처리그룹 | 5 | 18.82 | 4.0127 |

**등분산 검정**

| 자유도 | F 값 | 유의확률 |
|---|---|---|
| ( 4 , 4 ) | 20.7233 | 0.0123 |

"H0:두 표본의 분산들이 서로 같다."를 유의수준 α=0.05에서 기각한다.
※유의확률이 유의수준보다 큰 경우에는 등분산 결과를 사용하는 것이 좋다.

H : $\mu_1 = \mu_2$ vs. K : $\mu_1 < \mu_2$ ($\mu_1$ : 대조그룹, $\mu_2$ : 처리그룹 )

| 분산 | t-통계량 | 자유도 | 유의확률 |
|---|---|---|---|
| 등분산 | -1.8505 | 8 | 0.0507 |
| 이분산 | -1.8505 | 4.3851 | 0.0662 |

[그림 10-2] $t$-검정 결과

(2) 순위합 통계량의 계산표는 〈표 10-3〉과 같다. $W=38$ 이며, 순위합 통계량의 분포표에서 $w_{0.016}(5,5)=38$ 이므로 유의확률은 0.016이다. 따라서 유의수준 5%에서 귀무가설을 기각하며, 카드뮴에 노출되면 헤모글로빈의 수준이 높아진다고 결론을 내린다. $t$-검정과 다른 결과가 나온 것은 $Y$-표본에서 마지막 데이터인 25.8은 이상점으로 보이며, 따라서 $t$-검정에서는 평균의 차이를 감지하지 못한 것으로 판단된다.

〈표 10-3〉 순위합 통계량 계산표

| $X_i$ | 순위 | $Y_j$ | 순위 |
|---|---|---|---|
| 14.5 | 1 | 15.7 | 4 |
| 14.8 | 2 | 16.8 | 7 |
| 15.1 | 3 | 17.6 | 8 |
| 16.2 | 5 | 18.2 | 9 |
| 16.5 | 6 | 25.8 | 10 |
| 순위합 | 17 | 순위합 | 38 |

## 10.3 비모수적 분산분석

### 10.3.1 서론

8장의 분산분석에서 다루었던 $k$개의 모평균 $\mu_1,\ \mu_2,\ \cdots,\mu_k$가 모두 같은지를 검정하는 문제를 생각해 보자. 이를 위해 각 모집단에서 $n_i$개의 관측값을 얻으며, 이를 모형으로 나타내면 다음과 같다.

$$y_{ij} = \mu_i + \varepsilon_{ij}\ ,\quad i=1,\cdots,k\ ,\ j=1,\cdots,n_i$$

모평균이 모두 같다는 귀무가설은

$$H_0 : \ \mu_1 = \mu_2 = \cdots = \mu_k$$

로 표현할 수 있다. 이에 대한 대립가설은 '$H_1$ : $\mu_i$들이 모두 같지는 않다'로 주어진다. 위의 일원배치모형에 대한 자료구조는 〈표 10-4〉와 같다.

〈표 10-4〉 일원배치의 자료구조

| | 처리1 | 처리2 | ⋯ | 처리$k$ | |
|---|---|---|---|---|---|
| | $y_{11}$ | $y_{21}$ | ⋯ | $y_{k1}$ | |
| | $y_{12}$ | $y_{22}$ | ⋯ | $y_{k2}$ | |
| | ⋮ | ⋮ | ⋯ | ⋮ | |
| | $y_{1n_1}$ | $y_{2n_2}$ | ⋯ | $y_{kn_k}$ | |
| 평균 | $\bar{y}_{1\cdot}$ | $\bar{y}_{2\cdot}$ | ⋯ | $\bar{y}_{k\cdot}$ | 총평균 $\bar{y}_{\cdot\cdot}$ |

모평균의 추정값들을 각각 $\bar{y}_{1\cdot}, \bar{y}_{2\cdot}, \cdots, \bar{y}_{k\cdot}$ 라고 하면 이들 표본평균들이 얼마나 서로 다른지를 나타내는 통계량이 필요하였다. 따라서 각 $\bar{y}_{i\cdot}$ 들이 총평균 $\bar{y}_{\cdot\cdot}$ 와 다른 정도를 $(\bar{y}_{i\cdot} - \bar{y}_{\cdot\cdot})^2$ 로 나타내고, 이들의 합인 처리제곱합 $\sum(\bar{y}_{i\cdot} - \bar{y}_{\cdot\cdot})^2$ 의 크기를 잔차제곱합인 $\sum\sum(y_{ij} - \bar{y}_{i\cdot})^2$ 에 대한 상대적인 크기로 나타내어 $F$-검정통계량을 만들고 분산분석을 시행하였다.

그러나 모집단의 분포가 정규분포에서 거리가 멀어지면 $F$-검정은 오류의 가능성이 커지므로 비모수적 방법을 필요로 한다.

귀무가설 $H_0 : \mu_1 = \mu_2 = \cdots = \mu_k$ 하에서 $N = \sum n_i$ 개의 모든 관측값들은 서로 독립이고 같은 분포를 따른다. 따라서 이들 $N$개의 관측값을 크기순으로 나열하는 순위들은 모집단 분포 $F$와 무관하게 균등분포를 따르며, 이들 순위에 기초한 검정법은 분포무관 검정법이 된다.

### 10.3.2 크루스칼-왈리스 검정

$N = \sum n_i$ 개의 관측값으로 혼합표본을 만들고, $N$개의 관측값을 작은 것부터 차례로 순위를 다음과 같이 부여한다.

$$R_{ij} = N\text{개의 혼합표본에서 } y_{ij} \text{ 의 순위}$$

각 처리별 순위합과 평균순위는 다음과 같이 정의한다.

$$R_{i\cdot} = \sum_{j=1}^{n_i} R_{ij} \ , \quad \bar{R}_{i\cdot} = \frac{R_{i\cdot}}{n_i} \ , \quad i = 1, \cdots, k$$

이들을 자료구조로 나타내면 〈표 10-5〉와 같다.

〈표 10-5〉 순위의 자료구조

| | 처리1 | 처리2 | ⋯ | 처리$k$ | |
|---|---|---|---|---|---|
| | $R_{11}$ | $R_{21}$ | ⋯ | $R_{k1}$ | |
| | $R_{12}$ | $R_{22}$ | ⋯ | $R_{k2}$ | |
| | ⋮ | ⋮ | ⋯ | ⋮ | |
| | $R_{1n_1}$ | $R_{2n_2}$ | ⋯ | $R_{kn_k}$ | |
| **순위합** | $R_{1\cdot}$ | $R_{2\cdot}$ | | $R_{k\cdot}$ | |
| **평균순위** | $\overline{R}_{1\cdot}$ | $\overline{R}_{2\cdot}$ | ⋯ | $\overline{R}_{k\cdot}$ | **총평균** $\overline{R}_{\cdot\cdot} = \dfrac{N+1}{2}$ |

크루스칼-왈리스(Kruskal-Wallis) 검정통계량은 다음과 같이 정의된다.

$$H = \frac{12}{N(N+1)} \sum_{i=1}^{k} n_i \left( \overline{R}_{i\cdot} - \frac{N+1}{2} \right)^2$$

$$= \frac{12}{N(N+1)} \sum_{i=1}^{k} \frac{R_{i\cdot}^2}{n_i} - 3(N+1)$$

귀무가설 $H_0 : \mu_1 = \mu_2 = \cdots = \mu_k$ 하에서 혼합표본의 순위는 균등분포를 따르므로 크루스칼-왈리스 통계량 $H$의 분포는 분포무관이다. 따라서 이론적으로 모든 표본크기에 대하여 $H$의 분포를 구할 수 있다. 그러나 모든 처리 개수와 표본크기에 대한 분포표를 만드는 것은 지나치게 방대한 표가 되므로 부록의 〈표 8〉에는 $k = 3$이고 $n_1 \le n_2 \le n_3$인 경우에 $H$의 분포표가 수록되어 있다. 표에서 $h_\alpha(n_1, n_2, n_3)$는 오른쪽 꼬리에 해당하는 값으로 다음과 같이 나타낸다.

$$P(H \ge h_\alpha(n_1, n_2, n_3)) = \alpha$$

크루스칼-왈리스 검정을 요약하면 다음과 같다.

**크루스칼-왈리스 검정**

귀무가설: $H_0 : \mu_1 = \mu_2 = \cdots = \mu_k$

대립가설: $H_1 : \mu_i$ 들이 모두 같지는 않다.

검정통계량: $H = \dfrac{12}{N(N+1)} \displaystyle\sum_{i=1}^{k} n_i \left( \overline{R}_{i\cdot} - \frac{N+1}{2} \right)^2$

$$= \frac{12}{N(N+1)} \sum_{i=1}^{k} \frac{R_{i\cdot}^2}{n_i} - 3(N+1)$$

유의수준 $\alpha$에서 기각역: $H \ge h_\alpha(n_1, \cdots, n_k)$

**대표본 근사.** $H$는 근사적으로 자유도 $k-1$인 $\chi^2$-분포를 따름을 이용하여 근사 검정을 시행할 수 있다.

**동점처리.** 전체 혼합표본에서 동점이 발생하면 평균순위를 사용한다.

**참고**

크루스칼-왈리스 검정의 $F$-검정에 대한 점근상대효율은 윌콕슨 부호순위검정의 $t$-검정에 대한 점근상대효율과 같다.

**예제 10.6** A, B, C 세 식이요법의 효과를 비교하기 위하여 12명의 지원자를 랜덤하게 3그룹으로 나누고, 각각에 세 가지 식이요법을 적용하였다. 3개월 후의 체중 감소량은 〈표 10-6〉과 같다. 체중감소에 차이가 있는지 유의수준 5%에서 크루스칼-왈리스 검정을 시행하여라.

〈표 10-6〉 체중감소량

| A | B | C |
|---|---|---|
| 3.4 | 3.0 | 4.4 |
| 2.0 | 5.6 | 8.2 |
| 1.8 | 6.3 | 6.7 |
| 4.2 | 4.8 | 5.8 |

**풀이** 각 처리별로 크기순으로 정렬한 다음 혼합표본 순위와 순위합을 구하면 〈표 10-7〉과 같다. 따라서 크루스칼-왈리스 통계량의 값은 다음과 같다.

$$H = \frac{12}{N(N+1)} \sum_{i=1}^{k} \frac{R_{i\cdot}^2}{n_i} - 3(N+1)$$

$$= \frac{12}{12 \times 13} \times \frac{12^2 + 28^2 + 38^2}{4} - 3(12+1) = 6.62$$

한편 분포표에서 $h_{0.024}(4,4,4) = 6.615$이므로, 유의확률은 0.024보다 작다. 따라서 유의수준 5%에서 $H_0$를 기각하고 식이요법에 따라 체중감소가 다르다고 결론을 내린다.

〈표 10-7〉 순위합 계산표

| | A | B | C |
|---|---|---|---|
| | 1.8 (1) | 3.0 (3) | 4.4 (6) |
| | 2.0 (2) | 4.8 (7) | 5.8 (9) |
| | 3.4 (4) | 5.6 (8) | 6.7 (11) |
| | 4.2 (5) | 6.3 (10) | 8.2 (12) |
| 순위합 | 12 | 28 | 38 |

## 10.4 엑셀의 이용

엑셀에서는 비모수적 방법에 대한 절차를 제공하고 있지 않으므로 여기에서는 KESS를 이용한 방법만 설명하기로 한다.

KESS에서 비모수 검정은 메뉴에서 **[통계분석]→[비모수분석]**을 이용한다. 비모수분석 메뉴에는 **일표본 위치문제, 이표본 위치문제, 비모수 분산분석**이 있다.

**예제 10.7** 어느 공정에서 생산되는 전구는 평균수명이 1,500시간이라고 주장한다. 이를 확인하기 위해 16개의 시료를 추출하여 가속 실험을 한 결과 다음의 자료를 얻었다. 평균수명이 1,500시간 미만이라는 근거가 있는가?(자료: '비모수분석' 파일에서 '수명')

| | | | | | | | |
|---|---|---|---|---|---|---|---|
| 1550 | 2320 | 1320 | 1145 | 1650 | 1290 | 1050 | 980 |
| 1540 | 550 | 1420 | 1380 | 1260 | 1460 | 1080 | 1510 |

**풀이** KESS의 메뉴에서 **[비모수분석]→[일표본 위치문제]**를 선택하면 [그림 10-3]과 같은 '일표본 비모수검정' 대화상자가 나타난다. 분석변수를 선택하고, '검정값 $\theta_0$'에 1500을 입력한다. 단측검정 $H_1: \theta < 1500$ 을 검정하는 문제이므로 대립가설은 $\theta < \theta_0$ 를 선택한다. 검정방법에서 '정확한 검정'을 체크하고, 디폴트로 선택되어 있는 '대표본 근사'도 선택하여 결과를 비교해 보기로 한다.

출력 결과는 [그림 10-4]와 같다. 출력은 부호검정, 부호순위검정, $t$-검정의 결과가 모두 출력된다.(모수적 방법과 비교를 위해 참고로 $t$-검정이 출력된다.)

$t$-검정 결과의 유의확률은 0.0592이지만 부호순위검정의 유의확률은 0.0206으로서 강한 유의성이 있음을 나타낸다. '대표본 근사'에 의한 유의확률은 0.0219로서 '정확한 검정'의 결과와 유사하다. 데이터들 가운데 550, 980, 2320과 같은 이상점으로 의심되는 데이터가 있어서 $t$-검정의 검정력이 부호순위검정에 비하여 약하게 나타난 것으로 판단된다.

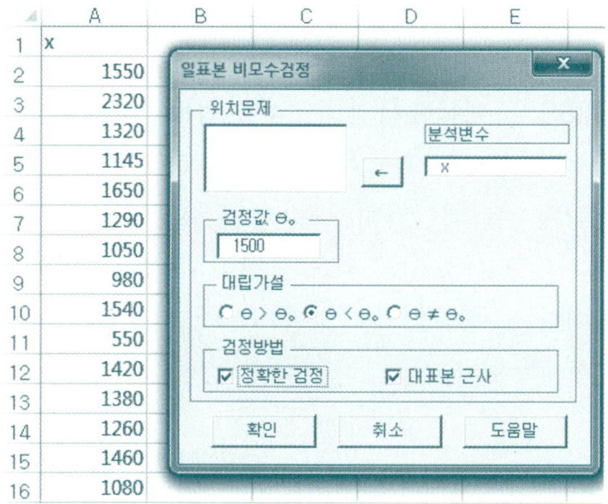


[그림 10-3] 일표본 비모수검정 대화상자

**일표본 위치문제**

| 변수명 | 개수 | 평균 | 표준편차 |
|---|---|---|---|
| x | 15 | 1333 | 388.6782 |

| x | x - θ₀ | 부호 | 절대순위 |
|---|---|---|---|
| 1550 | 50 | 1 | 3 |
| 2320 | 820 | 1 | 14 |
| 1320 | -180 | -1 | 7 |
| 1145 | -355 | -1 | 10 |
| 1650 | 150 | 1 | 6 |
| 1290 | -210 | -1 | 8 |
| 1050 | -450 | -1 | 12 |
| 980 | -520 | -1 | 13 |
| 1540 | 40 | 1 | 1.5 |
| 550 | -950 | -1 | 15 |
| 1420 | -80 | -1 | 4 |
| 1380 | -120 | -1 | 5 |
| 1260 | -240 | -1 | 9 |
| 1460 | -40 | -1 | 1.5 |
| 1080 | -420 | -1 | 11 |

(a) 검정통계량 계산표

**H0 : θ=θ₀ vs. H1 : θ<θ₀ (θ₀ : 1500)**

| 정확한 검정 | 통계량 | 유의확률 |
|---|---|---|
| 부호검정 | 4 | 0.0592 |
| 부호순위검정 | 24.5 | 0.0206 |

| 대표본 근사 | 통계량 | 유의확률 |
|---|---|---|
| 부호검정 | -1.8074 | 0.0354 |
| 부호순위검정 | -2.0167 | 0.0219 |

사용자의 편의를 위해서 t-검정 결과도 출력한다.

| t-통계량 | 자유도 | 유의확률 |
|---|---|---|
| -1.6641 | 14 | 0.0592 |

(b) 검정 결과

[그림 10-4] 일표본 위치문제 출력 결과

**참고**

부호순위검정에서 '정확한 검정'은 표본크기 15까지만 가능하며, 데이터의 개수가 15개를 넘으면 대표본 근사에 의한 유의확률이 출력된다.

**예제 10.8** [예제 10.5]의 문제를 KESS를 이용하여 풀고 [예제 10.5]의 결과와 비교하여라.(자료: '비모수분석' 파일에서 '헤모글로빈')

**풀이** KESS의 메뉴에서 **[비모수분석]→[이표본 위치문제]**를 선택하면 [그림 10-5]의 오른쪽과 같은 '이표본 비모수검정' 대화상자가 나타난다. 이표본 검정에서는 데이터의 입력 방법으로 '표준입력'과 '고급입력'이 있다. 표준입력은 [그림 10-5]의 왼쪽과 같이 두 변수 아래 각각의 데이터를 입력하는 방법이다. 출력 결과는 [그림 10-6]과 같아서 [예제 10.5]의 결과와 같음을 확인할 수 있다.

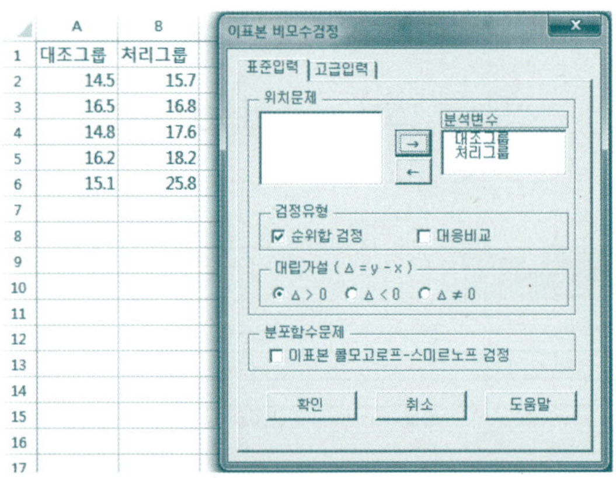


**[그림 10-5]** 이표본 비모수검정 표준입력

**이표본 위치문제**

| 변수명 | 개수 | 평균 | 표준편차 |
|---|---|---|---|
| 대조그룹 | 5 | 15.42 | 0.8815 |
| 처리그룹 | 5 | 18.82 | 4.0127 |

| 대조그룹 | 순위 | 처리그룹 | 순위 |
|---|---|---|---|
| 14.5 | 1 | 15.7 | 4 |
| 16.5 | 6 | 16.8 | 7 |
| 14.8 | 2 | 17.6 | 8 |
| 16.2 | 5 | 18.2 | 9 |
| 15.1 | 3 | 25.8 | 10 |
| 순위합 | 17 | 순위합 | 38 |

**H0 : Δ = 0 vs. H1 : Δ > 0**
( Δ = y - x , y : 처리그룹 , x : 대조그룹 )

| 순위합검정 | 통계량 | 유의확률 |
|---|---|---|
| 정확한 검정 | 38 | 0.0159 |
| 대표본 근사 | 2.1934 | 0.0141 |

사용자의 편의를 위해서 t-검정 결과도 출력한다.

등분산 검정

| 자유도 | F 값 | 유의확률 |
|---|---|---|
| ( 4 , 4 ) | 20.7233 | 0.0123 |

"H0:두 표본의 분산들이 서로 같다."를 유의수준 α=0.05에서 기각한다.
※유의확률이 유의수준보다 큰 경우에는 등분산 결과를 사용하는 것이 좋다.

| 분산 | t-통계량 | 자유도 | 유의확률 |
|---|---|---|---|
| 등분산 | 1.8505 | 8 | 0.0507 |
| 이분산 | 1.8505 | 4.3851 | 0.0662 |

**[그림 10-6]** 이표본 위치문제 출력 결과

**예제 10.9** A, B 두 식이요법의 효과를 비교하기 위하여 10명을 랜덤하게 2그룹으로 나누어 실험하였으며, 일정 기간 후의 체중감소량이 다음과 같았다. A가 B보다 더 효과적이라고 할 수 있는가? 고급입력으로 순위합검정을 시행하여라.(자료: '비모수분석' 파일에서 '체중(고급)')

| A | 5.5 | 4.5 | 6.7 | 3.2 | 2.0 |
|---|---|---|---|---|---|
| B | 3.8 | 1.5 | 2.5 | 1.8 | 0.0 |

**풀이** [그림 10-7]은 입력된 자료와 고급입력 창이다. 대립가설은 $H_1 :\ \Delta < 0$이며 출력 결과는 [그림 10-8]과 같다. 순위합검정의 유의확률이 0.0278이므로 유의성이 있다. 즉, 방법 A가 B보다 더 효과적이라고 할 수 있다.

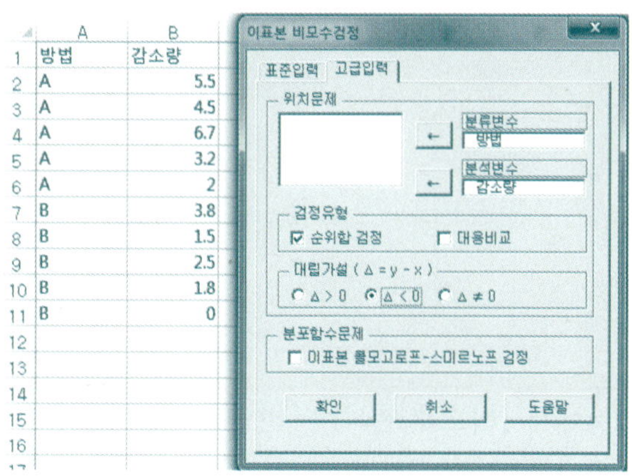


**[그림 10-7]** 이표본 비모수검정 고급입력

**이표본 위치문제**

| 변수명 | 개수 | 평균 | 표준편차 |
|---|---|---|---|
| A | 5 | 4.38 | 1.8512 |
| B | 5 | 1.92 | 1.3918 |

| A | 순위 | B | 순위 |
|---|---|---|---|
| 5.5 | 9 | 3.8 | 7 |
| 4.5 | 8 | 1.5 | 2 |
| 6.7 | 10 | 2.5 | 5 |
| 3.2 | 6 | 1.8 | 3 |
| 2 | 4 | 0 | 1 |
| 순위합 | 37 | 순위합 | 18 |

**H0 : Δ = 0 vs. H1 : Δ < 0**
( Δ = y - x , y : B , x : A )

| 순위합검정 | 통계량 | 유의확률 |
|---|---|---|
| 정확한 검정 | 18 | 0.0278 |
| 대표본 근사 | -1.9845 | 0.0236 |

사용자의 편의를 위해서 t-검정 결과도 출력한다.

등분산 검정

| 자유도 | F 값 | 유의확률 |
|---|---|---|
| ( 4 , 4 ) | 1.7692 | 0.5941 |

"H0:두 표본의 분산들이 서로 같다."를 유의수준 α=0.05에서 기각할 수 없다.
※유의확률이 유의수준보다 큰 경우에는 등분산 결과를 사용하는 것이 좋다.

| 분산 | t-통계량 | 자유도 | 유의확률 |
|---|---|---|---|
| 등분산 | -2.3751 | 8 | 0.0224 |
| 이분산 | -2.3751 | 7.4269 | 0.0237 |

**[그림 10-8]** 이표본 위치문제 출력 결과

**예제 10.10** 〈표 10-8〉은 3종류의 자동차에 대하여 시내 주행에서 연비를 측정한 결과이다. 자동차의 종류에 따라 연비가 다르다고 할 수 있는가? 크루스칼-왈리스 검정을 시행하여라.(자료: '비모수분석' 파일에서 '자동차연비(표준)')

**〈표 10-8〉** 자동차 연비 자료

| A | B | C |
|---|---|---|
| 11.4 | 13.2 | 14.5 |
| 12.5 | 14.5 | 13.3 |
| 13.2 | 15.1 | 11.6 |
| 10.8 | 12.8 | 12.1 |
| 11.2 | 13.5 | 13.8 |

**풀이** 메뉴에서 **[비모수분석]→[비모수 분산분석]**을 선택하면 [그림 10-9]의 오른쪽과 같은 분산분석 대화상자가 나타나며, 자료는 표준입력 형식으로 입력하였다. 분석결과는 [그림 10-10]과 같다. 출력 결과에서 순위 계산표는 그림에서 생략되었다. 근사유의확률이 0.0438로서 유의성이 있음을 나타낸다.

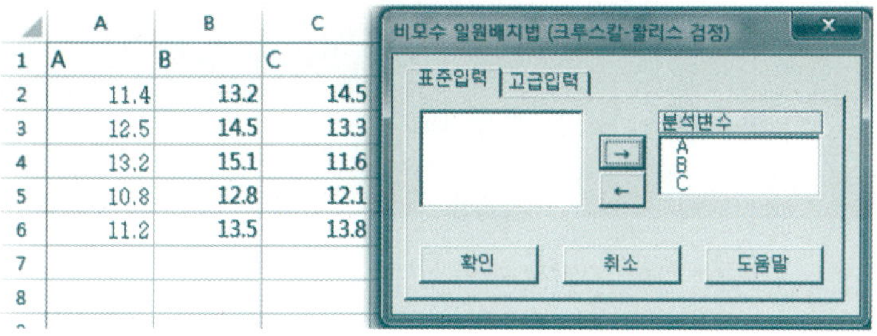


[그림 10-9] 비모수 일원배치법의 대화상자

**크루스칼 왈리스 검정법**

| | N | 평균 | 표준편차 | 평균순위 | 통계량 | 근사유의확률 | 정확유의확률 |
|---|---|---|---|---|---|---|---|
| A | 5 | 11.82 | 0.996 | 4.1 | 6.255 | 0.0438 | <0.05 |
| B | 5 | 13.82 | 0.9524 | 11 | | | |
| C | 5 | 13.06 | 1.1971 | 8.9 | | | |
| 합 | 15 | | | | | | |

[그림 10-10] 크루스칼-왈리스 검정 출력 결과

**예제 10.11** 흡연 정도에 따라 네 종류의 흡연 그룹으로 나누고, 각 그룹에서 5명씩 뽑아 신경감응도를 측정하였다. 결과는 〈표 10-9〉와 같다. 흡연 그룹에 따라 신경감응도의 수준이 다르다고 할 수 있는가? (자료: '비모수분석' 파일에서 '흡연')

〈표 10-9〉 신경감응도 자료

| 비흡연 | 흡연경험 | 보통흡연 | 대량흡연 |
|---|---|---|---|
| 6.8 | 7.4 | 8.3 | 9.4 |
| 7.3 | 7.8 | 8.9 | 8.9 |
| 7.7 | 8.3 | 8.5 | 9.5 |
| 7.2 | 8.1 | 8.7 | 9.7 |
| 8.0 | 7.9 | 8.2 | 9.1 |

**풀이** 앞 예제와 같은 방법으로 KESS를 이용한 분석 결과는 [그림 10-11]과 같다. 크루스칼-왈리스 검정에서 수준수(변수 개수)가 3개를 넘거나 반복수가 5개를 넘으면 근사검정을 시행한다. 근사유의확률이 0.001 이하로 매우 유의한 결과를 나타낸다.

**크루스칼 왈리스 검정법**

| | N | 평균 | 표준편차 | 평균순위 | 통계량 | 근사유의확률 | 정확유의확률 |
|---|---|---|---|---|---|---|---|
| 비흡연 | 5 | 7.4 | 0.4637 | 3.8 | 16.2771 | <0.001 | * |
| 흡연경험 | 5 | 7.9 | 0.3391 | 7.5 | | | |
| 보통흡연 | 5 | 8.52 | 0.2864 | 12.8 | | | |
| 대량흡연 | 5 | 9.32 | 0.3194 | 17.9 | | | |
| 합 | 20 | | | | | | |

* : 정확한 검정은 관측값의 개수가 5개 이하이고 처리 개수가 3개인 경우에만 가능합니다.

[그림 10-11] 크루스칼-왈리스 검정 출력 결과

# 연습문제

**10-1** 어느 수입 담배는 타르(tar) 함량이 평균 3.0 mg 이하라고 주장한다. 이를 확인하기 위해 6개비를 조사한 결과 다음 자료를 얻었다. 이 주장을 인정할 수 있는지 유의수준 5%에서 $t$-검정, 부호검정, 부호순위검정을 시행하고 결과를 비교하여라.

2.7, 2.9, 2.0, 3.2, 2.8, 2.1

**10-2** 어느 통조림 생산 공정에서는 내용물 함량이 460 g이 되도록 공정을 관리하고 있다. 공정에 이상이 있는지 확인하기 위해 10개의 시료를 추출하여 조사한 결과 다음 자료를 얻었다. 공정에 이상이 있다고 할 수 있는지 KESS를 이용하여 $t$-검정, 부호검정, 부호순위검정을 시행하고 결과를 비교하여라.

457, 462, 453, 456, 465, 430, 450, 448, 454, 410

**10-3** 다음은 A, B 두 치료법을 1개월간 적용한 후의 체중감량 자료이다. 두 치료법의 효과가 다르다고 할 수 있는가? 유의수준 5%에서 순위합검정과 $t$-검정을 시행하고 결과를 비교하여라.

| A | 3.2 | 4.8 | 7.0 | 5.6 | 3.8 |
|---|---|---|---|---|---|
| B | 2.5 | 3.0 | 6.0 | 1.8 | 2.0 |

**10-4** A, B 두 종류의 광견병 백신에서 항체반응에 차이가 있는지 알아보기 위해 각각 7명씩 접종한 결과 다음 자료를 얻었다. 두 백신의 효과에 차이가 있는지 유의수준 5%에서 순위합검정과 $t$-검정을 KESS를 이용하여 시행하여라.

| A | 1.2 | 2.5 | 1.8 | 6.2 | 4.6 | 5.5 | 8.5 |
|---|---|---|---|---|---|---|---|
| B | 9.5 | 4.2 | 7.8 | 9.3 | 4.8 | 18.9 | 6.5 |

**10-5** 다음은 3지역의 농촌에서 채취한 살충제 잔량(ppb)의 조사 결과이다. 지역에 따라 평균잔량이 다르다고 할 수 있는지 크루스칼-왈리스 검정을 시행하여라.

| 지역 1 | 지역 2 | 지역 3 |
|---|---|---|
| 15 | 13 | 18 |
| 35 | 7 | 17 |
| 22 | 11 | 12 |
| 38 | 8 | 6 |
| 44 | 16 | 5 |

**10-6** A약을 투여하였을 때 어떤 자극에 대한 반응시간에 차이가 있는지 확인하기 위해 20마리의 동물을 랜덤하게 4그룹으로 나누고, 그룹1은 대조그룹으로 약을 투여하지 않았으며 2, 3, 4그룹은 각각 1 mg, 2 mg, 3 mg을 투여하였다. 다음은 반응시간을 측정한 자료이다. 그룹에 따라 반응시간에 차이가 있는지 KESS를 이용하여 크루스칼-왈리스 검정을 시행하여라.

| 그룹 1 | 그룹 2 | 그룹 3 | 그룹 4 |
|---|---|---|---|
| 2 | 4 | 10 | 18 |
| 4 | 8 | 11 | 15 |
| 3 | 7 | 8 | 25 |
| 5 | 6 | 13 | 72 |

# 11장 품질관리

**품질관리**(quality control)란 소비자의 요구에 맞는 품질의 제품이나 서비스를 경제적으로 생산하기 위한 모든 수단의 체계를 의미하며, 전 세계적으로 많은 기업들이 소비자의 요구와 세계 시장에서의 경쟁력을 높이기 위해 품질관리를 시행하고 있다. 이와 같은 품질관리의 결과로 품질 향상, 원가절감 및 생산성 향상을 가져오고 있다.

품질에 대한 개념도 계속 변하고 있는데, 품질관리의 개념이 도입된 이후로 1980년대 후반까지 품질의 수준을 나타내는 개념은 백분율(%)이었다. 즉, 규격을 벗어나는 불량품의 비율(불량률)이 5% 또는 1% 이내가 되도록 품질을 관리하였다. 그러나 기업 간의 경쟁이 심해지고 소비자가 요구하는 품질수준이 높아지면서 1%보다 훨씬 낮은 불량률을 요구하게 되었다. 즉, 100개당 몇 개의 불량이 아니라 100만 개당 몇 개의 불량을 허용하는 ppm(parts per million)의 개념이 도입되었다.

품질관리의 개념은 20세기 초에 미국에서 도입되었으나, 제2차 세계대전 이후에는 일본에서 통계적 품질관리 기법들이 많이 개발되었고, 최근에는 미국에서 다시 활성화되어 6-시그마($6\sigma$) 경영시스템을 업무에 도입하였다. 6-시그마 경영시스템의 도입은 품질관리 및 품질경영에 혁신을 가져왔다. 6-시그마 운동의 목표는 제품 또는 서비스의 불량률을 100만 개당 3.4개 이내로 줄이는 운동으로서 최근에는 많은 기업들이 이를 도입하여 경영과 제품품질에 큰 혁신을 가져왔다.

이 장에서는 품질관리의 기본 개념을 소개하고, 통계적 품질관리의 주요 기법인 관리도와 공정능력분석에 대하여 설명하려고 한다.

# 11.1 품질관리와 6-시그마

## 11.1.1 품질관리

품질관리의 개념을 처음으로 사용한 사람은 슈하트(W. A. Shewhart)로서, 그는 1920년대에 미국의 벨연구소에서 연구원으로 근무하면서 생산제품의 품질개선을 위한 여러 가지 방법론들을 개발하였다. 슈하트는 특히 제조공정의 관리상태를 모니터링하는 도구인 **관리도**(control chart)를 소개하였다. 슈하트는 제조공정에는 필연적으로 변동이 발생하는데 이를 우연원인에 의한 변동과 이상원인에 의한 변동으로 구분하여 우연원인에 의한 변동만이 존재하는 공정을 정상상태로 규정하고 이에 대한 허용한계를 통계이론에 근거하여 만들었다.

슈하트가 품질관리의 개념을 처음으로 도입한 반면 데밍(W. E. Deming)은 **샘플링**(sampling) 기법과 **통계적 품질관리**(SQC, statistical quality control) 기법의 발전에 가장 큰 공헌을 한 사람으로서 제2차 세계대전에 패전한 일본에 품질관리 기법을 전수하여 전후복구를 도왔고, 오늘날 일본의 품질수준과 품질관리 기법의 발달에 지대한 공헌을 하였다. 데밍은 일반적인 관리(control)의 기능을 4개의 단계로 나누어 설명하고 있다. 즉, 설계의 단계인 계획(plan) 단계, 설계된 내용을 실현하는 실시(do) 단계, 제품의 검사와 문제점을 도출하는 검토(check) 단계, 그리고 발견된 문제점에 대한 개선을 이루는 조치(act) 단계로 나누었으며, 이들 네 단계가 순환된다는 의미에서 이를 **데밍사이클**(Deming cycle) 또는 PDCA 사이클이라고 한다.

GE의 품질관리 책임자였던 파이겐바움(A. V. Feigenbaum)은 생산부서의 하부조직인 품질관리부의 문제로만 인식되어 오던 품질관리를 품질에 영향을 미치는 구매, 설계, 생산, 판매, 교육 등의 모든 부서에게 책임이 있다고 보아 사내의 각 부문이 품질을 개발하고, 유지 및 향상시키기 위한 노력을 조정·통합하는 효과적인 체계로서 **전사적 품질관리**(TQC, total quality control)의 필요성을 강조하였다. TQC는 관리의 차원에 머물던 품질을 경영의 중심에 위치하는 **품질경영**(QM, quality management)으로 발전시키는 토대가 되었다.

품질을 향상시키기 위해서는 시설 및 작업자의 재교육 등에 많은 비용이 투자되어야 하는데, 어느 정도 수준에 오른 품질을 한 단계 끌어올리기 위해서는 막대한 지출이 요구된다. 이러한 문제점을 해결하는 방안으로 제품 또는 공정의 설계단계부터 불량의 발생 가능성을 줄여 검사의 필요성을 없애는 것이 효과적이라는 것이 크로스비(P. B. Crosby)와 같은 무결점(zero defect)론자들의 주장이다.

데밍은 통계적 품질관리란 "유용성과 시장성을 갖춘 제품을 가장 경제적으로 생산하기 위하여 생산의 모든 단계에서 통계적 기법을 응용하는 것"이라고 정의하고 있다. 즉, 통계적 품질관리는 품질문제를 해결하는 과학적인 도구로 중요한 역할을 하고 있으며, 최근의 6-시그마 경영기법에서도 이론적 배경을 제공하고 있다. 품질관리의 초기에는 샘플링검사법과 관리도법이 많이 사용되었으나, 최근에는 검사장비의 정밀화와 자동화에 힘입어 샘플링검사법의 활용도가 점차 감소되고 있는 실정이며, 제조품질이나 서비스품질보다는 설계품질을 중요시하고 있다. 즉, 우수한 설계품질만이 불량률을 감소시킬 수 있다고 보아 점차 통계적 가설검정이론, 회귀분석법, 실험계획법, 신뢰성 등의 통계이론이 활용되고 있다.

### 11.1.2 6-시그마

데밍 등에 의해 개선된 일본의 품질관리 수준을 따라잡기 위해 집중적으로 연구한 미국은 1987년 모토로라의 **6-시그마**로 품질관리운동의 결실을 보았다. 6-시그마는 GE, IBM 등 미국의 주요 기업들이 받아들이면서 경영혁신운동으로 정착되었다. 1987년 당시 미국의 레이건 대통령이 제정한 **말콤 볼드리지상**과 6-시그마 운동은 품질관리 측면에서 미국이 일본을 앞지르는 계기가 되었다. 이에 따라 일본의 소니가 6-시그마를 도입하게 되었고 우리나라도 미래를 대비하여 많은 기업들이 참여하고 있다.

기업의 각 부문에 따라 차이가 있을 수 있지만 6-시그마 달성을 위한 5단계인 DMAIC, 즉 **정의**(D) - **측정**(M) - **분석**(A) - **개선**(I) - **관리**(C)의 프로세스를 거치는 것이 일반적이다. 각 단계의 주요 내용을 요약하면 〈표 11-1〉과 같다. 모든 프로젝트에서는 고객의 요구(CTQ: critical to quality)가 항상 중요시되며, 관리단계를 마치면 모든 프로세스가 끝나는 것이 아니고 다른 프로젝트를 찾고 끊임없는 개선이 이루어져야 한다.

6-시그마는 QC, TQC, TQM(전사적 품질경영) 등 전통적 품질관리 기법과는 큰 차이가 있다. 과거 품질관리 기법이 대량생산 시대에 부합하는 공장 중심의 운동이었다면 6-시그마는 정보화 사회에 알맞은 21세기형 전 방위 경영혁신 운동으로 요약할 수 있다. 우선 '불량'에 대한 개념부터 다르다는 점을 들 수 있다.

전통적 품질관리 운동의 목표는 고객에게 인도되는 최종 생산품의 불량을 줄이는 것으로 제조공정에서 아무리 많은 불량품이 나오더라도 회사 밖으로 나가는 제품에 대해선 불량품이 없어야 한다는 것이다. 이에 반해 6-시그마는 불량이 일어날 수 있는 원인을 근본적으로 제거하는 기법이다. 회사 내 전 부문에서 오류가 발생할 수 있는 구조, 시스템 그 자체에 메스를 가한다는 데 장점이 있다. 이는 곧 비용과 시간을 줄이고 고객에게 언제나 변함없는 품질을 제공할 수 있는 기반을 마련한다는 획기적인 의미를 지닌다. 또 6-시그마는 진정한 의미의 '전사적인

〈표 11-1〉 6-시그마 달성을 위한 5단계 추진기법

| 단계 | 주요 내용 |
|---|---|
| 1단계: 정의(Define) | · 주요 고객 정의<br>· 고객의 요구사항 파악<br>· 개선 프로젝트 선정 |
| 2단계: 측정(Measure) | · 불량정도 파악<br>· 문제에 대한 계량적 규명<br>· 프로세스 매핑 |
| 3단계: 분석(Analyze) | · 불량형태와 원인 규명<br>· 불량의 잠재원인들에 대한 자료 확보 |
| 4단계: 개선(Improve) | · 프로세스 개선방법 모색<br>· 브레인 스토밍<br>· 가능한 해결방법의 실험적 실시 |
| 5단계: 관리(Control) | · 개선 프로세스의 지속방법 모색<br>· 새 프로세스에 대한 절차 제도화<br>· 적절한 프로세스의 측정방법 확인 |

품질운동'으로, QC 등이 분임조를 바탕으로 한 '아래에서 위로(Bottom-Up)' 방식인데 비해 '위에서 아래로(Top-Down)' 방식을 취한다. 경영능력이 검증된 최고경영자가 뚜렷한 목표를 향해 강력한 추진력을 동원할 때 전사적인 효과를 낼 수 있다는 의미이다.

6-시그마의 통계적 의미를 살펴보자.

정규분포에서 $\mu \pm 3\sigma$ 의 범위를 벗어날 확률은 0.0027이다. 따라서 제품 규격의 상한과 하한의 범위 내에 $\mu \pm 3\sigma$ 가 들어가면 불량률은 약 0.27% 또는 2,700 ppm (parts per million)이다. 예를 들어 100만 개의 반도체를 만들면 2,700개가 불량품이 될 수 있다는 뜻이다.

그러나 $\sigma$ 를 더 줄여서 제품의 규격 범위에 $\mu \pm 6\sigma$ 가 들어가면 불량률은 0.002 ppm이 된다. 즉, 10억 개당 2개꼴로 불량이 나올 수 있다는 뜻이다. 그러나 실제 현장에서는 $\mu$가 정확하게 규격의 목표치와 일치하기 힘들다. 따라서 평균 $\mu$가 $\pm 1.5\sigma$ 범위에서 흔들리는 것을 허용하면 불량률이 3.4 ppm이 된다. 즉, 6-시그마 계획은 100만 개의 제품이나 서비스 가운데 3.4개의 불량을 허용하는 경영전략을 뜻한다. 이와 같은 관계를 그림으로 나타내면 [그림 11-1]과 같다. 평균변동을 $\pm 1.5\sigma$ 만큼 허용할 경우에 $3\sigma$부터 $6\sigma$까지 각 단계에서 불량률은 〈표 11-2〉와 같다.

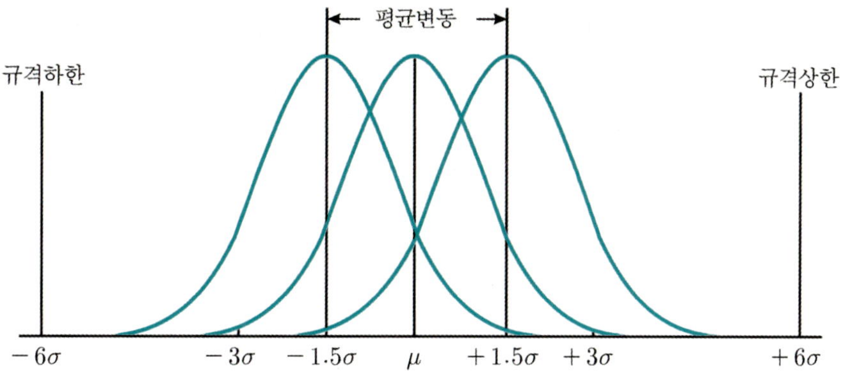


**[그림 11-1]** 평균변동이 허용된 6-시그마 계획

**〈표 11-2〉** 규격과 불량률의 관계

| 규격한계 | 불량률(ppm) |
|---|---|
| $\pm 3\sigma$ | 66,810 |
| $\pm 4\sigma$ | 6,210 |
| $\pm 5\sigma$ | 233 |
| $\pm 6\sigma$ | 3.4 |

### 11.1.3 QC 7가지 도구

품질관리와 6-시그마를 수행하기 위해서는 통계적 이론의 적용과 이를 실행하기 위한 통계 프로그램의 활용이 필수적이다. 이중에서 가장 기본적으로 활용되는 도구로서 7가지 **품질관리도구**(QC tools)를 들 수 있다. 체크시트, 히스토그램, 파레토그램, 특성요인도, 산점도, 층별 및 각종 그래프의 7가지 도구는 통계분석 절차의 기초적인 단계인 자료의 수집과 자료의 정리 과정에서 자료에 내재되어 있는 정보를 파악하는 데 유용하게 사용되는 통계 기법들이다.

#### (1) 체크시트

**체크시트**(check sheet)는 자료를 수집하는 단계에서 사용되는 가장 간단한 기법이다. 주로 계수형 자료가 분류 항목별로 어디에 집중되어 있는지를 한눈에 알아보기 쉽게 나타낸 그림이나 표이다. 체크시트의 양식은 각 현장에서 필요에 따라 다양한 형식이 사용되고 있다. 예를 들어 〈표 11-3〉은 각 요일별로 고객의 불편을 접수한 체크시트의 예이다.

〈표 11-3〉 고객의 불편접수 항목별 체크시트의 예

| 항목 \ 날짜 | 월 | 화 | 수 | 목 | 금 | 합계 |
|---|---|---|---|---|---|---|
| 주차 불편 | 2 | 1 | 3 | 0 | 2 | 8 |
| 직원 불친절 | 4 | 2 | 3 | 1 | 3 | 13 |
| 위생 불결 | 0 | 1 | 2 | 2 | 1 | 6 |
| 기타 | 1 | 2 | 0 | 3 | 0 | 6 |
| 합계 | 7 | 6 | 8 | 6 | 6 | 33 |

### (2) 히스토그램

**히스토그램**(histogram)은 측정 자료의 분포 형태를 파악하는 데 편리하도록 시각화한 그래프이다. 히스토그램에 대해서는 이미 2장에서 설명하였다.

### (3) 파레토그림

**파레토그림**(Pareto chart)은 현장에서 문제가 되고 있는 불량품, 결점, 클레임, 사고 등과 같은 현상이나 원인을 항목별로 분류하여 불량개수 및 손실금액 등이 많은 순서로 정리하여 그 크기를 막대그래프로 나타낸 후, 항목별 누적 도수를 나타내는 꺾은선 그래프를 막대그래프 위에 겹쳐 그린 그림이다. 어떤 항목에 얼마만큼의 문제가 있는가를 한눈에 알아보기 쉽게 하는 그림이다.

파레토의 소득 분포 함수에 따르면 전체 국민 중 약 20%에 해당하는 사람들이 전체 소득의 80% 이상을 차지하고 있다는 것을 발견할 수 있으며 이러한 결과는 품질 활동에서 문제의 80%는 20%의 소수 항목에서 발생한다는 '80-20의 법칙'과 유사하다. 이에 따라 일반적으로 파레토그림에서 정리된 전체 항목 중 점유 비율이 50%에 해당하는 항목들을 문제 발생의 원인을 규명해 줄 수 있는 주요 항목으로 판단한다.

**예제 11.1** 어떤 제품의 불량이 문제가 되어 그것을 줄이는 활동에 매진하게 되었다. 불량 내용을 조사해 보았더니 〈표 11-4〉와 같이 외관불량, 작동불량, 특성불량, 누락, 파손 등의 5가지 불량임을 알았다. 이들을 파레토그림으로 나타내고 특징을 설명하여라.(자료: '품질관리' 파일에서 '파레토')

〈표 11-4〉 제품의 불량내용 조사

| 불량내용 | 불량품수 |
|---|---|
| 누락 | 900 |
| 파손 | 200 |
| 외관불량 | 400 |
| 작동불량 | 200 |
| 특성불량 | 50 |

풀이 [그림 11-2]은 KESS를 이용하여 그린 파레토그림이다. 그림에서 '누락'에 의한 불량이 가장 많고, 전체 불량의 50% 이상을 차지하고 있다는 것을 알 수 있다. 두 번째로 많은 것은 '외관불량'에 의한 것이며, 첫 번째인 '누락'과 합치면 전체 불량의 80% 가까이 차지하고 있다는 것을 알 수 있다. 따라서 이 제품의 불량을 효율적으로 줄이기 위한 활동방침으로서, '누락'에만 주목하든지 또는 '누락'과 '외관불량'에 주목하여 대책을 강구할 수 있을 것이다. 일반적으로 파레토그림에서 전체의 70~80%를 차지하는 항목이나 상위 1~3위 항목에 초점을 맞추고 분석하는 것이 보통이다.

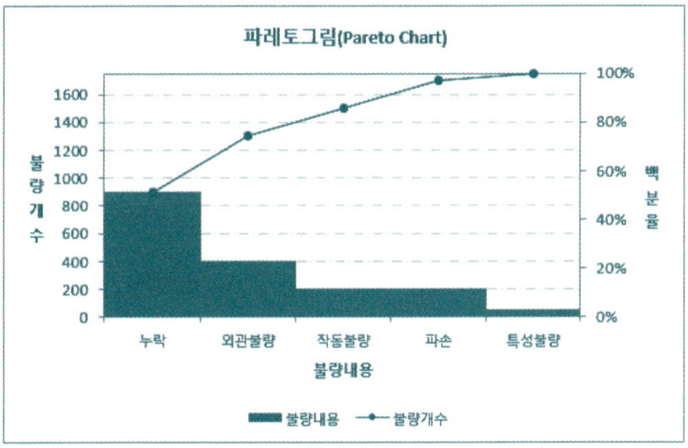


[그림 11-2] 제품의 불량내용에 관한 파레토그림

### (4) 특성요인도

**특성요인도**(cause-and-effects diagram)는 결과에 영향을 미치는 요인들이 어떻게 연관되어 있는지를 한눈에 볼 수 있도록 작성한 그림이다. [그림 11-3]은 제품의 결함에 대한 요인을 정리한 특성요인도로서, 큰 요인과 작은 요인이 큰 가지와 작은 가지에 정리되어 있다. 따라서 제품에 결함이 발견될 때는 이 특성요인도를 이용하여 결함 요인을 찾는 데 이용할 수 있다.

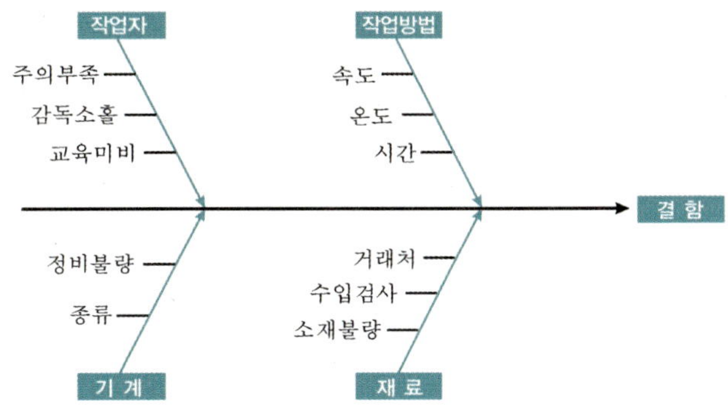


[그림 11-3] 특성요인도의 예

### (5) 산점도

**산점도**(scatter diagram)는 두 변수 간의 연관성을 분석하는 데 중요한 도구로 이용된다. 두 개의 변수를 원인과 결과로 구분할 수 있을 경우에는 대개 가로축에 원인을, 세로축에 결과를 표시한다. 산점도에 대해서는 이미 2장에서 설명하였다.

### (6) 층별

**층별**(stratification)이란 수집된 자료를 어떤 특징에 따라 몇 개의 그룹 혹은 부분 집단으로 나누어 계층구조로 분류하는 기법을 의미한다. 예를 들어 재고품의 관리에서 자료를 날짜, 교대조, 공정운영자, 기계번호, 가공불량수, 불량원인, 가공수 등을 기록하였다면 이를 일별로 분류해 볼 수 있으며, 또한 교대조별, 작업자별, 기계별, 분량원인별로 각종 기술통계값(불량수, 가공수)들을 요약해 볼 수 있다. 품질에 영향을 주는 원인을 찾아내고 영향력을 파악하는 데 필요한 도구이다.

### (7) 관리도 및 그래프

자료를 정리하거나 자료에 내재된 정보를 알아보기 위해 사용되는 그래프로는 파레토그림, 특성요인도나 산점도 외에도 줄기-잎 그림, 상자그림, 원, 꺾은선 그래프 등도 사용된다. 특히 품질관리에서는 관리도가 유용한 수단으로 사용되며, 관리도는 공정 관리 대상이 되는 특성에 따라 다양하게 분류되는데, 다음 절에서 살펴보기로 한다.

## 11.2 관리도

일반적으로 공정이 일정한 조건 또는 설계된 수준으로 유지되어도 그 공정에서 생산되는 제품의 품질특성치가 어떤 값을 중심으로 변동하게 된다. 즉, 공정의 설계가 잘 되어 있고, 공정을 잘 운영하더라도 제품의 품질특성에 영향을 주는 요인은 항상 내재되어 있기 때문에 생산 공정에서 제품의 품질을 균일하게 유지하는 것이 힘든 것이 사실이다. 이러한 측면에서 품질특성의 변동을 측정하는 일은 공정의 효과적인 관리를 위해 매우 중요하다.

품질에 변동이 생기는 원인은 크게 우연원인과 이상원인의 두 가지로 나눌 수 있다. **우연원인**은 공정이 안정된 상태에 있음에도 불구하고 발생하는 원인으로서 작업자 간의 숙련도 차이, 원자재 간의 미세한 품질차이, 동일한 생산설비 간의 차이 등과 같이 피할 수 없는 원인을 뜻한다. **이상원인**은 공정의 속성에 의해서 발생하는 피할 수 없는 원인보다는 작업자의 부주의, 불량자재의 사용, 생산설비 상의 이상 등과 같이 돌발적으로 발생하는 원인들이다.

품질특성에 우연원인에 의한 변동만 있는 경우에는 품질의 특성치가 미리 정해진 경계선 안에 있으며, 이 경우 생산공정은 **관리상태**에 있다고 한다. 특성치에 이상원인에 의한 변동이 있는 경우에는 관측된 특성치가 경계선을 벗어나게 되며, 이런 경우 생산공정은 **이상상태**에 있다고 한다. 이와 같은 공정의 관리 상태를 그림으로 나타내어 품질을 관리하는 도구를 **관리도**(control chart)라고 한다.

공정에서 발생되는 품질변동이 단지 우연원인에 기인한 것이라면 현상의 유지보다는 품질변동을 줄일 수 있는 노력으로서 생산설비의 개선, 작업자의 교육 및 훈련, 효과적인 작업방법의 모색 등을 통하여 점진적인 개선을 도모할 수 있다. 그러나 관리도에 의하여 탐지된 변동의 원인이 이상원인에 의한 것이라면 현장에서 즉시 원인분석과 동시에 원인제거를 통하여 재발을 방지해야 한다.

### 11.2.1 관리도의 이론적 배경

**관리도**는 관리상태하에서 품질특성치의 평균을 나타내는 **중심선**(center line, CL)과 중심선 위와 아래에 한 쌍의 **관리한계선**(control line), 즉 **관리상한선**(upper control limit, UCL)과 **관리하한선**(lower control limit, LCL)을 그린 후 공정의 상태를 나타내는 품질특성치를 점으로 표시하고 선으로 연결한 형태의 그래프를 의미하며, 이것을 사용하는 방법을 관리도법이라고 한다.

관리도에서 중심선(CL)은 $\mu$의 위치를 나타내며, 관리상한선(UCL)과 관리하한선(LCL)은 흔히 $\mu \pm 3\sigma$의 위치를 나타낸다. 이와 같이 $\mu \pm 3\sigma$의 위치에 관리한계선을 나타내는 방법을 $3\sigma$-**관리도**라고 한다. [그림 11-4]는 관리도의 한 예이다.

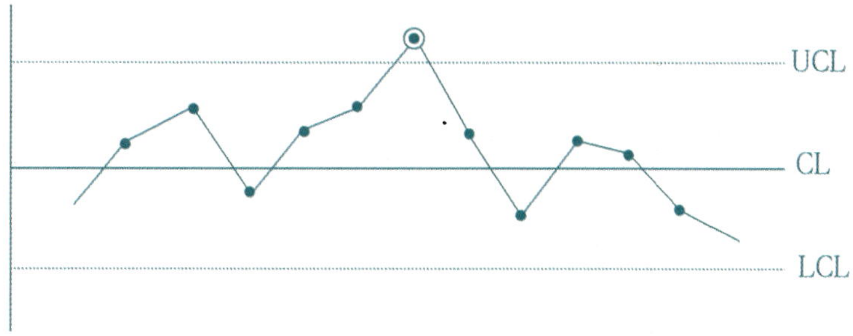


[그림 11-4] 관리도의 예

관리도의 이론적 근거는 통계적 가설검정에 기초하고 있다. 품질특성을 나타내는 모수를 $\theta$라고 하고 다음과 같은 가설을 생각해 보자.

$$H_0 : \theta = \theta_0, \quad H_1 : \theta \neq \theta_0$$

$\theta_0$ 는 품질설계에서 특성치의 기준값 또는 목표치를 뜻하는 것으로서 품질특성이 $\theta_0$ 와 크게 다르지 않으면 공정은 안정상태 또는 관리상태에 있다고 판단하고 귀무가설($H_0$)을 채택하게 된다. 품질특성이 $\theta_0$ 와는 크게 다른 값을 가지면 귀무가설을 기각하고 대립가설($H_1$)을 채택하며, 공정이 이상상태에 있다고 판단한다. 따라서 공정의 이상유무를 판단하는 것은 가설검정을 하는 것과 동일한 문제이다.

가설검정에 대해서는 이미 5장에서 설명하였는데 모평균 대신 품질특성을 나타내는 모수 $\theta$ 의 추정량을 $\hat{\theta}$ 라고 하자. 귀무가설하에서 $\hat{\theta}$ 의 분포가 정규분포를 따른다면 모수 $\theta$ 의 $100(1-\alpha)\%$ 신뢰구간은 다음과 같이 구할 수 있다.

$$\begin{aligned} 1-\alpha &= P\left(-z_{\alpha/2} < \frac{\hat{\theta}-\theta}{\mathrm{SE}(\hat{\theta})} < z_{\alpha/2}\right) \\ &= P\left(\hat{\theta} - z_{\alpha/2}\mathrm{SE}(\hat{\theta}) < \theta < \hat{\theta} + z_{\alpha/2}\mathrm{SE}(\hat{\theta})\right) \end{aligned}$$

다만, $\mathrm{SE}(\hat{\theta})$는 추정량 $\hat{\theta}$ 의 표준편차이다. $z_{\alpha/2} = 3$으로 하려면 $\alpha = 0.0027$이 되어 신뢰수준 99.73%에서 모수 $\theta$ 의 신뢰구간은

$$\hat{\theta} - 3\mathrm{SE}(\hat{\theta}) < \theta < \hat{\theta} + 3\mathrm{SE}(\hat{\theta})$$

이 된다.

이처럼 가설검정 이론을 관리도에 적용한 것이 바로 슈하트의 $3\sigma$-**관리도**이다. 즉, $3\sigma$-관리도에서는 시료에서 얻어진 자료가 평균값 또는 목표치 $\theta = \theta_0$를 중심으로 $\pm 3\sigma$ 안에 포함되어 있을 때, 즉 $\hat{\theta}$이 관리한계선 $\theta_0 \pm 3\sigma$ 안에 포함되어 있을 때 공정이 관리상태에 있다고 판단하고, $\hat{\theta}$ 관리한계선 밖에 위치하면 공정이 이상상태에 있다고 판단한다. 가설검정의 측면에서 보면 정규분포의 가정하에서 공정이 관리상태에 있는데도 불구하고 공정에 이상이 있다고 잘못 판단하는 실수를 범할 가능성(유의수준 또는 제1종의 오류를 범할 확률)이 0.27%라고 해석할 수 있다.

### 11.2.2 부분군의 형성

관리도에 관측값을 점으로 나타내는 것을 **타점**한다고 한다. 관측값을 타점할 때는 각 $x_i$를 타점하여 나타내기보다는 일정한 개수만큼씩 모아서 이들의 평균 또는 불량개수를 타점하는 경우가 많다.

관리도에서 점으로 표현되는 통계량을 **타점통계량**이라고 하며, 이 값을 구하기

위하여 추출되는 시료(또는 로트)를 **부분군**(subgroup)이라고 한다. $n$ 개의 시료로 이루어진 부분군이 $N$개 있을 때, '크기 $n$인 부분군이 $N$개 있다'라고 표현한다. 일반적으로 관리도는 이들 부분군의 자료를 이용하여 공정특성을 추정하며, 이들을 타점하여(즉, 점을 찍어) 공정의 변화 또는 이탈 여부를 관찰하게 된다.

관리도에서 관리한계선을 이탈하는 점이 발생하면 그 이탈점(부분군)에 관하여 이상상태로 판단하게 되고, 이에 대해 조사 및 검토를 하게 된다. 따라서 부분군 내에 공통원인이 아닌 상이한 조건, 예를 들어 다른 원료, 다른 작업자, 다른 환경이 동일한 부분군에 반영되는 일이 없어야 한다. 만약 하나의 부분군 내에 여러 조건이 혼재되어 있으면서, 그 부분군의 타점이 관리도에서 이탈되었다면 그 원인을 찾기 어렵다. 따라서 여러 대의 수치제어기계를 이용하여 동일한 부품을 가공하는 경우라면 부분군의 형성은 기계별로 하는 것이 옳을 것이다.

부분군의 크기를 정하는 방법은 관리도의 종류에 따라 다르다. 관리도는 크게 보아 계량형 관리도와 계수형 관리도로 나눌 수 있는데, 계수형 관리도 가운데 불량률 관리도에서는 하나의 부분군 내에 불량품의 수가 대략 1~5개가 포함될 수 있도록 부분군의 크기를 고려하며, $\bar{x}$ −관리도(계량형 관리도)에서는 부분군의 크기를 3~6개로 하는 것이 일반적이다. 현장에서는 5개를 선호하는 경향이 있다.

부분군의 크기가 너무 작을 경우에는 우연원인에 의한 변동이 크기 때문에 공정의 변화를 탐지하기 어렵고, 부분군의 크기가 커지면 샘플링에 필요한 비용과 시간이 급격히 증가한다. 또한 현장에서는 부분군의 크기와 함께 중요한 것이 부분군의 채취빈도이다. 즉, 채취빈도가 높을수록 공정의 변화는 신속하게 탐지될 수 있으나 이에 따른 비용과 시간이 증가하게 된다. 이는 관리도의 효율성 및 경제성에 관련된 문제들이다.

### 11.2.3 여러 가지 관리도

관리도는 관리의 대상이 되는 품질특성에 따라 계수형 관리도와 계량형 관리도로 분류될 수 있다. 계수형 관리도는 불량품의 수, 결점 수 등과 같은 이산형 자료에 대한 관리도이며, 계량형 관리도는 길이, 중량, 강도, 부피 등과 같은 연속형 자료에 대한 관리도이다.

관리도는 사용되는 통계량에 따라 분류하는 것이 보통이다. 계수형과 계량형의 각각에서 많이 사용되는 관리도는 다음과 같다.

- **계수형 관리도**(control chart for attributes)
  - 불량률($p$) 관리도
  - 불량개수($np$) 관리도
  - 결점수($c$) 관리도

■ **계량형 관리도**(control chart for variables)

- 평균값($\overline{x}$) 관리도
- 개개의 측정값($x$) 관리도
- 누적합(CUSUM) 관리도
- 범위($R$) 관리도

이 절에서는 대표적인 관리도인 불량률($p$) 관리도, $\overline{x}$ 관리도 및 $\overline{x}-R$ 관리도에 대해서만 설명하기로 한다.

### (1) 불량률($p$) 관리도

불량률 관리도는 계수형 관리도 중에서 가장 많이 이용되는 관리도이다. 공정 불량률 $p$가 일정하게 유지되는 연속적인 생산공정(무한 모집단으로 간주)에서 $n$개의 시료를 추출할 때, 시료에 불량품이 $x$개 포함될 확률은 이항분포를 따르게 된다. 따라서 부분군의 크기가 $n$일 때 각 부분군에서 불량률의 추정량은

$$\frac{x}{n} \sim B\left(p,\ \frac{p(1-p)}{n}\right)$$

임을 이용한다. 그러나 실제로는 $p$를 모르므로 전체 시료로부터 $p$를 다음과 같이 추정하여 사용한다. 즉,

$$\overline{p} = \frac{\text{총 불량품 개수}}{\text{총 시료의 개수}}$$

로 $p$를 추정한다. 이와 같이 추정된 $\overline{p}$를 이용하면 관리도의 중심선(CL)과 관리한계선은 다음과 같다.

$$\text{CL} = \overline{p}$$

$$\text{UCL} = \min\left(\overline{p}+k\sqrt{\frac{\overline{p}(1-\overline{p})}{n}},\ 1\right)$$

$$\text{LCL} = \max\left(\overline{p}-k\sqrt{\frac{\overline{p}(1-\overline{p})}{n}},\ 0\right)$$

다만, $k$는 관리한계선의 수준으로 $3\sigma$-관리도에서는 $k=3$을 사용한다.

**예제 11.2** 부분군의 크기가 400개인 시료군을 매일 추출하여 불량품의 개수를 조사한 결과가 〈표 11-5〉와 같다. 불량률을 관리하기 위한 관리도의 중심선과 관리한계선을 구하고 관리도를 그려라. 관리한계선의 수준은 3으로 한다. (자료: '품질관리' 파일에서 '계수형')

**〈표 11-5〉** 일자별 불량품의 개수

| 일자 | 1 | 2 | 3 | 4 | 5 | 6 | 7 | 8 | 9 |
|---|---|---|---|---|---|---|---|---|---|
| 불량개수 | 8 | 7 | 12 | 7 | 11 | 4 | 8 | 7 | 9 |
| **일자** | **10** | **11** | **12** | **13** | **14** | **15** | **16** | **17** | **18** |
| 불량개수 | 7 | 14 | 8 | 5 | 11 | 19 | 8 | 6 | 8 |
| **일자** | **19** | **20** | **21** | **22** | **23** | **24** | **25** | | **합계** |
| 불량개수 | 11 | 5 | 7 | 6 | 6 | 12 | 8 | | 214 |

**풀이** 관리도의 중심선과 관리한계선은 각각 다음과 같다.

$$\mathrm{CL} = \bar{p} = \frac{214}{25 \times 400} = 0.0214$$

$$\begin{aligned}\mathrm{UCL} &= \min\left(\bar{p} + k\sqrt{\frac{\bar{p}(1-\bar{p})}{n}},\ 1\right)\\ &= \min\left(0.0214 + 3\sqrt{\frac{0.0214(1-0.0214)}{400}},\ 1\right)\\ &= \min(0.043107,\ 1) = 0.043107\end{aligned}$$

$$\begin{aligned}\mathrm{LCL} &= \max\left(\bar{p} - k\sqrt{\frac{\bar{p}(1-\bar{p})}{n}},\ 0\right)\\ &= \max\left(0.0214 - 3\sqrt{\frac{0.0214(1-0.0214)}{400}},\ 0\right)\\ &= \max(-0.00031,\ 0) = 0\end{aligned}$$

KESS를 이용하여 불량률관리도를 그려 보면 [그림 11-5]와 같다. 15일의 불량률이 관리한계선을 벗어나 공정을 확인해 볼 필요가 있다.

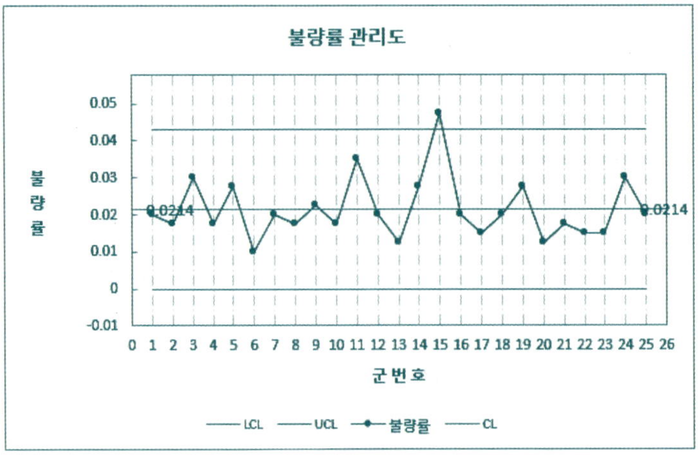


[그림 11-5] 불량률 관리도

### (2) 평균값($\overline{x}$) 관리도

$x$가 $N(\mu,\sigma^2)$의 정규분포를 따르는 공정이라면, $\overline{x}$는 평균이 $\mu$이고 표준편차가 $\sigma/\sqrt{n}$인 정규분포를 따르게 된다.

먼저 $\mu$의 추정을 알아보자. $i$번째 부분군에서 $j$번째 관측값을 $x_{ij}$로 나타내기로 한다. 크기 $n$인 부분군이 $N$개 있는 경우에 전체 시료를 사용한 $\mu$의 추정량은 다음과 같다.

$$\overline{\overline{x}} = \frac{1}{N}\sum_{i=1}^{N}\overline{x}_i = \frac{1}{nN}\sum_{i=1}^{N}\sum_{j=1}^{n}x_{ij}$$

위의 식에서 기호 $\overline{\overline{x}}$를 사용하는 이유는 각 부분군의 평균을 $\overline{x}_i$라고 하면 $\overline{\overline{x}}$는 평균의 평균이기 때문이다.

다음은 $\sigma$의 추정법을 알아보자. 계량형 관리도인 $\overline{x}$ 관리도에서는 각 부분군의 크기를 5와 같은 작은 값을 사용하므로 $\sigma$의 추정에 범위 $R$을 많이 이용한다. 각 부분군에서 범위를 $R_i$라고 하면, $N$개의 부분군에서 평균범위는 다음과 같다.

$$\overline{R} = \frac{1}{N}\sum_{i=1}^{N}R_i$$

한편 $\overline{R}$를 이용하여 $\sigma$를 추정하는 식은 다음과 같다.

$$\hat{\sigma} = \frac{\overline{R}}{d_2(n)}$$

여기에서 $d_2(n)$은 부분군 크기 $n$에 따라 결정되는 값으로 $E(\hat{\sigma}) = \sigma$가 성립하도록 이론적으로 구한 값들이다. 흔히 사용하는 $n$에 대한 $d_2(n)$의 값은 〈표 11-6〉과 같다.

〈표 11-6〉 $R$관리도용 계수

| 계수 \ $n$ | 2 | 3 | 4 | 5 | 6 | 7 | 8 | 9 | 10 | 20 |
|---|---|---|---|---|---|---|---|---|---|---|
| $d_2(n)$ | 1.128 | 1.693 | 2.059 | 2.326 | 2.534 | 2.704 | 2.847 | 2.970 | 3.078 | 3.735 |
| $d_3(n)$ | 0.853 | 0.888 | 0.880 | 0.864 | 0.848 | 0.833 | 0.820 | 0.808 | 0.797 | 0.729 |

$\overline{x}$관리도에서 중심선 및 관리한계선은 다음과 같다.

$$\begin{aligned} \text{CL} &= \overline{\overline{x}} \\ \text{UCL} &= \overline{\overline{x}} + k\hat{\sigma}/\sqrt{n} \\ \text{LCL} &= \overline{\overline{x}} - k\hat{\sigma}/\sqrt{n} \end{aligned}$$

다만, $k$는 관리한계선의 수준으로 $3\sigma$-관리도에서는 $k=3$을 사용한다.

### (3) 평균값-범위($\overline{x} - R$) 관리도

공정의 품질은 평균뿐만 아니라 산포에 의해서도 영향을 받는 경우가 많다. **$\overline{x} - R$ 관리도**는 공정의 평균과 산포를 동시에 관리하기 위하여 $\overline{x}$ 관리도와 $R$관리도를 병행하여 사용하는 관리도로서, 계량형 관리도에서 가장 많이 사용되는 관리도이다. $\overline{x}$ 관리도와 같은 기호를 사용하면 $\overline{x} - R$ 관리도는 다음과 같다.

$\overline{x}$ 관리도

$$\begin{aligned} \text{CL} &= \overline{\overline{x}} \\ \text{UCL} &= \overline{\overline{x}} + k\hat{\sigma}/\sqrt{n} \\ \text{LCL} &= \overline{\overline{x}} - k\hat{\sigma}/\sqrt{n} \end{aligned}$$

$R$관리도

$$\begin{aligned} \text{CL} &= \overline{R} \\ \text{UCL} &= d_2(n)\hat{\sigma} + k d_3(n)\hat{\sigma} \\ \text{LCL} &= \max(d_2(n)\hat{\sigma} - k d_3(n)\hat{\sigma}, 0) \end{aligned}$$

다만, $k$는 관리한계선의 수준으로 $3\sigma$-관리도에서는 $k=3$을 사용한다. $d_2(n)$과 $d_3(n)$의 값은 〈표 11-6〉에 수록되어 있다.

**예제 11.3** 어떤 공장에서 생산되는 철선의 품질특성치 중에서 인장강도($kg/cm^2$)를 측정하기 위해 한 로트(부분군)당 5개씩의 표본을 총 16회 추출한 결과가 〈표 11-7〉과 같다. $\bar{x}-R$ 관리도를 작성하고 결과를 해석하여라.(자료: '품질관리' 파일에서 '계량형')

〈표 11-7〉 철선의 인장강도 표본

| 부분군 | x1 | x2 | x3 | x4 | x5 |
|---|---|---|---|---|---|
| 1 | 10.1 | 8.4 | 10.2 | 9.4 | 9.1 |
| 2 | 12.4 | 11.1 | 10.8 | 11.0 | 11.9 |
| 3 | 10.8 | 12.1 | 11.8 | 9.4 | 11.6 |
| 4 | 9.7 | 10.8 | 9.2 | 9.2 | 9.3 |
| 5 | 10.1 | 10.1 | 9.7 | 9.8 | 10.5 |
| 6 | 10.4 | 10.2 | 10.4 | 9.1 | 10.6 |
| 7 | 10.3 | 10.4 | 9.4 | 9.6 | 10.1 |
| 8 | 10.7 | 10.7 | 10.8 | 8.4 | 11.6 |
| 9 | 10.8 | 10.2 | 10.5 | 8.4 | 9.9 |
| 10 | 10.6 | 9.9 | 10.7 | 10.4 | 11.4 |
| 11 | 7.3 | 9.2 | 8.8 | 8.5 | 8.8 |
| 12 | 10.6 | 10.4 | 10.5 | 10.5 | 10.9 |
| 13 | 11.2 | 10.0 | 10.9 | 11.2 | 11.01 |
| 14 | 11.0 | 11.5 | 11.8 | 11.0 | 11.3 |
| 15 | 10.1 | 10.2 | 10.2 | 11.2 | 10.1 |
| 16 | 12.4 | 10.0 | 10.0 | 10.1 | 11.3 |

**풀이** 〈표 11-7〉의 자료의 $\bar{x}-R$관리도는 [그림 11-6] 및 [그림 11-7]이다. 일반적으로 공정평균과 공정산포를 관리하기 위해서는 $\bar{x}$ 관리도의 관리한계선이 $\bar{R}$을 이용하여 설정되기 때문에 $R$관리도를 먼저 그려 보는 것이 좋다. 공정산포가 관리상태에 있지 않으면 $\bar{x}$ 관리도의 의미도 줄고 해석이 어렵게 된다. $R$관리도를 보면 관리한계선을 벗어나지 않아 공정산포가 관리상태에 있음을 알 수 있으나, $\bar{x}$ 관리도를 보면 2번째와 11번째, 14번째 군의 평균이 관리한계선을 벗어나므로 공정평균에 문제가 있는 것으로 판단된다.

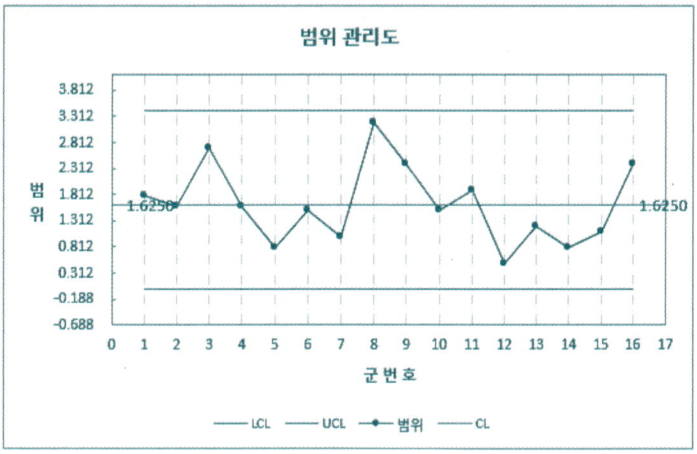


[그림 11-6] 철선의 인장강도의 $R$관리도

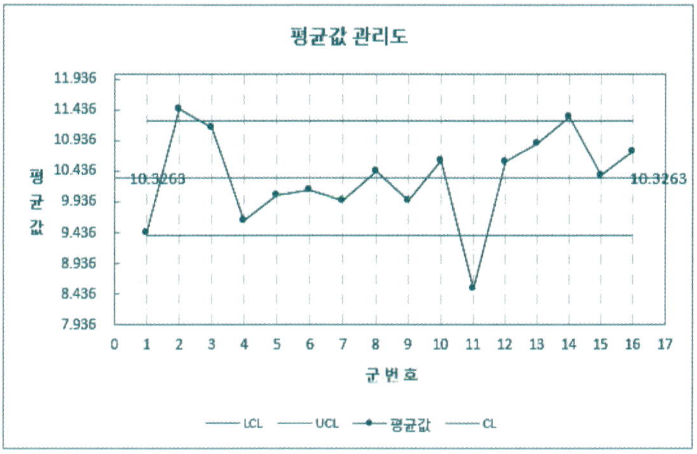


[그림 11-7] 철선의 인장강도의 $\bar{x}$관리도

### 11.2.4 관리상태의 판정

관리도를 이용하여 공정의 관리상태를 파악한다는 것은 부분군의 관측값을 점으로 나타내고, 이들 점들의 위치와 경향 등을 살펴봄으로써 관리상태 여부를 파악하게 된다. 한국공업규격인 KSA 3201에서 규정된 공정의 관리상태에 관한 조건을 요약하면 다음과 같다.

(1) 점이 관리한계선을 벗어나지 않는다.

① 연속 25점 모두가 관리한계선 안에 있을 때

② 연속 35점 중 34점 이상이 관리한계선 안에 있을 때

③ 연속 100점 중 98점 이상이 관리한계선 안에 있을 때

한두 개의 점이 관리한계선을 벗어날 수 있는데, 이는 다수의 점들 중에서 극히 적은 수이므로 확률적으로 볼 때 큰 이상원인은 없다고 간주하는 것이다. 그러나 그 원인을 조사하여 적절한 조치를 취할 필요는 있다.

(2) 점의 배열에 아무런 습성(패턴)이 없어야 한다.

① 런(run)의 길이가 긴 것이 나타나거나 중심선의 한쪽에 많은 점이 나타나지 않아야 한다.

② 경향(trend)이나 주기성이 없어야 한다.

③ 점이 경고선을 넘어(즉, 관리한계선에 근접하여) 빈번하게 나타나지 않아야 한다.

**런**(run)은 관리도에서 중심선의 한쪽에 연속해서 나타나는 점들의 무리를 말하는 것으로서 **런의 길이**(length of run)는 한쪽에 연속되는 점들의 개수를 말하는 것이다. 또한 **런의 수**(number of runs)란 하나의 관리도에서 나타나는 런의 개수를 의미한다.

## 11.3 공정능력분석

공정은 아무리 잘 운영되어도 공정특성에 변동이 있게 된다. 이런 공정특성의 변동을 줄일수록 공정에서 생산되는 제품의 품질변동이 적게 된다. **공정능력**(process capacity)이란 공정특성의 변동을 줄이면서 관리할 수 있는 능력으로서, 쥬란(Juran)은 다음과 같이 정의하였다.

"공정능력이란 그 공정이 관리상태에 있을 때 각각의 제품의 변동이 어느 정도인가를 나타내는 양이다."

공정에서 생산되는 제품의 품질변동이 작으면 그 공정의 공정능력은 좋다고 말하고, 품질변동이 크면 공정능력이 나쁘다고 말할 수 있다. 이때 이 공정은 외부원인에 방해됨이 없이 정상적으로 가동되고 있는 상태이어야 한다. 공정능력의 평가를 위해서는 공정능력을 수량화시킬 필요가 있다.

### 11.3.1 공정능력지수

공정능력을 나타내는 대표적인 측도의 하나로 **공정능력지수**(PCI, process capability index)가 있다.

공정능력지수는 실제 공정의 산포를 나타내는 $6\sigma$ 와 허용가능한 공정의 산포의 비율로 정의된다. 양쪽 규격이 주어진 경우, 공정능력지수 $C_p$ 는 다음과 같이 정의된다.

$$\text{양쪽에 규격이 있는 경우: } C_p = \frac{\text{USL} - \text{LSL}}{6\sigma}$$

다만, USL(upper specification limit)과 LSL(lower specification limit)은 각각 규격상한과 규격하한을 나타낸다. 분자는 주로 외부(고객)의 요구에 의해 결정되는 값이고 분모는 내부(공정)의 능력에 따라 결정되는 값이다. 공정능력지수 $C_p$ 의 값이 클수록 공정의 산포 $\sigma$ 가 적음을 뜻하므로 해당 공정의 능력은 충분하다는 것을 의미한다.

[그림 11-8]은 정규분포에서 $\mu \pm 3\sigma$ 의 범위를 나타낸다. 만약 규격의 상한과 하한이 $\mu \pm 3\sigma$ 와 일치하면 규격 폭이 $6\sigma$ 와 일치하여 공정능력지수 $C_p$ 의 값은 1이 될 것이며, 공정능력이 증가하여 $\mu \pm 3\sigma$ 가 규격한계 이내로 들어오면 $C_p$ 는 1보다 크게 될 것이다.

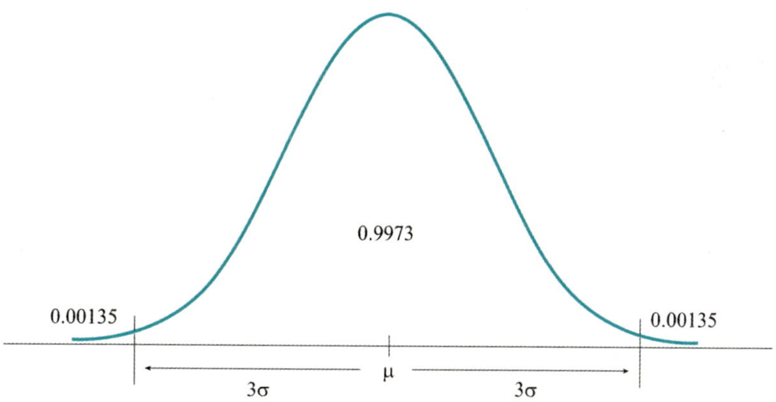


**[그림 11-8]** 규격 폭과 $6\sigma$ 와의 관계

한편 공정의 평균을 $\mu$ 라고 할 때 한쪽 규격만 주어지는 경우에 규격 폭은 $\mu$ 에서 규격한계까지의 거리가 되므로 공정능력지수는 다음과 같이 정의된다.

$$\text{규격상한만이 있는 경우: } C_{PU} = \frac{\text{USL} - \mu}{3\sigma}$$

$$\text{규격하한만이 있는 경우: } C_{PL} = \frac{\mu - \text{LSL}}{3\sigma}$$

**참고**

**치우침을 고려한 공정능력지수**

품질특성치의 분포가 중심으로부터 어느 한쪽으로 치우친 경우에는 치우침의 정도를 고려하여 공정능력지수 $C_p$를 수정해 준다. 그러나 이들은 이 책의 범위를 벗어나므로 생략하기로 한다.

### 11.3.2 공정능력의 평가

공정능력지수를 이용하여 공정능력을 평가하는 기준은 〈표 11-8〉과 같다. $C_p$는 규격 폭과 $6\sigma$의 비로서, 치우침이 없는 경우에 $C_p = 1.0$이란 규격한계와 $\mu \pm 3\sigma$가 일치함을 뜻하며, 이때의 공정불량률은 0.27%이다. 규격한계가 $\mu \pm 4\sigma$와 일치할 때는 $C_p$=1.333이며 이보다 공정능력이 클 때 A급으로 판정한다. 규격한계가 $\mu \pm 2\sigma$와 일치할 때는 $C_p$=0.667이며 이보다 작은 공정능력은 D급으로 판정한다.

〈표 11-8〉 공정능력의 판정기준

| 공정능력의 범위 | 공정능력의 등급 | 판정 |
|---|---|---|
| $1.333 \le C_p$ | A급 | 매우 만족 |
| $1.0 \le C_p < 1.333$ | B급 | 만족 |
| $0.667 \le C_p < 1.0$ | C급 | 불만족 |
| $C_p < 0.667$ | D급 | 매우 불만족 |

등급 A는 공정상태가 매우 양호하므로 산포관리는 만족스럽다. 따라서 공정능력을 같은 수준으로 유지하면서 제품의 단위당 가공시간을 단축시키는 생산성 향상을 시도하는 것이 바람직하다. 등급 B는 현재의 규격치에 겨우 맞추고 있음을 말하며, 등급 A로 향상되도록 노력하여야 한다. 등급 C 및 D는 공정능력이 불량함을 의미하며 원인을 찾아 필요한 조치를 취해야 한다.

### 11.3.3 공정산포($\sigma$)의 추정

$C_p$나 $C_{pk}$ 등 여러 가지 공정능력지수는 정해진 규격에서 공정산포($\sigma$)의 추정으로 정량화할 수 있다. 이제 공정산포의 추정법을 생각해 보자. 공정산포인 $\sigma$를

시료로부터 추정하는 대표적인 방법은 다음과 같다.

### (1) 랜덤표본을 이용할 경우

공정특성치로서 $x_1, x_2, \cdots, x_n$이 주어질 때, 표본표준편차를 이용한 추정은 다음과 같다.

$$\hat{\sigma} = s = \sqrt{\frac{1}{n-1}\sum_{i=1}^{n}(x_i - \overline{x})^2}$$

### (2) $\overline{x} - R$ 관리도를 이용할 경우

$N$개의 부분군에서 각각 $n$개의 자료가 수집된 경우 각 부분군의 범위를 $R_i$라고 하면, 범위의 평균은 다음과 같다.

$$\overline{R} = \frac{1}{N}\sum_{i=1}^{N}R_i$$

이를 이용한 $\sigma$의 추정량은 다음과 같다.

$$\hat{\sigma} = \frac{\overline{R}}{d_2(n)}$$

공정산포의 추정이 이루어지면 공정특성에 따라 규격과 비교하여 공정능력지수를 산출하면 될 것이다. 여기에서 주의해야 할 점은 관리도상에서 공정이 관리상태가 아닐 때, 즉 점들의 배열에 이상이 있거나 관리한계선을 이탈하는 점이 있을 경우에는 이들의 원인을 규명한 후, 합당한 조치를 취하고 관리도상에서 이 점들을 제거한 후 관리도(중심선, 관리한계선)를 재작성해야 한다. 또한 새로 작성된 관리도 및 자료에 기초하여 공정능력을 산출해야 한다. 공정이 관리상태에 있지 않을 때 공정능력을 산출하게 되면 공정평균 또는 산포의 추정에 오류의 가능성이 높아지고 정밀도가 떨어지므로 올바른 공정능력의 산출에 실패할 가능성이 높아진다.

## 11.4 엑셀의 이용

엑셀에서는 품질관리에 대한 절차를 제공하고 있지 않으므로 여기에서는 KESS를 이용한 방법만 설명하기로 한다.

KESS 메뉴인 **[통계분석]**에서 품질관리와 관련된 분석들은 **[품질관리]** 메뉴를 이용한다. 품질관리 메뉴에는 **QC도구, 관리도, 공정능력분석**이 있다.

**예제 11.4** 〈표 11-4〉의 자료를 이용하여 파레토그림을 그려 보자.(자료: '품질관리' 파일에서 '예제 11-4')

**풀이** **[품질관리]**에서 **[QC도구]**→**[파레토그림]**을 선택하면 [그림 11-9]의 오른쪽과 같은 파레토그림 대화상자가 나타난다. 항목변수로 불량내용, 분석변수로 불량개수를 선택한 후 확인을 클릭하면 [예제 11.1]의 [그림 11-2]와 같은 출력 결과를 얻을 수 있다.

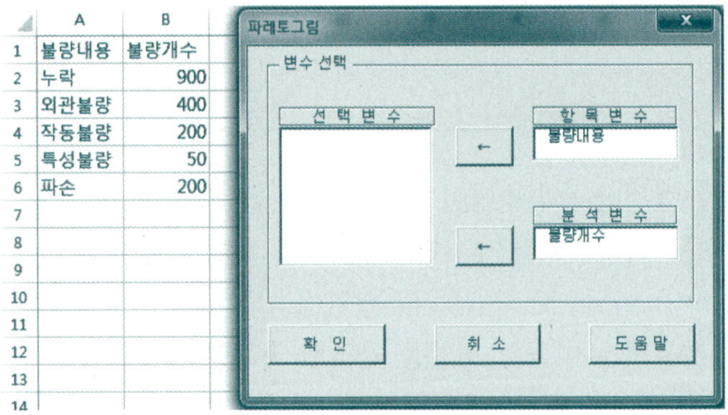


**[그림 11-9]** 파레토그림 대화상자

**예제 11.5** 〈표 11-7〉의 자료를 이용하여 $\bar{x}$ 관리도와 $R$관리도를 그려 보자. 관리한계의 수준은 3으로 한다.(자료: '품질관리' 파일에서 '계량형')

**풀이** **[품질관리]**에서 **[관리도]**→**[계량형관리도]**→**[평균값-범위 관리도]**를 선택하면 [그림 11-10]의 오른쪽과 같은 평균값-범위 관리도 대화상자가 나타난다. 분석에 사용될 부분군(분석변수)을 선택한 후 관리한계수준의 값으로 3을 선택한다. 확인을 클릭하면 [그림 11-6], [그림 11-7]과 같은 $R$관리도와 $\bar{x}$ 관리도가 각각 출력된다.

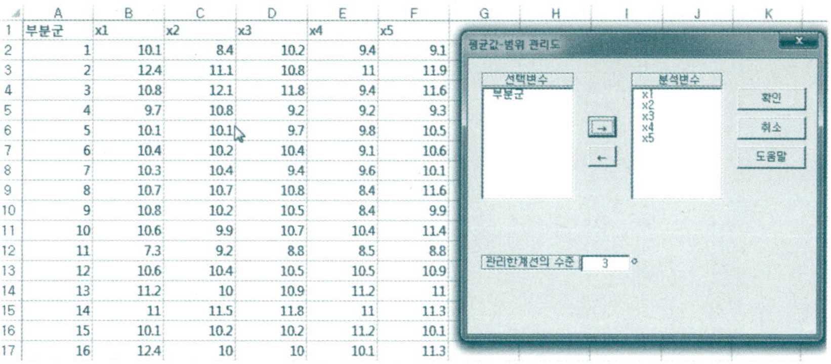


[그림 11-10] $\bar{x}-R$ 관리도 대화상자

**예제 11.6** 어느 제약회사에서 생산되는 약품에 포함된 주요 성분의 함유량(mg)이 〈표 11-9〉와 같이 측정되었다. 공정이 관리상태에 있는지 알아보자. 함유량의 규격은 $70 \pm 2$mg이다.(자료: '품질관리' 파일에서 '공정능력')

〈표 11-9〉 약품에 포함된 주요성분의 함유량

| 부분군 | 1 | 2 | 3 | 4 | 5 |
|---|---|---|---|---|---|
| 1 | 69.56 | 70.54 | 70.95 | 71.45 | 68.59 |
| 2 | 69.98 | 69.36 | 68.78 | 70.43 | 69.73 |
| 3 | 69.25 | 68.34 | 71.03 | 71.57 | 69.46 |
| 4 | 71.14 | 69.43 | 68.89 | 70.38 | 69.46 |
| 5 | 67.94 | 70.72 | 70.92 | 69.43 | 69.56 |
| 6 | 68.80 | 69.97 | 69.87 | 71.38 | 69.37 |
| 7 | 69.38 | 70.42 | 67.83 | 68.25 | 71.07 |
| 8 | 69.45 | 70.05 | 68.99 | 70.23 | 70.63 |
| 9 | 71.23 | 70.64 | 69.42 | 69.00 | 70.34 |
| 10 | 68.91 | 69.97 | 67.08 | 69.28 | 69.54 |

**풀이** [품질관리] 메뉴에서 [공정능력분석]을 선택하면 [그림 11-11]의 오른쪽과 같은 공정능력분석 대화상자가 나타난다.

분석에 사용될 부분군(분석변수)을 선택한 후, 규격하한으로 68, 규격상한으로 72, 목표치로 70을 입력한 후 확인을 클릭하면 [그림 11-12]과 같이 공정능력 분석결과가 출력된다. 공정능력지수 $C_p$ 의 값이 0.6069로서 D급에 해당되어 공정능력이 불량하다고 생각된다.

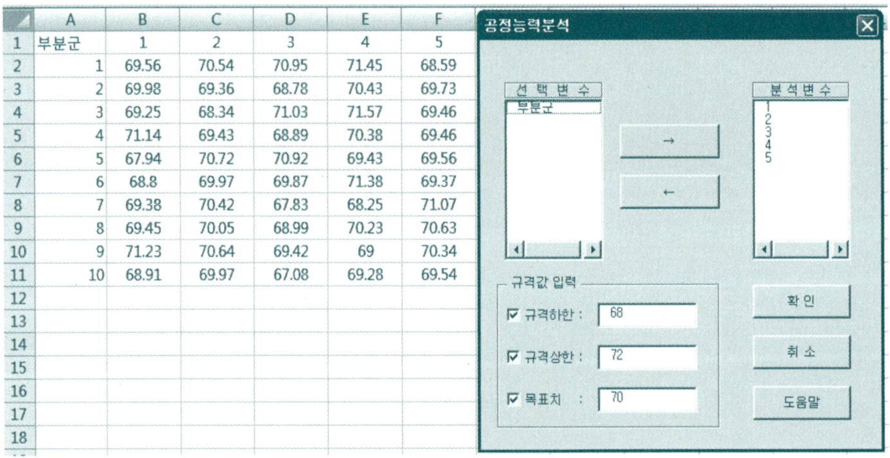

| | A | B | C | D | E | F |
|---|---|---|---|---|---|---|
| 1 | 부분군 | 1 | 2 | 3 | 4 | 5 |
| 2 | 1 | 69.56 | 70.54 | 70.95 | 71.45 | 68.59 |
| 3 | 2 | 69.98 | 69.36 | 68.78 | 70.43 | 69.73 |
| 4 | 3 | 69.25 | 68.34 | 71.03 | 71.57 | 69.46 |
| 5 | 4 | 71.14 | 69.43 | 68.89 | 70.38 | 69.46 |
| 6 | 5 | 67.94 | 70.72 | 70.92 | 69.43 | 69.56 |
| 7 | 6 | 68.8 | 69.97 | 69.87 | 71.38 | 69.37 |
| 8 | 7 | 69.38 | 70.42 | 67.83 | 68.25 | 71.07 |
| 9 | 8 | 69.45 | 70.05 | 68.99 | 70.23 | 70.63 |
| 10 | 9 | 71.23 | 70.64 | 69.42 | 69 | 70.34 |
| 11 | 10 | 68.91 | 69.97 | 67.08 | 69.28 | 69.54 |



[그림 11-11] 공정능력분석 대화상자

**공정규격**

| 규격하한 | 규격상한 | 목표규격 |
|---|---|---|
| 68 | 72 | 70 |

**요약 통계량**

| 자료수 | 공정평균 | 단기표준편차 | 장기표준편차 |
|---|---|---|---|
| 50 | 69.7598 | 1.09849 | 1.01152 |

**공정능력지수(단기공정능력)**

| Cp | Cpl | Cpu | Cpk | Cpm | Cpmk |
|---|---|---|---|---|---|
| 0.6069 | 0.53401 | 0.67978 | 0.53401 | 0.59289 | 0.52168 |

**공정성능지수(장기공정능력)**

| Pp | Ppl | Ppu | Ppk | Ppm | Ppmk |
|---|---|---|---|---|---|
| 0.65907 | 0.57992 | 0.73823 | 0.57992 | 0.64124 | 0.56423 |

[그림 11-12] 공정능력분석 결과

# 연습문제

**11-1** 〈표 11-4〉의 체크시트를 이용하여 파레토그림을 그려 보아라.

**11-2** 다음은 자동차 엔진의 피스톤 링을 생산하는 공장에서 링의 내경(규격은 74.000 ± 0.05 mm)을 관리하기 위하여 측정된 자료이다. 부분군의 크기는 5이고 부분군의 개수는 25개이다. KESS를 이용하여 $\overline{x}-R$ 관리도를 그리고 결과를 해석하여라. (자료: '품질관리' 파일에서 '피스톤링')

〈표 11-10〉 피스톤 링의 내경 자료(mm)

| 부분군 | 1 | 2 | 3 | 4 | 5 |
|---|---|---|---|---|---|
| 1 | 74.030 | 74.002 | 74.019 | 73.992 | 74.008 |
| 2 | 73.995 | 73.992 | 74.001 | 74.001 | 74.004 |
| 3 | 73.998 | 74.024 | 74.021 | 74.005 | 74.002 |
| 4 | 74.002 | 73.996 | 73.993 | 74.015 | 74.009 |
| 5 | 73.992 | 74.007 | 74.015 | 73.989 | 74.014 |
| 6 | 74.009 | 73.994 | 73.997 | 73.985 | 73.993 |
| 7 | 73.995 | 74.006 | 73.994 | 74.000 | 74.005 |
| 8 | 73.985 | 74.003 | 73.993 | 74.015 | 73.998 |
| 9 | 74.008 | 73.995 | 74.009 | 74.005 | 74.004 |
| 10 | 73.998 | 74.000 | 73.990 | 74.007 | 73.995 |
| 11 | 73.994 | 73.998 | 73.994 | 73.995 | 73.990 |
| 12 | 74.004 | 74.000 | 74.007 | 74.000 | 73.996 |
| 13 | 73.983 | 74.002 | 73.998 | 73.997 | 74.012 |
| 14 | 74.006 | 73.967 | 73.994 | 74.000 | 73.984 |
| 15 | 74.012 | 74.014 | 73.998 | 73.999 | 74.007 |
| 16 | 74.000 | 73.984 | 74.005 | 73.998 | 73.996 |
| 17 | 73.994 | 74.012 | 73.986 | 74.005 | 74.007 |
| 18 | 74.006 | 74.010 | 74.018 | 74.003 | 74.000 |
| 19 | 73.984 | 74.002 | 74.003 | 74.005 | 73.997 |
| 20 | 74.000 | 74.010 | 74.013 | 74.020 | 74.003 |
| 21 | 73.988 | 74.001 | 74.009 | 74.005 | 73.996 |
| 22 | 74.004 | 73.999 | 73.990 | 74.006 | 74.009 |
| 23 | 74.010 | 73.989 | 73.990 | 74.009 | 74.014 |
| 24 | 74.015 | 74.008 | 73.993 | 74.000 | 74.010 |
| 25 | 73.982 | 73.984 | 73.995 | 74.017 | 74.013 |

(Montgomery(1981) p.207 인용)

**11-3** 〈표 11-10〉의 자료를 이용하여 규격하한은 73.985, 규격상한은 74.015, 목표치는 74.000로 한 경우 KESS를 이용하여 공정능력지수를 계산하고 결과를 해석하여라.

# 12장 설문조사와 문항분석

## 12.1 설문조사

### 12.1.1 조사 방법

인문학이나 사회과학 등의 모든 분야에서 통계학적 개념이나 추론 방법이 중요한 분석 기법으로 사용되고 있으며, 그 사용 범위가 점점 확대되고 있는 추세이다. 한편 통계적 방법이 적용되기 위해서는 자료 또는 데이터의 수집이 선행되어야 하며, 자료를 수집하기 위해서는 모집단에서 적당한 방법으로 표본이 추출되어야 한다.

통계적으로 유용하며 자주 사용되는 표본추출법으로는 **단순임의추출법**, **계통추출법**, **층화추출법**, **군집추출법** 등이 있으며, 이들에 대한 설명을 요약하면 다음과 같다.

① **단순임의추출법**(simple random sampling)

$N$개의 추출단위가 있는 모집단에서 $n$개의 표본을 추출할 때 $\binom{N}{n}$개의 모든 가능한 경우들이 같은 확률로 추출되도록 하는 방법으로서, 가장 기본이 되는 표본추출법이다.

② **계통추출법**(systematic sampling)

$N$개의 추출단위가 있는 모집단에서 $n$개의 표본을 추출할 때 $k = N/n$을 **추출간격**이라고 하며, 모집단에 일련번호를 부여하고 처음 $k$개의 추출단위에서 임의로(랜덤하게) 하나를 뽑은 다음, 이후부터 $k$번째에 해당되는 추출단위를 차례로 표본으로 추출하는 방법이다. 모집단 전체에서 골고루 표본이 추출되고 단순임의추출보다 표본추출이 용이한 장점이 있다. 다만, 추출간격이 모집단의 어떤 주기와 일치하면 큰 편의(또는 편향)가 발생할 수 있다.

③ **층화추출법**(stratified sampling)

모집단을 동질적인 층으로 나눈 다음, 각 층에서 단순임의추출법으로 표본을 추출하는 방법이다. 각 층이 동질적인 단위로 구성될수록 추정의 정밀도를 높이는 장점이 있다. 각 층에서의 표본은 흔히 층의 크기에 비례하도록 표본수를 배당한다.

④ **군집추출법**(cluster sampling)
모집단을 모집단과 비슷한 이질성을 갖는 군집(cluster)으로 나누고, 몇 개의 군집을 임의로 추출한 다음 추출된 군집을 전수조사하거나, 추출된 군집 내에서 다시 표본을 임의로 추출하는 방법이다. 비용을 절감하는 장점이 있으나, 추정의 정밀도가 떨어지는 단점이 있다.

실제 현장에서는 비용과 정밀도를 고려하여 위의 방법들이 혼합된 형태의 표본추출법을 사용한다. 표본조사에서 표본을 추출하는 방법을 구체적으로 명시한 내용을 **표본설계**(sampling design)라고 한다.

표본추출의 목적은 추출된 표본으로부터 전체 모집단에 대한 정보를 얻는 것이다. 이를 위해 표본을 조사 또는 관측하여 자료(데이터)를 얻게 되는데 때로는 추상적 개념에 대한 데이터가 필요한 경우도 있다. 예를 들어 '아동의 사회적응성', '직업의 선호도', '제품의 만족도' 등과 같은 추상적 개념에 대한 점수화(수량화)가 필요하며, 이를 위해 **설문조사**를 사용할 수 있다.

설문조사는 시행 방법에 따라 면접조사, 전화조사, 우편조사 등이 있으며, 이들의 특징을 요약하면 다음과 같다.

① **면접조사**
면접조사는 조사원이 응답자를 대상으로 직접 면담을 통하여 조사하는 방법이다. 응답률이 높고 비표본오차를 줄이는 장점이 있으나, 표본수가 증가하면서 인건비와 시간에 의한 조사비용이 급격히 증가하는 단점이 있다.

② **전화조사**
전화조사는 조사원이 전화를 통하여 응답자에게 질문하고 응답을 얻는 방법이다. 면접조사에 비하여 조사비용이 훨씬 적게 들며 조사 시간도 단축할 수 있는 장점이 있으나, 솔직한 답변을 얻기 어려운 설문에서는 비표본오차가 급격히 증가하는 단점이 있다.

③ **우편조사**
우편조사는 설문지를 우편으로 발송하고 반송용 봉투를 이용하여 응답을 회수하는 방법이다. 적은 비용으로 광범위한 지역과 대상에서 표본을 얻는 장점이 있으나, 우편조사는 특히 회수율이 낮아서 이에 따른 심각한 편의가 발

생할 수 있다. 우편조사의 회수율은 흔히 10~20%에 머무른다. 우편조사에서 무응답자는 일정한 경향을 갖는 경우가 많으므로 조사 결과에 편의가 발생할 수 있다.

이와 같은 대표적인 방법 이외에도 여러 가지 혼합된 방법이나 변형된 방법이 있다. 예를 들어 한 반에 있는 학생을 대상으로 설문 내용을 자세히 설명하고 단체로 응답을 얻는 경우도 있으며, 거리에서 지원자를 대상으로 설문에 대한 응답을 받고 사은품을 증정하는 경우도 있다.

그러나 어떤 방법에서나 임의표본 또는 랜덤표본의 개념이 심각하게 훼손되는 경우에는 심각한 편의가 발생할 수 있으므로 주의해야 한다.

### 12.1.2 표본오차와 비표본오차

표본조사는 모집단 전체를 조사하는 대신에 일부만을 조사하여 전체에 대한 추론을 하는 것이며, 따라서 조사 결과는 실제값과 다를 수 있다. 이와 같은 개념을 나타내는 것이 **편의**(bias, **편향**)와 **오차**의 개념이다.

모수 $\theta$ 의 추정량 $\hat{\theta}$ 에 대하여 $E(\hat{\theta}) = \theta$ 일 때, $\hat{\theta}$ 을 $\theta$ 의 **불편추정량**이라고 함을 5장에서 설명하였다. 또한 $\hat{\theta}$ 이 $\theta$ 의 불편추정량이 아닐 때 $E(\hat{\theta}) - \theta$ 를 **편의**라고 부른다. 그러나 표본조사에서는 원래 $\hat{\theta}$ 이 $\theta$ 의 불편추정량일 때에도 표본이 잘못 추출되면 $E(\hat{\theta})$ 은 $\theta$ 와 다를 수 있다. 즉, 표본조사에서는 표본설계의 잘못이나 표본추출 과정에서의 오류로 인하여 $E(\hat{\theta})$ 이 $\theta$ 와 다를 수 있으며, 이들을 통틀어서 **편의**라고 한다.

다음은 오차의 개념에 대하여 알아보자. **표본오차**(sampling error)는 모집단 전체 대신에 일부만 조사함에 따라 발생하는 이론적 오차로서, 흔히 추정량의 표준편차로 표현된다. 예를 들어 무한모집단에서 단순임의추출법으로 표본을 추출할 때, 평균과 모비율을 각각 표본평균 $\overline{X}$ 와 표본비율 $\hat{p}$ 로 추정한다. 이들 추정량의 표준편차 또는 표준오차는 각각 다음과 같다.

$$\mathrm{SE}(\overline{X}) = \frac{\sigma}{\sqrt{n}}, \qquad \mathrm{SE}(\hat{p}) = \sqrt{\frac{p(1-p)}{n}}$$

특히 표본오차를 나타내는 한 방법으로 5장과 6장에서 다룬 **오차한계**를 사용하기도 한다. 신문이나 TV 등에서 여론조사의 결과를 발표할 때는 오차한계를 함께 발표하게 된다. 예를 들어 전국의 유권자를 대상으로 하는 조사에서 1,000명을 표본으로 추출하여 조사하였다면 95% 신뢰수준에서 오차한계는 다음과 같다.

$$z_{0.025} \cdot \mathrm{SE}(\hat{p}) \leq z_{0.025}\sqrt{\frac{1}{4}\times\frac{1}{1000}} \fallingdotseq 0.031$$

즉, 1,000명을 조사할 때 95% 신뢰수준에서 오차한계는 ±3.1% 라고 표현한다.

표본조사에서 오차는 표본오차만 있는 것이 아니다. 예를 들어 대통령 선거에서 여러 후보에 대한 유권자의 지지도를 조사하는 문제에서, 전체 유권자를 대상으로 표본을 추출하지 않고 한 대학의 학생들을 대상으로 조사하였다면 전체 유권자의 지지도와 조사 결과는 심각하게 다를 수 있다. 이와 같이 표본조사 과정에서 발생하는 표본오차 이외의 모든 오차를 **비표본오차**라고 한다.

비표본오차가 발생하는 주요 요인을 요약하면 다음과 같다.

① **대상모집단과 추출모집단의 차이**

표본을 추출한 모집단이 실제 조사 대상인 모집단과 다른 경우에 심각한 편의가 발생할 수 있다. 추출모집단이 대상모집단과 달라지는 이유는 주로 표본추출의 편의성 때문이다. 예를 들어 '우리나라 대학생'의 의식구조 조사에서 서울에 있는 3개 대학을 랜덤하게 뽑아 조사하였다면 '서울 소재 대학생'이 추출모집단이 된다. 다른 예로 '전국의 유권자'를 대상으로 하는 조사에서 전화조사를 실시한다면 '전화를 받을 수 있는 사람들만'이 추출모집단이 된다.

② **설문의 결함**

설문의 의미가 불명확하거나 잘못 표현된 경우에 조사 결과는 실제의 내용과 많이 다를 수 있다. 또한 이해관계가 있는 집단이나 단체에서 설문조사를 실시할 경우 특정 대답을 유도하는 식의 설문을 만들면 조사 결과는 심각하게 왜곡될 수 있다.

③ **조사원의 미숙**

조사원이 설문 내용을 정확히 전달하지 못하거나 응답을 강요할 때에도 왜곡된 결과를 얻을 수 있다. 예를 들어 민감한 정치문제에서 응답을 강요하게 되면 응답자 본인의 의견을 나타내기보다는 사회적으로 안전하다고 판단되는 의견을 피력할 수 있다.

④ **무응답오차**

정치·사회적으로 민감한 문제에서 특정 경향을 가진 계층은 응답 거부 비율이 높을 수 있다. 이 경우에 무응답을 고려하지 않으면 조사 결과에 심각한 오류가 발생할 수 있다.

## 12.2 문항분석

### 12.2.1 러커트 척도에 의한 점수화

설문지는 조사의 목적에 따라 여러 가지 형태로 구성될 수 있다. 다만, 응답자의 성실한 답변을 얻기 위해서는 많은 문항수는 피해야 하며, 개인의 사생활이 침해되는 질문은 삼가는 것이 좋다.

문항수는 대략 30개 이내가 바람직하며, 50개를 넘어서면 성실한 답변을 기대하기 어렵다. 솔직한 응답이 어려운 예로서는 '월수입' 같은 것을 들 수 있다. 월수입이 분석에 꼭 필요한 사항이라면 '당신의 월수입은 얼마입니까?'라는 질문보다는 수입을 4~5개의 범위로 분류하여 체크하도록 하는 것이 좀 더 실제와 가까운 자료를 얻을 수 있을 것이다. 이때 범위는 사전조사를 통하여 정하는 것이 바람직하다.

다음은 추상적 개념을 점수로 나타내어 수량화 또는 점수화하는 방법을 알아보자. 추상적 개념은 흔히 단일 문항에 의해 나타낼 수 없으며, 이런 경우 관심이 있는 개념과 연관성이 있는 여러 문항을 만들고, 이들을 종합하여 점수화하는 경우가 많다.

한 문항에 대한 응답은 흔히 4점 또는 5점 척도를 사용한다. 예를 들어 만족도 조사에서 다음과 같은 5개 항목 중에서 하나를 선택하도록 하여 1~5점을 부여한다.

① 매우 불만( ) ② 불만( ) ③ 보통( ) ④ 만족( ) ⑤ 매우 만족( )

이와 같은 문항을 10개 만들고, 이들의 합으로 만든 점수는 10점에서 50점 사이에 분포될 것이다. 이와 같이 얻은 점수를 **리커트(Likert) 척도**라고 한다.

**참고**

리커트 척도를 이용한 점수화 방법에서는 5점 척도를 많이 사용한다. 그러나 대부분의 응답이 중간 점수인 3점으로 응답할 우려가 있을 때는 4점 척도를 사용하여 불만과 만족의 의사를 분명하게 하는 것이 바람직할 수 있다.

### 12.2.2 신뢰성 분석

추상적 개념을 점수화하기 위하여 리커트 척도를 사용할 때는 흔히 여러 개의 문항을 만들고, 이들 문항별 점수의 합으로 한 응답자에 대한 점수를 관측하게 된다. 따라서 각 문항들은 동일한 개념을 다른 측면에서 묻는 문항들이 되어야 한다. 이들 문항들이 동일한 개념을 묻는 문항이면 **신뢰성**(reliability)이 높다고 하며, 각 문항이 묻는 개념이 불분명하면 신뢰성이 떨어진다고 한다.

이제 신뢰성을 나타내는 측도(지수)를 알아보자. $k$개의 문항에 대한 점수를 각각 $X_1, \cdots, X_k$ 로 나타내면, 각 응답자에 대한 관측값은 이들의 합으로 나타낸다. 즉,

$$T = X_1 + \cdots + X_k$$

의 관측값이 각 응답자에 대한 관측값이 된다.

이제 양 극단적인 경우에 $T$의 분산을 알아보자. 먼저 $k$개의 문항들이 모두 동일한 문항이라면 $T$의 분산은 다음과 같다.

$$\mathrm{Var}(T) = \mathrm{Var}(kX) = k^2 \mathrm{Var}(X)$$

다음은 $k$개의 문항들이 모두 다른 개념을 나타내어 서로 독립인 경우에 $T$의 분산은 다음과 같다.

$$\mathrm{Var}(T) = \mathrm{Var}(X_1) + \cdots + \mathrm{Var}(X_k) = \sum_{i=1}^{k} \mathrm{Var}(X)$$

이를 기초로 신뢰성의 측도인 **크론바흐 알파**(Cronbach alpha, 또는 **크론바하 알파**) 또는 **크론바흐 알파계수**는 다음과 같이 정의한다.

$$\alpha = \frac{k}{k-1}\left[1 - \frac{\sum \mathrm{Var}(X_i)}{\mathrm{Var}(T)}\right]$$

$\alpha$값에 대한 정보를 갖기 위해 다음과 같은 극단적인 경우를 생각해 보자.

(1) $k$개의 문항이 서로 독립일 때는 $\mathrm{Var}(T) = \sum \mathrm{Var}(X_i)$ 이므로 $\alpha = 0$ 이 된다.

(2) $k$개의 문항이 동일한 문항일 때는 $\mathrm{Var}(T) = k^2 \mathrm{Var}(X)$, $\sum \mathrm{Var}(X_i) = k\mathrm{Var}(X)$ 이므로 $\alpha = 1$ 이 된다.

한편 $\mathrm{Var}(T) = \sum \mathrm{Var}(X_i) + 2\sum_{i<j} \mathrm{Cov}(X_i, X_j)$ 이므로 문항별 연관성이 양수로 클수록 $\mathrm{Cov}(X_i, X_j)$ 의 값이 커지므로 $\mathrm{Var}(T)$ 값이 증가하고, 따라서 $\alpha$ 값도 증가하게 된다. 또한 문항들이 강한 음의 연관성을 가질 때는 $\alpha$ 값은 음수가 될 수도 있다. 따라서 알파계수($\alpha$)에 대하여 $\alpha \le 1$ 이 성립한다.

다른 문항들과의 연관성이 없어서 $\mathrm{Cov}(X_i, X_j)$가 0에 가까운 문항은 설문에서 제외시키는 것이 좋다.

한편 다른 문항들과 강한 음의 상관관계가 있는 문항은 설문이 반대 방향으로 된 것으로 이해되므로 응답 점수를 반대로 수정해서 $\alpha$ 값의 변화를 확인할 필요가 있다.

이제 자료로부터 $\alpha$ 값을 추정하는 방법을 알아보자. $n$ 명의 응답자 각각에서 $k$ 개의 문항에 대한 응답을 얻으면, 각 문항별로 $n$ 개의 데이터를 얻게 된다. 이를 기초로 각 문항별 분산과 문항합의 분산을 얻을 수 있다.

$\mathrm{Var}(X_i)$는 각 문항의 표본분산 $S_i^2$으로 추정하고, $\mathrm{Var}(T)$는 문항합 $T$의 표본분산 $S_T^2$으로 추정한다. 따라서 표본으로부터 추정된 크론바흐 알파는 다음과 같다.

$$\hat{\alpha} = \frac{k}{k-1}\left[1 - \frac{\sum S_i^2}{S_T^2}\right]$$

$\alpha$ 값은 문항별 연관성뿐만 아니라 문항의 개수에도 영향을 받기 때문에 일반적인 기준을 제시하는 것은 무리이다. 그러나 현장에서는 흔히 알파($\alpha$)값이 0.6~0.7 이상이면 문항의 신뢰성은 무난하다고 판단하기도 한다.

**예제 12.1** 유치원 아동을 대상으로 '사회 적응성'을 측정하기 위해 아래와 같은 6개 문항을 만들고, 20명의 아동의 어머니를 대상으로 사전조사를 실시하였다. 응답은 다음과 같은 5점 척도를 사용하였다. 결과는 〈표 12-1〉과 같다. KESS를 이용하여 문항의 신뢰성 분석을 시행하여라.(자료: '설문조사' 파일에서 '아동')

(1) 전혀 아니다 (2) 아닌 편이다 (3) 보통이다 (4) 그런 편이다 (5) 항상 그렇다.

1. 새로 만난 또래들과 쉽게 어울린다.
2. 낯선 곳에 가서도 잘 적응한다.
3. 친구가 아플 때 잘 보살펴준다.
4. 유치원에 가기를 즐겨한다.
5. 다른 친구들에게 인기가 있다.
6. 친구들과 같이 놀기를 즐겨한다.

〈표 12-1〉 설문조사의 결과

| 번호 | 문항 1 | 문항 2 | 문항 3 | 문항 4 | 문항 5 | 문항 6 |
|---|---|---|---|---|---|---|
| 1 | 2 | 3 | 4 | 1 | 4 | 3 |
| 2 | 4 | 5 | 2 | 5 | 5 | 4 |
| 3 | 3 | 4 | 3 | 5 | 3 | 4 |
| 4 | 2 | 1 | 3 | 2 | 2 | 1 |
| 5 | 3 | 4 | 2 | 5 | 4 | 3 |
| 6 | 4 | 4 | 1 | 3 | 4 | 5 |
| 7 | 5 | 3 | 4 | 5 | 4 | 4 |
| 8 | 5 | 5 | 2 | 4 | 4 | 5 |
| 9 | 2 | 1 | 2 | 3 | 2 | 2 |
| 10 | 2 | 3 | 5 | 1 | 3 | 2 |
| 11 | 4 | 5 | 4 | 5 | 4 | 5 |
| 12 | 3 | 5 | 5 | 3 | 3 | 4 |
| 13 | 4 | 4 | 4 | 4 | 5 | 5 |
| 14 | 2 | 3 | 3 | 1 | 3 | 2 |
| 15 | 3 | 2 | 5 | 3 | 2 | 2 |
| 16 | 2 | 3 | 3 | 2 | 3 | 3 |
| 17 | 4 | 2 | 1 | 3 | 1 | 2 |
| 18 | 3 | 5 | 2 | 4 | 5 | 4 |
| 19 | 4 | 4 | 5 | 4 | 3 | 4 |
| 20 | 3 | 5 | 3 | 4 | 3 | 4 |

풀이 KESS의 메뉴에서 [설문분석]→[신뢰도 분석]을 선택하면 [신뢰도 분석] 창이 뜬다. 이 창에서 [그림 12-1]과 같이 문항 1~문항 6을 '선택항목'으로 선택하고 확인을 클릭하면 [그림 12-2](a)와 같은 상관계수 행렬과 [그림 12-2](b)와 같은 크론바흐 알파의 값이 출력된다.

상관계수 행렬에서는 문항 3이 다른 문항과 상관관계가 약하거나 음의 상관관계를 갖는 것으로 나타났다.

[그림 12-2](b)에서 크론바흐 알파 값이 0.772이지만 문항 3을 삭제하면 알파값이 0.881로 증가함을 나타내고 있다. 따라서 문항 3을 설문에서 제외하고 분석하는 것이 바람직하다고 판단된다.

| | A | B | C | D | E | F | G |
|---|---|---|---|---|---|---|---|
| 1 | 번호 | 문항1 | 문항2 | 문항3 | 문항4 | 문항5 | 문항6 |
| 2 | 1 | 2 | 3 | 4 | 1 | 4 | 3 |
| 3 | 2 | 4 | 5 | 2 | 5 | 5 | 4 |
| 4 | 3 | 3 | 4 | 3 | 5 | 3 | 4 |
| 5 | 4 | 2 | 1 | 3 | 2 | 2 | 1 |
| 6 | 5 | 3 | 4 | 2 | 5 | 4 | 3 |
| 7 | 6 | 4 | 4 | 1 | 3 | 4 | 5 |
| 8 | 7 | 5 | 3 | 4 | 5 | 4 | 4 |
| 9 | 8 | 5 | 5 | 2 | 4 | 4 | 5 |
| 10 | 9 | 2 | 1 | 2 | 3 | 2 | 2 |
| 11 | 10 | 2 | 3 | 5 | 1 | 3 | 2 |
| 12 | 11 | 4 | 5 | 4 | 5 | 4 | 5 |



[그림 12-1] 문항분석을 위한 신뢰도 분석 창

문항별 상관계수 행렬

| | 문항1 | 문항2 | 문항3 | 문항4 | 문항5 | 문항6 |
|---|---|---|---|---|---|---|
| 문항1 | 1.000 | 0.469 | -0.144 | 0.702 | 0.365 | 0.697 |
| 문항2 | 0.469 | 1.000 | 0.011 | 0.523 | 0.703 | 0.831 |
| 문항3 | -0.144 | 0.011 | 1.000 | -0.175 | -0.039 | -0.039 |
| 문항4 | 0.702 | 0.523 | -0.175 | 1.000 | 0.402 | 0.623 |
| 문항5 | 0.365 | 0.703 | -0.039 | 0.402 | 1.000 | 0.714 |
| 문항6 | 0.697 | 0.831 | -0.039 | 0.623 | 0.714 | 1.000 |

(a) 상관계수 행렬

Cronbach 알파계수

| 변수 | 알파계수 |
|---|---|
| 원 데이터 | 0.772 |
| 표준화 데이터 | 0.783 |

문항을 삭제한 후의 Cronbach 알파계수

| 삭제한 변수 | 원 데이터 부분합과 상관계수 | 원 데이터 알파계수 | 표준화 데이터 부분합과 상관계수 | 표준화 데이터 알파계수 |
|---|---|---|---|---|
| 문항1 | 0.608 | 0.722 | 0.601 | 0.734 |
| 문항2 | 0.754 | 0.670 | 0.757 | 0.693 |
| 문항3 | -0.093 | 0.881 | -0.094 | 0.884 |
| 문항4 | 0.575 | 0.723 | 0.596 | 0.735 |
| 문항5 | 0.624 | 0.715 | 0.619 | 0.729 |
| 문항6 | 0.857 | 0.644 | 0.867 | 0.662 |

(b) 크론바흐 알파계수

[그림 12-2]

문항 3을 제외하고 문항분석을 실시한 결과는 [그림 12-3]과 같다. 크론바흐 알파값은 0.881로 증가하였으며, 나머지 문항들은 삭제한 후에 알파값이 감소하므로 문항 3을 제외하거나 수정하여 사용하는 것이 바람직하다.

Cronbach 알파계수

| 변수 | 알파계수 |
|---|---|
| 원 데이터 | 0.881 |
| 표준화 데이터 | 0.884 |

문항을 삭제한 후의 Cronbach 알파계수

| 삭제한 변수 | 원 데이터 부분합과 상관계수 | 원 데이터 알파계수 | 표준화 데이터 부분합과 상관계수 | 표준화 데이터 알파계수 |
|---|---|---|---|---|
| 문항1 | 0.667 | 0.868 | 0.656 | 0.873 |
| 문항2 | 0.761 | 0.845 | 0.761 | 0.849 |
| 문항4 | 0.653 | 0.875 | 0.662 | 0.872 |
| 문항5 | 0.646 | 0.871 | 0.639 | 0.877 |
| 문항6 | 0.888 | 0.813 | 0.892 | 0.817 |

**[그림 12-3]** 문항 3이 삭제된 후의 알파계수

**참고**

KESS의 출력에서 표준화 데이터는 각 항목별로 응답 점수들을 표준화시킨 후에 문항분석을 실시한 것이다. 이는 문항에 따라 낮은 점수 또는 높은 점수로 치우친 경우에는 표준화에 의해 비슷한 분포를 갖도록 조정한 후에 문항분석을 실시하는 것이 도움이 되기 때문이다.

## 12.3 엑셀의 이용

이 절에서는 KESS를 이용한 문항분석에 대하여 좀 더 자세히 알아보기로 한다.

**예제 12.2** 어느 대학의 한 동아리에서는 회원들을 대상으로 '가정에서 남편과 아내의 역할에 대한 보수성'을 조사하였다. 이를 위해 6개 문항을 만들고 보수적일수록 높은 점수가 나오도록 다음과 같은 5점 척도를 사용하였다.(자료: '설문조사' 파일에서 '설문조사')

(1) 옳지 않다 (2) 옳지 않은 편이다 (3) 보통이다 (4) 옳은 편이다 (5) 옳다

설문 내용:

1. 남편은 직장에서 일하고 아내는 가정에서 일하는 것이 이상적이다.

2. 결혼 후에 여성의 지위는 남편의 지위에 따라 결정된다.
3. 결혼 후에 남편이 반대하면 아내는 직장을 포기하는 것이 좋다.
4. 직장을 다니는 여성도 자녀가 생기면 직장을 그만두어야 한다.
5. 아내의 직업은 남편의 직업과 마찬가지로 중요하다.
6. 직장을 다니는 남편과 아내는 집안일과 자녀교육에 똑같이 책임을 져야 한다.

25명이 응답한 결과는 〈표 12-2〉와 같다. KESS를 이용하여 문항의 신뢰성 분석을 시행하여라. 표에서 변수 x1~x6는 설문의 문항 1~문항 6을 뜻한다.

〈표 12-2〉 보수성의 조사 결과

| 번호 | x1 | x2 | x3 | x4 | x5 | x6 |
|---|---|---|---|---|---|---|
| 1 | 4 | 5 | 3 | 3 | 2 | 2 |
| 2 | 1 | 2 | 2 | 1 | 5 | 3 |
| 3 | 2 | 1 | 3 | 3 | 4 | 5 |
| 4 | 5 | 3 | 5 | 4 | 2 | 1 |
| 5 | 4 | 4 | 3 | 3 | 3 | 2 |
| 6 | 4 | 3 | 3 | 4 | 2 | 2 |
| 7 | 5 | 4 | 5 | 4 | 2 | 1 |
| 8 | 1 | 2 | 2 | 1 | 3 | 4 |
| 9 | 2 | 3 | 2 | 2 | 5 | 3 |
| 10 | 5 | 3 | 4 | 4 | 3 | 2 |
| 11 | 5 | 5 | 4 | 3 | 4 | 2 |
| 12 | 4 | 5 | 5 | 3 | 2 | 2 |
| 13 | 3 | 3 | 2 | 4 | 2 | 2 |
| 14 | 4 | 4 | 3 | 2 | 2 | 3 |
| 15 | 5 | 4 | 5 | 4 | 2 | 3 |
| 16 | 3 | 5 | 3 | 3 | 4 | 3 |
| 17 | 4 | 4 | 3 | 3 | 2 | 2 |
| 18 | 2 | 1 | 2 | 2 | 5 | 5 |
| 19 | 4 | 3 | 5 | 3 | 3 | 3 |
| 20 | 1 | 2 | 3 | 3 | 5 | 3 |
| 21 | 2 | 2 | 3 | 2 | 4 | 5 |
| 22 | 3 | 3 | 3 | 2 | 5 | 4 |
| 23 | 2 | 3 | 2 | 3 | 4 | 4 |
| 24 | 5 | 4 | 3 | 3 | 2 | 2 |
| 25 | 1 | 2 | 2 | 2 | 4 | 3 |

**풀이** 먼저 자료 파일을 열어놓고, **[설문분석]→[신뢰도 분석]**을 선택하여 **[신뢰도 분석]** 창에서 x1~x6을 '선택항목'으로 선택한 후 '확인'을 클릭하면 [그림 12-4](a)와 같은 상관계수 행렬을 얻는다. 그림에서 x5와 x6는 다른 문항과 음의 상관관계를 갖고 있음을 알 수 있다. [그림 12-4](b)에서 크론바흐 알파계수도 -0.264로서 음수이다.

문항별 상관계수 행렬

| | x1 | x2 | x3 | x4 | x5 | x6 |
|---|---|---|---|---|---|---|
| x1 | 1.000 | 0.695 | 0.739 | 0.702 | -0.704 | -0.679 |
| x2 | 0.695 | 1.000 | 0.454 | 0.382 | -0.531 | -0.649 |
| x3 | 0.739 | 0.454 | 1.000 | 0.593 | -0.489 | -0.479 |
| x4 | 0.702 | 0.382 | 0.593 | 1.000 | -0.581 | -0.594 |
| x5 | -0.704 | -0.531 | -0.489 | -0.581 | 1.000 | 0.637 |
| x6 | -0.679 | -0.649 | -0.479 | -0.594 | 0.637 | 1.000 |

(a) 상관계수 행렬

Cronbach 알파계수

| 변수 | 알파계수 |
|---|---|
| 원 데이터 | -0.264 |
| 표준화 데이터 | -0.244 |

문항을 삭제한 후의 Cronbach 알파계수

| 삭제한 변수 | 원 데이터 | | 표준화 데이터 | |
|---|---|---|---|---|
| | 부분합과 상관계수 | 알파계수 | 부분합과 상관계수 | 알파계수 |
| x1 | 0.378 | -1.480 | 0.477 | -1.267 |
| x2 | 0.224 | -0.763 | 0.193 | -0.652 |
| x3 | 0.548 | -1.347 | 0.533 | -1.407 |
| x4 | 0.342 | -0.759 | 0.290 | -0.844 |
| x5 | -0.623 | 0.405 | -0.617 | 0.397 |
| x6 | -0.643 | 0.394 | -0.644 | 0.419 |

(b) 크론바흐 알파계수

**[그림 12-4]**

x5와 x6는 실제로 다른 문항과 반대되는 내용으로 서술되었다. 따라서 이에 대한 수정이 필요하다. 즉, 새로운 변수 y5와 y6를

$$y5 = 6 - x5, \qquad y6 = 6 - x6$$

로 정의한 다음 x1~x4, y5, y6를 '선택항목' 변수로 선택하고 분석한다. 결

과는 [그림 12-5](a) 및 (b)와 같다.

크론바흐 알파계수는 −0.264에서 0.896으로 증가하였으며, 어느 변수도 삭제한 후에 알파계수가 증가하지는 않는 것으로 파악되었다.

문항별 상관계수 행렬

| | x1 | x2 | x3 | x4 | y5 | y6 |
|---|---|---|---|---|---|---|
| x1 | 1,000 | 0,695 | 0,739 | 0,702 | 0,704 | 0,679 |
| x2 | 0,695 | 1,000 | 0,454 | 0,382 | 0,531 | 0,649 |
| x3 | 0,739 | 0,454 | 1,000 | 0,593 | 0,489 | 0,479 |
| x4 | 0,702 | 0,382 | 0,593 | 1,000 | 0,581 | 0,594 |
| y5 | 0,704 | 0,531 | 0,489 | 0,581 | 1,000 | 0,637 |
| y6 | 0,679 | 0,649 | 0,479 | 0,594 | 0,637 | 1,000 |

(a) 상관계수 행렬

Cronbach 알파계수

| 변수 | 알파계수 |
|---|---|
| 원 데이터 | 0,896 |
| 표준화 데이터 | 0,898 |

문항을 삭제한 후의 Cronbach 알파계수

| 삭제한 변수 | 원 데이터 | | 표준화 데이터 | |
|---|---|---|---|---|
| | 부분합과 상관계수 | 알파계수 | 부분합과 상관계수 | 알파계수 |
| x1 | 0,884 | 0,851 | 0,886 | 0,854 |
| x2 | 0,664 | 0,887 | 0,650 | 0,091 |
| x3 | 0,665 | 0,886 | 0,662 | 0,889 |
| x4 | 0,691 | 0,886 | 0,690 | 0,885 |
| y5 | 0,717 | 0,879 | 0,715 | 0,881 |
| y6 | 0,743 | 0,875 | 0,743 | 0,877 |

(b) 크론바흐 알파계수

**[그림 12-5]**

참고로 각 문항별 및 전체의 평균은 다음과 같다.

| x1 | x2 | x3 | x4 | y5 | y6 | 평균 |
|---|---|---|---|---|---|---|
| 3.24 | 3.20 | 3.20 | 2.84 | 2.76 | 3.16 | 3.07 |

# 연습문제

**12-1** 현 정부의 지지도를 조사하기 위하여 전국의 유권자 3,000명을 랜덤하게 뽑아 조사한다면, 95% 신뢰수준에서 이 조사의 오차한계는 얼마인가?

**12-2** 대통령 선거에서 전국의 유권자를 대상으로 후보들의 지지도를 조사하려고 한다. 95% 신뢰수준에서 오차한계를 ±2.5% 이내로 하려면 표본크기를 얼마로 해야 하는가?

**12-3** 한 대학에서 새로운 개혁방안에 대한 학생들의 여론을 알아보기 위하여 300명을 표본으로 뽑아 조사하려고 한다. 층화추출 방법을 적용할 때 적당한 표본설계를 하여라.

**12-4** 위의 연습문제 12-3에서 군집추출 방법을 적용할 때 적당한 표본설계를 하여라.

**12-5** 어느 회사에서는 사원들의 직장에 대한 만족도를 조사하기 위하여 다음과 같은 4개의 설문을 만들고 20명에 대한 표본조사를 실시하였다. 응답 방법은 가능하면 만족과 불만족을 분명히 나타내기 위하여 4점 척도를 사용하였다. 결과는 〈표 12-3〉과 같다. 문항의 신뢰성 분석을 실시하여라.(자료: '설문조사' 파일에서 '만족도')

(1) 아니다　　(2) 아닌 편이다　　(3) 그런 편이다　　(4) 그렇다

설문 내용:

1. 나는 내가 받는 연봉에 만족한다.
2. 나는 내가 속한 부서의 상사에 대하여 만족한다.
3. 나는 내가 다니는 회사의 지명도에 자부심을 느끼고 만족한다.
4. 나는 내가 맡은 일에 대하여 만족한다.

〈표 12-3〉 만족도 조사 결과

| 번호 | 문항 1 | 문항 2 | 문항 3 | 문항 4 |
|---|---|---|---|---|
| 1 | 3 | 2 | 3 | 3 |
| 2 | 3 | 4 | 4 | 4 |
| 3 | 3 | 2 | 3 | 3 |
| 4 | 2 | 1 | 3 | 2 |
| 5 | 3 | 3 | 3 | 3 |
| 6 | 4 | 3 | 4 | 3 |
| 7 | 3 | 2 | 3 | 2 |
| 8 | 1 | 3 | 3 | 2 |
| 9 | 2 | 1 | 3 | 3 |
| 10 | 2 | 3 | 3 | 3 |
| 11 | 4 | 2 | 4 | 3 |
| 12 | 3 | 4 | 3 | 3 |
| 13 | 4 | 3 | 3 | 4 |
| 14 | 2 | 1 | 2 | 1 |
| 15 | 3 | 3 | 3 | 4 |
| 16 | 2 | 3 | 3 | 2 |
| 17 | 2 | 2 | 3 | 2 |
| 18 | 3 | 1 | 2 | 3 |
| 19 | 4 | 1 | 4 | 2 |
| 20 | 3 | 2 | 3 | 3 |

# 부록

## 표 1 누적이항분포표

$$P\{X \le c\} = \sum_{x=0}^{c} \binom{n}{x} p^x (1-p)^{n-x}$$

| $n$ | $c$ | $p$ | | | | | | | | | | |
|---|---|---|---|---|---|---|---|---|---|---|---|---|
| | | 0.05 | 0.1 | 0.2 | 0.3 | 0.4 | 0.5 | 0.6 | 0.7 | 0.8 | 0.9 | 0.95 |
| 1 | 0 | 0.950 | 0.900 | 0.800 | 0.700 | 0.600 | 0.500 | 0.400 | 0.300 | 0.200 | 0.100 | 0.050 |
| | 1 | 1.000 | 1.000 | 1.000 | 1.000 | 1.000 | 1.000 | 1.000 | 1.000 | 1.000 | 1.000 | 1.000 |
| 2 | 0 | 0.903 | 0.810 | 0.640 | 0.490 | 0.360 | 0.250 | 0.160 | 0.090 | 0.040 | 0.010 | 0.003 |
| | 1 | 0.998 | 0.990 | 0.960 | 0.910 | 0.840 | 0.750 | 0.640 | 0.510 | 0.360 | 0.190 | 0.098 |
| | 2 | 1.000 | 1.000 | 1.000 | 1.000 | 1.000 | 1.000 | 1.000 | 1.000 | 1.000 | 1.000 | 1.000 |
| 3 | 0 | 0.857 | 0.729 | 0.512 | 0.343 | 0.216 | 0.125 | 0.064 | 0.027 | 0.008 | 0.001 | 0.000 |
| | 1 | 0.993 | 0.972 | 0.896 | 0.784 | 0.648 | 0.500 | 0.352 | 0.216 | 0.104 | 0.028 | 0.007 |
| | 2 | 1.000 | 0.999 | 0.992 | 0.973 | 0.936 | 0.875 | 0.784 | 0.657 | 0.488 | 0.271 | 0.143 |
| | 3 | 1.000 | 1.000 | 1.000 | 1.000 | 1.000 | 1.000 | 1.000 | 1.000 | 1.000 | 1.000 | 1.000 |
| 4 | 0 | 0.815 | 0.656 | 0.410 | 0.240 | 0.130 | 0.063 | 0.026 | 0.008 | 0.002 | 0.000 | 0.000 |
| | 1 | 0.986 | 0.948 | 0.819 | 0.652 | 0.475 | 0.313 | 0.179 | 0.084 | 0.027 | 0.004 | 0.000 |
| | 2 | 1.000 | 0.996 | 0.973 | 0.916 | 0.821 | 0.688 | 0.525 | 0.348 | 0.181 | 0.052 | 0.014 |
| | 3 | 1.000 | 1.000 | 0.998 | 0.992 | 0.974 | 0.938 | 0.870 | 0.760 | 0.590 | 0.344 | 0.185 |
| | 4 | 1.000 | 1.000 | 1.000 | 1.000 | 1.000 | 1.000 | 1.000 | 1.000 | 1.000 | 1.000 | 1.000 |
| 5 | 0 | 0.774 | 0.590 | 0.328 | 0.168 | 0.078 | 0.031 | 0.010 | 0.002 | 0.000 | 0.000 | 0.000 |
| | 1 | 0.977 | 0.919 | 0.737 | 0.528 | 0.337 | 0.188 | 0.087 | 0.031 | 0.007 | 0.000 | 0.000 |
| | 2 | 0.999 | 0.991 | 0.942 | 0.837 | 0.683 | 0.500 | 0.317 | 0.163 | 0.058 | 0.009 | 0.001 |
| | 3 | 1.000 | 1.000 | 0.993 | 0.969 | 0.913 | 0.813 | 0.663 | 0.472 | 0.263 | 0.081 | 0.023 |
| | 4 | 1.000 | 1.000 | 1.000 | 0.998 | 0.990 | 0.969 | 0.922 | 0.832 | 0.672 | 0.410 | 0.226 |
| | 5 | 1.000 | 1.000 | 1.000 | 1.000 | 1.000 | 1.000 | 1.000 | 1.000 | 1.000 | 1.000 | 1.000 |
| 6 | 0 | 0.735 | 0.531 | 0.262 | 0.118 | 0.047 | 0.016 | 0.004 | 0.001 | 0.000 | 0.000 | 0.000 |
| | 1 | 0.967 | 0.886 | 0.655 | 0.420 | 0.233 | 0.109 | 0.041 | 0.011 | 0.002 | 0.000 | 0.000 |
| | 2 | 0.998 | 0.984 | 0.901 | 0.744 | 0.544 | 0.344 | 0.179 | 0.070 | 0.017 | 0.001 | 0.000 |
| | 3 | 1.000 | 0.999 | 0.983 | 0.930 | 0.821 | 0.656 | 0.456 | 0.256 | 0.099 | 0.016 | 0.002 |
| | 4 | 1.000 | 1.000 | 0.998 | 0.989 | 0.959 | 0.891 | 0.767 | 0.580 | 0.345 | 0.114 | 0.033 |
| | 5 | 1.000 | 1.000 | 1.000 | 0.999 | 0.996 | 0.984 | 0.953 | 0.882 | 0.738 | 0.469 | 0.265 |
| | 6 | 1.000 | 1.000 | 1.000 | 1.000 | 1.000 | 1.000 | 1.000 | 1.000 | 1.000 | 1.000 | 1.000 |
| 7 | 0 | 0.698 | 0.478 | 0.210 | 0.082 | 0.028 | 0.008 | 0.002 | 0.000 | 0.000 | 0.000 | 0.000 |
| | 1 | 0.956 | 0.850 | 0.577 | 0.329 | 0.159 | 0.063 | 0.019 | 0.004 | 0.000 | 0.000 | 0.000 |
| | 2 | 0.996 | 0.974 | 0.852 | 0.647 | 0.420 | 0.227 | 0.096 | 0.029 | 0.005 | 0.000 | 0.000 |
| | 3 | 1.000 | 0.997 | 0.967 | 0.874 | 0.710 | 0.500 | 0.290 | 0.126 | 0.033 | 0.003 | 0.000 |
| | 4 | 1.000 | 1.000 | 0.995 | 0.971 | 0.904 | 0.773 | 0.580 | 0.353 | 0.148 | 0.026 | 0.004 |
| | 5 | 1.000 | 1.000 | 1.000 | 0.996 | 0.981 | 0.938 | 0.841 | 0.671 | 0.423 | 0.150 | 0.044 |
| | 6 | 1.000 | 1.000 | 1.000 | 1.000 | 0.998 | 0.992 | 0.972 | 0.918 | 0.790 | 0.522 | 0.302 |
| | 7 | 1.000 | 1.000 | 1.000 | 1.000 | 1.000 | 1.000 | 1.000 | 1.000 | 1.000 | 1.000 | 1.000 |

| $n$ | $c$ | $p$ | | | | | | | | | | |
|---|---|---|---|---|---|---|---|---|---|---|---|---|
| | | 0.05 | 0.1 | 0.2 | 0.3 | 0.4 | 0.5 | 0.6 | 0.7 | 0.8 | 0.9 | 0.95 |
| 8 | 0 | 0.663 | 0.430 | 0.168 | 0.058 | 0.017 | 0.004 | 0.001 | 0.000 | 0.000 | 0.000 | 0.000 |
| | 1 | 0.943 | 0.813 | 0.503 | 0.255 | 0.106 | 0.035 | 0.009 | 0.001 | 0.000 | 0.000 | 0.000 |
| | 2 | 0.994 | 0.962 | 0.797 | 0.552 | 0.315 | 0.145 | 0.050 | 0.011 | 0.001 | 0.000 | 0.000 |
| | 3 | 1.000 | 0.995 | 0.944 | 0.806 | 0.594 | 0.363 | 0.174 | 0.058 | 0.010 | 0.000 | 0.000 |
| | 4 | 1.000 | 1.000 | 0.990 | 0.942 | 0.826 | 0.637 | 0.406 | 0.194 | 0.056 | 0.005 | 0.000 |
| | 5 | 1.000 | 1.000 | 0.999 | 0.989 | 0.950 | 0.855 | 0.685 | 0.448 | 0.203 | 0.038 | 0.006 |
| | 6 | 1.000 | 1.000 | 1.000 | 0.999 | 0.991 | 0.965 | 0.894 | 0.745 | 0.497 | 0.187 | 0.057 |
| | 7 | 1.000 | 1.000 | 1.000 | 1.000 | 0.999 | 0.996 | 0.983 | 0.942 | 0.832 | 0.570 | 0.337 |
| | 8 | 1.000 | 1.000 | 1.000 | 1.000 | 1.000 | 1.000 | 1.000 | 1.000 | 1.000 | 1.000 | 1.000 |
| 9 | 0 | 0.630 | 0.387 | 0.134 | 0.040 | 0.010 | 0.002 | 0.000 | 0.000 | 0.000 | 0.000 | 0.000 |
| | 1 | 0.929 | 0.775 | 0.436 | 0.196 | 0.071 | 0.020 | 0.004 | 0.000 | 0.000 | 0.000 | 0.000 |
| | 2 | 0.992 | 0.947 | 0.738 | 0.463 | 0.232 | 0.090 | 0.025 | 0.004 | 0.000 | 0.000 | 0.000 |
| | 3 | 0.999 | 0.992 | 0.914 | 0.730 | 0.483 | 0.254 | 0.099 | 0.025 | 0.003 | 0.000 | 0.000 |
| | 4 | 1.000 | 0.999 | 0.980 | 0.901 | 0.733 | 0.500 | 0.267 | 0.099 | 0.020 | 0.001 | 0.000 |
| | 5 | 1.000 | 1.000 | 0.997 | 0.975 | 0.901 | 0.746 | 0.517 | 0.270 | 0.086 | 0.008 | 0.001 |
| | 6 | 1.000 | 1.000 | 1.000 | 0.996 | 0.975 | 0.910 | 0.768 | 0.537 | 0.262 | 0.053 | 0.008 |
| | 7 | 1.000 | 1.000 | 1.000 | 1.000 | 0.996 | 0.980 | 0.929 | 0.804 | 0.564 | 0.225 | 0.071 |
| | 8 | 1.000 | 1.000 | 1.000 | 1.000 | 1.000 | 0.998 | 0.990 | 0.960 | 0.866 | 0.613 | 0.370 |
| | 9 | 1.000 | 1.000 | 1.000 | 1.000 | 1.000 | 1.000 | 1.000 | 1.000 | 1.000 | 1.000 | 1.000 |
| 10 | 0 | 0.599 | 0.349 | 0.107 | 0.028 | 0.006 | 0.001 | 0.000 | 0.000 | 0.000 | 0.000 | 0.000 |
| | 1 | 0.914 | 0.736 | 0.376 | 0.149 | 0.046 | 0.011 | 0.002 | 0.000 | 0.000 | 0.000 | 0.000 |
| | 2 | 0.988 | 0.930 | 0.678 | 0.383 | 0.167 | 0.055 | 0.012 | 0.002 | 0.000 | 0.000 | 0.000 |
| | 3 | 0.999 | 0.987 | 0.879 | 0.650 | 0.382 | 0.172 | 0.055 | 0.011 | 0.001 | 0.000 | 0.000 |
| | 4 | 1.000 | 0.998 | 0.967 | 0.850 | 0.633 | 0.377 | 0.166 | 0.047 | 0.006 | 0.000 | 0.000 |
| | 5 | 1.000 | 1.000 | 0.994 | 0.953 | 0.834 | 0.623 | 0.367 | 0.150 | 0.033 | 0.002 | 0.000 |
| | 6 | 1.000 | 1.000 | 0.999 | 0.989 | 0.945 | 0.828 | 0.618 | 0.350 | 0.121 | 0.013 | 0.001 |
| | 7 | 1.000 | 1.000 | 1.000 | 0.998 | 0.988 | 0.945 | 0.833 | 0.617 | 0.322 | 0.070 | 0.012 |
| | 8 | 1.000 | 1.000 | 1.000 | 1.000 | 0.998 | 0.989 | 0.954 | 0.851 | 0.624 | 0.264 | 0.086 |
| | 9 | 1.000 | 1.000 | 1.000 | 1.000 | 1.000 | 0.999 | 0.994 | 0.972 | 0.893 | 0.651 | 0.401 |
| | 10 | 1.000 | 1.000 | 1.000 | 1.000 | 1.000 | 1.000 | 1.000 | 1.000 | 1.000 | 1.000 | 1.000 |
| 11 | 0 | 0.569 | 0.314 | 0.086 | 0.020 | 0.004 | 0.000 | 0.000 | 0.000 | 0.000 | 0.000 | 0.000 |
| | 1 | 0.898 | 0.697 | 0.322 | 0.113 | 0.030 | 0.006 | 0.001 | 0.000 | 0.000 | 0.000 | 0.000 |
| | 2 | 0.985 | 0.910 | 0.617 | 0.313 | 0.119 | 0.033 | 0.006 | 0.001 | 0.000 | 0.000 | 0.000 |
| | 3 | 0.998 | 0.981 | 0.839 | 0.570 | 0.296 | 0.113 | 0.029 | 0.004 | 0.000 | 0.000 | 0.000 |
| | 4 | 1.000 | 0.997 | 0.950 | 0.790 | 0.533 | 0.274 | 0.099 | 0.022 | 0.002 | 0.000 | 0.000 |
| | 5 | 1.000 | 1.000 | 0.988 | 0.922 | 0.753 | 0.500 | 0.247 | 0.078 | 0.012 | 0.000 | 0.000 |
| | 6 | 1.000 | 1.000 | 0.998 | 0.978 | 0.901 | 0.726 | 0.467 | 0.210 | 0.050 | 0.003 | 0.000 |
| | 7 | 1.000 | 1.000 | 1.000 | 0.996 | 0.971 | 0.887 | 0.704 | 0.430 | 0.161 | 0.019 | 0.002 |
| | 8 | 1.000 | 1.000 | 1.000 | 0.999 | 0.994 | 0.967 | 0.881 | 0.687 | 0.383 | 0.090 | 0.015 |
| | 9 | 1.000 | 1.000 | 1.000 | 1.000 | 0.999 | 0.994 | 0.970 | 0.887 | 0.678 | 0.303 | 0.102 |
| | 10 | 1.000 | 1.000 | 1.000 | 1.000 | 1.000 | 1.000 | 0.996 | 0.980 | 0.914 | 0.686 | 0.431 |
| | 11 | 1.000 | 1.000 | 1.000 | 1.000 | 1.000 | 1.000 | 1.000 | 1.000 | 1.000 | 1.000 | 1.000 |

| n | c | p | | | | | | | | | | |
|---|---|---|---|---|---|---|---|---|---|---|---|---|
| | | 0.05 | 0.1 | 0.2 | 0.3 | 0.4 | 0.5 | 0.6 | 0.7 | 0.8 | 0.9 | 0.95 |
| 12 | 0 | 0.540 | 0.282 | 0.069 | 0.014 | 0.002 | 0.000 | 0.000 | 0.000 | 0.000 | 0.000 | 0.000 |
| | 1 | 0.882 | 0.659 | 0.275 | 0.085 | 0.020 | 0.003 | 0.000 | 0.000 | 0.000 | 0.000 | 0.000 |
| | 2 | 0.980 | 0.889 | 0.558 | 0.253 | 0.083 | 0.019 | 0.003 | 0.000 | 0.000 | 0.000 | 0.000 |
| | 3 | 0.998 | 0.974 | 0.795 | 0.493 | 0.225 | 0.073 | 0.015 | 0.002 | 0.000 | 0.000 | 0.000 |
| | 4 | 1.000 | 0.996 | 0.927 | 0.724 | 0.438 | 0.194 | 0.057 | 0.009 | 0.001 | 0.000 | 0.000 |
| | 5 | 1.000 | 0.999 | 0.981 | 0.882 | 0.665 | 0.387 | 0.158 | 0.039 | 0.004 | 0.000 | 0.000 |
| | 6 | 1.000 | 1.000 | 0.996 | 0.961 | 0.842 | 0.613 | 0.335 | 0.118 | 0.019 | 0.001 | 0.000 |
| | 7 | 1.000 | 1.000 | 0.999 | 0.991 | 0.943 | 0.806 | 0.562 | 0.276 | 0.073 | 0.004 | 0.000 |
| | 8 | 1.000 | 1.000 | 1.000 | 0.998 | 0.985 | 0.927 | 0.775 | 0.507 | 0.205 | 0.026 | 0.002 |
| | 9 | 1.000 | 1.000 | 1.000 | 1.000 | 0.997 | 0.981 | 0.917 | 0.747 | 0.442 | 0.111 | 0.020 |
| | 10 | 1.000 | 1.000 | 1.000 | 1.000 | 1.000 | 0.997 | 0.980 | 0.915 | 0.725 | 0.341 | 0.118 |
| | 11 | 1.000 | 1.000 | 1.000 | 1.000 | 1.000 | 1.000 | 0.998 | 0.986 | 0.931 | 0.718 | 0.460 |
| | 12 | 1.000 | 1.000 | 1.000 | 1.000 | 1.000 | 1.000 | 1.000 | 1.000 | 1.000 | 1.000 | 1.000 |
| 13 | 0 | 0.513 | 0.254 | 0.055 | 0.010 | 0.001 | 0.000 | 0.000 | 0.000 | 0.000 | 0.000 | 0.000 |
| | 1 | 0.865 | 0.621 | 0.234 | 0.064 | 0.013 | 0.002 | 0.000 | 0.000 | 0.000 | 0.000 | 0.000 |
| | 2 | 0.975 | 0.866 | 0.502 | 0.202 | 0.058 | 0.011 | 0.001 | 0.000 | 0.000 | 0.000 | 0.000 |
| | 3 | 0.997 | 0.966 | 0.747 | 0.421 | 0.169 | 0.046 | 0.008 | 0.001 | 0.000 | 0.000 | 0.000 |
| | 4 | 1.000 | 0.994 | 0.901 | 0.654 | 0.353 | 0.133 | 0.032 | 0.004 | 0.000 | 0.000 | 0.000 |
| | 5 | 1.000 | 0.999 | 0.970 | 0.835 | 0.574 | 0.291 | 0.098 | 0.018 | 0.001 | 0.000 | 0.000 |
| | 6 | 1.000 | 1.000 | 0.993 | 0.938 | 0.771 | 0.500 | 0.229 | 0.062 | 0.007 | 0.000 | 0.000 |
| | 7 | 1.000 | 1.000 | 0.999 | 0.982 | 0.902 | 0.709 | 0.426 | 0.165 | 0.030 | 0.001 | 0.000 |
| | 8 | 1.000 | 1.000 | 1.000 | 0.996 | 0.968 | 0.867 | 0.647 | 0.346 | 0.099 | 0.006 | 0.000 |
| | 9 | 1.000 | 1.000 | 1.000 | 0.999 | 0.992 | 0.954 | 0.831 | 0.579 | 0.253 | 0.034 | 0.003 |
| | 10 | 1.000 | 1.000 | 1.000 | 1.000 | 0.999 | 0.989 | 0.942 | 0.798 | 0.498 | 0.134 | 0.025 |
| | 11 | 1.000 | 1.000 | 1.000 | 1.000 | 1.000 | 0.998 | 0.987 | 0.936 | 0.766 | 0.379 | 0.135 |
| | 12 | 1.000 | 1.000 | 1.000 | 1.000 | 1.000 | 1.000 | 0.999 | 0.990 | 0.945 | 0.746 | 0.487 |
| | 13 | 1.000 | 1.000 | 1.000 | 1.000 | 1.000 | 1.000 | 1.000 | 1.000 | 1.000 | 1.000 | 1.000 |
| 14 | 0 | 0.488 | 0.229 | 0.044 | 0.007 | 0.001 | 0.000 | 0.000 | 0.000 | 0.000 | 0.000 | 0.000 |
| | 1 | 0.847 | 0.585 | 0.198 | 0.047 | 0.008 | 0.001 | 0.000 | 0.000 | 0.000 | 0.000 | 0.000 |
| | 2 | 0.970 | 0.842 | 0.448 | 0.161 | 0.040 | 0.006 | 0.001 | 0.000 | 0.000 | 0.000 | 0.000 |
| | 3 | 0.996 | 0.956 | 0.698 | 0.355 | 0.124 | 0.029 | 0.004 | 0.000 | 0.000 | 0.000 | 0.000 |
| | 4 | 1.000 | 0.991 | 0.870 | 0.584 | 0.279 | 0.090 | 0.018 | 0.002 | 0.000 | 0.000 | 0.000 |
| | 5 | 1.000 | 0.999 | 0.956 | 0.781 | 0.486 | 0.212 | 0.058 | 0.008 | 0.000 | 0.000 | 0.000 |
| | 6 | 1.000 | 1.000 | 0.988 | 0.907 | 0.692 | 0.395 | 0.150 | 0.031 | 0.002 | 0.000 | 0.000 |
| | 7 | 1.000 | 1.000 | 0.998 | 0.969 | 0.850 | 0.605 | 0.308 | 0.093 | 0.012 | 0.000 | 0.000 |
| | 8 | 1.000 | 1.000 | 1.000 | 0.992 | 0.942 | 0.788 | 0.514 | 0.219 | 0.044 | 0.001 | 0.000 |
| | 9 | 1.000 | 1.000 | 1.000 | 0.998 | 0.982 | 0.910 | 0.721 | 0.416 | 0.130 | 0.009 | 0.000 |
| | 10 | 1.000 | 1.000 | 1.000 | 1.000 | 0.996 | 0.971 | 0.876 | 0.645 | 0.302 | 0.044 | 0.004 |
| | 11 | 1.000 | 1.000 | 1.000 | 1.000 | 0.999 | 0.994 | 0.960 | 0.839 | 0.552 | 0.158 | 0.030 |
| | 12 | 1.000 | 1.000 | 1.000 | 1.000 | 1.000 | 0.999 | 0.992 | 0.953 | 0.802 | 0.415 | 0.153 |
| | 13 | 1.000 | 1.000 | 1.000 | 1.000 | 1.000 | 1.000 | 0.999 | 0.993 | 0.956 | 0.771 | 0.512 |
| | 14 | 1.000 | 1.000 | 1.000 | 1.000 | 1.000 | 1.000 | 1.000 | 1.000 | 1.000 | 1.000 | 1.000 |

| n | c | p | | | | | | | | | | |
|---|---|---|---|---|---|---|---|---|---|---|---|---|
| | | 0.05 | 0.1 | 0.2 | 0.3 | 0.4 | 0.5 | 0.6 | 0.7 | 0.8 | 0.9 | 0.95 |
| 15 | 0 | 0.463 | 0.206 | 0.035 | 0.005 | 0.000 | 0.000 | 0.000 | 0.000 | 0.000 | 0.000 | 0.000 |
| | 1 | 0.829 | 0.549 | 0.167 | 0.035 | 0.005 | 0.000 | 0.000 | 0.000 | 0.000 | 0.000 | 0.000 |
| | 2 | 0.964 | 0.816 | 0.398 | 0.127 | 0.027 | 0.004 | 0.000 | 0.000 | 0.000 | 0.000 | 0.000 |
| | 3 | 0.995 | 0.944 | 0.648 | 0.297 | 0.091 | 0.018 | 0.002 | 0.000 | 0.000 | 0.000 | 0.000 |
| | 4 | 0.999 | 0.987 | 0.836 | 0.515 | 0.217 | 0.059 | 0.009 | 0.001 | 0.000 | 0.000 | 0.000 |
| | 5 | 1.000 | 0.998 | 0.939 | 0.722 | 0.403 | 0.151 | 0.034 | 0.004 | 0.000 | 0.000 | 0.000 |
| | 6 | 1.000 | 1.000 | 0.982 | 0.869 | 0.610 | 0.304 | 0.095 | 0.015 | 0.001 | 0.000 | 0.000 |
| | 7 | 1.000 | 1.000 | 0.996 | 0.950 | 0.787 | 0.500 | 0.213 | 0.050 | 0.004 | 0.000 | 0.000 |
| | 8 | 1.000 | 1.000 | 0.999 | 0.985 | 0.905 | 0.696 | 0.390 | 0.131 | 0.018 | 0.000 | 0.000 |
| | 9 | 1.000 | 1.000 | 1.000 | 0.996 | 0.966 | 0.849 | 0.597 | 0.278 | 0.061 | 0.002 | 0.000 |
| | 10 | 1.000 | 1.000 | 1.000 | 0.999 | 0.991 | 0.941 | 0.783 | 0.485 | 0.164 | 0.013 | 0.001 |
| | 11 | 1.000 | 1.000 | 1.000 | 1.000 | 0.998 | 0.982 | 0.909 | 0.703 | 0.352 | 0.056 | 0.005 |
| | 12 | 1.000 | 1.000 | 1.000 | 1.000 | 1.000 | 0.996 | 0.973 | 0.873 | 0.602 | 0.184 | 0.036 |
| | 13 | 1.000 | 1.000 | 1.000 | 1.000 | 1.000 | 1.000 | 0.995 | 0.965 | 0.833 | 0.451 | 0.171 |
| | 14 | 1.000 | 1.000 | 1.000 | 1.000 | 1.000 | 1.000 | 1.000 | 0.995 | 0.965 | 0.794 | 0.537 |
| | 15 | 1.000 | 1.000 | 1.000 | 1.000 | 1.000 | 1.000 | 1.000 | 1.000 | 1.000 | 1.000 | 1.000 |
| 16 | 0 | 0.440 | 0.185 | 0.028 | 0.003 | 0.000 | 0.000 | 0.000 | 0.000 | 0.000 | 0.000 | 0.000 |
| | 1 | 0.811 | 0.515 | 0.141 | 0.026 | 0.003 | 0.000 | 0.000 | 0.000 | 0.000 | 0.000 | 0.000 |
| | 2 | 0.957 | 0.789 | 0.352 | 0.099 | 0.018 | 0.002 | 0.000 | 0.000 | 0.000 | 0.000 | 0.000 |
| | 3 | 0.993 | 0.932 | 0.598 | 0.246 | 0.065 | 0.011 | 0.001 | 0.000 | 0.000 | 0.000 | 0.000 |
| | 4 | 0.999 | 0.983 | 0.798 | 0.450 | 0.167 | 0.038 | 0.005 | 0.000 | 0.000 | 0.000 | 0.000 |
| | 5 | 1.000 | 0.997 | 0.918 | 0.660 | 0.329 | 0.105 | 0.019 | 0.002 | 0.000 | 0.000 | 0.000 |
| | 6 | 1.000 | 0.999 | 0.973 | 0.825 | 0.527 | 0.227 | 0.058 | 0.007 | 0.000 | 0.000 | 0.000 |
| | 7 | 1.000 | 1.000 | 0.993 | 0.926 | 0.716 | 0.402 | 0.142 | 0.026 | 0.001 | 0.000 | 0.000 |
| | 8 | 1.000 | 1.000 | 0.999 | 0.974 | 0.858 | 0.598 | 0.284 | 0.074 | 0.007 | 0.000 | 0.000 |
| | 9 | 1.000 | 1.000 | 1.000 | 0.993 | 0.942 | 0.773 | 0.473 | 0.175 | 0.027 | 0.001 | 0.000 |
| | 10 | 1.000 | 1.000 | 1.000 | 0.998 | 0.981 | 0.895 | 0.671 | 0.340 | 0.082 | 0.003 | 0.000 |
| | 11 | 1.000 | 1.000 | 1.000 | 1.000 | 0.995 | 0.962 | 0.833 | 0.550 | 0.202 | 0.017 | 0.001 |
| | 12 | 1.000 | 1.000 | 1.000 | 1.000 | 0.999 | 0.989 | 0.935 | 0.754 | 0.402 | 0.068 | 0.007 |
| | 13 | 1.000 | 1.000 | 1.000 | 1.000 | 1.000 | 0.998 | 0.982 | 0.901 | 0.648 | 0.211 | 0.043 |
| | 14 | 1.000 | 1.000 | 1.000 | 1.000 | 1.000 | 1.000 | 0.997 | 0.974 | 0.859 | 0.485 | 0.189 |
| | 15 | 1.000 | 1.000 | 1.000 | 1.000 | 1.000 | 1.000 | 1.000 | 0.997 | 0.972 | 0.815 | 0.560 |
| | 16 | 1.000 | 1.000 | 1.000 | 1.000 | 1.000 | 1.000 | 1.000 | 1.000 | 1.000 | 1.000 | 1.000 |
| 17 | 0 | 0.418 | 0.167 | 0.023 | 0.002 | 0.000 | 0.000 | 0.000 | 0.000 | 0.000 | 0.000 | 0.000 |
| | 1 | 0.792 | 0.482 | 0.118 | 0.019 | 0.002 | 0.000 | 0.000 | 0.000 | 0.000 | 0.000 | 0.000 |
| | 2 | 0.950 | 0.762 | 0.310 | 0.077 | 0.012 | 0.001 | 0.000 | 0.000 | 0.000 | 0.000 | 0.000 |
| | 3 | 0.991 | 0.917 | 0.549 | 0.202 | 0.046 | 0.006 | 0.000 | 0.000 | 0.000 | 0.000 | 0.000 |
| | 4 | 0.999 | 0.978 | 0.758 | 0.389 | 0.126 | 0.025 | 0.003 | 0.000 | 0.000 | 0.000 | 0.000 |
| | 5 | 1.000 | 0.995 | 0.894 | 0.597 | 0.264 | 0.072 | 0.011 | 0.001 | 0.000 | 0.000 | 0.000 |
| | 6 | 1.000 | 0.999 | 0.962 | 0.775 | 0.448 | 0.166 | 0.035 | 0.003 | 0.000 | 0.000 | 0.000 |
| | 7 | 1.000 | 1.000 | 0.989 | 0.895 | 0.641 | 0.315 | 0.092 | 0.013 | 0.000 | 0.000 | 0.000 |
| | 8 | 1.000 | 1.000 | 0.997 | 0.960 | 0.801 | 0.500 | 0.199 | 0.040 | 0.003 | 0.000 | 0.000 |
| | 9 | 1.000 | 1.000 | 1.000 | 0.987 | 0.908 | 0.685 | 0.359 | 0.105 | 0.011 | 0.000 | 0.000 |
| | 10 | 1.000 | 1.000 | 1.000 | 0.997 | 0.965 | 0.834 | 0.552 | 0.225 | 0.038 | 0.001 | 0.000 |

| $n$ | $c$ | $p$ 0.05 | 0.1 | 0.2 | 0.3 | 0.4 | 0.5 | 0.6 | 0.7 | 0.8 | 0.9 | 0.95 |
|---|---|---|---|---|---|---|---|---|---|---|---|---|
| | 11 | 1.000 | 1.000 | 1.000 | 0.999 | 0.989 | 0.928 | 0.736 | 0.403 | 0.106 | 0.005 | 0.000 |
| | 12 | 1.000 | 1.000 | 1.000 | 1.000 | 0.997 | 0.975 | 0.874 | 0.611 | 0.242 | 0.022 | 0.001 |
| | 13 | 1.000 | 1.000 | 1.000 | 1.000 | 1.000 | 0.994 | 0.954 | 0.798 | 0.451 | 0.083 | 0.009 |
| | 14 | 1.000 | 1.000 | 1.000 | 1.000 | 1.000 | 0.999 | 0.988 | 0.923 | 0.690 | 0.238 | 0.050 |
| | 15 | 1.000 | 1.000 | 1.000 | 1.000 | 1.000 | 1.000 | 0.998 | 0.981 | 0.882 | 0.518 | 0.208 |
| | 16 | 1.000 | 1.000 | 1.000 | 1.000 | 1.000 | 1.000 | 1.000 | 0.998 | 0.977 | 0.833 | 0.582 |
| | 17 | 1.000 | 1.000 | 1.000 | 1.000 | 1.000 | 1.000 | 1.000 | 1.000 | 1.000 | 1.000 | 1.000 |
| 18 | 0 | 0.397 | 0.150 | 0.018 | 0.002 | 0.000 | 0.000 | 0.000 | 0.000 | 0.000 | 0.000 | 0.000 |
| | 1 | 0.774 | 0.450 | 0.099 | 0.014 | 0.001 | 0.000 | 0.000 | 0.000 | 0.000 | 0.000 | 0.000 |
| | 2 | 0.942 | 0.734 | 0.271 | 0.060 | 0.008 | 0.001 | 0.000 | 0.000 | 0.000 | 0.000 | 0.000 |
| | 3 | 0.989 | 0.902 | 0.501 | 0.165 | 0.033 | 0.004 | 0.000 | 0.000 | 0.000 | 0.000 | 0.000 |
| | 4 | 0.998 | 0.972 | 0.716 | 0.333 | 0.094 | 0.015 | 0.001 | 0.000 | 0.000 | 0.000 | 0.000 |
| | 5 | 1.000 | 0.994 | 0.867 | 0.534 | 0.209 | 0.048 | 0.006 | 0.000 | 0.000 | 0.000 | 0.000 |
| | 6 | 1.000 | 0.999 | 0.949 | 0.722 | 0.374 | 0.119 | 0.020 | 0.001 | 0.000 | 0.000 | 0.000 |
| | 7 | 1.000 | 1.000 | 0.984 | 0.859 | 0.563 | 0.240 | 0.058 | 0.006 | 0.000 | 0.000 | 0.000 |
| | 8 | 1.000 | 1.000 | 0.996 | 0.940 | 0.737 | 0.407 | 0.135 | 0.021 | 0.001 | 0.000 | 0.000 |
| | 9 | 1.000 | 1.000 | 0.999 | 0.979 | 0.865 | 0.593 | 0.263 | 0.060 | 0.004 | 0.000 | 0.000 |
| | 10 | 1.000 | 1.000 | 1.000 | 0.994 | 0.942 | 0.760 | 0.437 | 0.141 | 0.016 | 0.000 | 0.000 |
| | 11 | 1.000 | 1.000 | 1.000 | 0.999 | 0.980 | 0.881 | 0.626 | 0.278 | 0.051 | 0.001 | 0.000 |
| | 12 | 1.000 | 1.000 | 1.000 | 1.000 | 0.994 | 0.952 | 0.791 | 0.466 | 0.133 | 0.006 | 0.000 |
| | 13 | 1.000 | 1.000 | 1.000 | 1.000 | 0.999 | 0.985 | 0.906 | 0.667 | 0.284 | 0.028 | 0.002 |
| | 14 | 1.000 | 1.000 | 1.000 | 1.000 | 1.000 | 0.996 | 0.967 | 0.835 | 0.499 | 0.098 | 0.011 |
| | 15 | 1.000 | 1.000 | 1.000 | 1.000 | 1.000 | 0.999 | 0.992 | 0.940 | 0.729 | 0.266 | 0.058 |
| | 16 | 1.000 | 1.000 | 1.000 | 1.000 | 1.000 | 1.000 | 0.999 | 0.986 | 0.901 | 0.550 | 0.226 |
| | 17 | 1.000 | 1.000 | 1.000 | 1.000 | 1.000 | 1.000 | 1.000 | 0.998 | 0.982 | 0.850 | 0.603 |
| | 18 | 1.000 | 1.000 | 1.000 | 1.000 | 1.000 | 1.000 | 1.000 | 1.000 | 1.000 | 1.000 | 1.000 |
| 19 | 0 | 0.377 | 0.135 | 0.014 | 0.001 | 0.000 | 0.000 | 0.000 | 0.000 | 0.000 | 0.000 | 0.000 |
| | 1 | 0.755 | 0.420 | 0.083 | 0.010 | 0.001 | 0.000 | 0.000 | 0.000 | 0.000 | 0.000 | 0.000 |
| | 2 | 0.933 | 0.705 | 0.237 | 0.046 | 0.005 | 0.000 | 0.000 | 0.000 | 0.000 | 0.000 | 0.000 |
| | 3 | 0.987 | 0.885 | 0.455 | 0.133 | 0.023 | 0.002 | 0.000 | 0.000 | 0.000 | 0.000 | 0.000 |
| | 4 | 0.998 | 0.965 | 0.673 | 0.282 | 0.070 | 0.010 | 0.001 | 0.000 | 0.000 | 0.000 | 0.000 |
| | 5 | 1.000 | 0.991 | 0.837 | 0.474 | 0.163 | 0.032 | 0.003 | 0.000 | 0.000 | 0.000 | 0.000 |
| | 6 | 1.000 | 0.998 | 0.932 | 0.666 | 0.308 | 0.084 | 0.012 | 0.001 | 0.000 | 0.000 | 0.000 |
| | 7 | 1.000 | 1.000 | 0.977 | 0.818 | 0.488 | 0.180 | 0.035 | 0.003 | 0.000 | 0.000 | 0.000 |
| | 8 | 1.000 | 1.000 | 0.993 | 0.916 | 0.667 | 0.324 | 0.088 | 0.011 | 0.000 | 0.000 | 0.000 |
| | 9 | 1.000 | 1.000 | 0.998 | 0.967 | 0.814 | 0.500 | 0.186 | 0.033 | 0.002 | 0.000 | 0.000 |
| | 10 | 1.000 | 1.000 | 1.000 | 0.989 | 0.912 | 0.676 | 0.333 | 0.084 | 0.007 | 0.000 | 0.000 |
| | 11 | 1.000 | 1.000 | 1.000 | 0.997 | 0.965 | 0.820 | 0.512 | 0.182 | 0.023 | 0.000 | 0.000 |
| | 12 | 1.000 | 1.000 | 1.000 | 0.999 | 0.988 | 0.916 | 0.692 | 0.334 | 0.068 | 0.002 | 0.000 |
| | 13 | 1.000 | 1.000 | 1.000 | 1.000 | 0.997 | 0.968 | 0.837 | 0.526 | 0.163 | 0.009 | 0.000 |
| | 14 | 1.000 | 1.000 | 1.000 | 1.000 | 0.999 | 0.990 | 0.930 | 0.718 | 0.327 | 0.035 | 0.002 |
| | 15 | 1.000 | 1.000 | 1.000 | 1.000 | 1.000 | 0.998 | 0.977 | 0.867 | 0.545 | 0.115 | 0.013 |
| | 16 | 1.000 | 1.000 | 1.000 | 1.000 | 1.000 | 1.000 | 0.995 | 0.954 | 0.763 | 0.295 | 0.067 |
| | 17 | 1.000 | 1.000 | 1.000 | 1.000 | 1.000 | 1.000 | 0.999 | 0.990 | 0.917 | 0.580 | 0.245 |
| | 18 | 1.000 | 1.000 | 1.000 | 1.000 | 1.000 | 1.000 | 1.000 | 0.999 | 0.986 | 0.865 | 0.623 |
| | 19 | 1.000 | 1.000 | 1.000 | 1.000 | 1.000 | 1.000 | 1.000 | 1.000 | 1.000 | 1.000 | 1.000 |

| $n$ | $c$ | $p$ | | | | | | | | | | |
|---|---|---|---|---|---|---|---|---|---|---|---|---|
| | | 0.05 | 0.1 | 0.2 | 0.3 | 0.4 | 0.5 | 0.6 | 0.7 | 0.8 | 0.9 | 0.95 |
| 20 | 0 | 0.358 | 0.122 | 0.012 | 0.001 | 0.000 | 0.000 | 0.000 | 0.000 | 0.000 | 0.000 | 0.000 |
| | 1 | 0.736 | 0.392 | 0.069 | 0.008 | 0.001 | 0.000 | 0.000 | 0.000 | 0.000 | 0.000 | 0.000 |
| | 2 | 0.925 | 0.677 | 0.206 | 0.035 | 0.004 | 0.000 | 0.000 | 0.000 | 0.000 | 0.000 | 0.000 |
| | 3 | 0.984 | 0.867 | 0.411 | 0.107 | 0.016 | 0.001 | 0.000 | 0.000 | 0.000 | 0.000 | 0.000 |
| | 4 | 0.997 | 0.957 | 0.630 | 0.238 | 0.051 | 0.006 | 0.000 | 0.000 | 0.000 | 0.000 | 0.000 |
| | 5 | 1.000 | 0.989 | 0.804 | 0.416 | 0.126 | 0.021 | 0.002 | 0.000 | 0.000 | 0.000 | 0.000 |
| | 6 | 1.000 | 0.998 | 0.913 | 0.608 | 0.250 | 0.058 | 0.006 | 0.000 | 0.000 | 0.000 | 0.000 |
| | 7 | 1.000 | 1.000 | 0.968 | 0.772 | 0.416 | 0.132 | 0.021 | 0.001 | 0.000 | 0.000 | 0.000 |
| | 8 | 1.000 | 1.000 | 0.990 | 0.887 | 0.596 | 0.252 | 0.057 | 0.005 | 0.000 | 0.000 | 0.000 |
| | 9 | 1.000 | 1.000 | 0.997 | 0.952 | 0.755 | 0.412 | 0.128 | 0.017 | 0.001 | 0.000 | 0.000 |
| | 10 | 1.000 | 1.000 | 0.999 | 0.983 | 0.872 | 0.588 | 0.245 | 0.048 | 0.003 | 0.000 | 0.000 |
| | 11 | 1.000 | 1.000 | 1.000 | 0.995 | 0.943 | 0.748 | 0.404 | 0.113 | 0.010 | 0.000 | 0.000 |
| | 12 | 1.000 | 1.000 | 1.000 | 0.999 | 0.979 | 0.868 | 0.584 | 0.228 | 0.032 | 0.000 | 0.000 |
| | 13 | 1.000 | 1.000 | 1.000 | 1.000 | 0.994 | 0.942 | 0.750 | 0.392 | 0.087 | 0.002 | 0.000 |
| | 14 | 1.000 | 1.000 | 1.000 | 1.000 | 0.998 | 0.979 | 0.874 | 0.584 | 0.196 | 0.011 | 0.000 |
| | 15 | 1.000 | 1.000 | 1.000 | 1.000 | 1.000 | 0.994 | 0.949 | 0.762 | 0.370 | 0.043 | 0.003 |
| | 16 | 1.000 | 1.000 | 1.000 | 1.000 | 1.000 | 0.999 | 0.984 | 0.893 | 0.589 | 0.133 | 0.016 |
| | 17 | 1.000 | 1.000 | 1.000 | 1.000 | 1.000 | 1.000 | 0.996 | 0.965 | 0.794 | 0.323 | 0.075 |
| | 18 | 1.000 | 1.000 | 1.000 | 1.000 | 1.000 | 1.000 | 0.999 | 0.992 | 0.931 | 0.608 | 0.264 |
| | 19 | 1.000 | 1.000 | 1.000 | 1.000 | 1.000 | 1.000 | 1.000 | 0.999 | 0.988 | 0.878 | 0.642 |
| | 20 | 1.000 | 1.000 | 1.000 | 1.000 | 1.000 | 1.000 | 1.000 | 1.000 | 1.000 | 1.000 | 1.000 |
| 25 | 0 | 0.277 | 0.072 | 0.004 | 0.000 | 0.000 | 0.000 | 0.000 | 0.000 | 0.000 | 0.000 | 0.000 |
| | 1 | 0.642 | 0.271 | 0.027 | 0.002 | 0.000 | 0.000 | 0.000 | 0.000 | 0.000 | 0.000 | 0.000 |
| | 2 | 0.873 | 0.537 | 0.098 | 0.009 | 0.000 | 0.000 | 0.000 | 0.000 | 0.000 | 0.000 | 0.000 |
| | 3 | 0.966 | 0.764 | 0.234 | 0.033 | 0.002 | 0.000 | 0.000 | 0.000 | 0.000 | 0.000 | 0.000 |
| | 4 | 0.993 | 0.902 | 0.421 | 0.090 | 0.009 | 0.000 | 0.000 | 0.000 | 0.000 | 0.000 | 0.000 |
| | 5 | 0.999 | 0.967 | 0.617 | 0.193 | 0.029 | 0.002 | 0.000 | 0.000 | 0.000 | 0.000 | 0.000 |
| | 6 | 1.000 | 0.991 | 0.780 | 0.341 | 0.074 | 0.007 | 0.000 | 0.000 | 0.000 | 0.000 | 0.000 |
| | 7 | 1.000 | 0.998 | 0.891 | 0.512 | 0.154 | 0.022 | 0.001 | 0.000 | 0.000 | 0.000 | 0.000 |
| | 8 | 1.000 | 1.000 | 0.953 | 0.677 | 0.274 | 0.054 | 0.004 | 0.000 | 0.000 | 0.000 | 0.000 |
| | 9 | 1.000 | 1.000 | 0.983 | 0.811 | 0.425 | 0.115 | 0.013 | 0.000 | 0.000 | 0.000 | 0.000 |
| | 10 | 1.000 | 1.000 | 0.994 | 0.902 | 0.586 | 0.212 | 0.034 | 0.002 | 0.000 | 0.000 | 0.000 |
| | 11 | 1.000 | 1.000 | 0.998 | 0.956 | 0.732 | 0.345 | 0.078 | 0.006 | 0.000 | 0.000 | 0.000 |
| | 12 | 1.000 | 1.000 | 1.000 | 0.983 | 0.846 | 0.500 | 0.154 | 0.017 | 0.000 | 0.000 | 0.000 |
| | 13 | 1.000 | 1.000 | 1.000 | 0.994 | 0.922 | 0.655 | 0.268 | 0.044 | 0.002 | 0.000 | 0.000 |
| | 14 | 1.000 | 1.000 | 1.000 | 0.998 | 0.966 | 0.788 | 0.414 | 0.098 | 0.006 | 0.000 | 0.000 |
| | 15 | 1.000 | 1.000 | 1.000 | 1.000 | 0.987 | 0.885 | 0.575 | 0.189 | 0.017 | 0.000 | 0.000 |
| | 16 | 1.000 | 1.000 | 1.000 | 1.000 | 0.996 | 0.946 | 0.726 | 0.323 | 0.047 | 0.000 | 0.000 |
| | 17 | 1.000 | 1.000 | 1.000 | 1.000 | 0.999 | 0.978 | 0.846 | 0.488 | 0.109 | 0.002 | 0.000 |
| | 18 | 1.000 | 1.000 | 1.000 | 1.000 | 1.000 | 0.993 | 0.926 | 0.659 | 0.220 | 0.009 | 0.000 |
| | 19 | 1.000 | 1.000 | 1.000 | 1.000 | 1.000 | 0.998 | 0.971 | 0.807 | 0.383 | 0.033 | 0.001 |
| | 20 | 1.000 | 1.000 | 1.000 | 1.000 | 1.000 | 1.000 | 0.991 | 0.910 | 0.579 | 0.098 | 0.007 |
| | 21 | 1.000 | 1.000 | 1.000 | 1.000 | 1.000 | 1.000 | 0.998 | 0.967 | 0.766 | 0.236 | 0.034 |
| | 22 | 1.000 | 1.000 | 1.000 | 1.000 | 1.000 | 1.000 | 1.000 | 0.991 | 0.902 | 0.463 | 0.127 |
| | 23 | 1.000 | 1.000 | 1.000 | 1.000 | 1.000 | 1.000 | 1.000 | 0.998 | 0.973 | 0.729 | 0.358 |
| | 24 | 1.000 | 1.000 | 1.000 | 1.000 | 1.000 | 1.000 | 1.000 | 1.000 | 0.996 | 0.928 | 0.723 |
| | 25 | 1.000 | 1.000 | 1.000 | 1.000 | 1.000 | 1.000 | 1.000 | 1.000 | 1.000 | 1.000 | 1.000 |

## 표 2 표준정규분포표

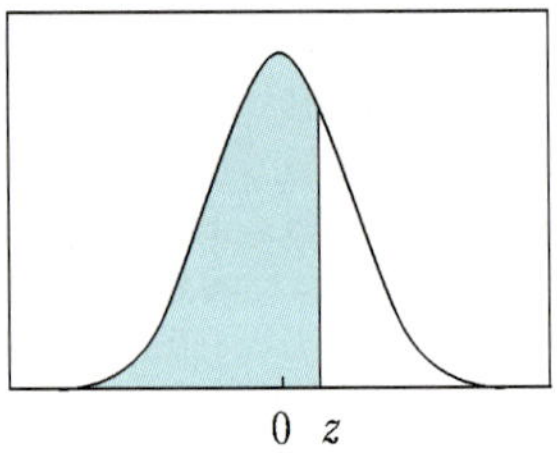


표의 숫자는 $z$와 같거나 작은 확률을 나타낸다.

| $z$ | .00 | .01 | .02 | .03 | .04 | .05 | .06 | .07 | .08 | .09 |
|---|---|---|---|---|---|---|---|---|---|---|
| 0.0 | .5000 | .5040 | .5080 | .5120 | .5160 | .5199 | .5239 | .5279 | .5319 | .5359 |
| 0.1 | .5398 | .5438 | .5478 | .5517 | .5557 | .5596 | .5636 | .5675 | .5714 | .5753 |
| 0.2 | .5793 | .5832 | .5871 | .5910 | .5948 | .5987 | .6026 | .6064 | .6103 | .6141 |
| 0.3 | .6179 | .6217 | .6255 | .6293 | .6331 | .6368 | .6406 | .6443 | .6480 | .6517 |
| 0.4 | .6554 | .6591 | .6628 | .6664 | .6700 | .6736 | .6772 | .6808 | .6844 | .6879 |
| 0.5 | .6915 | .6950 | .6985 | .7019 | .7054 | .7088 | .7123 | .7157 | .7190 | .7224 |
| 0.6 | .7257 | .7291 | .7324 | .7357 | .7389 | .7422 | .7454 | .7486 | .7517 | .7549 |
| 0.7 | .7580 | .7611 | .7642 | .7673 | .7704 | .7734 | .7764 | .7794 | .7823 | .7852 |
| 0.8 | .7881 | .7910 | .7939 | .7967 | .7995 | .8023 | .8051 | .8078 | .8106 | .8133 |
| 0.9 | .8159 | .8186 | .8212 | .8238 | .8264 | .8289 | .8315 | .8340 | .8365 | .8389 |
| 1.0 | .8413 | .8438 | .8461 | .8485 | .8508 | .8531 | .8554 | .8577 | .8599 | .8621 |
| 1.1 | .8643 | .8665 | .8686 | .8708 | .8729 | .8749 | .8770 | .8790 | .8810 | .8830 |
| 1.2 | .8849 | .8869 | .8888 | .8907 | .8925 | .8944 | .8962 | .8980 | .8997 | .9015 |
| 1.3 | .9032 | .9049 | .9066 | .9082 | .9099 | .9115 | .9131 | .9147 | .9162 | .9177 |
| 1.4 | .9192 | .9207 | .9222 | .9236 | .9251 | .9265 | .9279 | .9292 | .9306 | .9319 |
| 1.5 | .9332 | .9345 | .9357 | .9370 | .9382 | .9394 | .9406 | .9418 | .9429 | .9441 |
| 1.6 | .9452 | .9463 | .9474 | .9484 | .9495 | .9505 | .9515 | .9525 | .9535 | .9545 |
| 1.7 | .9554 | .9564 | .9573 | .9582 | .9591 | .9599 | .9608 | .9616 | .9625 | .9633 |
| 1.8 | .9641 | .9649 | .9656 | .9664 | .9671 | .9678 | .9686 | .9693 | .9699 | .9706 |
| 1.9 | .9713 | .9719 | .9726 | .9732 | .9738 | .9744 | .9750 | .9756 | .9761 | .9767 |
| 2.0 | .9772 | .9778 | .9783 | .9788 | .9793 | .9798 | .9803 | .9808 | .9812 | .9817 |
| 2.1 | .9821 | .9826 | .9830 | .9834 | .9838 | .9842 | .9846 | .9850 | .9854 | .9857 |
| 2.2 | .9861 | .9864 | .9868 | .9871 | .9875 | .9878 | .9881 | .9884 | .9887 | .9890 |
| 2.3 | .9893 | .9896 | .9898 | .9901 | .9904 | .9906 | .9909 | .9911 | .9913 | .9916 |
| 2.4 | .9918 | .9920 | .9922 | .9925 | .9927 | .9929 | .9931 | .9932 | .9934 | .9936 |
| 2.5 | .9938 | .9940 | .9941 | .9943 | .9945 | .9946 | .9948 | .9949 | .9951 | .9952 |
| 2.6 | .9953 | .9955 | .9956 | .9957 | .9959 | .9960 | .9961 | .9962 | .9963 | .9964 |
| 2.7 | .9965 | .9966 | .9967 | .9968 | .9969 | .9970 | .9971 | .9972 | .9973 | .9974 |
| 2.8 | .9974 | .9975 | .9976 | .9977 | .9977 | .9978 | .9979 | .9979 | .9980 | .9981 |
| 2.9 | .9981 | .9982 | .9982 | .9983 | .9984 | .9984 | .9985 | .9985 | .9986 | .9986 |
| 3.0 | .9987 | .9987 | .9987 | .9988 | .9988 | .9989 | .9989 | .9989 | .9990 | .9990 |
| 3.1 | .9990 | .9991 | .9991 | .9991 | .9992 | .9992 | .9992 | .9992 | .9993 | .9993 |
| 3.2 | .9993 | .9993 | .9994 | .9994 | .9994 | .9994 | .9994 | .9995 | .9995 | .9995 |
| 3.3 | .9995 | .9995 | .9995 | .9996 | .9996 | .9996 | .9996 | .9996 | .9996 | .9997 |
| 3.4 | .9997 | .9997 | .9997 | .9997 | .9997 | .9997 | .9997 | .9997 | .9997 | .9998 |

## 표 3 $t$-분포표

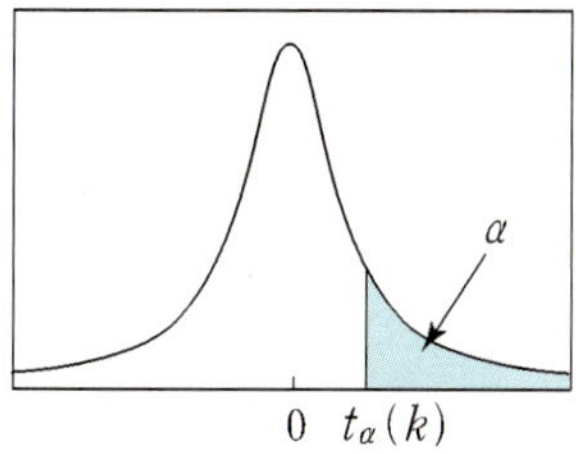


표의 숫자는 주어진 $\alpha$값에 대한 $t_\alpha(k)$의 값을 나타낸다.

| $k$ | $\alpha$ | | | | | | | | | | | |
|---|---|---|---|---|---|---|---|---|---|---|---|---|
| | .25 | .20 | .15 | .10 | .05 | .025 | .02 | .01 | .005 | .0025 | .001 | .0005 |
| 1 | 1.000 | 1.376 | 1.963 | 3.078 | 6.314 | 12.71 | 15.89 | 31.82 | 63.66 | 127.3 | 318.3 | 636.6 |
| 2 | 0.816 | 1.061 | 1.386 | 1.886 | 2.920 | 4.303 | 4.849 | 6.965 | 9.925 | 14.09 | 22.33 | 31.60 |
| 3 | 0.765 | 0.978 | 1.250 | 1.638 | 2.353 | 3.182 | 3.482 | 4.541 | 5.841 | 7.453 | 10.21 | 12.92 |
| 4 | 0.741 | 0.941 | 1.190 | 1.533 | 2.132 | 2.776 | 2.999 | 3.747 | 4.604 | 5.598 | 7.173 | 8.610 |
| 5 | 0.727 | 0.920 | 1.156 | 1.476 | 2.015 | 2.571 | 2.757 | 3.365 | 4.032 | 4.773 | 5.894 | 6.869 |
| 6 | 0.718 | 0.906 | 1.134 | 1.440 | 1.943 | 2.447 | 2.612 | 3.143 | 3.707 | 4.317 | 5.208 | 5.959 |
| 7 | 0.711 | 0.896 | 1.119 | 1.415 | 1.895 | 2.365 | 2.517 | 2.998 | 3.499 | 4.029 | 4.785 | 5.408 |
| 8 | 0.706 | 0.889 | 1.108 | 1.397 | 1.860 | 2.306 | 2.449 | 2.896 | 3.355 | 3.833 | 4.501 | 5.041 |
| 9 | 0.703 | 0.883 | 1.100 | 1.383 | 1.833 | 2.262 | 2.398 | 2.821 | 3.250 | 3.690 | 4.297 | 4.781 |
| 10 | 0.700 | 0.879 | 1.093 | 1.372 | 1.812 | 2.228 | 2.359 | 2.764 | 3.169 | 3.581 | 4.144 | 4.587 |
| 11 | 0.697 | 0.876 | 1.088 | 1.363 | 1.796 | 2.201 | 2.328 | 2.718 | 3.106 | 3.497 | 4.025 | 4.437 |
| 12 | 0.695 | 0.873 | 1.083 | 1.356 | 1.782 | 2.179 | 2.303 | 2.681 | 3.055 | 3.428 | 3.930 | 4.318 |
| 13 | 0.694 | 0.870 | 1.079 | 1.350 | 1.771 | 2.160 | 2.282 | 2.650 | 3.012 | 3.372 | 3.852 | 4.221 |
| 14 | 0.692 | 0.868 | 1.076 | 1.345 | 1.761 | 2.145 | 2.264 | 2.624 | 2.977 | 3.326 | 3.787 | 4.140 |
| 15 | 0.691 | 0.866 | 1.074 | 1.341 | 1.753 | 2.131 | 2.249 | 2.602 | 2.947 | 3.286 | 3.733 | 4.073 |
| 16 | 0.690 | 0.865 | 1.071 | 1.337 | 1.746 | 2.120 | 2.235 | 2.583 | 2.921 | 3.252 | 3.686 | 4.015 |
| 17 | 0.689 | 0.863 | 1.069 | 1.333 | 1.740 | 2.110 | 2.224 | 2.567 | 2.898 | 3.222 | 3.646 | 3.965 |
| 18 | 0.688 | 0.862 | 1.067 | 1.330 | 1.734 | 2.101 | 2.214 | 2.552 | 2.878 | 3.197 | 3.610 | 3.922 |
| 19 | 0.688 | 0.861 | 1.066 | 1.328 | 1.729 | 2.093 | 2.205 | 2.539 | 2.861 | 3.174 | 3.579 | 3.883 |
| 20 | 0.687 | 0.860 | 1.064 | 1.325 | 1.725 | 2.086 | 2.197 | 2.528 | 2.845 | 3.153 | 3.552 | 3.850 |
| 21 | 0.686 | 0.859 | 1.063 | 1.323 | 1.721 | 2.080 | 2.189 | 2.518 | 2.831 | 3.135 | 3.527 | 3.819 |
| 22 | 0.686 | 0.858 | 1.061 | 1.321 | 1.717 | 2.074 | 2.183 | 2.508 | 2.819 | 3.119 | 3.505 | 3.792 |
| 23 | 0.685 | 0.858 | 1.060 | 1.319 | 1.714 | 2.069 | 2.177 | 2.500 | 2.807 | 3.104 | 3.485 | 3.768 |
| 24 | 0.685 | 0.857 | 1.059 | 1.318 | 1.711 | 2.064 | 2.172 | 2.492 | 2.797 | 3.091 | 3.467 | 3.745 |
| 25 | 0.684 | 0.856 | 1.058 | 1.316 | 1.708 | 2.060 | 2.167 | 2.485 | 2.787 | 3.078 | 3.450 | 3.725 |
| 26 | 0.684 | 0.856 | 1.058 | 1.315 | 1.706 | 2.056 | 2.162 | 2.479 | 2.779 | 3.067 | 3.435 | 3.707 |
| 27 | 0.684 | 0.855 | 1.057 | 1.314 | 1.703 | 2.052 | 2.158 | 2.473 | 2.771 | 3.057 | 3.421 | 3.689 |
| 28 | 0.683 | 0.855 | 1.056 | 1.313 | 1.701 | 2.048 | 2.154 | 2.467 | 2.763 | 3.047 | 3.408 | 3.674 |
| 29 | 0.683 | 0.854 | 1.055 | 1.311 | 1.699 | 2.045 | 2.150 | 2.462 | 2.756 | 3.038 | 3.396 | 3.660 |
| 30 | 0.683 | 0.854 | 1.055 | 1.310 | 1.697 | 2.042 | 2.147 | 2.457 | 2.750 | 3.030 | 3.385 | 3.646 |
| 40 | 0.681 | 0.851 | 1.050 | 1.303 | 1.684 | 2.021 | 2.123 | 2.423 | 2.704 | 2.971 | 3.307 | 3.551 |
| 50 | 0.679 | 0.849 | 1.047 | 1.299 | 1.676 | 2.009 | 2.109 | 2.403 | 2.678 | 2.937 | 3.261 | 3.496 |
| 60 | 0.679 | 0.848 | 1.045 | 1.296 | 1.671 | 2.000 | 2.099 | 2.390 | 2.660 | 2.915 | 3.232 | 3.460 |
| 70 | 0.678 | 0.847 | 1.044 | 1.294 | 1.667 | 1.994 | 2.093 | 2.381 | 2.648 | 2.899 | 3.211 | 3.435 |
| 80 | 0.678 | 0.846 | 1.043 | 1.292 | 1.664 | 1.990 | 2.088 | 2.374 | 2.639 | 2.887 | 3.195 | 3.416 |
| 90 | 0.677 | 0.846 | 1.042 | 1.291 | 1.662 | 1.987 | 2.084 | 2.368 | 2.632 | 2.878 | 3.183 | 3.402 |
| 100 | 0.677 | 0.845 | 1.042 | 1.290 | 1.660 | 1.984 | 2.081 | 2.364 | 2.626 | 2.871 | 3.174 | 3.390 |
| 1000 | 0.675 | 0.842 | 1.037 | 1.282 | 1.646 | 1.962 | 2.056 | 2.330 | 2.581 | 2.813 | 3.098 | 3.300 |
| $\infty$ | 0.674 | 0.842 | 1.036 | 1.282 | 1.645 | 1.960 | 2.054 | 2.326 | 2.576 | 2.807 | 3.090 | 3.290 |

## 표 4 $\chi^2$-분포표

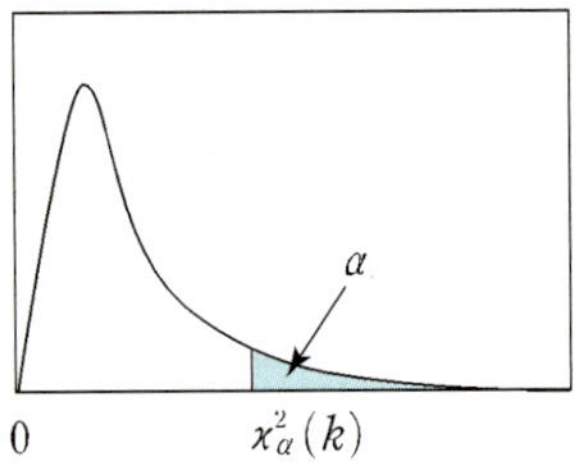


표의 숫자는 주어진 $\alpha$값에 대한 $\chi^2_\alpha(k)$의 값을 나타낸다.

| $k$ | $\alpha$ | | | | | | | |
|---|---|---|---|---|---|---|---|---|
| | .995 | .99 | .975 | .95 | .05 | .025 | .01 | .005 |
| 1 | .000039 | .000157 | .000982 | .003932 | 3.84146 | 5.02390 | 6.63489 | 7.87944 |
| 2 | .010025 | .020100 | .050636 | .102586 | 5.99148 | 7.37778 | 9.21035 | 10.59653 |
| 3 | .071724 | .114832 | .215795 | .351846 | 7.81473 | 9.34840 | 11.34488 | 12.83807 |
| 4 | .206990 | .297110 | .484419 | .710721 | 9.48773 | 11.14326 | 13.27670 | 14.86017 |
| 5 | .411740 | .554300 | .831211 | 1.14548 | 11.07048 | 12.83249 | 15.08632 | 16.74965 |
| 6 | .675727 | .872085 | 1.23734 | 1.63538 | 12.59158 | 14.44935 | 16.81187 | 18.54751 |
| 7 | .989265 | 1.23903 | 1.68986 | 2.16735 | 14.06713 | 16.01277 | 18.47532 | 20.27774 |
| 8 | 1.34440 | 1.64651 | 2.17972 | 2.73263 | 15.50731 | 17.53454 | 20.09016 | 21.95486 |
| 9 | 1.73491 | 2.08789 | 2.70039 | 3.32512 | 16.91896 | 19.02278 | 21.66605 | 23.58927 |
| 10 | 2.15585 | 2.55820 | 3.24696 | 3.94030 | 18.30703 | 20.48320 | 23.20929 | 25.18805 |
| 11 | 2.60320 | 3.05350 | 3.81574 | 4.57481 | 19.67515 | 21.92002 | 24.72502 | 26.75686 |
| 12 | 3.07379 | 3.57055 | 4.40378 | 5.22603 | 21.02606 | 23.33666 | 26.21696 | 28.29966 |
| 13 | 3.56504 | 4.10690 | 5.00874 | 5.89186 | 22.36203 | 24.73558 | 27.68818 | 29.81932 |
| 14 | 4.07466 | 4.66042 | 5.62872 | 6.57063 | 23.68478 | 26.11893 | 29.14116 | 31.31943 |
| 15 | 4.60087 | 5.22936 | 6.26212 | 7.26093 | 24.99580 | 27.48836 | 30.57795 | 32.80149 |
| 16 | 5.14216 | 5.81220 | 6.90766 | 7.96164 | 26.29622 | 28.84532 | 31.99986 | 34.26705 |
| 17 | 5.69727 | 6.40774 | 7.56418 | 8.67175 | 27.58710 | 30.19098 | 33.40872 | 35.71838 |
| 18 | 6.26477 | 7.01490 | 8.23074 | 9.39045 | 28.86932 | 31.52641 | 34.80524 | 37.15639 |
| 19 | 6.84392 | 7.63270 | 8.90651 | 10.11701 | 30.14351 | 32.85234 | 36.19077 | 38.58212 |
| 20 | 7.43381 | 8.26037 | 9.59077 | 10.85080 | 31.41042 | 34.16958 | 37.56627 | 39.99686 |
| 21 | 8.03360 | 8.89717 | 10.28291 | 11.59132 | 32.67056 | 35.47886 | 38.93223 | 41.40094 |
| 22 | 8.64268 | 9.54249 | 10.98233 | 12.33801 | 33.92446 | 36.78068 | 40.28945 | 42.79566 |
| 23 | 9.26038 | 10.19569 | 11.68853 | 13.09051 | 35.17246 | 38.07561 | 41.63833 | 44.18139 |
| 24 | 9.88620 | 10.85635 | 12.40115 | 13.84842 | 36.41503 | 39.36406 | 42.97978 | 45.55836 |
| 25 | 10.51965 | 11.52395 | 13.11971 | 14.61140 | 37.65249 | 40.64650 | 44.31401 | 46.92797 |
| 26 | 11.16022 | 12.19818 | 13.84388 | 15.37916 | 38.88513 | 41.92314 | 45.64164 | 48.28978 |
| 27 | 11.80765 | 12.87847 | 14.57337 | 16.15139 | 40.11327 | 43.19452 | 46.96284 | 49.64504 |
| 28 | 12.46128 | 13.56467 | 15.30785 | 16.92788 | 41.33715 | 44.46079 | 48.27817 | 50.99356 |
| 29 | 13.12107 | 14.25641 | 16.04705 | 17.70838 | 42.55695 | 45.72228 | 49.58783 | 52.33550 |
| 30 | 13.78668 | 14.95346 | 16.79076 | 18.49267 | 43.77295 | 46.97922 | 50.89218 | 53.67187 |
| 40 | 20.70658 | 22.16420 | 24.43306 | 26.50930 | 55.75849 | 59.34168 | 63.69077 | 66.76605 |
| 50 | 27.99082 | 29.70673 | 32.35738 | 34.76424 | 67.50481 | 71.42019 | 76.15380 | 79.48984 |
| 60 | 35.53440 | 37.48480 | 40.48171 | 43.18797 | 79.08195 | 83.29771 | 88.37943 | 91.95181 |
| 70 | 43.27531 | 45.44170 | 48.75754 | 51.73926 | 90.53126 | 95.02315 | 100.42505 | 104.21477 |
| 80 | 51.17193 | 53.53998 | 57.15315 | 60.39146 | 101.87947 | 106.62854 | 112.32879 | 116.32093 |
| 90 | 59.19633 | 61.75402 | 65.64659 | 69.12602 | 113.14523 | 118.13591 | 124.11620 | 128.29868 |
| 100 | 67.32753 | 70.06500 | 74.22188 | 77.92944 | 124.34210 | 129.56125 | 135.80689 | 140.16971 |

## 표 5 $F$-분포표

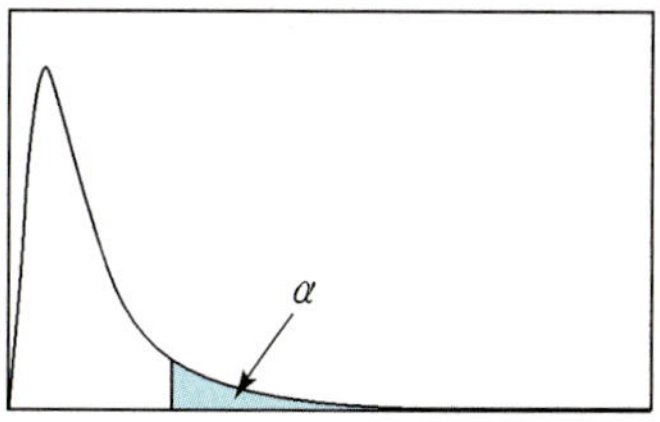


표의 숫자는 주어진 $\alpha$값에 대한 $F_\alpha(k_1, k_2)$의 값을 나타낸다.

| $k_2$ | $\alpha$ | $k_1$ | | | | | | | | |
|---|---|---|---|---|---|---|---|---|---|---|
| | | 1 | 2 | 3 | 4 | 5 | 6 | 7 | 8 | 9 |
| 1 | 0.100 | 39.86 | 49.50 | 53.59 | 55.83 | 57.24 | 58.20 | 58.91 | 59.44 | 59.86 |
| | 0.050 | 161.45 | 199.50 | 215.71 | 224.58 | 230.16 | 233.99 | 236.77 | 238.88 | 240.54 |
| | 0.025 | 647.79 | 799.48 | 864.15 | 899.60 | 921.83 | 937.11 | 948.20 | 956.64 | 963.28 |
| | 0.010 | 4052 | 4999 | 5404 | 5624 | 5764 | 5859 | 5928 | 5981 | 6022 |
| 2 | 0.100 | 8.53 | 9.00 | 9.16 | 9.24 | 9.29 | 9.33 | 9.35 | 9.37 | 9.38 |
| | 0.050 | 18.51 | 19.00 | 19.16 | 19.25 | 19.30 | 19.33 | 19.35 | 19.37 | 19.38 |
| | 0.025 | 38.51 | 39.00 | 39.17 | 39.25 | 39.30 | 39.33 | 39.36 | 39.37 | 39.39 |
| | 0.010 | 98.50 | 99.00 | 99.16 | 99.25 | 99.30 | 99.33 | 99.36 | 99.38 | 99.39 |
| 3 | 0.100 | 5.54 | 5.46 | 5.39 | 5.34 | 5.31 | 5.28 | 5.27 | 5.25 | 5.24 |
| | 0.050 | 10.13 | 9.55 | 9.28 | 9.12 | 9.01 | 8.94 | 8.89 | 8.85 | 8.81 |
| | 0.025 | 17.44 | 16.04 | 15.44 | 15.10 | 14.88 | 14.73 | 14.62 | 14.54 | 14.47 |
| | 0.010 | 34.12 | 30.82 | 29.46 | 28.71 | 28.24 | 27.91 | 27.67 | 27.49 | 27.34 |
| 4 | 0.100 | 4.54 | 4.32 | 4.19 | 4.11 | 4.05 | 4.01 | 3.98 | 3.95 | 3.94 |
| | 0.050 | 7.71 | 6.94 | 6.59 | 6.39 | 6.26 | 6.16 | 6.09 | 6.04 | 6.00 |
| | 0.025 | 12.22 | 10.65 | 9.98 | 9.60 | 9.36 | 9.20 | 9.07 | 8.98 | 8.90 |
| | 0.010 | 21.20 | 18.00 | 16.69 | 15.98 | 15.52 | 15.21 | 14.98 | 14.80 | 14.66 |
| 5 | 0.100 | 4.06 | 3.78 | 3.62 | 3.52 | 3.45 | 3.40 | 3.37 | 3.34 | 3.32 |
| | 0.050 | 6.61 | 5.79 | 5.41 | 5.19 | 5.05 | 4.95 | 4.88 | 4.82 | 4.77 |
| | 0.025 | 10.01 | 8.43 | 7.76 | 7.39 | 7.15 | 6.98 | 6.85 | 6.76 | 6.68 |
| | 0.010 | 16.26 | 13.27 | 12.06 | 11.39 | 10.97 | 10.67 | 10.46 | 10.29 | 10.16 |

| $k_2$ | $\alpha$ | $k_1$ | | | | | | | | |
|---|---|---|---|---|---|---|---|---|---|---|
| | | 1 | 2 | 3 | 4 | 5 | 6 | 7 | 8 | 9 |
| 6 | 0.100 | 3.78 | 3.46 | 3.29 | 3.18 | 3.11 | 3.05 | 3.01 | 2.98 | 2.96 |
| | 0.050 | 5.99 | 5.14 | 4.76 | 4.53 | 4.39 | 4.28 | 4.21 | 4.15 | 4.10 |
| | 0.025 | 8.81 | 7.26 | 6.60 | 6.23 | 5.99 | 5.82 | 5.70 | 5.60 | 5.52 |
| | 0.010 | 13.75 | 10.92 | 9.78 | 9.15 | 8.75 | 8.47 | 8.26 | 8.10 | 7.98 |
| 7 | 0.100 | 3.59 | 3.26 | 3.07 | 2.96 | 2.88 | 2.83 | 2.78 | 2.75 | 2.72 |
| | 0.050 | 5.59 | 4.74 | 4.35 | 4.12 | 3.97 | 3.87 | 3.79 | 3.73 | 3.68 |
| | 0.025 | 8.07 | 6.54 | 5.89 | 5.52 | 5.29 | 5.12 | 4.99 | 4.90 | 4.82 |
| | 0.010 | 12.25 | 9.55 | 8.45 | 7.85 | 7.46 | 7.19 | 6.99 | 6.84 | 6.72 |
| 8 | 0.100 | 3.46 | 3.11 | 2.92 | 2.81 | 2.73 | 2.67 | 2.62 | 2.59 | 2.56 |
| | 0.050 | 5.32 | 4.46 | 4.07 | 3.84 | 3.69 | 3.58 | 3.50 | 3.44 | 3.39 |
| | 0.025 | 7.57 | 6.06 | 5.42 | 5.05 | 4.82 | 4.65 | 4.53 | 4.43 | 4.36 |
| | 0.010 | 11.26 | 8.65 | 7.59 | 7.01 | 6.63 | 6.37 | 6.18 | 6.03 | 5.91 |
| 9 | 0.100 | 3.36 | 3.01 | 2.81 | 2.69 | 2.61 | 2.55 | 2.51 | 2.47 | 2.44 |
| | 0.050 | 5.12 | 4.26 | 3.86 | 3.63 | 3.48 | 3.37 | 3.29 | 3.23 | 3.18 |
| | 0.025 | 7.21 | 5.71 | 5.08 | 4.72 | 4.48 | 4.32 | 4.20 | 4.10 | 4.03 |
| | 0.010 | 10.56 | 8.02 | 6.99 | 6.42 | 6.06 | 5.80 | 5.61 | 5.47 | 5.35 |
| 10 | 0.100 | 3.29 | 2.92 | 2.73 | 2.61 | 2.52 | 2.46 | 2.41 | 2.38 | 2.35 |
| | 0.050 | 4.96 | 4.10 | 3.71 | 3.48 | 3.33 | 3.22 | 3.14 | 3.07 | 3.02 |
| | 0.025 | 6.94 | 5.46 | 4.83 | 4.47 | 4.24 | 4.07 | 3.95 | 3.85 | 3.78 |
| | 0.010 | 10.04 | 7.56 | 6.55 | 5.99 | 5.64 | 5.39 | 5.20 | 5.06 | 4.94 |
| 11 | 0.100 | 3.23 | 2.86 | 2.66 | 2.54 | 2.45 | 2.39 | 2.34 | 2.30 | 2.27 |
| | 0.050 | 4.84 | 3.98 | 3.59 | 3.36 | 3.20 | 3.09 | 3.01 | 2.95 | 2.90 |
| | 0.025 | 6.72 | 5.26 | 4.63 | 4.28 | 4.04 | 3.88 | 3.76 | 3.66 | 3.59 |
| | 0.010 | 9.65 | 7.21 | 6.22 | 5.67 | 5.32 | 5.07 | 4.89 | 4.74 | 4.63 |
| 12 | 0.100 | 3.18 | 2.81 | 2.61 | 2.48 | 2.39 | 2.33 | 2.28 | 2.24 | 2.21 |
| | 0.050 | 4.75 | 3.89 | 3.49 | 3.26 | 3.11 | 3.00 | 2.91 | 2.85 | 2.80 |
| | 0.025 | 6.55 | 5.10 | 4.47 | 4.12 | 3.89 | 3.73 | 3.61 | 3.51 | 3.44 |
| | 0.010 | 9.33 | 6.93 | 5.95 | 5.41 | 5.06 | 4.82 | 4.64 | 4.50 | 4.39 |

| $k_2$ | $\alpha$ | $k_1$ | | | | | | | | | | |
|---|---|---|---|---|---|---|---|---|---|---|---|---|
| | | 10 | 12 | 15 | 20 | 25 | 30 | 40 | 50 | 60 | 120 | 1000 |
| 1 | 0.100 | 60.19 | 60.71 | 61.22 | 61.74 | 62.05 | 62.26 | 62.53 | 62.69 | 62.79 | 63.06 | 63.30 |
| | 0.050 | 241.88 | 243.90 | 245.95 | 248.02 | 249.26 | 250.10 | 251.14 | 251.77 | 252.20 | 253.25 | 254.19 |
| | 0.025 | 968.63 | 976.72 | 984.87 | 993.08 | 998.09 | 1001.4 | 1005.6 | 1008.1 | 1009.8 | 1014.0 | 1017.8 |
| | 0.010 | 6055.9 | 6106.7 | 6157.0 | 6208.7 | 6239.9 | 6260.4 | 6286.4 | 6302.3 | 6313.0 | 6339.5 | 6362.8 |
| 2 | 0.100 | 9.39 | 9.41 | 9.42 | 9.44 | 9.45 | 9.46 | 9.47 | 9.47 | 9.47 | 9.48 | 9.49 |
| | 0.050 | 19.40 | 19.41 | 19.43 | 19.45 | 19.46 | 19.46 | 19.47 | 19.48 | 19.48 | 19.49 | 19.49 |
| | 0.025 | 39.40 | 39.41 | 39.43 | 39.45 | 39.46 | 39.46 | 39.47 | 39.48 | 39.48 | 39.49 | 39.50 |
| | 0.010 | 99.40 | 99.42 | 99.43 | 99.45 | 99.46 | 99.47 | 99.48 | 99.48 | 99.48 | 99.49 | 99.50 |
| 3 | 0.100 | 5.23 | 5.22 | 5.20 | 5.18 | 5.17 | 5.17 | 5.16 | 5.15 | 5.15 | 5.14 | 5.13 |
| | 0.050 | 8.79 | 8.74 | 8.70 | 8.66 | 8.63 | 8.62 | 8.59 | 8.58 | 8.57 | 8.55 | 8.53 |
| | 0.025 | 14.42 | 14.34 | 14.25 | 14.17 | 14.12 | 14.08 | 14.04 | 14.01 | 13.99 | 13.95 | 13.91 |
| | 0.010 | 27.23 | 27.05 | 26.87 | 26.69 | 26.58 | 26.50 | 26.41 | 26.35 | 26.32 | 26.22 | 26.14 |
| 4 | 0.100 | 3.92 | 3.90 | 3.87 | 3.84 | 3.83 | 3.82 | 3.80 | 3.80 | 3.79 | 3.78 | 3.76 |
| | 0.050 | 5.96 | 5.91 | 5.86 | 5.80 | 5.77 | 5.75 | 5.72 | 5.70 | 5.69 | 5.66 | 5.63 |
| | 0.025 | 8.84 | 8.75 | 8.66 | 8.56 | 8.50 | 8.46 | 8.41 | 8.38 | 8.36 | 8.31 | 8.26 |
| | 0.010 | 14.55 | 14.37 | 14.20 | 14.02 | 13.91 | 13.84 | 13.75 | 13.69 | 13.65 | 13.56 | 13.47 |
| 5 | 0.100 | 3.30 | 3.27 | 3.24 | 3.21 | 3.19 | 3.17 | 3.16 | 3.15 | 3.14 | 3.12 | 3.11 |
| | 0.050 | 4.74 | 4.68 | 4.62 | 4.56 | 4.52 | 4.50 | 4.46 | 4.44 | 4.43 | 4.40 | 4.37 |
| | 0.025 | 6.62 | 6.52 | 6.43 | 6.33 | 6.27 | 6.23 | 6.18 | 6.14 | 6.12 | 6.07 | 6.02 |
| | 0.010 | 10.05 | 9.89 | 9.72 | 9.55 | 9.45 | 9.38 | 9.29 | 9.24 | 9.20 | 9.11 | 9.03 |
| 6 | 0.100 | 2.94 | 2.90 | 2.87 | 2.84 | 2.81 | 2.80 | 2.78 | 2.77 | 2.76 | 2.74 | 2.72 |
| | 0.050 | 4.06 | 4.00 | 3.94 | 3.87 | 3.83 | 3.81 | 3.77 | 3.75 | 3.74 | 3.70 | 3.67 |
| | 0.025 | 5.46 | 5.37 | 5.27 | 5.17 | 5.11 | 5.07 | 5.01 | 4.98 | 4.96 | 4.90 | 4.86 |
| | 0.010 | 7.87 | 7.72 | 7.56 | 7.40 | 7.30 | 7.23 | 7.14 | 7.09 | 7.06 | 6.97 | 6.89 |
| 7 | 0.100 | 2.70 | 2.67 | 2.63 | 2.59 | 2.57 | 2.56 | 2.54 | 2.52 | 2.51 | 2.49 | 2.47 |
| | 0.050 | 3.64 | 3.57 | 3.51 | 3.44 | 3.40 | 3.38 | 3.34 | 3.32 | 3.30 | 3.27 | 3.23 |
| | 0.025 | 4.76 | 4.67 | 4.57 | 4.47 | 4.40 | 4.36 | 4.31 | 4.28 | 4.25 | 4.20 | 4.15 |
| | 0.010 | 6.62 | 6.47 | 6.31 | 6.16 | 6.06 | 5.99 | 5.91 | 5.86 | 5.82 | 5.74 | 5.66 |
| 8 | 0.100 | 2.54 | 2.50 | 2.46 | 2.42 | 2.40 | 2.38 | 2.36 | 2.35 | 2.34 | 2.32 | 2.30 |
| | 0.050 | 3.35 | 3.28 | 3.22 | 3.15 | 3.11 | 3.08 | 3.04 | 3.02 | 3.01 | 2.97 | 2.93 |
| | 0.025 | 4.30 | 4.20 | 4.10 | 4.00 | 3.94 | 3.89 | 3.84 | 3.81 | 3.78 | 3.73 | 3.68 |
| | 0.010 | 5.81 | 5.67 | 5.52 | 5.36 | 5.26 | 5.20 | 5.12 | 5.07 | 5.03 | 4.95 | 4.87 |
| 9 | 0.100 | 2.42 | 2.38 | 2.34 | 2.30 | 2.27 | 2.25 | 2.23 | 2.22 | 2.21 | 2.18 | 2.16 |
| | 0.050 | 3.14 | 3.07 | 3.01 | 2.94 | 2.89 | 2.86 | 2.83 | 2.80 | 2.79 | 2.75 | 2.71 |
| | 0.025 | 3.96 | 3.87 | 3.77 | 3.67 | 3.60 | 3.56 | 3.51 | 3.47 | 3.45 | 3.39 | 3.34 |
| | 0.010 | 5.26 | 5.11 | 4.96 | 4.81 | 4.71 | 4.65 | 4.57 | 4.52 | 4.48 | 4.40 | 4.32 |
| 10 | 0.100 | 2.32 | 2.28 | 2.24 | 2.20 | 2.17 | 2.16 | 2.13 | 2.12 | 2.11 | 2.08 | 2.06 |
| | 0.050 | 2.98 | 2.91 | 2.85 | 2.77 | 2.73 | 2.70 | 2.66 | 2.64 | 2.62 | 2.58 | 2.54 |
| | 0.025 | 3.72 | 3.62 | 3.52 | 3.42 | 3.35 | 3.31 | 3.26 | 3.22 | 3.20 | 3.14 | 3.09 |
| | 0.010 | 4.85 | 4.71 | 4.56 | 4.41 | 4.31 | 4.25 | 4.17 | 4.12 | 4.08 | 4.00 | 3.92 |
| 11 | 0.100 | 2.25 | 2.21 | 2.17 | 2.12 | 2.10 | 2.08 | 2.05 | 2.04 | 2.03 | 2.00 | 1.98 |
| | 0.050 | 2.85 | 2.79 | 2.72 | 2.65 | 2.60 | 2.57 | 2.53 | 2.51 | 2.49 | 2.45 | 2.41 |
| | 0.025 | 3.53 | 3.43 | 3.33 | 3.23 | 3.16 | 3.12 | 3.06 | 3.03 | 3.00 | 2.94 | 2.89 |
| | 0.010 | 4.54 | 4.40 | 4.25 | 4.10 | 4.01 | 3.94 | 3.86 | 3.81 | 3.78 | 3.69 | 3.61 |
| 12 | 0.100 | 2.19 | 2.15 | 2.10 | 2.06 | 2.03 | 2.01 | 1.99 | 1.97 | 1.96 | 1.93 | 1.91 |
| | 0.050 | 2.75 | 2.69 | 2.62 | 2.54 | 2.50 | 2.47 | 2.43 | 2.40 | 2.38 | 2.34 | 2.30 |
| | 0.025 | 3.37 | 3.28 | 3.18 | 3.07 | 3.01 | 2.96 | 2.91 | 2.87 | 2.85 | 2.79 | 2.73 |
| | 0.010 | 4.30 | 4.16 | 4.01 | 3.86 | 3.76 | 3.70 | 3.62 | 3.57 | 3.54 | 3.45 | 3.37 |

| $k_2$ | $\alpha$ | $k_1$ | | | | | | | | |
|---|---|---|---|---|---|---|---|---|---|---|
| | | 1 | 2 | 3 | 4 | 5 | 6 | 7 | 8 | 9 |
| 13 | 0.100 | 3.14 | 2.76 | 2.56 | 2.43 | 2.35 | 2.28 | 2.23 | 2.20 | 2.16 |
| | 0.050 | 4.67 | 3.81 | 3.41 | 3.18 | 3.03 | 2.92 | 2.83 | 2.77 | 2.71 |
| | 0.025 | 6.41 | 4.97 | 4.35 | 4.00 | 3.77 | 3.60 | 3.48 | 3.39 | 3.31 |
| | 0.010 | 9.07 | 6.70 | 5.74 | 5.21 | 4.86 | 4.62 | 4.44 | 4.30 | 4.19 |
| 14 | 0.100 | 3.10 | 2.73 | 2.52 | 2.39 | 2.31 | 2.24 | 2.19 | 2.15 | 2.12 |
| | 0.050 | 4.60 | 3.74 | 3.34 | 3.11 | 2.96 | 2.85 | 2.76 | 2.70 | 2.65 |
| | 0.025 | 6.30 | 4.86 | 4.24 | 3.89 | 3.66 | 3.50 | 3.38 | 3.29 | 3.21 |
| | 0.010 | 8.86 | 6.51 | 5.56 | 5.04 | 4.69 | 4.46 | 4.28 | 4.14 | 4.03 |
| 15 | 0.100 | 3.07 | 2.70 | 2.49 | 2.36 | 2.27 | 2.21 | 2.16 | 2.12 | 2.09 |
| | 0.050 | 4.54 | 3.68 | 3.29 | 3.06 | 2.90 | 2.79 | 2.71 | 2.64 | 2.59 |
| | 0.025 | 6.20 | 4.77 | 4.15 | 3.80 | 3.58 | 3.41 | 3.29 | 3.20 | 3.12 |
| | 0.010 | 8.68 | 6.36 | 5.42 | 4.89 | 4.56 | 4.32 | 4.14 | 4.00 | 3.89 |
| 16 | 0.100 | 3.05 | 2.67 | 2.46 | 2.33 | 2.24 | 2.18 | 2.13 | 2.09 | 2.06 |
| | 0.050 | 4.49 | 3.63 | 3.24 | 3.01 | 2.85 | 2.74 | 2.66 | 2.59 | 2.54 |
| | 0.025 | 6.12 | 4.69 | 4.08 | 3.73 | 3.50 | 3.34 | 3.22 | 3.12 | 3.05 |
| | 0.010 | 8.53 | 6.23 | 5.29 | 4.77 | 4.44 | 4.20 | 4.03 | 3.89 | 3.78 |
| 17 | 0.100 | 3.03 | 2.64 | 2.44 | 2.31 | 2.22 | 2.15 | 2.10 | 2.06 | 2.03 |
| | 0.050 | 4.45 | 3.59 | 3.20 | 2.96 | 2.81 | 2.70 | 2.61 | 2.55 | 2.49 |
| | 0.025 | 6.04 | 4.62 | 4.01 | 3.66 | 3.44 | 3.28 | 3.16 | 3.06 | 2.98 |
| | 0.010 | 8.40 | 6.11 | 5.19 | 4.67 | 4.34 | 4.10 | 3.93 | 3.79 | 3.68 |
| 18 | 0.100 | 3.01 | 2.62 | 2.42 | 2.29 | 2.20 | 2.13 | 2.08 | 2.04 | 2.00 |
| | 0.050 | 4.41 | 3.55 | 3.16 | 2.93 | 2.77 | 2.66 | 2.58 | 2.51 | 2.46 |
| | 0.025 | 5.98 | 4.56 | 3.95 | 3.61 | 3.38 | 3.22 | 3.10 | 3.01 | 2.93 |
| | 0.010 | 8.29 | 6.01 | 5.09 | 4.58 | 4.25 | 4.01 | 3.84 | 3.71 | 3.60 |
| 19 | 0.100 | 2.99 | 2.61 | 2.40 | 2.27 | 2.18 | 2.11 | 2.06 | 2.02 | 1.98 |
| | 0.050 | 4.38 | 3.52 | 3.13 | 2.90 | 2.74 | 2.63 | 2.54 | 2.48 | 2.42 |
| | 0.025 | 5.92 | 4.51 | 3.90 | 3.56 | 3.33 | 3.17 | 3.05 | 2.96 | 2.88 |
| | 0.010 | 8.18 | 5.93 | 5.01 | 4.50 | 4.17 | 3.94 | 3.77 | 3.63 | 3.52 |
| 20 | 0.100 | 2.97 | 2.59 | 2.38 | 2.25 | 2.16 | 2.09 | 2.04 | 2.00 | 1.96 |
| | 0.050 | 4.35 | 3.49 | 3.10 | 2.87 | 2.71 | 2.60 | 2.51 | 2.45 | 2.39 |
| | 0.025 | 5.87 | 4.46 | 3.86 | 3.51 | 3.29 | 3.13 | 3.01 | 2.91 | 2.84 |
| | 0.010 | 8.10 | 5.85 | 4.94 | 4.43 | 4.10 | 3.87 | 3.70 | 3.56 | 3.46 |
| 21 | 0.100 | 2.96 | 2.57 | 2.36 | 2.23 | 2.14 | 2.08 | 2.02 | 1.98 | 1.95 |
| | 0.050 | 4.32 | 3.47 | 3.07 | 2.84 | 2.68 | 2.57 | 2.49 | 2.42 | 2.37 |
| | 0.025 | 5.83 | 4.42 | 3.82 | 3.48 | 3.25 | 3.09 | 2.97 | 2.87 | 2.80 |
| | 0.010 | 8.02 | 5.78 | 4.87 | 4.37 | 4.04 | 3.81 | 3.64 | 3.51 | 3.40 |
| 22 | 0.100 | 2.95 | 2.56 | 2.35 | 2.22 | 2.13 | 2.06 | 2.01 | 1.97 | 1.93 |
| | 0.050 | 4.30 | 3.44 | 3.05 | 2.82 | 2.66 | 2.55 | 2.46 | 2.40 | 2.34 |
| | 0.025 | 5.79 | 4.38 | 3.78 | 3.44 | 3.22 | 3.05 | 2.93 | 2.84 | 2.76 |
| | 0.010 | 7.95 | 5.72 | 4.82 | 4.31 | 3.99 | 3.76 | 3.59 | 3.45 | 3.35 |
| 23 | 0.100 | 2.94 | 2.55 | 2.34 | 2.21 | 2.11 | 2.05 | 1.99 | 1.95 | 1.92 |
| | 0.050 | 4.28 | 3.42 | 3.03 | 2.80 | 2.64 | 2.53 | 2.44 | 2.37 | 2.32 |
| | 0.025 | 5.75 | 4.35 | 3.75 | 3.41 | 3.18 | 3.02 | 2.90 | 2.81 | 2.73 |
| | 0.010 | 7.88 | 5.66 | 4.76 | 4.26 | 3.94 | 3.71 | 3.54 | 3.41 | 3.30 |
| 24 | 0.100 | 2.93 | 2.54 | 2.33 | 2.19 | 2.10 | 2.04 | 1.98 | 1.94 | 1.91 |
| | 0.050 | 4.26 | 3.40 | 3.01 | 2.78 | 2.62 | 2.51 | 2.42 | 2.36 | 2.30 |
| | 0.025 | 5.72 | 4.32 | 3.72 | 3.38 | 3.15 | 2.99 | 2.87 | 2.78 | 2.70 |
| | 0.010 | 7.82 | 5.61 | 4.72 | 4.22 | 3.90 | 3.67 | 3.50 | 3.36 | 3.26 |

| $k_2$ | $\alpha$ | $k_1$ 10 | 12 | 15 | 20 | 25 | 30 | 40 | 50 | 60 | 120 | 1000 |
|---|---|---|---|---|---|---|---|---|---|---|---|---|
| 13 | 0.100 | 2.14 | 2.10 | 2.05 | 2.01 | 1.98 | 1.96 | 1.93 | 1.92 | 1.90 | 1.88 | 1.85 |
| | 0.050 | 2.67 | 2.60 | 2.53 | 2.46 | 2.41 | 2.38 | 2.34 | 2.31 | 2.30 | 2.25 | 2.21 |
| | 0.025 | 3.25 | 3.15 | 3.05 | 2.95 | 2.88 | 2.84 | 2.78 | 2.74 | 2.72 | 2.66 | 2.60 |
| | 0.010 | 4.10 | 3.96 | 3.82 | 3.66 | 3.57 | 3.51 | 3.43 | 3.38 | 3.34 | 3.25 | 3.18 |
| 14 | 0.100 | 2.10 | 2.05 | 2.01 | 1.96 | 1.93 | 1.91 | 1.89 | 1.87 | 1.86 | 1.83 | 1.80 |
| | 0.050 | 2.60 | 2.53 | 2.46 | 2.39 | 2.34 | 2.31 | 2.27 | 2.24 | 2.22 | 2.18 | 2.14 |
| | 0.025 | 3.15 | 3.05 | 2.95 | 2.84 | 2.78 | 2.73 | 2.67 | 2.64 | 2.61 | 2.55 | 2.50 |
| | 0.010 | 3.94 | 3.80 | 3.66 | 3.51 | 3.41 | 3.35 | 3.27 | 3.22 | 3.18 | 3.09 | 3.02 |
| 15 | 0.100 | 2.06 | 2.02 | 1.97 | 1.92 | 1.89 | 1.87 | 1.85 | 1.83 | 1.82 | 1.79 | 1.76 |
| | 0.050 | 2.54 | 2.48 | 2.40 | 2.33 | 2.28 | 2.25 | 2.20 | 2.18 | 2.16 | 2.11 | 2.07 |
| | 0.025 | 3.06 | 2.96 | 2.86 | 2.76 | 2.69 | 2.64 | 2.59 | 2.55 | 2.52 | 2.46 | 2.40 |
| | 0.010 | 3.80 | 3.67 | 3.52 | 3.37 | 3.28 | 3.21 | 3.13 | 3.08 | 3.05 | 2.96 | 2.88 |
| 16 | 0.100 | 2.03 | 1.99 | 1.94 | 1.89 | 1.86 | 1.84 | 1.81 | 1.79 | 1.78 | 1.75 | 1.72 |
| | 0.050 | 2.49 | 2.42 | 2.35 | 2.28 | 2.23 | 2.19 | 2.15 | 2.12 | 2.11 | 2.06 | 2.02 |
| | 0.025 | 2.99 | 2.89 | 2.79 | 2.68 | 2.61 | 2.57 | 2.51 | 2.47 | 2.45 | 2.38 | 2.32 |
| | 0.010 | 3.69 | 3.55 | 3.41 | 3.26 | 3.16 | 3.10 | 3.02 | 2.97 | 2.93 | 2.84 | 2.76 |
| 17 | 0.100 | 2.00 | 1.96 | 1.91 | 1.86 | 1.83 | 1.81 | 1.78 | 1.76 | 1.75 | 1.72 | 1.69 |
| | 0.050 | 2.45 | 2.38 | 2.31 | 2.23 | 2.18 | 2.15 | 2.10 | 2.08 | 2.06 | 2.01 | 1.97 |
| | 0.025 | 2.92 | 2.82 | 2.72 | 2.62 | 2.55 | 2.50 | 2.44 | 2.41 | 2.38 | 2.32 | 2.26 |
| | 0.010 | 3.59 | 3.46 | 3.31 | 3.16 | 3.07 | 3.00 | 2.92 | 2.87 | 2.83 | 2.75 | 2.66 |
| 18 | 0.100 | 1.98 | 1.93 | 1.89 | 1.84 | 1.80 | 1.78 | 1.75 | 1.74 | 1.72 | 1.69 | 1.66 |
| | 0.050 | 2.41 | 2.34 | 2.27 | 2.19 | 2.14 | 2.11 | 2.06 | 2.04 | 2.02 | 1.97 | 1.92 |
| | 0.025 | 2.87 | 2.77 | 2.67 | 2.56 | 2.49 | 2.44 | 2.38 | 2.35 | 2.32 | 2.26 | 2.20 |
| | 0.010 | 3.51 | 3.37 | 3.23 | 3.08 | 2.98 | 2.92 | 2.84 | 2.78 | 2.75 | 2.66 | 2.58 |
| 19 | 0.100 | 1.96 | 1.91 | 1.86 | 1.81 | 1.78 | 1.76 | 1.73 | 1.71 | 1.70 | 1.67 | 1.64 |
| | 0.050 | 2.38 | 2.31 | 2.23 | 2.16 | 2.11 | 2.07 | 2.03 | 2.00 | 1.98 | 1.93 | 1.88 |
| | 0.025 | 2.82 | 2.72 | 2.62 | 2.51 | 2.44 | 2.39 | 2.33 | 2.30 | 2.27 | 2.20 | 2.14 |
| | 0.010 | 3.43 | 3.30 | 3.15 | 3.00 | 2.91 | 2.84 | 2.76 | 2.71 | 2.67 | 2.58 | 2.50 |
| 20 | 0.100 | 1.94 | 1.89 | 1.84 | 1.79 | 1.76 | 1.74 | 1.71 | 1.69 | 1.68 | 1.64 | 1.61 |
| | 0.050 | 2.35 | 2.28 | 2.20 | 2.12 | 2.07 | 2.04 | 1.99 | 1.97 | 1.95 | 1.90 | 1.85 |
| | 0.025 | 2.77 | 2.68 | 2.57 | 2.46 | 2.40 | 2.35 | 2.29 | 2.25 | 2.22 | 2.16 | 2.09 |
| | 0.010 | 3.37 | 3.23 | 3.09 | 2.94 | 2.84 | 2.78 | 2.69 | 2.64 | 2.61 | 2.52 | 2.43 |
| 21 | 0.100 | 1.92 | 1.87 | 1.83 | 1.78 | 1.74 | 1.72 | 1.69 | 1.67 | 1.66 | 1.62 | 1.59 |
| | 0.050 | 2.32 | 2.25 | 2.18 | 2.10 | 2.05 | 2.01 | 1.96 | 1.94 | 1.92 | 1.87 | 1.82 |
| | 0.025 | 2.73 | 2.64 | 2.53 | 2.42 | 2.36 | 2.31 | 2.25 | 2.21 | 2.18 | 2.11 | 2.05 |
| | 0.010 | 3.31 | 3.17 | 3.03 | 2.88 | 2.79 | 2.72 | 2.64 | 2.58 | 2.55 | 2.46 | 2.37 |
| 22 | 0.100 | 1.90 | 1.86 | 1.81 | 1.76 | 1.73 | 1.70 | 1.67 | 1.65 | 1.64 | 1.60 | 1.57 |
| | 0.050 | 2.30 | 2.23 | 2.15 | 2.07 | 2.02 | 1.98 | 1.94 | 1.91 | 1.89 | 1.84 | 1.79 |
| | 0.025 | 2.70 | 2.60 | 2.50 | 2.39 | 2.32 | 2.27 | 2.21 | 2.17 | 2.14 | 2.08 | 2.01 |
| | 0.010 | 3.26 | 3.12 | 2.98 | 2.83 | 2.73 | 2.67 | 2.58 | 2.53 | 2.50 | 2.40 | 2.32 |
| 23 | 0.100 | 1.89 | 1.84 | 1.80 | 1.74 | 1.71 | 1.69 | 1.66 | 1.64 | 1.62 | 1.59 | 1.55 |
| | 0.050 | 2.27 | 2.20 | 2.13 | 2.05 | 2.00 | 1.96 | 1.91 | 1.88 | 1.86 | 1.81 | 1.76 |
| | 0.025 | 2.67 | 2.57 | 2.47 | 2.36 | 2.29 | 2.24 | 2.18 | 2.14 | 2.11 | 2.04 | 1.98 |
| | 0.010 | 3.21 | 3.07 | 2.93 | 2.78 | 2.69 | 2.62 | 2.54 | 2.48 | 2.45 | 2.35 | 2.27 |
| 24 | 0.100 | 1.88 | 1.83 | 1.78 | 1.73 | 1.70 | 1.67 | 1.64 | 1.62 | 1.61 | 1.57 | 1.54 |
| | 0.050 | 2.25 | 2.18 | 2.11 | 2.03 | 1.97 | 1.94 | 1.89 | 1.86 | 1.84 | 1.79 | 1.74 |
| | 0.025 | 2.64 | 2.54 | 2.44 | 2.33 | 2.26 | 2.21 | 2.15 | 2.11 | 2.08 | 2.01 | 1.94 |
| | 0.010 | 3.17 | 3.03 | 2.89 | 2.74 | 2.64 | 2.58 | 2.49 | 2.44 | 2.40 | 2.31 | 2.22 |

| $k_2$ | $\alpha$ | $k_1$ | | | | | | | | |
|---|---|---|---|---|---|---|---|---|---|---|
| | | 1 | 2 | 3 | 4 | 5 | 6 | 7 | 8 | 9 |
| 25 | 0.100 | 2.92 | 2.53 | 2.32 | 2.18 | 2.09 | 2.02 | 1.97 | 1.93 | 1.89 |
| | 0.050 | 4.24 | 3.39 | 2.99 | 2.76 | 2.60 | 2.49 | 2.40 | 2.34 | 2.28 |
| | 0.025 | 5.69 | 4.29 | 3.69 | 3.35 | 3.13 | 2.97 | 2.85 | 2.75 | 2.68 |
| | 0.010 | 7.77 | 5.57 | 4.68 | 4.18 | 3.85 | 3.63 | 3.46 | 3.32 | 3.22 |
| 26 | 0.100 | 2.91 | 2.52 | 2.31 | 2.17 | 2.08 | 2.01 | 1.96 | 1.92 | 1.88 |
| | 0.050 | 4.23 | 3.37 | 2.98 | 2.74 | 2.59 | 2.47 | 2.39 | 2.32 | 2.27 |
| | 0.025 | 5.66 | 4.27 | 3.67 | 3.33 | 3.10 | 2.94 | 2.82 | 2.73 | 2.65 |
| | 0.010 | 7.72 | 5.53 | 4.64 | 4.14 | 3.82 | 3.59 | 3.42 | 3.29 | 3.18 |
| 27 | 0.100 | 2.90 | 2.51 | 2.30 | 2.17 | 2.07 | 2.00 | 1.95 | 1.91 | 1.87 |
| | 0.050 | 4.21 | 3.35 | 2.96 | 2.73 | 2.57 | 2.46 | 2.37 | 2.31 | 2.25 |
| | 0.025 | 5.63 | 4.24 | 3.65 | 3.31 | 3.08 | 2.92 | 2.80 | 2.71 | 2.63 |
| | 0.010 | 7.68 | 5.49 | 4.60 | 4.11 | 3.78 | 3.56 | 3.39 | 3.26 | 3.15 |
| 28 | 0.100 | 2.89 | 2.50 | 2.29 | 2.16 | 2.06 | 2.00 | 1.94 | 1.90 | 1.87 |
| | 0.050 | 4.20 | 3.34 | 2.95 | 2.71 | 2.56 | 2.45 | 2.36 | 2.29 | 2.24 |
| | 0.025 | 5.61 | 4.22 | 3.63 | 3.29 | 3.06 | 2.90 | 2.78 | 2.69 | 2.61 |
| | 0.010 | 7.64 | 5.45 | 4.57 | 4.07 | 3.75 | 3.53 | 3.36 | 3.23 | 3.12 |
| 29 | 0.100 | 2.89 | 2.50 | 2.28 | 2.15 | 2.06 | 1.99 | 1.93 | 1.89 | 1.86 |
| | 0.050 | 4.18 | 3.33 | 2.93 | 2.70 | 2.55 | 2.43 | 2.35 | 2.28 | 2.22 |
| | 0.025 | 5.59 | 4.20 | 3.61 | 3.27 | 3.04 | 2.88 | 2.76 | 2.67 | 2.59 |
| | 0.010 | 7.60 | 5.42 | 4.54 | 4.04 | 3.73 | 3.50 | 3.33 | 3.20 | 3.09 |
| 30 | 0.100 | 2.88 | 2.49 | 2.28 | 2.14 | 2.05 | 1.98 | 1.93 | 1.88 | 1.85 |
| | 0.050 | 4.17 | 3.32 | 2.92 | 2.69 | 2.53 | 2.42 | 2.33 | 2.27 | 2.21 |
| | 0.025 | 5.57 | 4.18 | 3.59 | 3.25 | 3.03 | 2.87 | 2.75 | 2.65 | 2.57 |
| | 0.010 | 7.56 | 5.39 | 4.51 | 4.02 | 3.70 | 3.47 | 3.30 | 3.17 | 3.07 |
| 40 | 0.100 | 2.84 | 2.44 | 2.23 | 2.09 | 2.00 | 1.93 | 1.87 | 1.83 | 1.79 |
| | 0.050 | 4.08 | 3.23 | 2.84 | 2.61 | 2.45 | 2.34 | 2.25 | 2.18 | 2.12 |
| | 0.025 | 5.42 | 4.05 | 3.46 | 3.13 | 2.90 | 2.74 | 2.62 | 2.53 | 2.45 |
| | 0.010 | 7.31 | 5.18 | 4.31 | 3.83 | 3.51 | 3.29 | 3.12 | 2.99 | 2.89 |
| 50 | 0.100 | 2.81 | 2.41 | 2.20 | 2.06 | 1.97 | 1.90 | 1.84 | 1.80 | 1.76 |
| | 0.050 | 4.03 | 3.18 | 2.79 | 2.56 | 2.40 | 2.29 | 2.20 | 2.13 | 2.07 |
| | 0.025 | 5.34 | 3.97 | 3.39 | 3.05 | 2.83 | 2.67 | 2.55 | 2.46 | 2.38 |
| | 0.010 | 7.17 | 5.06 | 4.20 | 3.72 | 3.41 | 3.19 | 3.02 | 2.89 | 2.78 |
| 60 | 0.100 | 2.79 | 2.39 | 2.18 | 2.04 | 1.95 | 1.87 | 1.82 | 1.77 | 1.74 |
| | 0.050 | 4.00 | 3.15 | 2.76 | 2.53 | 2.37 | 2.25 | 2.17 | 2.10 | 2.04 |
| | 0.025 | 5.29 | 3.93 | 3.34 | 3.01 | 2.79 | 2.63 | 2.51 | 2.41 | 2.33 |
| | 0.010 | 7.08 | 4.98 | 4.13 | 3.65 | 3.34 | 3.12 | 2.95 | 2.82 | 2.72 |
| 100 | 0.100 | 2.76 | 2.36 | 2.14 | 2.00 | 1.91 | 1.83 | 1.78 | 1.73 | 1.69 |
| | 0.050 | 3.94 | 3.09 | 2.70 | 2.46 | 2.31 | 2.19 | 2.10 | 2.03 | 1.97 |
| | 0.025 | 5.18 | 3.83 | 3.25 | 2.92 | 2.70 | 2.54 | 2.42 | 2.32 | 2.24 |
| | 0.010 | 6.90 | 4.82 | 3.98 | 3.51 | 3.21 | 2.99 | 2.82 | 2.69 | 2.59 |
| 200 | 0.100 | 2.73 | 2.33 | 2.11 | 1.97 | 1.88 | 1.80 | 1.75 | 1.70 | 1.66 |
| | 0.050 | 3.89 | 3.04 | 2.65 | 2.42 | 2.26 | 2.14 | 2.06 | 1.98 | 1.93 |
| | 0.025 | 5.10 | 3.76 | 3.18 | 2.85 | 2.63 | 2.47 | 2.35 | 2.26 | 2.18 |
| | 0.010 | 6.76 | 4.71 | 3.88 | 3.41 | 3.11 | 2.89 | 2.73 | 2.60 | 2.50 |
| 1000 | 0.100 | 2.71 | 2.31 | 2.09 | 1.95 | 1.85 | 1.78 | 1.72 | 1.68 | 1.64 |
| | 0.050 | 3.85 | 3.00 | 2.61 | 2.38 | 2.22 | 2.11 | 2.02 | 1.95 | 1.89 |
| | 0.025 | 5.04 | 3.70 | 3.13 | 2.80 | 2.58 | 2.42 | 2.30 | 2.20 | 2.13 |
| | 0.010 | 6.66 | 4.63 | 3.80 | 3.34 | 3.04 | 2.82 | 2.66 | 2.53 | 2.43 |

| $k_2$ | $\alpha$ | $k_1$ | | | | | | | | | | |
|---|---|---|---|---|---|---|---|---|---|---|---|---|
| | | 10 | 12 | 15 | 20 | 25 | 30 | 40 | 50 | 60 | 120 | 1000 |
| 25 | 0.100 | 1.87 | 1.82 | 1.77 | 1.72 | 1.68 | 1.66 | 1.63 | 1.61 | 1.59 | 1.56 | 1.52 |
| | 0.050 | 2.24 | 2.16 | 2.09 | 2.01 | 1.96 | 1.92 | 1.87 | 1.84 | 1.82 | 1.77 | 1.72 |
| | 0.025 | 2.61 | 2.51 | 2.41 | 2.30 | 2.23 | 2.18 | 2.12 | 2.08 | 2.05 | 1.98 | 1.91 |
| | 0.010 | 3.13 | 2.99 | 2.85 | 2.70 | 2.60 | 2.54 | 2.45 | 2.40 | 2.36 | 2.27 | 2.18 |
| 26 | 0.100 | 1.86 | 1.81 | 1.76 | 1.71 | 1.67 | 1.65 | 1.61 | 1.59 | 1.58 | 1.54 | 1.51 |
| | 0.050 | 2.22 | 2.15 | 2.07 | 1.99 | 1.94 | 1.90 | 1.85 | 1.82 | 1.80 | 1.75 | 1.70 |
| | 0.025 | 2.59 | 2.49 | 2.39 | 2.28 | 2.21 | 2.16 | 2.09 | 2.05 | 2.03 | 1.95 | 1.89 |
| | 0.010 | 3.09 | 2.96 | 2.81 | 2.66 | 2.57 | 2.50 | 2.42 | 2.36 | 2.33 | 2.23 | 2.14 |
| 27 | 0.100 | 1.85 | 1.80 | 1.75 | 1.70 | 1.66 | 1.64 | 1.60 | 1.58 | 1.57 | 1.53 | 1.50 |
| | 0.050 | 2.20 | 2.13 | 2.06 | 1.97 | 1.92 | 1.88 | 1.84 | 1.81 | 1.79 | 1.73 | 1.68 |
| | 0.025 | 2.57 | 2.47 | 2.36 | 2.25 | 2.18 | 2.13 | 2.07 | 2.03 | 2.00 | 1.93 | 1.86 |
| | 0.010 | 3.06 | 2.93 | 2.78 | 2.63 | 2.54 | 2.47 | 2.38 | 2.33 | 2.29 | 2.20 | 2.11 |
| 28 | 0.100 | 1.84 | 1.79 | 1.74 | 1.69 | 1.65 | 1.63 | 1.59 | 1.57 | 1.56 | 1.52 | 1.48 |
| | 0.050 | 2.19 | 2.12 | 2.04 | 1.96 | 1.91 | 1.87 | 1.82 | 1.79 | 1.77 | 1.71 | 1.66 |
| | 0.025 | 2.55 | 2.45 | 2.34 | 2.23 | 2.16 | 2.11 | 2.05 | 2.01 | 1.98 | 1.91 | 1.84 |
| | 0.010 | 3.03 | 2.90 | 2.75 | 2.60 | 2.51 | 2.44 | 2.35 | 2.30 | 2.26 | 2.17 | 2.08 |
| 29 | 0.100 | 1.83 | 1.78 | 1.73 | 1.68 | 1.64 | 1.62 | 1.58 | 1.56 | 1.55 | 1.51 | 1.47 |
| | 0.050 | 2.18 | 2.10 | 2.03 | 1.94 | 1.89 | 1.85 | 1.81 | 1.77 | 1.75 | 1.70 | 1.65 |
| | 0.025 | 2.53 | 2.43 | 2.32 | 2.21 | 2.14 | 2.09 | 2.03 | 1.99 | 1.96 | 1.89 | 1.82 |
| | 0.010 | 3.00 | 2.87 | 2.73 | 2.57 | 2.48 | 2.41 | 2.33 | 2.27 | 2.23 | 2.14 | 2.05 |
| 30 | 0.100 | 1.82 | 1.77 | 1.72 | 1.67 | 1.63 | 1.61 | 1.57 | 1.55 | 1.54 | 1.50 | 1.46 |
| | 0.050 | 2.16 | 2.09 | 2.01 | 1.93 | 1.88 | 1.84 | 1.79 | 1.76 | 1.74 | 1.68 | 1.63 |
| | 0.025 | 2.51 | 2.41 | 2.31 | 2.20 | 2.12 | 2.07 | 2.01 | 1.97 | 1.94 | 1.87 | 1.80 |
| | 0.010 | 2.98 | 2.84 | 2.70 | 2.55 | 2.45 | 2.39 | 2.30 | 2.25 | 2.21 | 2.11 | 2.02 |
| 40 | 0.100 | 1.76 | 1.71 | 1.66 | 1.61 | 1.57 | 1.54 | 1.51 | 1.48 | 1.47 | 1.42 | 1.38 |
| | 0.050 | 2.08 | 2.00 | 1.92 | 1.84 | 1.78 | 1.74 | 1.69 | 1.66 | 1.64 | 1.58 | 1.52 |
| | 0.025 | 2.39 | 2.29 | 2.18 | 2.07 | 1.99 | 1.94 | 1.88 | 1.83 | 1.80 | 1.72 | 1.65 |
| | 0.010 | 2.80 | 2.66 | 2.52 | 2.37 | 2.27 | 2.20 | 2.11 | 2.06 | 2.02 | 1.92 | 1.82 |
| 50 | 0.100 | 1.73 | 1.68 | 1.63 | 1.57 | 1.53 | 1.50 | 1.46 | 1.44 | 1.42 | 1.38 | 1.33 |
| | 0.050 | 2.03 | 1.95 | 1.87 | 1.78 | 1.73 | 1.69 | 1.63 | 1.60 | 1.58 | 1.51 | 1.45 |
| | 0.025 | 2.32 | 2.22 | 2.11 | 1.99 | 1.92 | 1.87 | 1.80 | 1.75 | 1.72 | 1.64 | 1.56 |
| | 0.010 | 2.70 | 2.56 | 2.42 | 2.27 | 2.17 | 2.10 | 2.01 | 1.95 | 1.91 | 1.80 | 1.70 |
| 60 | 0.100 | 1.71 | 1.66 | 1.60 | 1.54 | 1.50 | 1.48 | 1.44 | 1.41 | 1.40 | 1.35 | 1.30 |
| | 0.050 | 1.99 | 1.92 | 1.84 | 1.75 | 1.69 | 1.65 | 1.59 | 1.56 | 1.53 | 1.47 | 1.40 |
| | 0.025 | 2.27 | 2.17 | 2.06 | 1.94 | 1.87 | 1.82 | 1.74 | 1.70 | 1.67 | 1.58 | 1.49 |
| | 0.010 | 2.63 | 2.50 | 2.35 | 2.20 | 2.10 | 2.03 | 1.94 | 1.88 | 1.84 | 1.73 | 1.62 |
| 100 | 0.100 | 1.66 | 1.61 | 1.56 | 1.49 | 1.45 | 1.42 | 1.38 | 1.35 | 1.34 | 1.28 | 1.22 |
| | 0.050 | 1.93 | 1.85 | 1.77 | 1.68 | 1.62 | 1.57 | 1.52 | 1.48 | 1.45 | 1.38 | 1.30 |
| | 0.025 | 2.18 | 2.08 | 1.97 | 1.85 | 1.77 | 1.71 | 1.64 | 1.59 | 1.56 | 1.46 | 1.36 |
| | 0.010 | 2.50 | 2.37 | 2.22 | 2.07 | 1.97 | 1.89 | 1.80 | 1.74 | 1.69 | 1.57 | 1.45 |
| 200 | 0.100 | 1.63 | 1.58 | 1.52 | 1.46 | 1.41 | 1.38 | 1.34 | 1.31 | 1.29 | 1.23 | 1.16 |
| | 0.050 | 1.88 | 1.80 | 1.72 | 1.62 | 1.56 | 1.52 | 1.46 | 1.41 | 1.39 | 1.30 | 1.21 |
| | 0.025 | 2.11 | 2.01 | 1.90 | 1.78 | 1.70 | 1.64 | 1.56 | 1.51 | 1.47 | 1.37 | 1.25 |
| | 0.010 | 2.41 | 2.27 | 2.13 | 1.97 | 1.87 | 1.79 | 1.69 | 1.63 | 1.58 | 1.45 | 1.30 |
| 1000 | 0.100 | 1.61 | 1.55 | 1.49 | 1.43 | 1.38 | 1.35 | 1.30 | 1.27 | 1.25 | 1.18 | 1.08 |
| | 0.050 | 1.84 | 1.76 | 1.68 | 1.58 | 1.52 | 1.47 | 1.41 | 1.36 | 1.33 | 1.24 | 1.11 |
| | 0.025 | 2.06 | 1.96 | 1.85 | 1.72 | 1.64 | 1.58 | 1.50 | 1.45 | 1.41 | 1.29 | 1.13 |
| | 0.010 | 2.34 | 2.20 | 2.06 | 1.90 | 1.79 | 1.72 | 1.61 | 1.54 | 1.50 | 1.35 | 1.16 |

## 표 6 윌콕슨 부호순위 통계량 분포표

$$P = P\{W^+ \geq x\} = P\{W^+ \leq x^*\}$$

| $n=3$ | | | $n=4$ | | | $n=5$ | | | $n=6$ | | |
|---|---|---|---|---|---|---|---|---|---|---|---|
| $x$ | $P$ | $x^*$ | $x$ | $P$ | $x^*$ | $x$ | $P$ | $x^*$ | $x$ | $P$ | $x^*$ |
| 5 | .250 | 1 | 8 | .188 | 2 | 12 | .156 | 3 | 17 | .109 | 4 |
| 6 | .125 | 0 | 9 | .125 | 1 | 13 | .094 | 2 | 18 | .078 | 3 |
| 7 | 0 | | 10 | .062 | 0 | 14 | .062 | 1 | 19 | .047 | 2 |
| | | | 11 | 0 | | 15 | .031 | 0 | 20 | .031 | 1 |
| | | | | | | 16 | 0 | | 21 | .016 | 0 |
| | | | | | | | | | 22 | 0 | |

| $n=7$ | | | $n=8$ | | | $n=9$ | | | $n=10$ | | |
|---|---|---|---|---|---|---|---|---|---|---|---|
| $x$ | $P$ | $x^*$ | $x$ | $P$ | $x^*$ | $x$ | $P$ | $x^*$ | $x$ | $P$ | $x^*$ |
| 22 | .109 | 6 | 27 | .125 | 9 | 34 | .102 | 11 | 40 | .116 | 15 |
| 23 | .078 | 5 | 28 | .098 | 8 | 35 | .082 | 10 | 41 | .097 | 14 |
| 24 | .055 | 4 | 29 | .074 | 7 | 36 | .064 | 9 | 42 | .080 | 13 |
| 25 | .039 | 3 | 30 | .055 | 6 | 37 | .049 | 8 | 43 | .065 | 12 |
| 26 | .023 | 2 | 31 | .039 | 5 | 38 | .037 | 7 | 44 | .053 | 11 |
| 27 | .016 | 1 | 32 | .027 | 4 | 39 | .027 | 6 | 45 | .042 | 10 |
| 28 | .008 | 0 | 33 | .020 | 3 | 40 | .020 | 5 | 46 | .032 | 9 |
| | | | 34 | .012 | 2 | 41 | .014 | 4 | 47 | .024 | 8 |
| | | | 35 | .008 | 1 | 42 | .010 | 3 | 48 | .019 | 7 |
| | | | | | | | | | 49 | .014 | 6 |
| | | | | | | | | | 50 | .010 | 5 |

| $n=11$ | | |
|---|---|---|
| $x$ | $P$ | $x^*$ |
| 48 | .103 | 18 |
| 49 | .087 | 17 |
| 50 | .074 | 16 |
| 51 | .062 | 15 |
| 52 | .051 | 14 |
| 53 | .042 | 13 |
| 54 | .034 | 12 |
| 55 | .027 | 11 |
| 56 | .021 | 10 |
| 57 | .016 | 9 |
| 58 | .012 | 8 |
| 59 | .009 | 7 |

| $n=12$ | | |
|---|---|---|
| $x$ | $P$ | $x^*$ |
| 56 | .102 | 22 |
| 57 | .088 | 21 |
| 58 | .076 | 20 |
| 59 | .065 | 19 |
| 60 | .055 | 18 |
| 61 | .046 | 17 |
| 62 | .039 | 16 |
| 63 | .032 | 15 |
| 64 | .026 | 14 |
| 65 | .021 | 13 |
| 66 | .017 | 12 |
| 67 | .013 | 11 |
| 68 | .010 | 10 |

| $n=13$ | | |
|---|---|---|
| $x$ | $P$ | $x^*$ |
| 64 | .108 | 27 |
| 65 | .095 | 26 |
| 66 | .084 | 25 |
| 67 | .073 | 24 |
| 68 | .064 | 23 |
| 69 | .055 | 22 |
| 70 | .047 | 21 |
| 71 | .040 | 20 |
| 72 | .034 | 19 |
| 73 | .029 | 18 |
| 74 | .024 | 17 |
| 75 | .020 | 16 |
| 76 | .016 | 15 |
| 77 | .013 | 14 |
| 78 | .011 | 13 |
| 79 | .009 | 12 |

| $n=14$ | | |
|---|---|---|
| $x$ | $P$ | $x^*$ |
| 73 | .108 | 32 |
| 74 | .097 | 31 |
| 75 | .086 | 30 |
| 76 | .077 | 29 |
| 77 | .068 | 28 |
| 78 | .059 | 27 |
| 79 | .052 | 26 |
| 80 | .045 | 25 |
| 81 | .039 | 24 |
| 82 | .034 | 23 |
| 83 | .029 | 22 |
| 84 | .025 | 21 |
| 85 | .021 | 20 |
| 86 | .018 | 19 |
| 87 | .015 | 18 |
| 88 | .012 | 17 |
| 89 | .010 | 16 |

| $n=15$ | | | | | |
|---|---|---|---|---|---|
| $x$ | $P$ | $x^*$ | $x$ | $P$ | $x^*$ |
| 83 | .104 | 37 | 92 | .036 | 28 |
| 84 | .094 | 36 | 93 | .032 | 27 |
| 85 | .084 | 35 | 94 | .028 | 26 |
| 86 | .076 | 34 | 95 | .024 | 25 |
| 87 | .068 | 33 | 96 | .021 | 24 |
| 88 | .060 | 32 | 97 | .018 | 23 |
| 89 | .053 | 31 | 98 | .015 | 22 |
| 90 | .047 | 30 | 99 | .013 | 21 |
| 91 | .042 | 29 | 100 | .011 | 20 |
| | | | 101 | .009 | 19 |

## 표 7 윌콕슨 순위합 통계량 분포표

$$P = P\{W_s \geq x\} = P\{W_s \leq x^*\}$$

SMALLER SAMPLE SIZE=2

LARGER SAMPLE SIZE

| 3 | | | 4 | | | 5 | | | 6 | | |
|---|---|---|---|---|---|---|---|---|---|---|---|
| $x$ | $P$ | $x^*$ | $x$ | $P$ | $x^*$ | $x$ | $P$ | $x^*$ | $x$ | $P$ | $x^*$ |
| 8 | .200 | 4 | 10 | .133 | 4 | 11 | .190 | 5 | 13 | .143 | 5 |
| 9 | .100 | 3 | 11 | .067 | 3 | 12 | .095 | 4 | 14 | .071 | 4 |
| 10 | 0 | 2 | 12 | 0 | 2 | 13 | .048 | 3 | 15 | .036 | 3 |
| | | | | | | 14 | 0 | 2 | 16 | 0 | 2 |

| 7 | | | 8 | | | 9 | | | 10 | | |
|---|---|---|---|---|---|---|---|---|---|---|---|
| $x$ | $P$ | $x^*$ | $x$ | $P$ | $x^*$ | $x$ | $P$ | $x^*$ | $x$ | $P$ | $x^*$ |
| 15 | .111 | 5 | 16 | .133 | 6 | 18 | .109 | 6 | 19 | .136 | 7 |
| 16 | .056 | 4 | 17 | .089 | 5 | 19 | .073 | 5 | 20 | .091 | 6 |
| 17 | .028 | 3 | 18 | .044 | 4 | 20 | .036 | 4 | 21 | .061 | 5 |
| 18 | 0 | 2 | 19 | .022 | 3 | 21 | .018 | 3 | 22 | .030 | 4 |
| | | | 20 | 0 | 2 | 22 | 0 | 2 | 23 | .015 | 3 |

SMALLER SAMPLE SIZE=3

LARGER SAMPLE SIZE

| 3 | | | 4 | | | 5 | | | 6 | | |
|---|---|---|---|---|---|---|---|---|---|---|---|
| $x$ | $P$ | $x^*$ | $x$ | $P$ | $x^*$ | $x$ | $P$ | $x^*$ | $x$ | $P$ | $x^*$ |
| 13 | .200 | 8 | 16 | .114 | 8 | 18 | .125 | 9 | 20 | .131 | 10 |
| 14 | .100 | 7 | 17 | .057 | 7 | 19 | .071 | 8 | 21 | .083 | 9 |
| 15 | .050 | 6 | 18 | .029 | 6 | 20 | .036 | 7 | 22 | .048 | 8 |
| 16 | 0 | 5 | 19 | 0 | 5 | 21 | .018 | 6 | 23 | .024 | 7 |
| | | | | | | 22 | 0 | 5 | 24 | .012 | 6 |
| | | | | | | | | | 25 | 0 | 5 |

| 7 | | | 8 | | | 9 | | | 10 | | |
|---|---|---|---|---|---|---|---|---|---|---|---|
| $x$ | $P$ | $x^*$ | $x$ | $P$ | $x^*$ | $x$ | $P$ | $x^*$ | $x$ | $P$ | $x^*$ |
| 22 | .133 | 11 | 24 | .139 | 12 | 27 | .105 | 12 | 29 | .108 | 13 |
| 23 | .092 | 10 | 25 | .097 | 11 | 28 | .073 | 11 | 30 | .080 | 12 |
| 24 | .058 | 9 | 26 | .067 | 10 | 29 | .050 | 10 | 31 | .056 | 11 |
| 25 | .033 | 8 | 27 | .042 | 9 | 30 | .032 | 9 | 32 | .038 | 10 |
| 26 | .017 | 7 | 28 | .024 | 8 | 31 | .018 | 8 | 33 | .024 | 9 |
| 27 | .008 | 6 | 29 | .012 | 7 | 32 | .009 | 7 | 34 | .014 | 8 |
| 28 | 0 | 5 | 30 | .006 | 6 | | | | 35 | .007 | 7 |
| | | | 31 | 0 | 5 | | | | | | |

SMALLER SAMPLE SIZE = 4

LARGER SAMPLE SIZE

| 4 | | | 5 | | | 6 | | | 7 | | |
|---|---|---|---|---|---|---|---|---|---|---|---|
| $x$ | $P$ | $x^*$ | $x$ | $P$ | $x^*$ | $x$ | $P$ | $x^*$ | $x$ | $P$ | $x^*$ |
| 22 | .171 | 14 | 25 | .143 | 15 | 28 | .129 | 16 | 31 | .115 | 17 |
| 23 | .100 | 13 | 26 | .095 | 14 | 29 | .086 | 15 | 32 | .082 | 16 |
| 24 | .057 | 12 | 27 | .056 | 13 | 30 | .057 | 14 | 33 | .055 | 15 |
| 25 | .029 | 11 | 28 | .032 | 12 | 31 | .033 | 13 | 34 | .036 | 14 |
| 26 | .014 | 10 | 29 | .016 | 11 | 32 | .019 | 12 | 35 | .021 | 13 |
| 27 | 0 | 9 | 30 | .008 | 10 | 33 | .010 | 11 | 36 | .012 | 12 |
| | | | 31 | 0 | 9 | | | | 37 | .006 | 11 |

| 8 | | | 9 | | | 10 | | |
|---|---|---|---|---|---|---|---|---|
| $x$ | $P$ | $x^*$ | $x$ | $P$ | $x^*$ | $x$ | $P$ | $x^*$ |
| 34 | .107 | 18 | 36 | .130 | 20 | 39 | .120 | 21 |
| 35 | .077 | 17 | 37 | .099 | 19 | 40 | .094 | 20 |
| 36 | .055 | 16 | 38 | .074 | 18 | 41 | .017 | 19 |
| 37 | .036 | 15 | 39 | .053 | 17 | 42 | .053 | 18 |
| 38 | .024 | 14 | 40 | .038 | 16 | 43 | .038 | 17 |
| 39 | .014 | 13 | 41 | .025 | 15 | 44 | .027 | 16 |
| 40 | .008 | 12 | 42 | .017 | 14 | 45 | .018 | 15 |
| | | | 43 | .010 | 13 | 46 | .012 | 14 |
| | | | | | | 47 | .007 | 13 |

SMALLER SAMPLE SIZE = 5

LARGER SAMPLE SIZE

| 5 | | | 6 | | | 7 | | | 8 | | |
|---|---|---|---|---|---|---|---|---|---|---|---|
| $x$ | $P$ | $x^*$ | $x$ | $P$ | $x^*$ | $x$ | $P$ | $x^*$ | $x$ | $P$ | $x^*$ |
| 34 | .111 | 21 | 37 | .123 | 23 | 41 | .101 | 24 | 44 | .111 | 26 |
| 35 | .075 | 20 | 38 | .089 | 22 | 42 | .074 | 23 | 45 | .085 | 25 |
| 36 | .048 | 19 | 39 | .063 | 21 | 43 | .053 | 22 | 46 | .064 | 24 |
| 37 | .028 | 18 | 40 | .041 | 20 | 44 | .037 | 21 | 47 | .047 | 23 |
| 38 | .016 | 17 | 41 | .026 | 19 | 45 | .024 | 20 | 48 | .033 | 22 |
| 39 | .008 | 16 | 42 | .015 | 18 | 46 | .015 | 19 | 49 | .023 | 21 |
| | | | 43 | .009 | 17 | 47 | .009 | 18 | 50 | .015 | 20 |
| | | | | | | | | | 51 | .009 | 19 |

| 9 | | | 10 | | |
|---|---|---|---|---|---|
| $x$ | $P$ | $x^*$ | $x$ | $P$ | $x^*$ |
| 47 | .120 | 28 | 51 | .103 | 29 |
| 48 | .095 | 27 | 52 | .082 | 28 |
| 49 | .073 | 26 | 53 | .065 | 27 |
| 50 | .056 | 25 | 54 | .050 | 26 |
| 51 | .041 | 24 | 55 | .038 | 25 |
| 52 | .030 | 23 | 56 | .028 | 24 |
| 53 | .021 | 22 | 57 | .020 | 23 |
| 54 | .014 | 21 | 58 | .014 | 22 |
| 55 | .009 | 20 | 59 | .010 | 21 |

| SMALLER SAMPLE SIZE=6 | | | | | | | | | | | | | | |
|---|---|---|---|---|---|---|---|---|---|---|---|---|---|---|
| LARGER SAMPLE SIZE | | | | | | | | | | | | | | |
| 6 | | | 7 | | | 8 | | | 9 | | | 10 | | |
| $x$ | $P$ | $x^*$ | $x$ | $P$ | $x^*$ | $x$ | $P$ | $x^*$ | $x$ | $P$ | $x^*$ | $x$ | $P$ | $x^*$ |
| 47 | .120 | 31 | 51 | .117 | 33 | 55 | .114 | 35 | 59 | .112 | 37 | 63 | .110 | 39 |
| 48 | .090 | 30 | 52 | .090 | 32 | 56 | .091 | 34 | 60 | .091 | 36 | 64 | .090 | 38 |
| 49 | .066 | 29 | 53 | .069 | 31 | 57 | .071 | 33 | 61 | .072 | 35 | 65 | .074 | 37 |
| 50 | .047 | 28 | 54 | .051 | 30 | 58 | .054 | 32 | 62 | .057 | 34 | 66 | .059 | 36 |
| 51 | .032 | 27 | 55 | .037 | 29 | 59 | .041 | 31 | 63 | .044 | 33 | 67 | .047 | 35 |
| 52 | .021 | 26 | 56 | .026 | 28 | 60 | .030 | 30 | 64 | .033 | 32 | 68 | .036 | 34 |
| 53 | .013 | 25 | 57 | .017 | 27 | 61 | .021 | 29 | 65 | .025 | 31 | 69 | .028 | 33 |
| 54 | .008 | 24 | 58 | .011 | 26 | 62 | .015 | 28 | 66 | .018 | 30 | 70 | .021 | 32 |
| | | | 59 | .007 | 25 | 63 | .010 | 27 | 67 | .013 | 29 | 71 | .016 | 31 |
| | | | | | | | | | 68 | .009 | 28 | 72 | .011 | 30 |
| | | | | | | | | | | | | 73 | .008 | 29 |

| SMALLER SAMPLE SIZE=7 | | | | | | | | | | | |
|---|---|---|---|---|---|---|---|---|---|---|---|
| LARGER SAMPLE SIZE | | | | | | | | | | | |
| 7 | | | 8 | | | 9 | | | 10 | | |
| $x$ | $P$ | $x^*$ | $x$ | $P$ | $x^*$ | $x$ | $P$ | $x^*$ | $x$ | $P$ | $x^*$ |
| 63 | .104 | 42 | 67 | .116 | 45 | 72 | .105 | 47 | 76 | .115 | 50 |
| 64 | .082 | 41 | 68 | .095 | 44 | 73 | .087 | 46 | 77 | .097 | 49 |
| 65 | .064 | 40 | 69 | .076 | 43 | 74 | .071 | 45 | 78 | .081 | 48 |
| 66 | .049 | 39 | 70 | .060 | 42 | 75 | .057 | 44 | 79 | .067 | 47 |
| 67 | .036 | 38 | 71 | .047 | 41 | 76 | .045 | 43 | 80 | .054 | 46 |
| 68 | .027 | 37 | 72 | .036 | 40 | 77 | .036 | 42 | 81 | .044 | 45 |
| 69 | .019 | 36 | 73 | .027 | 39 | 78 | .027 | 41 | 82 | .035 | 44 |
| 70 | .013 | 35 | 74 | .020 | 38 | 79 | .021 | 40 | 83 | .028 | 43 |
| 71 | .009 | 34 | 75 | .014 | 37 | 80 | .016 | 39 | 84 | .022 | 42 |
| | | | 76 | .010 | 36 | 81 | .011 | 38 | 85 | .017 | 41 |
| | | | | | | 82 | .008 | 37 | 86 | .012 | 40 |
| | | | | | | | | | 87 | .009 | 39 |

| SMALLER SAMPLE SIZE=8 | | | | | | | | |
|---|---|---|---|---|---|---|---|---|
| LARGER SAMPLE SIZE | | | | | | | | |
| 8 | | | 9 | | | 10 | | |
| $x$ | $P$ | $x^*$ | $x$ | $P$ | $x^*$ | $x$ | $P$ | $x^*$ |
| 80 | .117 | 56 | 86 | .100 | 58 | 91 | .102 | 61 |
| 81 | .097 | 55 | 87 | .084 | 57 | 92 | .086 | 60 |
| 82 | .080 | 54 | 88 | .069 | 56 | 93 | .073 | 59 |
| 83 | .065 | 53 | 89 | .057 | 55 | 94 | .061 | 58 |
| 84 | .052 | 52 | 90 | .046 | 54 | 95 | .051 | 57 |
| 85 | .041 | 51 | 91 | .037 | 53 | 96 | .042 | 56 |
| 86 | .032 | 50 | 92 | .030 | 52 | 97 | .034 | 55 |
| 87 | .025 | 49 | 93 | .023 | 51 | 98 | .027 | 54 |
| 88 | .019 | 48 | 94 | .018 | 50 | 99 | .022 | 53 |
| 89 | .014 | 47 | 95 | .014 | 49 | 100 | .017 | 52 |
| 90 | .010 | 46 | 96 | .010 | 48 | 101 | .013 | 51 |
| | | | | | | 102 | .010 | 50 |

| SMALLER SAMPLE SIZE=9 | | | | | | SMALLER SAMPLE SIZE=10 | | |
|---|---|---|---|---|---|---|---|---|
| LARGER SAMPLE SIZE | | | | | | LARGER SAMPLE SIZE | | |
| 9 | | | 10 | | | 10 | | |
| $x$ | $P$ | $x^*$ | $x$ | $P$ | $x^*$ | $x$ | $P$ | $x^*$ |
| 100 | .111 | 71 | 106 | .106 | 74 | 122 | .109 | 88 |
| 101 | .095 | 70 | 107 | .091 | 73 | 123 | .095 | 87 |
| 102 | .081 | 69 | 108 | .078 | 72 | 124 | .083 | 86 |
| 103 | .068 | 68 | 109 | .067 | 71 | 125 | .072 | 85 |
| 104 | .057 | 67 | 110 | .056 | 70 | 126 | .062 | 84 |
| 105 | .047 | 66 | 111 | .047 | 69 | 127 | .053 | 83 |
| 106 | .039 | 65 | 112 | .039 | 68 | 128 | .045 | 82 |
| 107 | .031 | 64 | 113 | .033 | 67 | 129 | .038 | 81 |
| 108 | .025 | 63 | 114 | .027 | 66 | 130 | .032 | 80 |
| 109 | .020 | 62 | 115 | .022 | 65 | 131 | .026 | 79 |
| 110 | .016 | 61 | 116 | .017 | 64 | 132 | .022 | 78 |
| 111 | .012 | 60 | 117 | .014 | 63 | 133 | .018 | 77 |
| 112 | .009 | 59 | 118 | .011 | 62 | 134 | .014 | 76 |
| | | | 119 | .009 | 61 | 135 | .012 | 75 |
| | | | | | | 136 | .009 | 74 |

## 표 8 크루스칼-왈리스 통계량($H$) 분포표: $P_0\{H \geq x\}$ ($k=3$일 때)

$$P_0\{H \geq x\} = \alpha \text{이면 } h_\alpha(n_1, n_2, n_3) = x$$

$n_1=1,\ n_2=1,\ n_3=2$

| $x$ | $P_0\{H \geq x\}$ |
|---|---|
| .300 | 1.000 |
| 1.800 | .833 |
| 2.700 | .500 |

$n_1=1,\ n_2=1,\ n_3=3$

| $x$ | $P_0\{H \geq x\}$ |
|---|---|
| .533 | 1.000 |
| .800 | .800 |
| 2.133 | .700 |
| 3.200 | .300 |

$n_1=1,\ n_2=1,\ n_3=4$

| $x$ | $P_0\{H \geq x\}$ |
|---|---|
| .143 | 1.000 |
| .786 | .933 |
| 1.000 | .800 |
| 1.286 | .667 |
| 2.143 | .600 |
| 2.500 | .467 |
| 3.571 | .200 |

$n_1=1,\ n_2=1,\ n_3=5$

| $x$ | $P_0\{H \geq x\}$ |
|---|---|
| .257 | 1.000 |
| .429 | .905 |
| 1.029 | .857 |
| 1.114 | .762 |
| 1.457 | .667 |
| 1.714 | .571 |

$n_1=1,\ n_2=1,\ n_3=5$

| $x$ | $P_0\{H \geq x\}$ |
|---|---|
| 2.314 | .524 |
| 2.829 | .333 |
| 3.857 | .143 |

$n_1=1,\ n_2=2,\ n_3=2$

| $x$ | $P_0\{H \geq x\}$ |
|---|---|
| .000 | 1.000 |
| .400 | .933 |
| .600 | .867 |
| 1.400 | .733 |
| 2.000 | .600 |
| 2.400 | .467 |
| 3.000 | .333 |
| 3.600 | .200 |

$n_1=1,\ n_2=2,\ n_3=3$

| $x$ | $P_0\{H \geq x\}$ |
|---|---|
| .095 | 1.000 |
| .238 | .933 |
| .429 | .900 |
| .810 | .833 |
| .857 | .800 |
| 1.238 | .700 |
| 1.381 | .600 |
| 1.952 | .567 |
| 2.143 | .533 |
| 2.381 | .433 |
| 3.095 | .267 |
| 3.524 | .200 |
| 3.857 | .133 |
| 4.286 | .100 |

$n_1=1,\ n_2=2,\ n_3=4$

| $x$ | $P_0\{H \geq x\}$ |
|---|---|
| .000 | 1.000 |
| .161 | .971 |
| .268 | .933 |
| .321 | .895 |
| .536 | .857 |
| .643 | .819 |
| .696 | .800 |
| 1.018 | .781 |
| 1.071 | .743 |
| 1.125 | .705 |
| 1.286 | .667 |
| 1.393 | .629 |
| 1.446 | .590 |
| 1.875 | .533 |
| 2.036 | .495 |
| 2.143 | .476 |
| 2.250 | .457 |
| 2.411 | .400 |
| 2.571 | .305 |
| 2.786 | .286 |
| 2.893 | .267 |
| 3.161 | .190 |
| 3.696 | .171 |
| 3.750 | .133 |
| 4.018 | .114 |
| 4.500 | .076 |
| 4.821 | .057 |

$n_1=1,\ n_2=2,\ n_3=5$

| $x$ | $P_0\{H \geq x\}$ |
|---|---|
| .050 | 1.000 |
| .133 | .964 |
| .200 | .940 |
| .450 | .905 |
| .467 | .845 |

$n_1=1,\ n_2=2,\ n_3=5$

| $x$ | $P_0\{H \geq x\}$ |
|---|---|
| .538 | .821 |
| .667 | .798 |
| .717 | .774 |
| 1.000 | .750 |
| 1.117 | .738 |
| 1.200 | .714 |
| 1.250 | .655 |
| 1.383 | .619 |
| 1.533 | .583 |
| 1.783 | .560 |
| 1.800 | .536 |
| 1.917 | .488 |
| 2.050 | .464 |
| 2.333 | .429 |
| 2.450 | .393 |
| 2.717 | .298 |
| 2.800 | .286 |
| 2.867 | .214 |
| 3.133 | .202 |
| 3.333 | .190 |
| 3.383 | .179 |
| 3.783 | .131 |
| 4.050 | .119 |
| 4.200 | .095 |
| 4.450 | .071 |
| 5.000 | .048 |
| 5.250 | .036 |

$n_1=1,\ n_2=3,\ n_3=3$

| $x$ | $P_0\{H \geq x\}$ |
|---|---|
| .000 | 1.000 |
| .143 | .986 |
| .286 | .957 |
| .571 | .871 |
| 1.000 | .771 |

### 표 8. (계속)

$n_1=1,\ n_2=3,\ n_3=3$

| $x$ | $P_0\{H \geq x\}$ |
|---|---|
| 1.143 | .743 |
| 1.286 | .600 |
| 1.571 | .571 |
| 2.000 | .514 |
| 2.286 | .486 |
| 2.571 | .329 |
| 3.143 | .243 |
| 3.286 | .157 |
| 4.000 | .129 |
| 4.571 | .100 |
| 5.143 | .043 |

$n_1=1,\ n_2=3,\ n_3=4$

| $x$ | $P_0\{H \geq x\}$ |
|---|---|
| 3.764 | .136 |
| 3.889 | .129 |
| 4.056 | .093 |
| 4.097 | .086 |
| 4.208 | .079 |
| 4.764 | .071 |
| 5.000 | .057 |
| 5.208 | .050 |
| 5.389 | .036 |
| 5.833 | .021 |

$n_1=1,\ n_2=3,\ n_3=5$

| $x$ | $P_0\{H \geq x\}$ |
|---|---|
| 2.844 | .258 |
| 2.951 | .218 |
| 3.040 | .210 |
| 3.218 | .190 |
| 3.271 | .183 |
| 3.378 | .143 |
| 3.484 | .135 |
| 3.804 | .131 |
| 3.840 | .123 |
| 4.018 | .095 |
| 4.284 | .083 |
| 4.338 | .079 |
| 4.551 | .075 |
| 4.711 | .056 |
| 4.871 | .052 |
| 4.960 | .048 |
| 5.404 | .044 |
| 5.440 | .036 |
| 5.760 | .028 |
| 6.044 | .020 |
| 6.400 | .012 |

$n_1=1,\ n_2=4,\ n_3=4$

| $x$ | $P_0\{H \geq x\}$ |
|---|---|
| 2.267 | .410 |
| 2.400 | .384 |
| 2.467 | .349 |
| 2.667 | .305 |
| 2.700 | .260 |
| 2.967 | .235 |
| 3.000 | .222 |
| 3.267 | .178 |
| 3.367 | 171 |
| 3.467 | .152 |
| 3.867 | .121 |
| 3.900 | .108 |
| 4.067 | .102 |
| 4.167 | .083 |
| 4.267 | .070 |
| 4.800 | .067 |
| 4.867 | .054 |
| 4.967 | .048 |
| 5.100 | .041 |
| 5.667 | .035 |
| 6.000 | .029 |
| 6.167 | .022 |
| 6.667 | .010 |

$n_1=1,\ n_2=3,\ n_3=4$

| $x$ | $P_0\{H \geq x\}$ |
|---|---|
| .056 | 1.000 |
| .097 | .971 |
| .208 | .950 |
| .333 | .921 |
| .431 | .900 |
| .500 | .871 |
| .556 | .843 |
| .764 | .786 |
| .875 | .743 |
| 1.097 | .721 |
| 1.208 | .707 |
| 1.222 | .679 |
| 1.389 | .629 |
| 1.431 | .557 |
| 1.764 | .536 |
| 1.833 | .514 |
| 1.875 | .471 |
| 2.097 | .457 |
| 2.208 | .443 |
| 2.333 | .429 |
| 2.431 | .371 |
| 2.722 | .300 |
| 2.764 | .229 |
| 3.000 | .221 |
| 3.097 | .214 |
| 3.208 | .200 |
| 3.222 | .157 |

$n_1=1,\ n_2=3,\ n_3=5$

| $x$ | $P_0\{H \geq x\}$ |
|---|---|
| .000 | 1.000 |
| .071 | .992 |
| .160 | .972 |
| .178 | .952 |
| .284 | .929 |
| .338 | .889 |
| .551 | .869 |
| .604 | .853 |
| .640 | .833 |
| .711 | .770 |
| .818 | .750 |
| .960 | .730 |
| 1.084 | .694 |
| 1.138 | .683 |
| 1.351 | .651 |
| 1.404 | .611 |
| 1.440 | .591 |
| 1.511 | .571 |
| 1.600 | .560 |
| 1.671 | .520 |
| 1.778 | .488 |
| 1.884 | .480 |
| 1.938 | .468 |
| 2.044 | .452 |
| 2.204 | .437 |
| 2.400 | .413 |
| 2.418 | .405 |
| 2.560 | .341 |

$n_1=1,\ n_2=4,\ n_3=4$

| $x$ | $P_0\{H \geq x\}$ |
|---|---|
| .000 | 1.000 |
| .067 | .987 |
| .167 | .968 |
| .267 | .930 |
| .300 | .911 |
| .567 | .873 |
| .600 | .835 |
| .667 | .803 |
| .867 | .759 |
| .967 | .721 |
| 1.067 | .689 |
| 1.200 | .676 |
| 1.367 | .644 |
| 1.500 | .600 |
| 1.667 | .537 |
| 1.767 | .498 |
| 2.167 | .460 |

$n_1=1,\ n_2=4,\ n_3=5$

| $x$ | $P_0\{H \geq x\}$ |
|---|---|
| .033 | 1.000 |
| .060 | .983 |
| .104 | .986 |
| .186 | .952 |
| .273 | .938 |
| .278 | .922 |
| .295 | .906 |
| .360 | .890 |
| .409 | .875 |
| .540 | .848 |
| .622 | .821 |
| .731 | .806 |
| .758 | .794 |
| .796 | .778 |
| .818 | .762 |

표 8. (계속)

| $x$ ($n_1=1, n_2=4, n_3=5$) | $P_0\{H \ge x\}$ |
|---|---|
| .906 | .730 |
| .933 | .719 |
| .976 | .690 |
| 1.151 | .676 |
| 1.167 | .665 |
| 1.195 | .651 |
| 1.233 | .640 |
| 1.342 | .625 |
| 1.369 | .614 |
| 1.495 | .606 |
| 1.500 | .589 |
| 1.587 | .562 |
| 1.604 | .535 |
| 1.669 | .517 |
| 1.778 | .498 |
| 1.806 | .483 |
| 1.849 | .468 |
| 1.931 | .460 |
| 2.040 | .441 |
| 2.067 | .432 |
| 2.106 | .419 |
| 2.242 | .406 |
| 2.286 | .400 |
| 2.455 | .394 |
| 2.460 | .354 |
| 2.504 | .346 |
| 2.591 | .300 |
| 2.651 | .286 |
| 2.896 | .251 |
| 2.913 | .222 |
| 2.940 | .216 |
| 3.000 | .208 |
| 3.087 | .194 |
| 3.158 | .187 |
| 3.240 | .183 |
| 3.349 | .151 |
| 3.524 | .146 |
| 3.595 | .138 |
| 3.682 | .132 |
| 3.813 | .110 |
| 3.960 | .102 |
| 3.987 | .098 |
| 4.206 | .095 |
| 4.222 | .087 |
| 4.287 | .071 |
| 4.549 | .067 |
| 4.636 | .063 |
| 4.724 | .060 |
| 4.833 | .059 |
| 4.860 | .056 |
| 4.896 | .044 |
| 5.078 | .041 |
| 5.160 | .038 |
| 5.515 | .037 |
| 5.558 | .035 |
| 5.596 | .033 |
| 5.733 | .027 |
| 5.776 | .025 |
| 5.858 | .024 |
| 5.864 | .022 |
| 5.967 | .021 |
| 6.431 | .019 |
| 6.578 | .016 |
| 6.818 | .013 |
| 6.840 | .011 |
| 6.954 | .008 |
| 7.364 | .005 |

| $x$ ($n_1=1, n_2=5, n_3=5$) | $P_0\{H \ge x\}$ |
|---|---|
| .000 | 1.000 |
| .036 | .994 |
| .109 | .982 |
| .146 | .956 |
| .182 | .944 |
| .327 | .920 |
| .400 | .885 |
| .436 | .872 |
| .546 | .847 |
| .582 | .802 |
| .727 | .792 |
| .836 | .771 |
| .909 | .752 |
| .982 | .716 |
| 1.127 | .669 |
| 1.200 | .646 |
| 1.309 | .630 |
| 1.346 | .605 |
| 1.600 | .584 |
| 1.636 | .571 |
| 1.709 | .509 |
| 1.746 | .493 |
| 1.782 | .468 |
| 1.927 | .462 |
| 2.000 | .438 |
| 2.146 | .422 |
| 2.182 | .411 |
| 2.327 | .379 |
| 2.436 | .374 |
| 2.509 | .361 |
| 2.582 | .314 |
| 2.727 | .286 |
| 2.909 | .242 |
| 2.946 | .227 |
| 3.236 | .188 |
| 3.346 | .168 |
| 3.382 | .161 |
| 3.527 | .141 |
| 3.600 | .132 |
| 3.636 | .116 |
| 3.927 | .113 |
| 4.036 | .105 |
| 4.109 | .086 |
| 4.182 | .082 |
| 4.400 | .076 |
| 4.546 | .074 |
| 4.800 | .056 |
| 4.909 | .053 |
| 5.127 | .046 |
| 5.236 | .039 |
| 5.636 | .033 |
| 5.709 | .030 |
| 5.782 | .027 |
| 6.000 | .022 |
| 6.146 | .019 |
| 6.509 | .018 |
| 6.546 | .015 |
| 6.582 | .014 |
| 6.727 | .012 |
| 6.836 | .011 |
| 7.309 | .009 |
| 7.527 | .008 |
| 7.746 | .005 |
| 8.182 | .002 |

| $x$ ($n_1=2, n_2=2, n_3=2$) | $P_0\{H \ge x\}$ |
|---|---|
| .000 | 1.000 |
| .286 | .933 |
| .857 | .800 |
| 1.143 | .667 |
| 2.000 | .533 |
| 2.571 | .400 |
| 3.429 | .333 |
| 3.714 | .200 |
| 4.571 | .067 |

| $x$ ($n_1=2, n_2=2, n_3=3$) | $P_0\{H \ge x\}$ |
|---|---|
| .000 | 1.000 |
| .179 | .971 |
| .214 | .895 |
| .500 | .857 |
| .607 | .800 |
| .714 | .743 |
| .857 | .686 |
| 1.179 | .657 |
| 1.357 | .619 |
| 1.464 | .562 |
| 1.607 | .524 |
| 1.929 | .467 |
| 2.000 | .438 |
| 2.214 | .419 |
| 2.429 | .381 |
| 2.464 | .362 |
| 2.750 | .324 |
| 2.857 | .286 |
| 3.179 | .267 |
| 3.429 | .248 |

**표 8. (계속)**

| $n_1=2,\ n_2=2,\ n_3=3$ | |
|---|---|
| $x$ | $P_0\{H \geq x\}$ |
| 3.607 | .238 |
| 3.750 | .219 |
| 3.929 | .181 |
| 4.464 | .105 |
| 4.500 | .067 |
| 4.714 | .048 |
| 5.357 | .029 |

| $n_1=2,\ n_2=2,\ n_3=4$ | |
|---|---|
| $x$ | $P_0\{H \geq x\}$ |
| .000 | 1.000 |
| .125 | .971 |
| .167 | .914 |
| .333 | .890 |
| .458 | .862 |
| .500 | .814 |
| .667 | .757 |
| .792 | .733 |
| 1.000 | .695 |
| 1.125 | .657 |
| 1.333 | .581 |
| 1.500 | .552 |
| 1.792 | .514 |
| 1.833 | .486 |
| 2.000 | .448 |
| 2.125 | .410 |
| 2.458 | .362 |
| 2.667 | .333 |
| 2.792 | .314 |
| 2.833 | .295 |
| 3.000 | .276 |
| 3.125 | .248 |
| 3.167 | .229 |
| 3.458 | .210 |
| 3.667 | .190 |
| 4.000 | .181 |
| 4.125 | .152 |
| 4.167 | .105 |
| 4.458 | .100 |
| 4.500 | .090 |
| 5.125 | .052 |

| $n_1=2,\ n_2=2,\ n_3=4$ | |
|---|---|
| $x$ | $P_0\{H \geq x\}$ |
| 5.333 | .033 |
| 5.500 | .024 |
| 6.000 | .014 |

| $n_1=2,\ n_2=2,\ n_3=5$ | |
|---|---|
| $x$ | $P_0\{H \geq x\}$ |
| .000 | 1.000 |
| .093 | .984 |
| .133 | .937 |
| .240 | .913 |
| .360 | .881 |
| .373 | .844 |
| .533 | .807 |
| .573 | .791 |
| .773 | .759 |
| .840 | .722 |
| .893 | .685 |
| .960 | .653 |
| 1.093 | .638 |
| 1.200 | .606 |
| 1.373 | .590 |
| 1.440 | .563 |
| 1.493 | .542 |
| 1.533 | .516 |
| 1.693 | .495 |
| 1.800 | .474 |
| 2.133 | .452 |
| 2.160 | .444 |
| 2.173 | .402 |
| 2.293 | .381 |
| 2.333 | .365 |
| 2.373 | .344 |
| 2.693 | .317 |
| 2.760 | .296 |
| 2.973 | .275 |
| 3.093 | .265 |
| 3.133 | .254 |
| 3.240 | .238 |
| 3.333 | .206 |
| 3.360 | .196 |
| 3.573 | .185 |

| $n_1=2,\ n_2=2,\ n_3=5$ | |
|---|---|
| $x$ | $P_0\{H \geq x\}$ |
| 3.773 | .175 |
| 3.840 | .164 |
| 3.973 | .159 |
| 4.093 | .148 |
| 4.200 | .138 |
| 4.293 | .122 |
| 4.373 | .090 |
| 4.573 | .085 |
| 4.800 | .063 |
| 4.893 | .061 |
| 5.040 | .056 |
| 5.160 | .034 |
| 5.693 | .029 |
| 6.000 | .019 |
| 6.133 | 013 |
| 6.533 | 008 |

| $n_1=2,\ n_2=3,\ n_3=3$ | |
|---|---|
| $x$ | $P_0\{H \geq x\}$ |
| .028 | 1.000 |
| .111 | .968 |
| .222 | .946 |
| .250 | .896 |
| .472 | .864 |
| .556 | .807 |
| .694 | .757 |
| 1.000 | .686 |
| 1.111 | .671 |
| 1.139 | .600 |
| 1.361 | .564 |
| 1.444 | .539 |
| 1.806 | .511 |
| 1.889 | .446 |
| 2.000 | .425 |
| 2.028 | .396 |
| 2.250 | .368 |
| 2.472 | .357 |
| 2.694 | .329 |
| 2.778 | .307 |
| 2.889 | .286 |
| 3.139 | .243 |

| $n_1=2,\ n_2=3,\ n_3=3$ | |
|---|---|
| $x$ | $P_0\{H \geq x\}$ |
| 3.222 | .221 |
| 3.361 | .207 |
| 3.778 | .200 |
| 3.806 | .179 |
| 4.028 | .164 |
| 4.111 | .129 |
| 4.250 | .121 |
| 4.556 | .100 |
| 4.694 | .093 |
| 5.000 | .075 |
| 5.139 | .061 |
| 5.361 | .032 |
| 5.556 | .025 |
| 6.250 | .011 |

| $n_1=2,\ n_2=3,\ n_3=4$ | |
|---|---|
| $x$ | $P_0\{H \geq x\}$ |
| .000 | 1.000 |
| .078 | .987 |
| .100 | .965 |
| .111 | .944 |
| .244 | .922 |
| .278 | .902 |
| .311 | .881 |
| .344 | .862 |
| .400 | .844 |
| .444 | .829 |
| .544 | .811 |
| .600 | .794 |
| .611 | .770 |
| .700 | .756 |
| .778 | .722 |
| .811 | .703 |
| .900 | .689 |
| .978 | .673 |
| 1.000 | .660 |
| 1.078 | .627 |
| 1.111 | .614 |
| 1.178 | .602 |
| 1.244 | .586 |
| 1.344 | .571 |

**표 8. (계속)**

| $n_1=2,\ n_2=3,\ n_3=4$ | |
|---|---|
| $x$ | $P_0\{H \geq x\}$ |
| 1.378 | .559 |
| 1.411 | .548 |
| 1.500 | .537 |
| 1.600 | .511 |
| 1.611 | .502 |
| 1.678 | .478 |
| 1.711 | .468 |
| 1.778 | .457 |
| 1.844 | .448 |
| 1.944 | .437 |
| 2.144 | .417 |
| 2.178 | .406 |
| 2.200 | .398 |
| 2.211 | .376 |
| 2.244 | .368 |
| 2.378 | .357 |
| 2.400 | .346 |
| 2.411 | .338 |
| 2.444 | .329 |
| 2.500 | .321 |
| 2.778 | .294 |
| 2.800 | .284 |
| 2.911 | .271 |
| 2.944 | .262 |
| 3.011 | .256 |
| 3.100 | .251 |
| 3.111 | .238 |
| 3.244 | .232 |
| 3.278 | .225 |
| 3.300 | .216 |
| 3.311 | .203 |
| 3.444 | .197 |
| 3.478 | .190 |
| 3.544 | .184 |
| 3.600 | .175 |
| 3.811 | .168 |
| 3.844 | .163 |
| 3.911 | .159 |
| 3.978 | .156 |
| 4.000 | .149 |
| 4.078 | .140 |
| 4.200 | .137 |
| 4.278 | .124 |
| 4.311 | .108 |

| $n_1=2,\ n_2=3,\ n_3=4$ | |
|---|---|
| $x$ | $P_0\{H \geq x\}$ |
| 4.378 | .105 |
| 4.444 | .102 |
| 4.511 | .098 |
| 4.544 | .086 |
| 4.611 | .083 |
| 4.711 | .079 |
| 4.811 | .076 |
| 4.878 | .073 |
| 4.900 | .071 |
| 4.978 | .059 |
| 5.078 | .057 |
| 5.144 | .054 |
| 5.378 | .052 |
| 5.400 | .051 |
| 5.444 | .046 |
| 5.500 | .040 |
| 5.611 | .032 |
| 5.800 | .030 |
| 6.000 | .024 |
| 6.111 | .021 |
| 6.144 | .014 |
| 6.300 | .011 |
| 6.444 | .008 |
| 7.000 | .005 |

| $n_1=2,\ n_2=3,\ n_3=5$ | |
|---|---|
| $x$ | $P_0\{H \geq x\}$ |
| .014 | 1.000 |
| .069 | .981 |
| .113 | .966 |
| .131 | .951 |
| .142 | .932 |
| .273 | .917 |
| .276 | .901 |
| .306 | .886 |
| .331 | .869 |
| .364 | .855 |
| .451 | .823 |
| .549 | .807 |
| .567 | .794 |
| .622 | .781 |
| .636 | .769 |

| $n_1=2,\ n_2=3,\ n_3=5$ | |
|---|---|
| $x$ | $P_0\{H \geq x\}$ |
| .713 | .743 |
| .724 | .714 |
| .767 | .703 |
| .887 | .692 |
| .942 | .680 |
| 1.014 | .659 |
| 1.058 | .648 |
| 1.091 | .638 |
| 1.149 | .616 |
| 1.178 | .593 |
| 1.276 | .579 |
| 1.324 | .569 |
| 1.378 | .537 |
| 1.451 | .529 |
| 1.586 | .519 |
| 1.596 | .510 |
| 1.614 | .502 |
| 1.713 | .483 |
| 1.727 | .474 |
| 1.760 | .459 |
| 1.814 | .451 |
| 1.858 | .444 |
| 1.876 | .429 |
| 2.022 | .420 |
| 2.033 | .403 |
| 2.076 | .396 |
| 2.106 | .389 |
| 2.196 | .382 |
| 2.251 | .375 |
| 2.294 | .368 |
| 2.367 | .362 |
| 2.454 | .356 |
| 2.458 | .350 |
| 2.469 | .336 |
| 2.487 | .330 |
| 2.546 | .321 |
| 2.633 | .294 |
| 2.749 | .287 |
| 2.818 | .279 |
| 2.894 | .269 |
| 2.924 | .263 |
| 2.949 | .257 |
| 2.798 | .252 |
| 3.022 | .248 |

| $n_1=2,\ n_2=3,\ n_3=5$ | |
|---|---|
| $x$ | $P_0\{H \geq x\}$ |
| 3.069 | .243 |
| 3.167 | .237 |
| 3.186 | .233 |
| 3.273 | .222 |
| 3.331 | .211 |
| 3.342 | .206 |
| 3.386 | .201 |
| 3.414 | .193 |
| 3.506 | .189 |
| 3.546 | .183 |
| 3.604 | .175 |
| 3.676 | .171 |
| 3.767 | .167 |
| 3.778 | .159 |
| 3.822 | .156 |
| 3.909 | .152 |
| 3.942 | .146 |
| 3.996 | .139 |
| 4.058 | .137 |
| 4.069 | .132 |
| 4.204 | .129 |
| 4.214 | .125 |
| 4.233 | .122 |
| 4.258 | .120 |
| 4.331 | .117 |
| 4.378 | .113 |
| 4.494 | .101 |
| 4.651 | .091 |
| 4.694 | .089 |
| 4.724 | .087 |
| 4.727 | .085 |
| 4.814 | .071 |
| 4.869 | .067 |
| 4.913 | .063 |
| 4.942 | .062 |
| 5.076 | .060 |
| 5.087 | .053 |
| 5.106 | .052 |
| 5.251 | .049 |
| 5.349 | .046 |
| 5.513 | .044 |
| 5.524 | .043 |
| 5.542 | .041 |
| 5.727 | .037 |

표 8. (계속)

| $n_1=2,\ n_2=3,\ n_3=5$ | |
|---|---|
| $x$ | $P_0\{H\geq x\}$ |
| 5.742 | .034 |
| 5.786 | .033 |
| 5.804 | .033 |
| 5.949 | .026 |
| 6.004 | .025 |
| 6.033 | .024 |
| 6.091 | .021 |
| 6.124 | .020 |
| 6.294 | .017 |
| 6.386 | .016 |
| 6.414 | .015 |
| 6.818 | .012 |
| 6.822 | .010 |
| 6.909 | .009 |
| 6.949 | .006 |
| 7.182 | .004 |
| 7.636 | .002 |

| $n_1=2,\ n_2=4,\ n_3=4$ | |
|---|---|
| $x$ | $P_0\{H\geq x\}$ |
| .000 | 1.000 |
| .054 | .988 |
| .082 | .970 |
| .191 | .940 |
| .218 | .910 |
| .273 | .893 |
| .327 | .879 |
| .409 | .848 |
| .491 | .820 |
| .627 | .779 |
| .736 | .757 |
| .764 | .712 |
| .873 | .685 |
| .954 | .671 |
| 1.091 | .651 |
| 1.146 | .638 |
| 1.173 | .596 |
| 1.282 | .577 |
| 1.309 | .559 |
| 1.364 | .537 |
| 1.582 | .526 |

| $n_1=2,\ n_2=4,\ n_3=4$ | |
|---|---|
| $x$ | $P_0\{H\geq x\}$ |
| 1.636 | .510 |
| 1.718 | .488 |
| 1.827 | .441 |
| 1.964 | .426 |
| 2.046 | .400 |
| 2.236 | .386 |
| 2.264 | .375 |
| 2.373 | .363 |
| 2.454 | .338 |
| 2.509 | .317 |
| 2.673 | .301 |
| 2.809 | .281 |
| 2.918 | .272 |
| 2.946 | .263 |
| 3.054 | .239 |
| 3.136 | .228 |
| 3.327 | .220 |
| 3.354 | .210 |
| 3.464 | .192 |
| 3.491 | .185 |
| 3.682 | .180 |
| 3.764 | .166 |
| 3.818 | .152 |
| 4.009 | .142 |
| 4.364 | .125 |
| 4.418 | .120 |
| 4.446 | .103 |
| 4.554 | .098 |
| 4.582 | .094 |
| 4.691 | .080 |
| 4.773 | .075 |
| 4.854 | .071 |
| 4.991 | .065 |
| 5.127 | .057 |
| 5.236 | .052 |
| 5.454 | .046 |
| 5.509 | .044 |
| 5.536 | .042 |
| 5.646 | .039 |
| 5.727 | .034 |
| 5.946 | .028 |
| 6.082 | .025 |
| 6.327 | .024 |
| 6.409 | .022 |

| $n_1=2,\ n_2=4,\ n_3=4$ | |
|---|---|
| $x$ | $P_0\{H\geq x\}$ |
| 6.546 | .020 |
| 6.600 | .017 |
| 6.627 | .016 |
| 6.873 | .011 |
| 7.036 | .006 |
| 7.282 | .004 |
| 7.854 | .002 |

| $n_1=2,\ n_2=4,\ n_3=5$ | |
|---|---|
| $x$ | $P_0\{H\geq x\}$ |
| .000 | 1.000 |
| .041 | .992 |
| .064 | .979 |
| .068 | .965 |
| .141 | .952 |
| .154 | .939 |
| .164 | .926 |
| .223 | .913 |
| .254 | .902 |
| .273 | .891 |
| .300 | .880 |
| .323 | .866 |
| .368 | .855 |
| .404 | .832 |
| .504 | .823 |
| .518 | .812 |
| .541 | .801 |
| .564 | .791 |
| .573 | .781 |
| .614 | .759 |
| .618 | .749 |
| .654 | .740 |
| .723 | .730 |
| .791 | .720 |
| .841 | .710 |
| .864 | .701 |
| .891 | .691 |
| .904 | .683 |
| .914 | .674 |
| .950 | .657 |
| .954 | .649 |
| 1.018 | .640 |
| 1.023 | .632 |

| $n_1=2,\ n_2=4,\ n_3=5$ | |
|---|---|
| $x$ | $P_0\{H\geq x\}$ |
| 1.050 | .623 |
| 1.091 | .614 |
| 1.200 | .607 |
| 1.204 | .599 |
| 1.268 | .592 |
| 1.291 | .576 |
| 1.314 | .569 |
| 1.318 | .562 |
| 1.391 | .554 |
| 1.414 | .537 |
| 1.450 | .529 |
| 1.473 | .521 |
| 1.518 | .507 |
| 1.591 | .499 |
| 1.618 | .491 |
| 1.641 | .485 |
| 1.664 | .479 |
| 1.704 | .472 |
| 1.750 | .465 |
| 1.754 | .459 |
| 1.814 | .452 |
| 1.823 | .432 |
| 1.973 | .427 |
| 2.004 | .420 |
| 2.018 | .403 |
| 2.073 | .398 |
| 2.114 | .392 |
| 2.118 | .387 |
| 2.141 | .381 |
| 2.164 | .375 |
| 2.223 | .371 |
| 2.254 | .366 |
| 2.291 | .361 |
| 2.318 | .351 |
| 2.323 | .346 |
| 2.391 | .335 |
| 2.454 | .329 |
| 2.473 | .324 |
| 2.504 | .320 |
| 2.550 | .315 |
| 2.618 | .311 |
| 2.700 | .306 |
| 2.723 | .301 |
| 2.754 | .296 |

**표 8. (계속)**

| $n_1=2,\ n_2=4,\ n_3=5$ | |
|---|---|
| $x$ | $P_0\{H \geq x\}$ |
| 2.768 | .285 |
| 2.773 | .273 |
| 2.868 | .267 |
| 2.891 | .262 |
| 2.904 | .258 |
| 2.914 | .249 |
| 2.973 | .246 |
| 3.023 | .237 |
| 3.050 | .234 |
| 3.064 | .231 |
| 3.118 | .226 |
| 3.164 | .221 |
| 3.268 | .217 |
| 3.314 | .214 |
| 3.341 | .208 |
| 3.364 | .200 |
| 3.414 | .197 |
| 3.454 | .193 |
| 3.523 | .190 |
| 3.564 | .187 |
| 3.568 | .184 |
| 3.573 | .181 |
| 3.618 | .178 |
| 3.641 | .175 |
| 3.654 | .170 |
| 3.700 | .164 |
| 3.704 | .160 |
| 3.791 | .157 |
| 3.800 | .151 |
| 3.818 | .148 |
| 3.823 | .145 |
| 3.864 | .143 |
| 4.041 | .139 |
| 4.064 | .135 |
| 4.073 | .133 |
| 4.091 | .130 |
| 4.141 | .128 |
| 4.154 | .126 |
| 4.200 | .123 |
| 4.223 | .121 |
| 4.250 | .119 |
| 4.323 | .116 |
| 4.364 | .114 |
| 4.368 | .112 |

| $n_1=2,\ n_2=4,\ n_3=5$ | |
|---|---|
| $x$ | $P_0\{H \geq x\}$ |
| 4.404 | .110 |
| 4.500 | .104 |
| 4.518 | .101 |
| 4.541 | .098 |
| 4.614 | .090 |
| 4.664 | .088 |
| 4.768 | .079 |
| 4.791 | .078 |
| 4.800 | .076 |
| 4.818 | .074 |
| 4.841 | .072 |
| 4.868 | .071 |
| 4.950 | .063 |
| 5.073 | .061 |
| 5.154 | .059 |
| 5.164 | .053 |
| 5.254 | .052 |
| 5.268 | .051 |
| 5.273 | .049 |
| 5.300 | .048 |
| 5.314 | .046 |
| 5.414 | .045 |
| 5.518 | .043 |
| 5.523 | .042 |
| 5.564 | .038 |
| 5.641 | .037 |
| 5.664 | .036 |
| 5.754 | .035 |
| 5.823 | .034 |
| 5.891 | .032 |
| 5.954 | .030 |
| 5.973 | .029 |
| 6.004 | .026 |
| 6.041 | .025 |
| 6.068 | .025 |
| 6.118 | .024 |
| 6.141 | .023 |
| 6.223 | .022 |
| 6.368 | .021 |
| 6.391 | .021 |
| 6.473 | .020 |
| 6.504 | .020 |
| 6.541 | .017 |
| 6.550 | .017 |

| $n_1=2,\ n_2=4,\ n_3=5$ | |
|---|---|
| $x$ | $P_0\{H \geq x\}$ |
| 6.564 | .016 |
| 6.654 | .016 |
| 6.723 | .015 |
| 6.904 | .014 |
| 6.914 | .013 |
| 7.000 | .013 |
| 7.018 | .012 |
| 7.064 | .012 |
| 7.118 | .010 |
| 7.204 | .009 |
| 7.254 | .009 |
| 7.291 | .008 |
| 7.450 | .007 |
| 7.500 | .007 |
| 7.568 | .006 |
| 7.573 | .005 |
| 7.773 | .004 |
| 7.814 | .003 |
| 8.018 | .002 |
| 8.114 | .001 |
| 8.591 | .001 |

| $n_1=2,\ n_2=5,\ n_3=5$ | |
|---|---|
| $x$ | $P_0\{H \geq x\}$ |
| .008 | 1.000 |
| .046 | .988 |
| .069 | .978 |
| .077 | .966 |
| .169 | .947 |
| .192 | .928 |
| .254 | .896 |
| .323 | .877 |
| .377 | .859 |
| .415 | .830 |
| .446 | .822 |
| .538 | .807 |
| .562 | .775 |
| .623 | .759 |
| .692 | .749 |
| .746 | .735 |
| .808 | .719 |
| .815 | .688 |
| .908 | .674 |
| .931 | .661 |
| 1.115 | .638 |
| 1.154 | .611 |
| 1.185 | .593 |
| 1.277 | .569 |
| 1.300 | .558 |
| 1.362 | .552 |
| 1.431 | .539 |
| 1.485 | .528 |
| 1.523 | .516 |
| 1.554 | .506 |
| 1.646 | .496 |
| 1.669 | .486 |
| 1.731 | .463 |
| 1.854 | .445 |
| 1.915 | .434 |
| 1.923 | .424 |
| 2.015 | .407 |
| 2.038 | .398 |
| 2.223 | .379 |
| 2.262 | .374 |
| 2.285 | .363 |
| 2.292 | .353 |
| 2.385 | .345 |
| 2.408 | .330 |
| 2.469 | .323 |
| 2.538 | .315 |
| 2.592 | .300 |
| 2.662 | .292 |
| 2.754 | .286 |
| 2.777 | .279 |
| 2.908 | .276 |
| 2.962 | .270 |
| 3.023 | .243 |
| 3.031 | .234 |
| 3.123 | .228 |
| 3.146 | .218 |
| 3.331 | .210 |
| 3.369 | .203 |
| 3.392 | .198 |
| 3.492 | .190 |
| 3.515 | .186 |
| 3.577 | .181 |

**표 8. (계속)**

| $n_1=2,\ n_2=5,\ n_3=5$ | |
|---|---|
| $x$ | $P_0\{H \geq x\}$ |
| 3.646 | .169 |
| 3.738 | .165 |
| 3.769 | .163 |
| 3.862 | .150 |
| 3.885 | .146 |
| 4.015 | .136 |
| 4.069 | .132 |
| 4.131 | .130 |
| 4.138 | .127 |
| 4.231 | .124 |
| 4.254 | .114 |
| 4.438 | .106 |
| 4.477 | .103 |
| 4.508 | .100 |
| 4.623 | .097 |
| 4.685 | .092 |
| 4.754 | .084 |
| 4.808 | .081 |
| 4.846 | .073 |
| 4.877 | .068 |
| 4.992 | .066 |
| 5.054 | .060 |
| 5.177 | .057 |
| 5.238 | .054 |
| 5.246 | .051 |
| 5.338 | .047 |
| 5.546 | .045 |
| 5.585 | .041 |
| 5.608 | .040 |
| 5.615 | .039 |
| 5.708 | .037 |
| 5.731 | .036 |
| 5.792 | .032 |
| 5.915 | .030 |
| 5.985 | .028 |
| 6.077 | .027 |
| 6.231 | .026 |
| 6.346 | .025 |
| 6.354 | .021 |
| 6.446 | .020 |
| 6.469 | .019 |
| 6.654 | .017 |
| 6.692 | .016 |
| 6.815 | .015 |

| $n_1=2,\ n_2=5,\ n_3=5$ | |
|---|---|
| $x$ | $P_0\{H \geq x\}$ |
| 6.838 | .014 |
| 6.969 | .013 |
| 7.023 | .013 |
| 7.185 | .012 |
| 7.208 | .011 |
| 7.269 | .010 |
| 7.338 | .010 |
| 7.392 | .009 |
| 7.462 | .008 |
| 7.577 | .007 |
| 7.762 | .007 |
| 7.923 | .006 |
| 8.008 | .006 |
| 8.077 | .006 |
| 8.131 | .005 |
| 8.169 | .003 |
| 8.292 | .003 |
| 8.377 | .002 |
| 8.562 | .002 |
| 8.685 | .001 |
| 8.938 | .001 |
| 9.423 | .000 |

| $n_1=3,\ n_2=3,\ n_3=3$ | |
|---|---|
| $x$ | $P_0\{H \geq x\}$ |
| .000 | 1.000 |
| .089 | .993 |
| .267 | .929 |
| .356 | .879 |
| .622 | .829 |
| .800 | .721 |
| 1.067 | .664 |
| 1.156 | .629 |
| 1.422 | .543 |
| 1.689 | .511 |
| 1.867 | .439 |
| 2.222 | .382 |
| 2.400 | .361 |
| 2.489 | .339 |
| 2.756 | .296 |
| 3.200 | .254 |
| 3.289 | .232 |

| $n_1=3,\ n_2=3,\ n_3=3$ | |
|---|---|
| $x$ | $P_0\{H \geq x\}$ |
| 3.467 | .196 |
| 3.822 | .168 |
| 4.267 | .139 |
| 4.356 | .132 |
| 4.622 | .100 |
| 5.067 | .086 |
| 5.422 | .071 |
| 5.600 | .050 |
| 5.689 | .029 |
| 5.956 | .025 |
| 6.489 | .011 |
| 7.200 | .004 |

| $n_1=3,\ n_2=3,\ n_3=4$ | |
|---|---|
| $x$ | $P_0\{H \geq x\}$ |
| .018 | 1.000 |
| .046 | .984 |
| .118 | .970 |
| .164 | .941 |
| .200 | .925 |
| .336 | .895 |
| .346 | .869 |
| .409 | .842 |
| .454 | .830 |
| .482 | .817 |
| .636 | .791 |
| .700 | .764 |
| .746 | .717 |
| .891 | .690 |
| 1.064 | .656 |
| 1.073 | .633 |
| 1.136 | .611 |
| 1.182 | .602 |
| 1.209 | .582 |
| 1.427 | .541 |
| 1.473 | .523 |
| 1.573 | .513 |
| 1.618 | .497 |
| 1.654 | .481 |
| 1.791 | .447 |
| 1.800 | .433 |

| $n_1=3,\ n_2=3,\ n_3=4$ | |
|---|---|
| $x$ | $P_0\{H \geq x\}$ |
| 1.864 | .415 |
| 2.091 | .402 |
| 2.200 | .389 |
| 2.227 | .368 |
| 2.300 | .351 |
| 2.382 | .326 |
| 2.518 | .314 |
| 2.527 | .303 |
| 2.664 | .291 |
| 2.882 | .281 |
| 2.927 | .273 |
| 2.954 | .253 |
| 3.027 | .244 |
| 3.073 | .234 |
| 3.109 | .220 |
| 3.254 | .212 |
| 3.364 | .203 |
| 3.391 | .196 |
| 3.609 | .188 |
| 3.682 | .180 |
| 3.754 | .178 |
| 3.800 | .165 |
| 3.836 | .150 |
| 3.973 | .143 |
| 4.046 | .132 |
| 4.091 | .126 |
| 4.273 | .123 |
| 4.336 | .117 |
| 4.382 | .111 |
| 4.564 | .106 |
| 4.700 | .101 |
| 4.709 | .092 |
| 4.818 | .085 |
| 4.846 | .081 |
| 5.000 | .074 |
| 5.064 | .070 |
| 5.109 | .068 |
| 5.254 | .064 |
| 5.436 | .062 |
| 5.500 | .056 |
| 5.573 | .053 |
| 5.727 | .050 |
| 5.791 | .046 |
| 5.936 | .036 |

표 8. (계속)

| $n_1=3,\ n_2=3,\ n_3=4$ | |
|---|---|
| $x$ | $P_0\{H \geq x\}$ |
| 5.982 | .034 |
| 6.018 | .027 |
| 6.154 | .025 |
| 6.300 | .023 |
| 6.564 | .017 |
| 6.664 | .014 |
| 6.709 | .013 |
| 6.746 | .010 |
| 7.000 | .006 |
| 7.318 | .004 |
| 7.436 | .002 |
| 8.018 | .001 |

| $n_1=3,\ n_2=3,\ n_3=5$ | |
|---|---|
| $x$ | $P_0\{H \geq x\}$ |
| .000 | 1.000 |
| .048 | .994 |
| .061 | .970 |
| .133 | .958 |
| .170 | .948 |
| .194 | .926 |
| .242 | .902 |
| .315 | .890 |
| .376 | .868 |
| .412 | .847 |
| .436 | .826 |
| .533 | .804 |
| .546 | .794 |
| .594 | .783 |
| .679 | .765 |
| .776 | .725 |
| .848 | .686 |
| .970 | .668 |
| 1.042 | .641 |
| 1.079 | .624 |
| 1.103 | .609 |
| 1.200 | .594 |
| 1.212 | .587 |
| 1.261 | .571 |
| 1.442 | .539 |
| 1.503 | .526 |

| $n_1=3,\ n_2=3,\ n_3=5$ | |
|---|---|
| $x$ | $P_0\{H \geq x\}$ |
| 1.515 | .512 |
| 1.527 | .505 |
| 1.576 | .491 |
| 1.648 | .478 |
| 1.746 | .450 |
| 1.770 | .437 |
| 1.867 | .425 |
| 2.012 | .414 |
| 2.048 | .403 |
| 2.061 | .393 |
| 2.133 | .382 |
| 2.170 | .367 |
| 2.182 | .358 |
| 2.194 | .352 |
| 2.315 | .342 |
| 2.376 | .334 |
| 2.594 | .315 |
| 2.667 | .306 |
| 2.679 | .298 |
| 2.715 | .291 |
| 2.836 | .267 |
| 2.861 | .258 |
| 2.970 | .242 |
| 3.079 | .239 |
| 3.103 | .232 |
| 3.333 | .218 |
| 3.382 | .215 |
| 3.394 | .209 |
| 3.442 | .196 |
| 3.467 | .184 |
| 3.503 | .179 |
| 3.576 | .173 |
| 3.648 | .167 |
| 3.709 | .162 |
| 3.879 | .156 |
| 3.927 | .149 |
| 4.012 | .144 |
| 4.048 | .139 |
| 4.170 | .135 |
| 4.194 | .126 |
| 4.242 | .122 |
| 4.303 | .117 |
| 4.315 | .113 |
| 4.412 | .109 |

| $n_1=3,\ n_2=3,\ n_3=5$ | |
|---|---|
| $x$ | $P_0\{H \geq x\}$ |
| 4.533 | .097 |
| 4.679 | .094 |
| 4.776 | .090 |
| 4.800 | .087 |
| 4.848 | .085 |
| 4.861 | .082 |
| 4.909 | .079 |
| 5.042 | .077 |
| 5.079 | .069 |
| 5.103 | .067 |
| 5.212 | .065 |
| 5.261 | .062 |
| 5.346 | .058 |
| 5.442 | .055 |
| 5.503 | .053 |
| 5.515 | .051 |
| 5.648 | .049 |
| 5.770 | .047 |
| 5.867 | .042 |
| 6.012 | .040 |
| 6.061 | .033 |
| 6.109 | .032 |
| 6.194 | .027 |
| 6.303 | .026 |
| 6.315 | .021 |
| 6.376 | .020 |
| 6.533 | .019 |
| 6.594 | .019 |
| 6.715 | .014 |
| 6.776 | .013 |
| 6.861 | .012 |
| 6.982 | .011 |
| 7.079 | .009 |
| 7.333 | .008 |
| 7.467 | .008 |
| 7.503 | .006 |
| 7.515 | .005 |
| 7.636 | .004 |
| 7.879 | .003 |
| 8.048 | .002 |
| 8.242 | .001 |
| 8.727 | .001 |

| $n_1=3,\ n_2=4,\ n_3=4$ | |
|---|---|
| $x$ | $P_0\{H \geq x\}$ |
| .000 | 1.000 |
| .046 | .993 |
| .053 | .981 |
| .144 | .959 |
| .167 | .937 |
| .182 | .925 |
| .212 | .913 |
| .326 | .890 |
| .348 | .870 |
| .386 | .850 |
| .409 | .829 |
| .477 | .819 |
| .576 | .799 |
| .598 | .779 |
| .659 | .761 |
| .667 | .742 |
| .712 | .731 |
| .727 | .713 |
| .848 | .704 |
| .894 | .685 |
| .932 | .668 |
| .962 | .651 |
| 1.053 | .635 |
| 1.076 | .620 |
| 1.136 | .604 |
| 1.144 | .597 |
| 1.296 | .582 |
| 1.303 | .568 |
| 1.326 | .553 |
| 1.394 | .539 |
| 1.417 | .524 |
| 1.500 | .510 |
| 1.546 | .503 |
| 1.598 | .490 |
| 1.636 | .477 |
| 1.682 | .470 |
| 1.750 | .457 |
| 1.803 | .444 |
| 1.909 | .421 |
| 1.962 | .409 |
| 2.053 | .388 |
| 2.144 | .378 |
| 2.227 | .368 |
| 2.296 | .354 |

**표 8. (계속)**

| $n_1=3,\ n_2=4,\ n_3=4$ | |
|---|---|
| $x$ | $P_0\{H \geq x\}$ |
| 2.303 | .344 |
| 2.326 | .334 |
| 2.394 | .325 |
| 2.417 | .315 |
| 2.598 | .306 |
| 2.636 | .290 |
| 2.667 | .281 |
| 2.712 | .276 |
| 2.848 | .269 |
| 2.894 | .261 |
| 2.909 | .254 |
| 2.932 | .250 |
| 2.962 | .243 |
| 3.076 | .230 |
| 3.136 | .218 |
| 3.326 | .212 |
| 3.386 | .207 |
| 3.394 | .201 |
| 3.417 | .195 |
| 3.477 | .190 |
| 3.576 | .184 |
| 3.598 | .178 |
| 3.659 | .173 |
| 3.682 | .162 |
| 3.727 | .160 |
| 3.803 | .154 |
| 3.848 | .150 |
| 3.932 | .145 |
| 3.962 | .140 |
| 4.144 | .135 |
| 4.167 | .131 |
| 4.212 | .129 |
| 4.296 | .125 |
| 4.303 | .121 |
| 4.326 | .116 |
| 4.348 | .113 |
| 4.409 | .106 |
| 4.477 | .102 |
| 4.546 | .099 |
| 4.576 | .097 |
| 4.598 | .093 |
| 4.712 | .090 |
| 4.750 | .087 |
| 4.894 | .084 |

| $n_1=3,\ n_2=4,\ n_3=4$ | |
|---|---|
| $x$ | $P_0\{H \geq x\}$ |
| 5.053 | .078 |
| 5.144 | .073 |
| 5.182 | .068 |
| 5.212 | .066 |
| 5.296 | .063 |
| 5.303 | .061 |
| 5.326 | .058 |
| 5.386 | .054 |
| 5.500 | .052 |
| 5.576 | .051 |
| 5.598 | .049 |
| 5.667 | .047 |
| 5.803 | .045 |
| 5.932 | .043 |
| 5.962 | .041 |
| 6.000 | .040 |
| 6.046 | .039 |
| 6.053 | .035 |
| 6.144 | .032 |
| 6.167 | .031 |
| 6.182 | .030 |
| 6.348 | .027 |
| 6.386 | .026 |
| 6.394 | .025 |
| 6.409 | .023 |
| 6.417 | .022 |
| 6.546 | .021 |
| 6.659 | .020 |
| 6.712 | .019 |
| 6.727 | .018 |
| 6.962 | .017 |
| 7.000 | .016 |
| 7.053 | .014 |
| 7.076 | .011 |
| 7.136 | .011 |
| 7.144 | .010 |
| 7.212 | .009 |
| 7.477 | .006 |
| 7.598 | .004 |
| 7.636 | .004 |
| 7.682 | .003 |
| 7.848 | .003 |
| 8.227 | .002 |
| 8.326 | .001 |

| $n_1=3,\ n_2=4,\ n_3=4$ | |
|---|---|
| $x$ | $P_0\{H \geq x\}$ |
| 8.909 | .001 |

| $n_1=3,\ n_2=4,\ n_3=5$ | |
|---|---|
| $x$ | $P_0\{H \geq x\}$ |
| .010 | 1.000 |
| .030 | .990 |
| .060 | .981 |
| .081 | .972 |
| .092 | .963 |
| .118 | .953 |
| .138 | .944 |
| .173 | .935 |
| .180 | .926 |
| .214 | .917 |
| .241 | .908 |
| .256 | .900 |
| .265 | .891 |
| .276 | .882 |
| .323 | .874 |
| .337 | .865 |
| .368 | .857 |
| .426 | .841 |
| .430 | .833 |
| .462 | .825 |
| .491 | .817 |
| .503 | .809 |
| .542 | .784 |
| .549 | .777 |
| .626 | .769 |
| .645 | .754 |
| .692 | .746 |
| .727 | .738 |
| .737 | .716 |
| .799 | .709 |
| .830 | .696 |
| .831 | .689 |
| .856 | .667 |
| .953 | .660 |
| 1.004 | .654 |
| 1.041 | .641 |
| 1.045 | .628 |

| $n_1=3,\ n_2=4,\ n_3=5$ | |
|---|---|
| $x$ | $P_0\{H \geq x\}$ |
| 1.062 | .621 |
| 1.103 | .615 |
| 1.106 | .609 |
| 1.118 | .602 |
| 1.137 | .590 |
| 1.164 | .584 |
| 1.188 | .578 |
| 1.241 | .572 |
| 1.246 | .566 |
| 1.260 | .553 |
| 1.349 | .548 |
| 1.414 | .542 |
| 1.445 | .537 |
| 1.465 | .522 |
| 1.472 | .516 |
| 1.487 | .506 |
| 1.506 | .495 |
| 1.558 | .490 |
| 1.568 | .479 |
| 1.599 | .475 |
| 1.615 | .465 |
| 1.718 | .460 |
| 1.733 | .455 |
| 1.753 | .450 |
| 1.780 | .446 |
| 1.814 | .441 |
| 1.856 | .437 |
| 1.906 | .427 |
| 1.927 | .423 |
| 1.938 | .418 |
| 1.964 | .400 |
| 1.968 | .396 |
| 1.985 | .391 |
| 2.019 | .387 |
| 2.030 | .383 |
| 2.060 | .379 |
| 2.103 | .375 |
| 2.112 | .366 |
| 2.169 | .358 |
| 2.272 | .354 |
| 2.308 | .350 |
| 2.337 | .346 |
| 2.349 | .343 |
| 2.368 | .335 |

**표 8. (계속)**

| $n_1=3, n_2=4, n_3=5$ | |
|---|---|
| $x$ | $P_0\{H \geq x\}$ |
| 2.388 | .332 |
| 2.395 | .321 |
| 2.472 | .318 |
| 2.481 | .311 |
| 2.491 | .307 |
| 2.522 | .301 |
| 2.573 | .294 |
| 2.580 | .291 |
| 2.641 | .288 |
| 2.645 | .284 |
| 2.676 | .281 |
| 2.677 | .278 |
| 2.737 | .271 |
| 2.830 | .266 |
| 2.887 | .263 |
| 2.908 | .260 |
| 2.949 | .251 |
| 2.953 | .248 |
| 2.964 | .240 |
| 3.010 | .238 |
| 3.035 | .235 |
| 3.087 | .232 |
| 3.092 | .222 |
| 3.106 | .219 |
| 3.137 | .216 |
| 3.195 | .214 |
| 3.256 | .209 |
| 3.260 | .206 |
| 3.312 | .204 |
| 3.318 | .199 |
| 3.353 | .197 |
| 3.414 | .194 |
| 3.445 | .192 |
| 3.462 | .190 |
| 3.496 | .188 |
| 3.503 | .183 |
| 3.506 | .181 |
| 3.568 | .179 |
| 3.580 | .177 |
| 3.599 | .173 |
| 3.626 | .169 |
| 3.703 | .165 |
| 3.722 | .163 |

| $n_1=3, n_2=4, n_3=5$ | |
|---|---|
| $x$ | $P_0\{H \geq x\}$ |
| 3.753 | .161 |
| 3.773 | .159 |
| 3.785 | .156 |
| 3.810 | .152 |
| 3.831 | .150 |
| 3.865 | .148 |
| 3.876 | .146 |
| 3.958 | .144 |
| 4.015 | .140 |
| 4.030 | .137 |
| 4.060 | .134 |
| 4.122 | .132 |
| 4.154 | .131 |
| 4.180 | .125 |
| 4.195 | .124 |
| 4.235 | .121 |
| 4.241 | .119 |
| 4.276 | .117 |
| 4.318 | .115 |
| 4.327 | .112 |
| 4.368 | .110 |
| 4.419 | .109 |
| 4.426 | .107 |
| 4.487 | .106 |
| 4.522 | .105 |
| 4.523 | .103 |
| 4.549 | .099 |
| 4.564 | .097 |
| 4.645 | .095 |
| 4.676 | .093 |
| 4.754 | .091 |
| 4.789 | .089 |
| 4.810 | .088 |
| 4.830 | .083 |
| 4.856 | .082 |
| 4.881 | .081 |
| 4.891 | .078 |
| 4.939 | .075 |
| 4.953 | .074 |
| 4.983 | .073 |
| 5.041 | .072 |
| 5.045 | .071 |
| 5.106 | .070 |

| $n_1=3, n_2=4, n_3=5$ | |
|---|---|
| $x$ | $P_0\{H \geq x\}$ |
| 5.137 | .068 |
| 5.158 | .067 |
| 5.180 | .065 |
| 5.291 | .063 |
| 5.308 | .062 |
| 5.342 | .061 |
| 5.349 | .061 |
| 5.353 | .059 |
| 5.414 | .058 |
| 5.426 | .057 |
| 5.549 | .054 |
| 5.568 | .052 |
| 5.619 | .051 |
| 5.631 | .050 |
| 5.656 | .049 |
| 5.660 | .048 |
| 5.677 | .047 |
| 5.718 | .046 |
| 5.722 | .045 |
| 5.753 | .044 |
| 5.780 | .043 |
| 5.804 | .041 |
| 5.814 | .040 |
| 5.862 | .040 |
| 5.876 | .039 |
| 5.964 | .038 |
| 6.026 | .038 |
| 6.030 | .037 |
| 6.060 | .037 |
| 6.087 | .035 |
| 6.164 | .035 |
| 6.173 | .034 |
| 6.231 | .033 |
| 6.265 | .032 |
| 6.272 | .030 |
| 6.337 | .030 |
| 6.368 | .029 |
| 6.369 | .029 |
| 6.395 | .026 |
| 6.410 | .025 |
| 6.491 | .025 |
| 6.522 | .024 |
| 6.542 | .023 |

| $n_1=3, n_2=4, n_3=5$ | |
|---|---|
| $x$ | $P_0\{H \geq x\}$ |
| 6.580 | .021 |
| 6.635 | .020 |
| 6.676 | .020 |
| 6.703 | .019 |
| 6.780 | .019 |
| 6.785 | .018 |
| 6.799 | .016 |
| 6.830 | .016 |
| 6.891 | .015 |
| 7.004 | .015 |
| 7.010 | .015 |
| 7.096 | .014 |
| 7.106 | .014 |
| 7.188 | .013 |
| 7.195 | .012 |
| 7.256 | .012 |
| 7.260 | .012 |
| 7.272 | .012 |
| 7.791 | .011 |
| 7.318 | .011 |
| 7.395 | .011 |
| 7.445 | .010 |
| 7.465 | .010 |
| 7.477 | .009 |
| 7.523 | .007 |
| 7.568 | .007 |
| 7.641 | .007 |
| 7.708 | .006 |
| 7.753 | .006 |
| 7.810 | .006 |
| 7.876 | .006 |
| 7.887 | .006 |
| 7.906 | .005 |
| 7.927 | .005 |
| 8.030 | .005 |
| 8.060 | .004 |
| 8.077 | .004 |
| 8.118 | .004 |
| 8.122 | .004 |
| 8.215 | .003 |
| 8.256 | .003 |
| 8.430 | .002 |
| 8.446 | .002 |

**표 8. (계속)**

| $n_1=3,\ n_2=4,\ n_3=5$ | |
|---|---|
| $x$ | $P_0\{H \geq x\}$ |
| 8.481 | .002 |
| 8.503 | .001 |
| 8.573 | .001 |
| 8.626 | .001 |
| 8.795 | .001 |
| 9.035 | .001 |
| 9.118 | .001 |
| 9.199 | .000 |
| 9.692 | .000 |

| $n_1=3,\ n_2=5,\ n_3=5$ | |
|---|---|
| $x$ | $P_0\{H \geq x\}$ |
| .000 | 1.000 |
| .026 | .996 |
| .035 | .989 |
| .088 | .974 |
| .106 | .959 |
| .114 | .951 |
| .141 | .944 |
| .193 | .930 |
| .220 | .916 |
| .237 | .902 |
| .264 | .895 |
| .316 | .880 |
| .352 | .866 |
| .422 | .840 |
| .457 | .819 |
| .484 | .813 |
| .536 | .800 |
| .563 | .788 |
| .580 | .763 |
| .659 | .751 |
| .695 | .745 |
| .721 | .733 |
| .774 | .721 |
| .791 | .698 |
| .826 | .686 |
| .879 | .675 |
| .950 | .653 |
| 1.029 | .648 |

| $n_1=3,\ n_2=5,\ n_3=5$ | |
|---|---|
| $x$ | $P_0\{H \geq x\}$ |
| 1.037 | .643 |
| 1.055 | .632 |
| 1.064 | .611 |
| 1.116 | .602 |
| 1.134 | .592 |
| 1.143 | .583 |
| 1.248 | .573 |
| 1.266 | .563 |
| 1.292 | .554 |
| 1.371 | .550 |
| 1.407 | .541 |
| 1.450 | .514 |
| 1.459 | .506 |
| 1.512 | .497 |
| 1.565 | .480 |
| 1.688 | .472 |
| 1.723 | .460 |
| 1.741 | 453 |
| 1.750 | .445 |
| 1.802 | .438 |
| 1.829 | .431 |
| 1.855 | .420 |
| 1.934 | .413 |
| 1.978 | .393 |
| 2.066 | .386 |
| 2.136 | .380 |
| 2.145 | .377 |
| 2.163 | .370 |
| 2.198 | .364 |
| 2.250 | .351 |
| 2.321 | .339 |
| 2.374 | .327 |
| 2.409 | .321 |
| 2.479 | .315 |
| 2.488 | .310 |
| 2.514 | .305 |
| 5.593 | .229 |
| 2.620 | .294 |
| 2.637 | .289 |
| 2.716 | .276 |
| 2.752 | .271 |
| 2.778 | .267 |
| 2.848 | .262 |

| $n_1=3,\ n_2=5,\ n_3=5$ | |
|---|---|
| $x$ | $P_0\{H \geq x\}$ |
| 2.857 | .257 |
| 2.884 | .255 |
| 2.936 | .246 |
| 2.963 | .241 |
| 3.094 | .237 |
| 3.112 | .224 |
| 3.121 | .220 |
| 3.165 | .216 |
| 3.191 | .208 |
| 3.279 | .206 |
| 3.306 | .202 |
| 3.429 | .195 |
| 3.464 | .191 |
| 3.516 | .187 |
| 3.622 | .173 |
| 3.648 | .167 |
| 3.666 | .164 |
| 3.745 | .161 |
| 3.780 | .158 |
| 3.798 | .152 |
| 3.807 | .147 |
| 3.912 | .144 |
| 3.965 | .142 |
| 3.991 | .139 |
| 4.114 | .136 |
| 4.141 | .135 |
| 4.150 | .132 |
| 4.202 | .127 |
| 4.220 | .125 |
| 4.255 | .117 |
| 4.308 | .112 |
| 4.352 | .110 |
| 4.378 | .107 |
| 4.457 | .105 |
| 4.466 | .104 |
| 4.536 | .102 |
| 4.545 | .100 |
| 4.571 | .098 |
| 4.694 | .094 |
| 4.774 | .092 |
| 4.826 | .089 |
| 4.835 | .088 |
| 4.888 | .082 |

| $n_1=3,\ n_2=5,\ n_3=5$ | |
|---|---|
| $x$ | $P_0\{H \geq x\}$ |
| 4.914 | .079 |
| 4.941 | .077 |
| 4.993 | .075 |
| 5.020 | .072 |
| 5.064 | .070 |
| 5.152 | .067 |
| 5.169 | .065 |
| 5.222 | .065 |
| 5.284 | .063 |
| 5.363 | .062 |
| 5.407 | .059 |
| 5.486 | .057 |
| 5.494 | .056 |
| 5.521 | .055 |
| 5.574 | .053 |
| 5.600 | .051 |
| 5.626 | .051 |
| 5.706 | .046 |
| 5.802 | .045 |
| 5.837 | .042 |
| 5.934 | .040 |
| 5.943 | .039 |
| 6.022 | .038 |
| 6.048 | .037 |
| 6.198 | .035 |
| 6.207 | .034 |
| 6.250 | .034 |
| 6.259 | .033 |
| 6.286 | .031 |
| 6.312 | .030 |
| 6.365 | .030 |
| 6.391 | .028 |
| 6.435 | .027 |
| 6.488 | .025 |
| 6.550 | .024 |
| 6.593 | .024 |
| 6.655 | .022 |
| 6.734 | .022 |
| 6.752 | .021 |
| 6.866 | .019 |
| 6.892 | .018 |
| 6.945 | .018 |
| 6.963 | .017 |

**표 8. (계속)**

| $n_1=3,\ n_2=5,\ n_3=5$ | |
|---|---|
| $x$ | $P_0\{H \geq x\}$ |
| 6.998 | .015 |
| 7.050 | .015 |
| 7.121 | .014 |
| 7.209 | .014 |
| 7.226 | .012 |
| 7.288 | .012 |
| 7.306 | .012 |
| 7.314 | .011 |
| 7.437 | .011 |
| 7.543 | .010 |
| 7.578 | .010 |
| 7.622 | .009 |
| 7.736 | .009 |
| 7.763 | .008 |
| 7.780 | .008 |
| 7.859 | .007 |
| 7.894 | .007 |
| 7.912 | .007 |
| 8.026 | .006 |
| 8.079 | .006 |
| 8.106 | .006 |
| 8.237 | .005 |
| 8.264 | .005 |
| 8.316 | .005 |
| 8.334 | .005 |
| 8.545 | .004 |
| 8.571 | .004 |
| 8.580 | .004 |
| 8.650 | .003 |
| 8.659 | .003 |
| 8.791 | .002 |
| 8.809 | .002 |
| 8.950 | .002 |
| 9.002 | .002 |
| 9.055 | .001 |
| 9.284 | .001 |
| 9.336 | .001 |
| 9.398 | .001 |
| 9.521 | .000 |
| 9.635 | .000 |
| 9.916 | .000 |
| 10.057 | .000 |
| 10.550 | .000 |

| $n_1=4,\ n_2=4,\ n_3=4$ | |
|---|---|
| $x$ | $P_0\{H \geq x\}$ |
| .000 | 1.000 |
| .038 | .994 |
| .115 | .968 |
| .154 | .941 |
| .269 | .913 |
| .346 | .864 |
| .462 | .840 |
| .500 | .815 |
| .615 | .770 |
| .731 | .746 |
| .808 | .706 |
| .962 | .667 |
| 1.038 | .648 |
| 1.077 | .630 |
| 1.192 | .592 |
| 1.385 | .557 |
| 1.423 | .540 |
| 1.500 | .510 |
| 1.654 | .480 |
| 1.846 | .452 |
| 1.885 | .436 |
| 2.000 | .397 |
| 2.192 | .370 |
| 2.346 | .348 |
| 2.423 | .327 |
| 2.462 | .307 |
| 2.577 | .296 |
| 2.808 | .277 |
| 2.885 | .260 |
| 2.923 | .252 |
| 3.038 | .234 |
| 3.115 | .219 |
| 3.231 | .212 |
| 3.500 | .197 |
| 3.577 | .173 |
| 3.731 | .162 |
| 3.846 | .151 |
| 3.962 | .145 |
| 4.154 | .136 |
| 4.192 | .131 |
| 4.269 | .122 |
| 4.308 | .114 |
| 4.500 | .104 |

| $n_1=4,\ n_2=4,\ n_3=4$ | |
|---|---|
| $x$ | $P_0\{H \geq x\}$ |
| 4.654 | .097 |
| 4.769 | .094 |
| 4.885 | .086 |
| 4.962 | .080 |
| 5.115 | .074 |
| 5.346 | .063 |
| 5.538 | .057 |
| 6.654 | .055 |
| 5.692 | .049 |
| 5.808 | .044 |
| 6.000 | .040 |
| 6.038 | .037 |
| 6.269 | .033 |
| 6.500 | .030 |
| 6.577 | .026 |
| 6.615 | .024 |
| 6.731 | .021 |
| 6.962 | .019 |
| 7.038 | .018 |
| 7.269 | .016 |
| 7.385 | .015 |
| 7.423 | .013 |
| 7.538 | .011 |
| 7.654 | .008 |
| 7.731 | .007 |
| 8.000 | .005 |
| 8.115 | .003 |
| 8.346 | .002 |
| 8.654 | .001 |
| 8.769 | .001 |
| 9.269 | .001 |
| 9.846 | .000 |

| $n_1=4,\ n_2=4,\ n_3=5$ | |
|---|---|
| $x$ | $P_0\{H \geq x\}$ |
| .000 | 1.000 |
| .030 | .996 |
| .033 | .981 |
| .086 | .974 |
| .096 | .967 |

| $n_1=4,\ n_2=4,\ n_3=5$ | |
|---|---|
| $x$ | $P_0\{H \geq x\}$ |
| .119 | .952 |
| .132 | .937 |
| .201 | .930 |
| .218 | .916 |
| .228 | .903 |
| .267 | .889 |
| .297 | .875 |
| .343 | .869 |
| .376 | .862 |
| .382 | .849 |
| .399 | .836 |
| .425 | .823 |
| .475 | .811 |
| .528 | .798 |
| .544 | .792 |
| .597 | .780 |
| .610 | .768 |
| .613 | .757 |
| .640 | .745 |
| .689 | .734 |
| .742 | .723 |
| .771 | .711 |
| .804 | .706 |
| .824 | .695 |
| .860 | .690 |
| .870 | .679 |
| .903 | .668 |
| .910 | .658 |
| .940 | .647 |
| 1.019 | .637 |
| 1.058 | .627 |
| 1.068 | .617 |
| 1.124 | .607 |
| 1.167 | .598 |
| 1.187 | .589 |
| 1.190 | .584 |
| 1.203 | .574 |
| 1.256 | .565 |
| 1.272 | .556 |
| 1.299 | .548 |
| 1.371 | .539 |
| 1.404 | .534 |
| 1.414 | .526 |

**표 8. (계속)**

| $n_1=4,\ n_2=4,\ n_3=5$ | |
|---|---|
| $x$ | $P_0\{H \geq x\}$ |
| 1.454 | .518 |
| 1.503 | .509 |
| 1.530 | .501 |
| 1.533 | .493 |
| 1.586 | .485 |
| 1.596 | .477 |
| 1.615 | .469 |
| 1.668 | .465 |
| 1.701 | .458 |
| 1.718 | .450 |
| 1.744 | .443 |
| 1.810 | .436 |
| 1.876 | .429 |
| 1.899 | .422 |
| 1.929 | .414 |
| 1.942 | .408 |
| 1.958 | .401 |
| 2.047 | .388 |
| 2.110 | .375 |
| 2.140 | .371 |
| 2.143 | .365 |
| 2.176 | .362 |
| 2.196 | .356 |
| 2.275 | .344 |
| 2.387 | .338 |
| 2.390 | .332 |
| 2.403 | .327 |
| 2.440 | .316 |
| 2.443 | .310 |
| 2.453 | .305 |
| 2.558 | .299 |
| 2.575 | .293 |
| 2.601 | .288 |
| 2.667 | .283 |
| 2.670 | .279 |
| 2.733 | .271 |
| 2.756 | .267 |
| 2.799 | .262 |
| 2.881 | .257 |
| 2.904 | .253 |
| 2.918 | .249 |
| 2.967 | .245 |
| 2.987 | .240 |
| 2.997 | .236 |

| $n_1=4,\ n_2=4,\ n_3=5$ | |
|---|---|
| $x$ | $P_0\{H \geq x\}$ |
| 3.013 | .228 |
| 3.086 | .224 |
| 3.119 | .221 |
| 3.129 | .217 |
| 3.168 | .214 |
| 3.218 | .210 |
| 3.260 | .206 |
| 3.297 | .202 |
| 3.330 | .200 |
| 3.382 | .197 |
| 3.432 | .190 |
| 3.442 | .187 |
| 3.481 | .183 |
| 3.511 | .180 |
| 3.590 | .176 |
| 3.613 | .170 |
| 3.630 | .167 |
| 3.640 | .164 |
| 3.656 | .160 |
| 3.696 | .157 |
| 3.758 | .154 |
| 3.828 | .151 |
| 3.910 | .146 |
| 3.986 | .143 |
| 3.989 | .141 |
| 4.025 | .139 |
| 4.042 | .134 |
| 4.068 | .132 |
| 4.075 | .130 |
| 4.118 | .127 |
| 4.170 | .125 |
| 4.200 | .122 |
| 4.233 | .121 |
| 4.253 | .119 |
| 4.272 | .117 |
| 4.289 | .114 |
| 4.332 | .112 |
| 4.381 | .108 |
| 4.447 | .106 |
| 4.497 | .104 |
| 4.553 | .102 |
| 4.619 | .100 |
| 4.668 | .098 |
| 4.685 | .096 |

| $n_1=4,\ n_2=4,\ n_3=5$ | |
|---|---|
| $x$ | $P_0\{H \geq x\}$ |
| 4.701 | .094 |
| 4.711 | .092 |
| 4.728 | .091 |
| 4.747 | .089 |
| 4.760 | .088 |
| 4.813 | .086 |
| 4.830 | .084 |
| 4.833 | .082 |
| 4.896 | .081 |
| 4.975 | .077 |
| 5.014 | .076 |
| 5.024 | .074 |
| 5.028 | .073 |
| 5.090 | .071 |
| 5.172 | .069 |
| 5.196 | .068 |
| 5.225 | .066 |
| 5.344 | .065 |
| 5.360 | .063 |
| 5.370 | .062 |
| 5.387 | .061 |
| 5.410 | .060 |
| 5.440 | .059 |
| 5.476 | .057 |
| 5.486 | .056 |
| 5.489 | .056 |
| 5.519 | .054 |
| 5.568 | .052 |
| 5.571 | .051 |
| 5.618 | .050 |
| 5.657 | .049 |
| 5.687 | .048 |
| 5.756 | .047 |
| 5.782 | .046 |
| 5.815 | .045 |
| 5.819 | .043 |
| 5.914 | .042 |
| 6.003 | .042 |
| 6.013 | .041 |
| 6.030 | .040 |
| 6.096 | .039 |
| 6.119 | .038 |
| 6.132 | .037 |
| 6.201 | .036 |

| $n_1=4,\ n_2=4,\ n_3=5$ | |
|---|---|
| $x$ | $P_0\{H \geq x\}$ |
| 6.214 | .034 |
| 6.228 | .033 |
| 6.267 | .032 |
| 6.310 | .031 |
| 6.343 | .030 |
| 6.382 | .029 |
| 6.399 | .028 |
| 6.462 | .027 |
| 6.544 | .027 |
| 6.547 | .026 |
| 6.597 | .026 |
| 6.672 | .024 |
| 6.676 | .024 |
| 6.804 | .023 |
| 6.860 | .022 |
| 6.870 | .022 |
| 6.887 | .021 |
| 6.890 | .021 |
| 6.943 | .020 |
| 6.953 | .020 |
| 6.976 | .019 |
| 7.058 | .018 |
| 7.075 | .017 |
| 7.101 | .017 |
| 7.124 | .016 |
| 7.190 | .016 |
| 7.203 | .015 |
| 7.233 | .015 |
| 7.240 | .014 |
| 7.256 | .014 |
| 7.418 | .014 |
| 7.467 | .013 |
| 7.470 | .013 |
| 7.497 | .013 |
| 7.503 | .012 |
| 7.586 | .012 |
| 7.596 | .012 |
| 7.714 | .011 |
| 7.744 | .011 |
| 7.760 | .009 |
| 7.767 | .009 |
| 7.797 | .009 |
| 7.810 | .009 |
| 7.833 | .008 |

표 8. (계속)

| $n_1=4,\ n_2=4,\ n_3=5$ | |
|---|---|
| $x$ | $P_0\{H \geq x\}$ |
| 7.942 | .007 |
| 7.981 | .007 |
| 8.047 | .006 |
| 8.113 | .006 |
| 8.130 | .006 |
| 8.140 | .005 |
| 8.156 | .005 |
| 8.189 | .005 |
| 8.403 | .004 |
| 8.440 | .004 |
| 8.456 | .004 |
| 8.525 | .003 |
| 8.558 | .003 |
| 8.571 | .003 |
| 8.604 | .003 |
| 8.703 | .003 |
| 8.733 | .003 |
| 8.782 | .002 |
| 8.868 | .002 |
| 8.997 | .002 |
| 9.053 | .001 |
| 9.099 | .001 |
| 9.129 | .001 |
| 9.168 | .001 |
| 9.396 | .001 |
| 9.528 | .001 |
| 9.590 | .001 |
| 9.613 | .000 |
| 9.758 | .000 |
| 10.118 | .000 |
| 10.187 | .000 |
| 10.681 | .000 |

| $n_1=4,\ n_2=5,\ n_3=5$ | |
|---|---|
| $x$ | $P_0\{H \geq x\}$ |
| .006 | 1.000 |
| .020 | .994 |
| .043 | .988 |
| .051 | .976 |
| .086 | .970 |

| $n_1=4,\ n_2=5,\ n_3=5$ | |
|---|---|
| $x$ | $P_0\{H \geq x\}$ |
| .111 | .958 |
| .131 | .946 |
| .143 | .935 |
| .180 | .929 |
| .203 | .923 |
| .223 | .912 |
| .226 | .901 |
| .271 | .890 |
| .280 | .879 |
| .326 | .874 |
| .360 | .863 |
| .371 | .852 |
| .386 | .841 |
| .463 | .821 |
| .500 | .805 |
| .523 | .800 |
| .543 | .790 |
| .546 | .781 |
| .591 | .771 |
| .600 | .752 |
| .691 | .742 |
| .706 | .738 |
| .726 | .729 |
| .751 | .720 |
| .771 | .711 |
| .783 | .693 |
| .843 | .684 |
| .863 | .675 |
| .866 | .667 |
| .966 | .658 |
| .980 | .654 |
| 1.000 | .650 |
| 1.003 | .642 |
| 1.011 | .626 |
| 1.046 | .617 |
| 1.071 | .610 |
| 1.140 | .594 |
| 1.183 | .587 |
| 1.186 | .579 |
| 1.286 | .572 |
| 1.300 | .553 |
| 1.323 | .547 |
| 1.331 | .540 |
| 1.346 | .532 |

| $n_1=4,\ n_2=5,\ n_3=5$ | |
|---|---|
| $x$ | $P_0\{H \geq x\}$ |
| 1.366 | .525 |
| 1.411 | .518 |
| 1.423 | .512 |
| 1.483 | .505 |
| 1.551 | .498 |
| 1.560 | .492 |
| 1.606 | .485 |
| 1.620 | .479 |
| 1.643 | .470 |
| 1.651 | .458 |
| 1.686 | .455 |
| 1.711 | .449 |
| 1.731 | .443 |
| 1.743 | .437 |
| 1.803 | .431 |
| 1.826 | .425 |
| 1.871 | .420 |
| 1.963 | .414 |
| 1.971 | .409 |
| 1.986 | .398 |
| 2.006 | .393 |
| 2.031 | .382 |
| 2.051 | .377 |
| 2.063 | .372 |
| 2.100 | .369 |
| 2.143 | .364 |
| 2.191 | .354 |
| 2.246 | .349 |
| 2.280 | .344 |
| 2.306 | .339 |
| 2.351 | .335 |
| 2.371 | .330 |
| 2.383 | .326 |
| 2.420 | .322 |
| 2.443 | .319 |
| 2.463 | .307 |
| 2.466 | .302 |
| 2.511 | .298 |
| 2.520 | .294 |
| 2.566 | .292 |
| 2.600 | .288 |
| 2.626 | .284 |
| 2.691 | .280 |
| 2.740 | .276 |

| $n_1=4,\ n_2=5,\ n_3=5$ | |
|---|---|
| $x$ | $P_0\{H \geq x\}$ |
| 2.783 | .272 |
| 2.786 | .268 |
| 2.831 | .257 |
| 2.840 | .254 |
| 2.886 | .250 |
| 2.931 | .246 |
| 2.946 | .239 |
| 2.966 | .236 |
| 2.991 | .232 |
| 3.023 | .229 |
| 3.083 | .224 |
| 3.103 | .221 |
| 3.160 | .218 |
| 3.240 | .215 |
| 3.243 | .211 |
| 3.266 | .209 |
| 3.286 | .203 |
| 3.311 | .200 |
| 3.343 | .197 |
| 3.380 | .188 |
| 3.403 | .187 |
| 3.471 | .184 |
| 3.540 | .176 |
| 3.571 | .174 |
| 3.586 | .170 |
| 3.651 | .167 |
| 3.743 | .162 |
| 3.746 | .160 |
| 3.791 | .155 |
| 3.800 | .153 |
| 3.846 | .151 |
| 3.883 | .148 |
| 3.891 | .144 |
| 3.906 | .142 |
| 3.926 | .140 |
| 3.951 | .137 |
| 3.971 | .135 |
| 4.043 | .133 |
| 4.063 | .131 |
| 4.166 | .127 |
| 4.200 | .124 |
| 4.203 | .122 |
| 4.246 | .120 |
| 4.271 | .118 |

**표 8. (계속)**

| $n_1=4,\ n_2=5,\ n_3=5$ | |
|---|---|
| $x$ | $P_0\{H \geq x\}$ |
| 4.291 | .115 |
| 4.303 | .113 |
| 4.363 | .111 |
| 4.383 | .110 |
| 4.386 | .108 |
| 4.486 | .106 |
| 4.500 | .105 |
| 4.520 | .101 |
| 4.523 | .099 |
| 4.531 | .098 |
| 4.591 | .096 |
| 4.611 | .095 |
| 4.660 | .093 |
| 4.706 | .092 |
| 4.806 | .089 |
| 4.843 | .088 |
| 4.851 | .086 |
| 4.866 | .084 |
| 4.886 | .083 |
| 4.911 | .079 |
| 4.943 | .078 |
| 4.980 | .076 |
| 5.023 | .075 |
| 5.071 | .074 |
| 5.126 | .073 |
| 5.163 | .070 |
| 5.171 | .069 |
| 5.186 | .068 |
| 5.206 | .067 |
| 5.231 | .066 |
| 5.263 | .064 |
| 5.323 | .063 |
| 5.400 | .061 |
| 5.446 | .059 |
| 5.460 | .058 |
| 5.483 | .057 |
| 5.491 | .056 |
| 5.526 | .056 |
| 5.571 | .055 |
| 5.583 | .052 |
| 5.620 | .051 |
| 5.643 | .050 |
| 5.666 | .049 |

| $n_1=4,\ n_2=5,\ n_3=5$ | |
|---|---|
| $x$ | $P_0\{H \geq x\}$ |
| 5.711 | .048 |
| 5.780 | .048 |
| 5.803 | .047 |
| 5.811 | .046 |
| 5.871 | .045 |
| 5.903 | .043 |
| 5.963 | .042 |
| 5.983 | .042 |
| 5.986 | .041 |
| 6.031 | .040 |
| 6.086 | .040 |
| 6.100 | .038 |
| 6.123 | .037 |
| 6.146 | .037 |
| 6.166 | .035 |
| 6.211 | .035 |
| 6.223 | .034 |
| 6.283 | .034 |
| 6.303 | .033 |
| 6.351 | .032 |
| 6.406 | .031 |
| 6.440 | .030 |
| 6.451 | .029 |
| 6.486 | .029 |
| 6.531 | .028 |
| 6.543 | .028 |
| 6.603 | .027 |
| 6.623 | .026 |
| 6.626 | .026 |
| 6.671 | .025 |
| 6.760 | .025 |
| 6.763 | .024 |
| 6.771 | .024 |
| 6.786 | .023 |
| 6.806 | .022 |
| 6.831 | .022 |
| 6.900 | .021 |
| 6.943 | .020 |
| 7.000 | .019 |
| 7.046 | .019 |
| 7.080 | .018 |
| 7.106 | .018 |
| 7.171 | .018 |

| $n_1=4,\ n_2=5,\ n_3=5$ | |
|---|---|
| $x$ | $P_0\{H \geq x\}$ |
| 7.183 | .017 |
| 7.220 | .017 |
| 7.243 | .017 |
| 7.266 | .016 |
| 7.311 | .015 |
| 7.320 | .015 |
| 7.426 | .015 |
| 7.446 | .014 |
| 7.471 | .014 |
| 7.491 | .014 |
| 7.503 | .013 |
| 7.563 | .013 |
| 7.586 | .012 |
| 7.631 | .012 |
| 7.640 | .011 |
| 7.686 | .011 |
| 7.720 | .011 |
| 7.766 | .010 |
| 7.791 | .010 |
| 7.823 | .010 |
| 7.860 | .010 |
| 7.903 | .009 |
| 7.906 | .009 |
| 8.006 | .009 |
| 8.043 | .009 |
| 8.051 | .008 |
| 8.066 | .008 |
| 8.086 | .008 |
| 8.131 | .008 |
| 8.143 | .007 |
| 8.223 | .007 |
| 8.226 | .007 |
| 8.271 | .006 |
| 8.280 | .006 |
| 8.340 | .006 |
| 8.363 | .006 |
| 8.371 | .005 |
| 8.386 | .005 |
| 8.431 | .005 |
| 8.463 | .005 |
| 8.523 | .005 |
| 8.543 | .005 |
| 8.546 | .004 |

| $n_1=4,\ n_2=5,\ n_3=5$ | |
|---|---|
| $x$ | $P_0\{H \geq x\}$ |
| 8.683 | .004 |
| 8.691 | .004 |
| 8.726 | .004 |
| 8.751 | .004 |
| 8.771 | .004 |
| 8.969 | .003 |
| 8.980 | .003 |
| 9.000 | .003 |
| 9.011 | .003 |
| 9.026 | .003 |
| 9.071 | .002 |
| 9.103 | .002 |
| 9.163 | .002 |
| 9.231 | .002 |
| 9.286 | .002 |
| 9.323 | .001 |
| 9.411 | .001 |
| 9.503 | .001 |
| 9.506 | .001 |
| 9.606 | .001 |
| 9.643 | .001 |
| 9.651 | .001 |
| 9.686 | .001 |
| 9.926 | .001 |
| 9.986 | .000 |
| 10.051 | .000 |
| 10.063 | .000 |
| 10.100 | .000 |
| 10.260 | .000 |
| 10.511 | .000 |
| 10.520 | .000 |
| 10.566 | .000 |
| 10.646 | .000 |
| 11.023 | .000 |
| 11.083 | .000 |
| 11.571 | .000 |

| $n_1=5,\ n_2=5,\ n_3=5$ | |
|---|---|
| $x$ | $P_0\{H \geq x\}$ |
| .000 | 1.000 |
| .020 | .998 |

**표 8. (계속)**

| $n_1=5,\ n_2=5,\ n_3=5$ | |
|---|---|
| $x$ | $P_0\{H \geq x\}$ |
| .060 | .983 |
| .080 | .968 |
| .140 | .954 |
| .180 | .925 |
| .240 | .911 |
| .260 | .898 |
| .320 | .871 |
| .380 | .858 |
| .420 | .832 |
| .500 | .807 |
| .540 | .794 |
| .560 | .783 |
| .620 | .759 |
| .720 | .736 |
| .740 | .725 |
| .780 | .703 |
| .860 | .681 |
| .960 | .660 |
| .980 | .650 |
| 1.040 | .620 |
| 1.140 | .601 |
| 1.220 | .582 |
| 1.260 | .564 |
| 1.280 | .547 |
| 1.340 | .538 |
| 1.460 | .521 |
| 1.500 | .505 |
| 1.520 | .497 |
| 1.580 | .481 |
| 1.620 | .466 |
| 1.680 | .459 |
| 1.820 | .444 |
| 1.860 | .416 |
| 1.940 | .403 |
| 2.000 | .390 |
| 2.060 | .383 |
| 2.160 | .371 |
| 2.180 | .365 |
| 2.220 | .353 |
| 2.240 | .342 |

| $n_1=5,\ n_2=5,\ n_3=5$ | |
|---|---|
| $x$ | $P_0\{H \geq x\}$ |
| 2.340 | .330 |
| 2.420 | .319 |
| 2.480 | .314 |
| 2.540 | .304 |
| 2.580 | .294 |
| 2.660 | .284 |
| 2.780 | .265 |
| 2.880 | .256 |
| 2.940 | .252 |
| 2.960 | .239 |
| 3.020 | .231 |
| 3.120 | .223 |
| 3.140 | .216 |
| 3.260 | .208 |
| 3.380 | .201 |
| 3.420 | .190 |
| 3.440 | .184 |
| 3.500 | .177 |
| 3.620 | .171 |
| 3.660 | .165 |
| 3.780 | .159 |
| 3.840 | .153 |
| 3.760 | .150 |
| 3.920 | .145 |
| 3.980 | .137 |
| 4.020 | .132 |
| 4.160 | .127 |
| 4.220 | .123 |
| 4.340 | .118 |
| 4.380 | .110 |
| 4.460 | .105 |
| 4.500 | .102 |
| 4.560 | .100 |
| 4.580 | .096 |
| 4.740 | .092 |
| 4.820 | .089 |
| 4.860 | .085 |
| 4.880 | .084 |
| 4.940 | .081 |
| 5.040 | .075 |

| $n_1=5,\ n_2=5,\ n_3=5$ | |
|---|---|
| $x$ | $P_0\{H \geq x\}$ |
| 5.120 | .072 |
| 5.180 | .070 |
| 5.360 | .065 |
| 5.420 | .063 |
| 5.460 | .060 |
| 5.540 | .055 |
| 5.580 | .053 |
| 5.660 | .051 |
| 5.780 | .049 |
| 5.820 | .048 |
| 5.840 | .046 |
| 6.000 | .044 |
| 6.020 | .043 |
| 6.080 | .040 |
| 6.140 | .038 |
| 6.180 | .036 |
| 6.260 | .035 |
| 6.320 | .033 |
| 6.480 | .032 |
| 6.500 | .031 |
| 6.540 | .030 |
| 6.620 | .028 |
| 6.660 | .027 |
| 6.720 | .026 |
| 6.740 | .025 |
| 6.860 | .024 |
| 6.980 | .021 |
| 7.020 | .020 |
| 7.220 | .019 |
| 7.260 | .018 |
| 7.280 | .018 |
| 7.340 | .016 |
| 7.440 | .015 |
| 7.760 | .015 |
| 7.580 | .014 |
| 7.620 | .013 |
| 7.740 | .012 |
| 7.760 | .012 |
| 7.940 | .011 |
| 7.980 | .011 |

| $n_1=5,\ n_2=5,\ n_3=5$ | |
|---|---|
| $x$ | $P_0\{H \geq x\}$ |
| 8.000 | .009 |
| 8.060 | .009 |
| 8.180 | .008 |
| 8.240 | .008 |
| 8.340 | .007 |
| 8.420 | .007 |
| 8.540 | .006 |
| 8.640 | .006 |
| 8.660 | .006 |
| 8.720 | .005 |
| 8.780 | .005 |
| 8.820 | .005 |
| 8.880 | .004 |
| 8.960 | .004 |
| 9.060 | .004 |
| 9.140 | .003 |
| 9.260 | .003 |
| 9.360 | .003 |
| 9.380 | .003 |
| 9.420 | .002 |
| 9.500 | .002 |
| 9.620 | .002 |
| 9.680 | .001 |
| 9.740 | .001 |
| 9.780 | .001 |
| 9.920 | .001 |
| 9.980 | .001 |
| 10.140 | .001 |
| 10.220 | .001 |
| 10.260 | .000 |
| 10.500 | .000 |
| 10.580 | .000 |
| 10.640 | .000 |
| 10.820 | .000 |
| 11.060 | .000 |
| 11.180 | .000 |
| 11.520 | .000 |
| 11.580 | .000 |
| 12.020 | .000 |
| 12.500 | .000 |

# 참고문헌


1. 서울대학교 통계학과 (2005), 『SPSS를 이용한 자료분석입문』, 자유아카데미
2. 서울대학교 통계학과 (2007), 『SPSS를 이용한 통계학』, 자유아카데미
3. 송문섭, 조신섭 (2004), 『SAS를 이용한 통계자료분석』(제3판), 자유아카데미

# 찾아보기

INDEX

## ㅊ



## ㅋ



## ㅌ



## ㅍ

### ㅎ

**|저자 소개|**

### 송문섭

서울대학교 사범대학 수학과(학사)
웨인주립대학교 대학원 수학과(석사)
웨인주립대학교 대학원 수학과 통계학전공(박사)
워터루대학교 대학원 컴퓨터과(석사)
현 : 서울대학교 통계학과 명예교수

### 조신섭

서울대학교 공과대학 응용수학과(학사)
서울대학교 대학원 계산통계학과(석사)
위스콘신대학교 대학원 통계학과(박사)
현 : 서울대학교 통계학과 교수

### 여인권

성균관대학교 통계학과 졸업(경제학사)
University of Wisconsin-Madison 통계학과 졸업(통계학 박사)
강원대학교 전기전자정보통신학부 객원교수
전북대학교 수학정보통계학부 조교수
현 : 숙명여자대학교 통계학과 교수

## Excel에 기초한 통계학 입문 – 제4판 –

| 저 자 송문섭 · 조신섭 · 여인권
| 발 행 인 주정희
| 발 행 처 자유아카데미
| 주 소 경기도 파주시 회동길 37-42
파주출판도시
| 전 화 031-955-1321
| 팩 스 031-955-1322
| 홈페이지 www.freeaca.com
| 전자우편 main@freeaca.com(대표)
editor@freeaca.com(편집)
crm@freeaca.com(영업)
| 등 록 제406-2003-017호, 1980. 7. 12
| 제4판1쇄 2014년 9월 20일 발행
| 제4판2쇄 2018년 7월 5일 발행
| 정 가 27,000원

저자와의
협의하에
인지생략

무단 복제를 금하며, 잘못된 책은 바꾸어 드립니다.
ISBN 978-89-7338-596-6 93310